묵시록 해설[5]

―묵시록 6장 9-17절 영해(靈解)―

예 수 인

묵시록 해설 [5]
―묵시록 6장 9-17절 영해(靈解)―

E. 스베덴보리 지음
이 영 근 옮김

예 수 인

THE APOCALYPSE EXPLAINED

by

EMANUEL SWEDENBORG

차　례

옮긴이의 머리말[1] · 13
옮긴이의 머리말[2] · 17

묵시록 6장···21
　　제 6장 본문(6장 1-17절) · 21
　　제 6장 상세한 영적인 해설(6장 9-17절) · 23

옮긴이의 머리말[1]

작금의 기독교계에서 이해하기 가장 어려운 성경책이 있다면 아마도 ≪묵시록≫일 것입니다.
많은 교회들이나, 그 교회에 속한 사람들은 ≪묵시록≫이 성경의 편집 구조상 "마지막 책"이기 때문에, 앞서의 성경책의 내용의 결론처럼 생각하고 있습니다. 따라서 이른바 그들의 말세사상(末世思想)에 입각(立脚)해서 묵시록서를 이해하고, 해설하고 있습니다. 우리가 잘 알고 있듯이, 그들의 "말세사상" 또는 "말세론적인 가르침"은 한마디로 "이 세상이 끝이 나고, 새로운 세상이 도래(到來)한다"는 것입니다. 뿐만 아니라, 여기에다 말도 되지 않는 이른바 "세상창조 6,000년 설"을 꿰맞추어서 ≪묵시록≫의 말씀을 해석하기 때문에, 그들은 온갖 그릇된 교리(敎理)를 날조(捏造)하게 되었습니다.
이와 같이 날조된 허무맹랑(虛無孟浪)한 종지(宗旨)나 미망(迷妄)은 소위 사이비 기독교(似而非基督敎) 또는 사이비교회(似而非敎會)를 양산(量産)하는데 일조(一助)하는 결과를 빚고 말았습니다. 이런 고약한 짓을 서슴치 않고 자행(恣行)하는 자들을 우리 주님께서는 "교회의 마지막 때"(=시대의 종말)에 창궐(猖獗)할 "거짓 그리스도들" "거짓 예언자들"이라고 말씀하셨습니다(마태 24 : 24).
저자 스베덴보리 선생님께서는 이 책 즉 ≪묵시록 해설≫에서 이런 것들이 야기(惹起)된 근본적인 원인들로 크게 "두 가지"를 지적하고 있는데, 그 첫째는 성경말씀(聖言)에 대한 그릇된 이해의 오류(誤謬)이고, 그 둘째는 교회에 대한 그릇된 신념(信念)이라고 하였습니다.
먼저 성경말씀에 대한 근본적인 이해의 오류에 관해서 말씀드리겠습니다. 저자는 그의 수많은 저서 곳곳에서 언급, 주장하고 있듯이, 성경말씀은, 그것의 겉뜻인 문자적인 뜻(文字意)과 그 문자 속에 숨겨져 있는 영적인 뜻(靈意)으로 이루어졌다는 것입니다. 이 두 뜻의 관계는 마치 우리 사람의 경우에 비교한다면, 바로 전자는 우리의 육체이고 후자는 우리의 영혼이다는 관계와 같다는 것입니다. 성경말씀(聖言)이 그와 같이 이루어져야만 하는 것은, 태초 전부터 존재한 말씀(聖言)이 이 세상, 즉 시간(時間)과 공간(空間) 안에 존재하기 위해서는 반드시 시공(時空)적인 매체(媒體)를 사용할 수밖에 없었는데, 그 매체가 바로 문자

(文字)요, 문체(文體)이기 때문입니다. 이런 사실을 요한복음서는 "말씀이 육신이 되어 우리 가운데 사셨다"(요한 1 : 14)고 선포하고 있습니다. 그리고 저자는 이 책 여러 곳에서 주님께서는 "모든 것들 안에 존재하는 모든 것"이라고 하였고, 그리고 주님께서는 궁극적인 것 안에 존재하신다고 설파(說破)하였습니다.

이 책을 읽는 독자들께서는 저자가 이 책에 기술한 이른바 성언(聖言)의 문자적인 뜻과 영적인 뜻에 관해서 밝히 아시겠지만, 한마디로 성언의 영적인 뜻은 성경말씀의 문자들이나 문자적인 뜻 안에 숨겨져 있으며, 그리고 성언의 영적인 뜻은 시공(時空)을 초월(超越)한 이 세상 너머의 뜻으로, 영들(spirits)이나 천사들의 사회에서 통용되는 뜻이라고 하겠습니다.

또한 저자는 다른 책에서 이러한 뜻, 즉 영적인 뜻은 성경말씀에 속한 대응(對應)·표징(表徵)·표의(表意)의 지식이나, 그 어떤 낱말이 가지고 있는 고유의 뜻에 관한 지식에 의해서만 알 수 있다고 하였습니다(저자의 저서 《새로운 교회의 사대교리》 중 제 2편 "성경에 관한 새 예루살렘의 교리" 참조).

그럼에도 불구하고 작금의 기독교계는 성경말씀의 문자적인 뜻에만 매달려서, 그리고 그들의 잘못된 교리적인 신조(信條)에 얽매어서, 다시 말하면 그들의 그릇된 미망(迷妄)이나 종지(宗旨)에 사로잡힌 채 성경말씀을 이해하고, 해석하려고 하고 있습니다. 우리가 경험하였듯이, 그 결과는 무가치(無價值)한 것이고, 혹세무민(惑世誣民)적인 신기루(蜃氣樓)였습니다. 그 대표적인 예를 든다면 "붉은 용"(묵시록 12 : 3)이 소위 "공산당"이나 공산주의자들의 괴수인 "소련"이라는 것이고, 그리고 "666"(묵시록 13 : 18)을 마귀의 숫자로 규정하고, 그것을 이른바 '바·코드(bar code)화'해서, 그 칩을 사람의 머리에 삽입(插入)시켜, 마귀들이 그 사람들을 자신들의 의도대로 이끌고 간다는 매체로서 해석한다는 것 등등이 되겠습니다.

밝히 말씀드리지만, 저자는 성경에 기록된 모든 것들은-그것이 낱말이든, 인물이든, 지명이나 나라이든, 심지어 금수(禽獸)에 이르기까지, 또는 그 어떤 역사적인 사건들까지도-높게는 주님에 관해서, 낮게는 주님의 나라나 교회에 관해서, 아주 낮게는 우리 사람에 관해서 서술하고 있다는 것입니다. 그러므로 묵시록서에 서술된 것들도, 그것이 어떤 것이든, 바로 위에 언급된 것들에 관한 것입니다.

그리고 저자가 지적하고 있는 두 번째 원인인 "교회에 관한 그릇된 신념"에 관해서 말씀드리겠습니다. 우리가 잘 알고 있듯이 "교회"는 어떤 사람들이 정의하고 있듯이, 이른바 가시적인 "하나의 공동체"를 뜻하는 것은 아닙니다. 여기서 가시적인 것들이라고 하는 것은 교회의 건물을 비롯하여, 그 건물에서 행해지는 예배의 예전이나, 그 예배에 속한 사람들과 그 예전에 사용되는 수많은 집기(什器)들의 공동체를 가리키는데, 사실 이런 의미의 공동체가 교회일 수는 없습니다. 굳이 공동체라는 말을 한다면, 예배 받는 주체인 우리 주님과 예배하는 객체인 우리 사람의 공동체입니다.

본질적으로 교회는, 주님께서 요한복음서에서 여러 차례 말씀하셨듯이, "주님께서 사람 안에, 사람이 주님 안에 존재할 때, 그 사람이 교회"인 것입니다. 이런 교회를 가리켜 우리 예수님은 자기 자신을 성전(聖殿)이라고 말씀하셨습니다(요한 2 : 19-22). 그리고 서간문은 여러 곳에서 우리 사람이 곧 하나님의 집, 또는 성전이라고 설파하였습니다(고린도 전서 3 : 9 ; 3 : 16 ; 6 : 19 ; 고린도 후서 6 : 16 ; 베드로 전서 2 : 5). 그리고 출애굽기서는 사람이 주님을 만나는 곳(會幕)이라고 하였습니다(출애굽기 33 : 7).

따라서 진정한 교회는, 단순한 예전적인 예배나, 그 예전이 집전되는 건물이 아니고, 우리 주님을 창조주요, 구원주로 고백하고, 예배하며, 그리고 그분의 말씀(=가르침 · 진리)에 순종하는 삶이 있을 때, 교회입니다. 이 두 초석―주님의 시인과 그의 말씀에 순종하는 삶―이 바로 묵시록서에서 언급된 "두 증인" 즉 "두 그루의 올리브 나무"요, "두 개의 촛대"가 뜻하는 것입니다.

그럼에도 불구하고 이 두 초석은 시간과 공간 속에서, 시간의 경과와 더불어 변절(變節)되었는데, 이것이 바로 저자가 말하는 "교회의 종말과 시작"입니다. 그리고 또한 교회의 종말과 시작의 연속적인 역사가 우리 주님의 인류구원의 대업(人類救援 大業)입니다.

저자가 기술하고 있는 내용은, 묵시록서에 기술된 모든 예언적인 사건들은―개별적인 것이든 전체적인 것이든―바로 우리 주님의 인류구원의 대업에 관한 것이다는 것입니다. 말세론적인 말로 표현된 것을 빌려서 말한다면 하나의 교회의 종말은 곧 새로운 교회의 시작으로 이어지고 있다는 것입니다. 왜냐하면 인류구원이 단절(斷絕)된다면, 주님나라는 존속될 수 없고, 그리고 주님나라가 계속해서 존재하지 않는다면, 주님께서는 주님 자신의 속성(屬性)이나 명분(名分)을 상실하는 것이기 때문입니다.

따라서 묵시록서는 크게 나누면 첫째는 교회의 본질적인 것에 관해서(1-3장), 둘째는 교회들의 심판에 관해서(4-7장), 셋째는 개혁교도, 또는 개혁교회에 대한 심판에 관해서(8-10 · 13 · 15 · 16장), 넷째는 로마 가톨릭 종파에 대한 심판에 관해서(17 · 18장), 그리고 마지막으로 그 심판들이 있은 뒤, 새롭게 세워질 새로운 교회에 관해서(3 · 11 · 12 · 14 · 19-22장) 기술하고 있습니다.

저자는 "묵시록 영해"에 관해서 두 책을 저술하였습니다. 그 하나는 ≪묵시록 계현≫(黙示錄 啓顯 · the Apocalypse Revealed)이고, 다른 하나는 ≪묵시록 해설≫(黙示錄 解說 · the Apocalypse Explained)입니다. 우리의 ≪묵시록 해설≫은 후자의 번역이 되겠습니다. 번역에 사용된 책은 미국 새교회 재단(Swedenborg Foundation)이 1968년도에 발간한 표준판(Standard Edition)입니다.

이 번역서가 나오기까지 격려와 조언을 아끼지 않은 예수교회 소속의 여러 목사님들과 남양주시에서 목회하시는 김기표 목사님, 여러 면에서 재정적인 도움을 주신 논산시의 안영기 집사 내외분과 자당 어른되시는 윤순선 전도사님, 무척 어려운 가운데서도 헌신적으로 word processing에 수고하신 조근휘 목사님, 그리고 경제적으로 작고, 크게 도움을 주신 여러분들에게 감사의 말씀을 드리고, 끝으로 번역에 참여해 주신 박예숙 권사님에게 이 자리를 빌어서 감사의 말씀을 드립니다.

끝으로 와병(臥病) 중에 계신 <예수+교회 동산 예배당>의 방성찬 복음사의 쾌유를 두 손 모아 우리 주님에게 간절히 기도드립니다.

독자 여러분의 편달(鞭撻)과 지도(指導)를 거듭 말씀드립니다. 감사합니다.

2007년 11월 1일
예수+교회 제일 예배당 서재에서
이 영 근

옮긴이의 머리말[2]

제 짧은 인생에서 우리나라 기독교계의 두 번의 비극적인 사건을 보았습니다. 하나는 1992년의 이른바 "휴거소동"이고, 또 하나는 2014년의 "양푼 비빔밥 성만찬" 사건입니다. 전자는 매스컴을 통해 떠들썩하게 잘 알려졌으므로 특별히 소개하지 않겠습니다. 그러나 후자 "양푼 비빔밥 성만찬" 사건은 크게 알려진 것은 아니지만, ≪한겨레 신문≫에 기재된 것은 이런 내용입니다. 교단은 알 수 없고, "동녘 교회"(김경환 목사 시무)에서 있었던 일입니다. 이 사건은 한마디로 말하면 성만찬의 "빵"(=떡) 대신에 교인들 가정에서 각자 준비한 우리나라 음식인 "비빔밥"을 준비하고, 그것들을 모두 큰 그릇에 넣어서 만든 비빔밥을 사용하였고, 그리고 어른들은 "포도주"로, 어린 아이들은 "포도 주스"로 성만찬 예배를 드렸다는 것입니다. 그 이유를 그 교회의 담임목사는 예수님 당시에는 일상적인 음식이 "빵이었고, 포도주"였기 때문에, 오늘날 우리에게는 일상적인 음식이 "밥"이기 때문에, 특히 "공동체"인 교회에서는 "비빔밥"이 성만찬에서는 제격이라는 설명입니다.

이쯤 되면 정말 꼴불견의 극치(極致)입니다. 왜냐하면 기독교회의 "성만찬"이나 성만찬 예배는 예배의 진수(眞髓)이기 때문입니다. 성만찬의 "빵과 포도주"는 일상의 먹거리나 마실거리로 먹는 것은 더더욱 아닙니다. 왜냐하면 우리가 잘 알고 있듯이 "성만찬의 빵(=떡)과 포도주"는 우리 주님의 살과 피를 표징하고, 그리고 그것은 곧 우리 주님의 신령선과 신령진리를 표징(表徵)하는 것이기 때문이지, 결코 조달(調達)하기 쉽기 때문에 그것들이 사용된 것은 아니기 때문입니다.

근자 기독교계통의 TV방송사들이 많은지라 여기서도 때로는 "꼴 불견들"이 더러더러 소개되는 것을 볼 수 있습니다. 그중의 하나는 근자 교황님의 방문 시 "영성체"를 모실 때 그것의 빵에 대해서 설명하는 어느 가톨릭 신자는 그것을 가리켜 "양념이 하나도 들어가지 않은 것"이라고 방송에서 말하는 것을 들었습니다. 또 하나는 서울의 대형교회를 자처하는 성만찬 예배를 집전하는 목사의 말입니다. 술을 마시면 기분이 좋기 때문에 "성만찬에서 포도주가 사용되는 것"이라는 취지(趣旨)의 설명입니다.

이런 사건, 사실에 대하여 비극(悲劇)이라는 낱말을 사용한 것은 시쳇말로 지나치게 "뻥 튀긴 것입니까?" 우리의 것·우리의 문화·우리의 유산이 값진 것이기 때문에 육성(育成)하고, 보호, 장려한다는 데는 동의하지만, 위의 사건들은 우리 문화나 전통과는 아주 무관(無關)한 것이라고 생각됩니다. 제가 아주 역설하는 말입니다.

우리나라 개신교회가 지키는 11월의 이른바 "추수감사주일"이나 "추수감사예배"는 우리의 것이 아니고 미국의 명절을 우리가 지키는 것입니다. 특히 그 주일을 성경말씀이 정하고 있는 것도 아니라면, 우리의 것으로, 우리의 문화에 맞는 것이 더 좋은 것이 아니겠습니까! 따라서 11월 추수감사주일은 우리 민족의 전통 명절인 "한가위" 명절 때로 바뀌어야 제격이라고 생각합니다. 차치(且置)하고 "휴거소동"은 이른바 "종말론적 말세론"이나 성경말씀의 잘못된 해석인 이른바 "주님의 재림신앙"에서, 그리고 "이 세상 창조 6,000년설"에서 빚은 촌극(寸劇)이라고 한다면, 지나친 과언(過言)입니까? 그리고 "비빔밥 성찬" 사건은 성경말씀의 영적인 뜻을 모르고, 그저 단순한 "편의주의"(便宜主義)나 개혁(改革)이면 다 좋다는 "개혁 과신론자"나 "개혁 만능주의자"들의 씻을 수 없는 과오(過誤)라고 지적하고 싶습니다.

왜 이런 비극이 일어나는 것일까요? 한마디로 그 이유를 말한다면 "무지 무식"(無知 無識)의 결과라고 생각합니다. 다시 말하면 성경말씀을 "문자로만" 그리고 "문자적인 뜻으로만" 읽고, 그렇게 이해하고, 믿기 때문입니다.

그런 과오를 저지르면서도 그들 대부분은 때로는 성경말씀의 "영적인 뜻"이라고 말하기도 하지만, 사실 그들의 그 영적인 뜻까지도 어느 심리학자, 어느 시인, 어느 철학자나 어느 종교가가 말하는 뜻이나 해석을 빌리는 것이 대부분입니다. 왜냐하면 성경말씀이 뜻하는 영적인 뜻이 아니기 때문에, 그들의 "영적인 뜻"은 일관성(一貫性)이 없고, 따라서 체계적이지 못하기 때문입니다. 그러므로 그들의 "영적인 뜻"으로는 성경말씀의 전반적인 뜻이나 개별적인 뜻까지도 해석되지 않은 것은 물론, 이해되지도 않습니다. 저자 스베덴보리 선생님은 성경말씀의 영적인 뜻을 시공(時空)을 초월(超越)한 것이고, 따라서 주님나라에서 통용(通用)되는 것으로 정의(定義)하고 있습니다. 그리고 그것은 체계적이고, 일관성이 있는 것이고, 따라서 성경말씀 어디에나 적용될 수 있는 것입니다.

이런 초지(初志)의 일관된 변함없는 영적인 뜻으로 저자는 묵시록서를 해설하고 있습니다. 저자는 자신의 "영계처럼" 가운데 있었던 것이나, 천사들과의 대화(對話)에서, 때로는 성경말씀에 대한 해박(該博)한 지식으로, 또는 저자 자신의 심오(深奧)한 이성(理性)적인 판단(判斷)이나 직관(直觀)에 의하여 본서 ≪묵시록 해설≫을 저술하였습니다.

번역하는 사람이 불학무식(不學無識)하고, 기독교회의 가르침에 밝지 못하기 때문에 저자의 뜻을 바르게 번역하지 못한 과오도 많이 있으리라 생각하지만, 무식한 우격다짐으로 여러분에게 일독(一讀)을 강권(强勸)합니다. 왜냐하면 여기에 한국 기독교회의 소망이 있고, 사명이 있고, 진정한 기독교회의 가르침인 "구원"(救援)이 있기 때문입니다.

이 책의 출판을 위해 워드·프로세싱에 헌신적으로 수고하신 ≪사단법인 한국상담심리연구원≫의 안시영 실장님에게 이 난을 빌어 감사의 말씀을 드립니다.
지금까지 격려해 주시고, 편달(鞭撻)을 주신 독자 여러분, 그리고 교역자 목사님 여러분, 특히 김홍찬 목사님의 조언에 감사말씀을 드립니다. 감사합니다.

2014년 11월 23일
양천구 우거(寓居)에서
이 영 근 드림

제 6장 본   문(6장 1-17절)

1 나는 그 어린 양이 그 일곱 봉인 가운데 하나를 떼는 것을 보았다. 그리고 나는 네 생물 가운데 하나가 우레 같은 소리로 "오너라!" 하고 말하는 것을 들었습니다.
2 그리고 내가 보니, 흰 말 한 마리가 있는데, 그 위에 탄 사람은 활을 가지고 있었습니다. 그는 면류관을 쓰고 있는데, 그는 이기면서 나아가고, 이기려고 나아갔습니다.
3 그 어린 양이 둘째 봉인을 뗄 때에, 나는 둘째 생물이 "오너라!" 하고 말하는 것을 들었습니다.
4 그 때에 불빛과 같은 다른 말 한 마리가 뛰어나오는데, 그 위에 탄 사람은 땅에서 평화를 걷어 버리고, 사람들이 서로 죽이게 하는 권세를 받아 가졌고, 또 그는 큰 칼을 받아 가지고 있었습니다.
5 그 어린 양이 셋째 봉인을 뗄 때에, 나는 셋째 동물이 "오너라!" 하고 말하는 것을 들었습니다. 그리고 내가 보니, 검은 말 한 마리가 있는데, 그 위에 탄 사람은 손에 저울을 들고 있었습니다.
6 그리고 네 생물 가운데서 나오는 듯한 음성이 들려 왔는데 "밀 한 되도 하루 품삯이요, 보리 석 되도 하루 품삯이다. 올리브 기름과 포도주를 불순하게 만들지 말아라" 하고 말하였습니다.
7 그 어린 양이 넷째 봉인을 뗄 때에, 나는 이 넷째 생물이 "오너라!" 하고 말하는 것을 들었습니다.
8 그리고 내가 보니, 청황색 말 한 마리가 있는데, 그 위에 탄 사람의 이름은 '사망'이고, 지옥이 그를 뒤따르고 있었습니다. 그들은 칼과 기근과 죽음과 들짐승으로써 사분의 일에 이르는 땅의 주민들을 멸하는 권세를 받아 가지고 있었습니다.

9 그 어린 양이 다섯째 봉인을 뗄 때에, 나는 제단 아래에서, 하나님의 말씀 때문에, 또 그들이 말한 증언 때문에, 죽임을 당한 사람들의 영혼을 보았습니다.
10 그들은 큰소리로 "거룩하고 참되신 통치자님, 우리가 얼마나 더 오래 기다려야 땅 위에 사는 자들을 심판하시고, 또 우리가 흘린 피의 원수를 갚아 주시겠습니까?" 하고 부르짖었습니다.
11 그리고 그들은 흰 두루마기를 한 벌씩 받아 가지고 있었고, 그들은 그들과 같은 동료 종들과 그들의 형제자매들 가운데서 그들과 같이 죽임을 당하기로 되어 있는 사람의 수가 차기까지, 아직도 더 쉬어야 한다는 말씀을 들었습니다.
12 그 어린 양이 여섯째 봉인을 뗄 때에, 나는 큰 지진이 일어나는 것을 보았습니다. 그리고 해는 검은 머리털로 짠 천과 같이 검게 되고, 달은 온통 피와 같이 되고,
13 하늘의 별들은, 무화과나무가 거센 바람에 흔들려서 설익은 열매가 떨어지듯이, 떨어졌습니다.
14 하늘은 두루마리가 말리듯이 사라지고, 제 자리에 그대로 남아 있는 산이나 섬은 하나도 없었습니다.
15 그러자 땅의 왕들과 고관들과 장군들과 부자들과 세도가들과 노예와 자유인과, 모두가 동굴과 산의 바위들 틈에 숨어서,
16 산과 바위를 바라보고 말하였습니다. "우리 위에 무너져 내려서, 보좌에 앉으신 분의 얼굴과 어린 양의 진노에서 우리를 숨겨다오.
17 그들의 큰 진노의 날이 이르렀다. 누가 이것을 버티어 낼 수 있겠느냐?"

제 6장 상세한 영적인 해설(6장 9-17절)

389. 9-11절. 그 어린 양이 다섯째 봉인을 뗄 때에, 나는 제단 아래에서 하나님의 말씀 때문에, 또 그들이 말한 증언 때문에, 죽임을 당한 사람들의 영혼을 보았습니다. 그들은 큰소리로 "거룩하고 참되신 통치자님, 우리가 얼마나 더 오래 기다려야 땅 위에 사는 자들을 심판하시고, 또 우리가 흘린 피의 원수를 갚아 주시겠습니까?" 하고 부르짖었습니다. 그리고 그들은 흰 두루마기를 한 벌씩 받아 가지고 있었고, 그들은 그들과 같은 동료 종들과 그들의 형제자매 가운데서 그들과 같이 죽임을 당하기로 되어 있는 사람의 수가 차기까지, 아직도 더 쉬어야 한다는 말씀을 들었습니다.

[9절] :
"그 어린 양이 다섯째 봉인을 뗄 때" 라는 말씀은 매우 더 상세한 예언(豫言 · prediction)을 뜻합니다(본서 390항 참조). "나는 제단 아래를 보았다"는 말씀은 천계 아래에 보호, 보존(保存)된 자들을 뜻합니다(본서 391항 참조). "하나님의 말씀 때문에, 또 그들이 말한 증언 때문에, 죽임을 당한 사람들의 영혼들"은 신령진리 때문에, 그리고 주님에 대한 그들의 고백(告白) 때문에, 거절(拒絕 · rejected)되고, 숨겨진 자들을 뜻합니다(본서 392항 참조).

[10절] :
"그들은 큰소리로 부르짖었습니다" 라는 말씀은 그들의 마음의 슬픔이나 비통(悲痛)을 뜻합니다(본서 393항 참조). "'거룩하고 참되신 통치자님, 우리가 얼마나 더 오래 기다려야 땅 위에 사는 자들을 심판하시고, 또 우리가 흘린 피의 원수를 갚아 주

시겠습니까?' 하고 말하였다"는 말씀은 주님을 시인한 자들을, 그리고 인애의 삶 안에 있는 자들을 박해(迫害), 박대(薄待)하고, 공격하는 자들에 대한 심판(審判)과 제거(除去)에 관한 외로우신 주님에 대한 탄식(歎息)이나 한탄(恨歎) 따위를 뜻합니다(본서 394항 참조).

[11절] :
"그들은 흰 두루마기를 한 벌씩 받아 가지고 있었다"(=그러자 그들 각자에게 긴 흰 옷을 주었다)는 말씀은 그들에게 있는 주님에게서 비롯된 신령진리를 뜻하고, 그리고 보호(保護)나 방어(防禦)를 뜻합니다(본서 395항 참조). "아직도 더 쉬어야 한다는 말씀을 들었습니다"(=잠시만 더 쉬라고 말씀하셨다)는 말씀은 그 상태 가운데 있는 얼마 동안의 영속(永續)이나 계속을 뜻합니다(본서 396항 참조). "그들은 그들과 같은 동료 종들과 그들의 형제자매들 가운데서 그들과 같이 죽임을 당하기로 되어 있는 사람의 수가 차기까지"(=그들의 동료 종과 형제도 그들처럼 죽임을 당하여 그 수가 채워질 때까지)라는 말씀은 모든 것들이 최고의 점에 이르기까지를 뜻합니다(본서 397항 참조).

390. 9절. **그가**(=그 어린 양이) **다섯째 봉인을 뗄 때.**
이 말씀은 매우 더 상세한 예언(豫言)을 뜻하는데, 그것이 숨겨진 것들을 까발리는 것이나, 장차의 것들을 예언하는 것을 가리키는 "책의 봉인을 연다"(=뗀다·개봉한다)는 말의 뜻에서 잘 알 수 있습니다(이것에 관해서는 본서 352·361·369·378항 참조).

391[A]. 나는 제단 아래를 보았다(=내가 보니, 제단 아래에는……).
이 말씀은 천계 아래에 보호, 간수(看守)된 자들을 뜻합니다.

이러한 내용은 명백하게 입증하는 것을 가리키는 "본다"(to see)는 낱말의 뜻에서 잘 알 수 있습니다(본서 351항 참조). 그리고 또한 그러한 내용은 가장 가까운 뜻으로는, 주님사랑에 속한 선에서 비롯된 예배를 가리키는 "제단"(altar)의 뜻에서, 그리고 보다 더 내면적인 뜻으로는 그 사랑 안에 있는 천계나 교회를 가리키는 "제단"의 뜻에서, 그리고 최고의 뜻으로는 신령사랑에 속한 신령선과의 관계에서는 주님의 신령인성(神靈人性 · 神靈人間 · the Lord's Divine Human)을 가리키는 "제단"의 뜻에서 아주 잘 알 수 있습니다. "제단 아래"(under the altar)라는 말씀은 천계 아래에 보호, 간수된 자들을 뜻하는데, 그 이유는 그가 "하나님의 말씀과 그들이 가진 증거 때문에 죽임을 당한 자들의 영혼들을 제단 아래에서 보았다"고 언급되었기 때문입니다. 그리고 이들은 최후심판(最後審判 · the Last Judgment)까지 천계 아래에 보호, 간수된 자들을 뜻하기 때문입니다. 그러나 아직까지 이 세상에서는 이 사실이 알려지지 않았기 때문에 나는 그것이 어떠한 것인지를 설명하려고 합니다. 나의 작은 저서 ≪최후심판≫(最後審判 · the Last Judgment)에서는 최후심판 전에 "사라져 버린 이전 하늘"(=처음 하늘)이 뜻하는(묵시록 21 : 1) 천계의 외관(外觀 · a semblance of heaven)이 거기에 생겨났다는 것을 잘 입증하고 있습니다. 그리고 이 하늘(=천계)은 내적인 것이 결여(缺如)된 외적인 예배(external worship)에 있는 자들로 이루어졌다는 것, 그리고 따라서 비록 그들이 자연적이기는 하지만, 영적이 아닌, 외적인 도덕적인 삶을 산 자들로 이루어졌다는 것도 잘 입증하였습니다. 최후심판 전 이 하늘(=천계)을 형성한 그들은 영계(the spiritual world)에 있는 땅 위에서 보였고, 그리고 그들은 산들·언덕들·바위들 위에서 보였습니다. 그러므로 그들은 자신들이 천계에 있다고 믿었습니다. 그러나 이 천계는 그런 자들로 이루어졌는데, 그 이유는 그들이 오직 외적인 도덕적인 삶(an external moral life) 안에는 있었지만, 동시에 내적인 영적인 삶(an internal spiritual life) 안에는 있지 않았기 때문에, 그들은 아래로 내쫓겨났기 때문입니다. 그리고 이들이 쫓겨났을 때, 주님에 의하여 보호, 보존되었던 자들이 있었는데, 그 때 그들은 여기저기에서 보이지 않았습니다. 왜냐하면 낮은 땅(the lower earth)에 있는 자들 대부분은 위로 올리워지거나, 동일한 장소로 옮겨졌기 때문입니다. 다시 말하면 다른 자들이 전에 있었던 산들이나 언덕들이나 바위들이 있는 곳으로 옮겨졌기 때문입니다. 그리고 새로운 천계는 이런 자들로 형성되었습니다. 보호, 보존되었던 자들은 그 때 인애의 삶을 살았던 그 세계에 있는 그들로부터 위로 올리워졌는데, 그들은 진리에 속한 영적인 정동 안에 있게 되었습니다. 나는 다른 무리의 장소들에게로 옮기워지는 그들의 위로의 상승을 자주 자주 목격하였습니다. 이 무리가 바로 우리의 본문, "제단 아래에서 보인, 죽임을 당한 사람들의 영혼"이 뜻하는 자들입니다. 그리고 그들이 낮은 땅에서 주님에 의하여 보호, 간수되었기 때문에, 그리고 이 땅은 천계 아래에 있기 때문에, 따라서 "내가 제단 아래에서 그 영혼을 보았다"는 말씀은 천계 아래에 보호, 간수된 자들을 뜻합니다. 그러나 개별적으로 이들은 묵시록 20장 4, 5, 12, 13절에서 다루어졌는데, 그들에 관해서는 그 장절들이 다루어지는 곳에서 말씀드리겠습니다. 그러나 그 때까지는 나의 작은 저서 ≪최후심판≫(the Last Judgment) 65-72항에서 볼 수 있는데, 거기에는 "사라진

이전 하늘"과 "최후심판" 뒤 주님에 의하여 세워진 "새 하늘"(the new heaven)에 관해서 언급되었습니다. 여기의 내용은 아래 두 절에서 언급된 내용을 이해할 수 있는 빛을 넉넉하게 제공하고 있습니다. 다시 말하면 제단 아래에 있는 자들은 "큰 소리로 거룩하고 참되신 통치자님, 우리가 얼마나 더 오래 기다려야 땅 위에 사는 자들을 심판하시고, 또 우리가 흘린 피의 원수를 갚아 주시겠습니까? 하고 부르짖었습니다. 그리고 그들에게 흰 두루마기가 한 벌씩 주어졌고, 그리고 그들에게 일러진 것은, 그들은 그들과 같은 동료 종들과 그들의 형제자매들 가운데서 그들과 같이 죽임을 당하기로 되어 있는 사람의 수가 차기까지, 아직도 더 쉬어야 한다는 것입니까?"라고 하였습니다.

[2] "제단 아래에 있다"는 말씀은 천계(=하늘 · heaven) 아래에 있다는 것을 뜻합니다. 그 이유는 "제단"(祭壇 · the altar)이 최고의 뜻으로는 주님을 뜻하고, 상대적인 뜻으로는 천계와 교회를 뜻하기 때문입니다. 왜냐하면 주님께서는 천계이시고 교회이시기 때문입니다. 그 이유는 천계나 교회에 속한 모든 것, 또는 천사나 사람에게 있는 천계나 교회를 이루는 사랑과 믿음에 속한 모든 것은 주님에게서 비롯되기 때문이고, 그것으로 말미암아 사람은 주님의 것이기 때문입니다. 그러나 일반적인 뜻으로 "제단"은 주님에 속한 모든 예배를 뜻하고, 특별하게는 표징적인 예배(representative worship)를 뜻하는데, 이와 같은 표징적인 예배는 이스라엘 자손들에게 있었습니다. 그 교회에서의 "예배"는 번제물(燔祭物)이나 희생제물(犧牲祭物)을 바치는 것으로 주로 이루어졌기 때문에 "제단"은 모든 예배를 뜻합니다. 왜냐하면 이런 제물들은 모든 죄나 범죄를 위

해서 바쳐지고, 그리고 여기서는 성체(聖體)적 제물(eucharistic sacrifices)이나, 자의적인 제물(voluntary sacrifices)이라고 하는 여호와(=주님)를 기쁘게 하기 위하여 좋은 뜻에서 바쳐지고, 그리고 또한 모든 종류의 정화(淨化)를 위해서 바쳐지기 때문입니다. 더욱이 번제물이나, 희생제물은 교회의 모든 거룩한 임직의 취임이나 시작에 효력이 있습니다. 이러한 사실은 아론이나 그의 아들들의 제사장 직무의 취임에 드려진 제물들에게서, 그리고 회막(會幕)의 준공에서, 그리고 그 뒤에는 성전의 헌당(獻堂·落成)에서의 제사에서 잘 드러나고 있습니다. 여호와의 예배, 즉 주님의 예배가 주로 번제나 희생제에 존재하기 때문에 이런 제물은 매일 매일 드려졌습니다. 다시 말하면 아침 저녁으로 드려졌습니다. 그래서 한마디로 "계속적인 제사"(the continual offering)라고 하였고, 그 밖에도 대부분 모든 축제에 이 제사가 드려졌습니다. 그래서 성경말씀에서 "계속적인 제사"(the continual offering)는 모든 표징적인 예배를 뜻합니다. 이상에서 볼 때 예배나, 특별한 그 민족의 표징적인 예배는 주로 번제나 희생제에 존재하고 있다는 것을 잘 알 수 있겠습니다. 이런 이유 때문에, 이런 것들이 놓여지고, 그리고 그런 것들을 담고 있는 제단은 일반적으로 성경말씀의 모든 예배를 뜻합니다. 예배가 외적인 예배 뿐만 아니라, 내적인 예배를 뜻합니다. 그리고 내적인 예배는 사랑에 속한 모든 것이나, 믿음에 속한 모든 것을 내포하고 있고, 따라서 사람에게서의 교회나 천계를 구성하는 모든 것을 내포하고 있습니다. 한마디로 그것은 주님으로 하여금 사람과 함께 하기 때문입니다.

391[B]. 요한 앞에 보여진 제단은 천계를 표징합니다. 이런

이유 때문에 전 성경말씀은 표징들에 의하여 기술되었고, 그리고 이런 표징들은 이스라엘 자손과 함께 있는 그런 표징들입니다. 그러므로 성언(聖言)은 신구약에는 있는 것은, 다시 말하면 구약에 있는 것들이나 요한이 본 것들은 다른 곳에 있는 것들과 유사(類似)하였습니다. 다시 말하면 보여진 분향단은 향로(香爐)들과 더불어 향(香) 자체를 뜻하고, 성막·법궤(ark)나 그 밖의 다른 것들도 마찬가지입니다. 그러나 오늘날에는 이런것들은 어느 천사나 그들의 시각이 천계를 향해 열려 있는 어느 사람에게도 결코 나타나 보이지 않습니다. 제단·법궤나 그와 비슷한 것들도 오늘날에는 천계에서도 보이지 않는데, 그 이유는 고대사람들에게 제물은 전적으로 알지 못하는 것이었기 때문이고, 그리고 주님의 강림 뒤에는 그런 제물들은 완전히 폐지되었기 때문입니다. 제물들은, 에벨(Eber)에 의하여 시작되었고, 그리고 그 뒤 히브리 족속이라고 불리우는 에벨의 후손에게 계속 이어졌고, 그리고 에벨에서 이어지는 이스라엘 자손에게서는 묵인(黙認)되고, 관대해졌습니다. 그와 같은 특별한 이유는 시작되었던 예배나 마음에 뿌리를 내린 예배는 주님에 의하여 완전히 폐지된 것은 아니지만, 그러나 예배는 종교 안에 있는 거룩한 것을 뜻하기 위하여 휘어졌기 때문입니다(≪천계비의≫ 1343·2180·2818·10042항 참조).

[3] "제단"이 최고의 뜻으로는, 신령사랑에 속한 신령선과 관계해서는 주님의 신령인성(=신령인간·the Lord's Divine Human)을 뜻한다는 것, 그리고 상대적인 뜻으로는 천계나 교회를 뜻하고, 일반적으로는 모든 예배를 뜻하고, 개별적으로는 표징적인 예배를 뜻한다는 것은 성경말씀의 아래의 장절들에게서 잘 알 수 있습니다. 시편서의 말씀입니다.

주의 빛과 주의 진실하심을
나에게 보내 주시어,
나를 인도하는 길잡이가 되게 하시고,
주의 거룩한 산,
주님이 계시는 그 곳으로,
나를 데려가게 해주십시오.
하나님,
그 때에, 나는
하나님의 제단으로 나아가렵니다.
내 가장 큰 기쁨이신 하나님께로
나아가렵니다.
하나님, 나의 하나님,
내가 기뻐하면서,
수금으로 주께 감사하렵니다.
(시편 43 : 3, 4)

여기서 "하나님의 제단"(the altar of God)은 신령인성의 측면에서 주님을 뜻한다는 것은 아주 명확합니다. 왜냐하면 여기의 낱말들은 천계에 가는 길과 거기에 계신 주님에게 가는 길을 다루고 있기 때문입니다. 천계에 이르는 길은 "주의 빛과 주의 진실하심(Thy light and Thy truth)이 나를 인도하는 길잡이가 되게 하신다"는 말씀이 뜻하는데, 여기서 "빛"(light)은 그것 가운데 진리가 나타나는 예증(例證 · illustration)을 뜻하고, 그리고 그것이 그리로 인도하는 천계는 "주의 거룩한 산, 주님이 계시는 그 곳으로 나를 데려간다"는 말씀이 뜻합니다. 여기서 "거룩한 산"은 사랑에 속한 선이 통치하는 주님의 천적인 왕국이 있는 천계를 뜻합니다. 이에 반하여 그 선에서 비롯된 진리가 통치하는 주님의 영적인 왕국이 있는 곳을 "주님이 계시는 곳"(=주의 장막들)이 뜻하기 때문입니다. 이들 양자가 이런 내용을 뜻하기 때문에 "나는 하나님의 제단, 하나님에게 나아가렵니다" 라고 언급되었는데, 여기서 "하나님의 제단"(the altar of God)은 주님께서 사랑에 속한 선 안에 계시는 곳을 뜻하고, 그리고 "하나님"(God)은 주님께서 그 선에게서 비롯된 진리 안에 계시는 곳을 뜻합니다. 왜냐하면 주님께서는 신령진리로 말미암아서는 "하나님"이라고 불리셨고, 신령선으로 말미암아서는 "여호와" 라고 불리셨기 때문입니다. 유대 교회에는 최고의 뜻으로 주님의 신령인성(=신령인간)을 뜻하는 둘(2)이 있는데, 말하자면 제단과 성전(the altar and the temple)입니다. 전자, 즉 제단은 신령선의 측면에서 신령인성(=신령인간)을 뜻하고, 후자, 즉 성전은 그 선에서 발출하는 신령진리의 측면에서 신령인간(=신령인성)을 뜻합니다. 이들 양자는 주님의 신령인간의 측면에서 주님을 뜻하는데, 그 이유는 그 교회의 예배에 속한 모든 것들은 주님에게서 발출한 이른바 천적인 것이나 영적인 것이라고 하는 신령한 것들을 표징하기 때문입니다. 그리고 예배 자체는 주로 성전 안에 있는 제단에서 행해지기 때문입니다. 그러므로 이들 양자는 주님 당신을 표징합니다.

[4] 성전이 주님의 신령인성을 표징한다는 것은 주님께서 요한복음서에서 명확한 말씀들로 가르치셨습니다. 요한복음서의 말씀입니다.

유대 사람들이 예수께 묻기를 "당신이 이런 일을 하다니, 무슨 표적을 우리에게 보여 주겠습니까?" 하니, 예수께서 그들에게 말씀하시기를 "이 성전을 허물어라. 그러면 내가 사흘 만에 다시 세

우겠다" 하였다. 그러자 유대 사람들이 말하였다. "이 성전을
짓는데 마흔여섯 해나 걸렸는데, 이것을 사흘 만에 세우겠습니
까?" 그러나 예수께서 성전이라고 하신 것은 자기 몸을 두고 하
신 말씀이었다. 예수께서 죽은 사람 가운데서 살아 나신 뒤에야
제자들은 그가 말씀하신 것을 기억하고서, 성경말씀과 예수께서
하신 말씀을 믿었다(요한 2 : 18-23 ; 마태 26 : 61 ; 그 밖의 여러
곳).

제자들이 주님에게 성전의 건축물을 보여 주었을 때 주님께서
이렇게 말씀하셨습니다. 마태복음서의 말씀입니다.

예수께서 성전에서 나와서 걸어가시는데, 제자들이 다가와서 성전
건물을 예수께 가리켜 보였다. 예수께서 그들에게 말씀하셨다.
"너희는 이 모든 것을 보고 있지 않으냐? 내가 진정으로 너희에
게 말한다. 여기에 돌 하나도 돌 위에 남지 않고 다 무너질 것이
다"(마태 24 : 1, 2).

이 말씀은 주님께서 그들 가운데서 전적으로 부인된다는 것을
뜻하는데, 그 이유는 성전이 그것의 기초에서부터 파괴될 것이
기 때문입니다.

391[C]. [5] "제단"이 주님의 신령인성(the Lord's Divine
Human)을 뜻한다는 것은 마태복음서의 주님의 말씀에서 결론
지을 수 있겠습니다. 마태복음서의 말씀입니다.

"눈먼 인도자들아, 너희에게 화가 있다! 너희는 '누구든지 성전을
두고 맹세하면 아무래도 좋으나, 누구든지 성전의 금을 두고 맹세
하면 지켜야 한다' 하고 말한다. 어리석고 눈먼 자들아! 어느 것
이 더 중하냐? 금이냐? 그 금을 거룩하게 하는 성전이냐? 또

너희는 '누구든지 제단을 두고 맹세하면 아무래도 좋으나, 누구든지 그 제단 위에 있는 제물을 두고 맹세하면 지켜야 한다' 하고 말한다. 눈먼 자들아! 어느 것이 더 중하냐? 제물이냐? 그 제물을 거룩하게 하는 제단이냐? 제단을 두고 맹세하는 사람은, 제단과 그 위에 있는 모든 것을 두고 맹세하는 것이요, 성전을 두고 맹세하는 사람은, 성전과 그 안에 계신 분을 두고 맹세하는 것이다. 또 하늘을 두고 맹세하는 사람은, 하나님의 보좌와 그 보좌 위에 앉아 계신 분을 두고 맹세하는 것이다"(마태 23 : 16-22).

여기에 언급된 말씀은 성전이 그것 안에 있는 금(金)을 신성하게 하는 것이고, 그리고 제단은 그것 위에 놓인 예물을 신성하게 한다는 것입니다. 따라서 성전이나 제단은 가장 거룩한 것을 가리킨다는 것이고, 그리고 모든 성화(聖化)나 축성(祝聖)은 그것들에게서 비롯된다는 것입니다. 그러므로 "성전"이나 "제단"은 신령인성의 측면에서 주님을 뜻합니다. 왜냐하면 천계나 교회에 속한 모든 거룩한 것은 그것에서 발출하기 때문입니다. 만약에 이것이 뜻하는 내용이 아니라면 어떻게 성전이나 제단이 그 어떤 것을 신성하게, 또는 성스럽게 할 수 있겠습니까? 예배에 속한 선과 진리가 그분에게서 비롯되는, 예배 받으시는 주님 당신이 아니라면 예배 자체가 신성하게, 또는 성스럽게 할 수 없습니다. 이런 이유 때문에 예물이 거룩하게 하는 것이 아니고 제단이 거룩하게 한다고 언급되었습니다. 그 이유는 "예물"(禮物 · gift)은 그 예배를 구성하는 제물들을 뜻하기 때문입니다. 유대 사람들은 이 사실을 이해하지 못하였기 때문에, 그리고 이 내용과 달리 가르쳤기 때문에, 주님께서는 그들을 가리켜 "어리석고, 눈먼 자들"이라고 불렀습니다. [6] 제단이 이런 내용을 뜻하고 있기 때문에, 제단을 만지는 사람은 누구나 모두 성화되고, 축성, 정화된다는 것인데, 이러한 내용은 모세의 글에서 명확합니다. 출애굽기서의 말씀입니다.

> 너는 이레 동안 제단 위에 속죄제물을 드려서, 제단을 거룩하게 하여라. 그렇게 하면, 그 제단은 가장 거룩하게 되고, 그 제단에 닿는 것도 모두 거룩하게 될 것이다(출애굽기 29 : 37).

여기서 "닿는다"(觸手 · to touch)는 것은 내통(內通)하고, 전이(轉移)하고, 수용한다는 것을 뜻합니다(A.C. 10130항 참조). 여기서는 주님에게서 발출한 신령한 것이 그러하다는 것을 뜻합니다. 이러한 내용이 "닿는다"(=촉수)는 것이 뜻하기 때문에, 그리고 그것에 닿은 자가 성화되고, 축성되기 때문에, 최고의 뜻으로는 "제단"이 주님 당신을 뜻한다는 것이 뒤이어 언급되었습니다. 왜냐하면 다른 근원에서 비롯되는 거룩한 것은 아무것도 없기 때문입니다. 더욱이 모든 예배는 주님에게 속한 예배이고, 주님에게서 비롯되기 때문입니다. 그 교회에 있는 예배는 주로 번제와 희생제물로 이루어지기 때문에, 그러므로 "제단"은, 그것이 어디에서 왔느냐는 근원을 가리키는(a quo) 신령존재 자체를 뜻합니다. 그리고 이 신령한 것은 주님의 신령인성(=신령인간 · the Lord's Divine Human)을 가리킵니다.
[7] 그러므로 이렇게 엄명되었습니다. 레위기서의 말씀입니다.

> 제단 위의 불은 타고 있어야 하며, 꺼뜨려서는 안 된다.…… 제단 위의 불은 계속 타고 있어야 하며 꺼뜨려서는 안 된다(레위기 6 : 12, 13).

역시 이 불에서부터 회막 안에 있는 등불들도 지피워졌고, 그리고 그것들도 향로들 안에 있는 불에서, 그리고 향을 태우는 불에서 취하였습니다. 왜냐하면 "그 불"은 오직 주님 안에 있는 신령사랑(the Divine love)을 뜻하기 때문입니다(본서 68항 참조).
[8] "제단의 불"(the fire of the altar)이 신령사랑을 뜻하기 때문에 이사야 선지는 그것에 의하여 성별되었고, 정화되었습니다. 이사야서의 말씀입니다.

> 그 때에 스랍들 가운데서 하나가, 제단에서 부집게로 집은, 타고 있는 숯을, 손에 들고 나에게 날아와서, 그것을 나의 입에 대며 말하였다. "이것이 너의 입술에 닿았으니, 너의 악은 사라지고, 너의 죄는 사해졌다"(이사야 6 : 6, 7).

그것들의 시리즈에서 이런 말씀들이 뜻하는 것이 무엇인지는, 여기서 "제단"은 신령인성의 측면에서 주님을 뜻한다는 것, 그리고 제단 위의 "불"은 주님의 신령사랑에 속한 신령선을 뜻한다는 것 등을 밝히 알 때에, 잘 알 수 있습니다. 그리고 예언자의 "입과 입술"(the prophet's mouth and lips)은 선과 진리의 교리를 뜻하고, "댄다"(to touch)는 것은 교류, 내통하는 것을 뜻하고, "사라진 범죄"(iniquity)는 거짓을 뜻하고, "사라진 죄악"(sin)은 악을 뜻합니다. 왜냐하면 "범죄"(iniquity)는 거짓에 속한 삶(=생명)을, 다시 말하면 진리들에게 정반대되는 삶에 관해서 서술하기 때문이고, 그리고 "죄악"(sin)은 악에 속한 삶(=생명)을, 다시 말하면 선에 정반대되는 삶에 관해서 서술하기 때문입니다.
[9] 이사야서의 말씀입니다.

게달(=아라비아)의 모든 양 떼가 다 너에게로 모여들며,
네가 느바욧의 숫양들을 제물로 쓸 것이다.
"내가 내 성전을
이전보다 더욱 영화롭게 할 때에,
이것들이 내 제단 위에
합당한 제물로 오를 것이다."
(이사야 60 : 7)

이 말씀은 주님의 강림에 관해서 다루고 있습니다. 그리고 이 말씀은 주님 당신에 관해서 언급한 것입니다. "다 너에게로 모여들 게달의 양 떼"나 "제물로 쓸 느바욧의 숫양들"은 외적인 것이나 내적인 것을 가리키는 모든 영적인 선들을 뜻하고, "양 떼"는 외적인 선들을 뜻하고, "숫양들"은 내적인 선들을 뜻하고, "게달"(=아라비아)이나 "느바욧"은 영적인 것들을 뜻합니다. "이것들이 내 제단 위에 합당한 제물로 오를 것이다. 내가 내 성전을 이전보다 더욱 영화롭게 할 것이다"(=그것들이 내 제단에 받아들여져 올라오리니, 내가 내 영광의 집을 영화롭게 할 것이다)는 말씀은 그것들이 그것 안에 있게 될 주님의 신령인성을 뜻합니다. 여기서 "제단"은 신령선과의 관계에서 주님의 신령인성을 뜻하고, "내 영광의 집"은 신령진리와의 관계에서 주님의 신령인성을 뜻합니다. 여기서 신령인성의 측면에서 주님을 뜻한다는 것은, 우리의 본문장의 앞부분의 "주께서 아침 해처럼 떠오르시며, 그의 영광이 너의 위에 나타날 것이다"라는 말씀이나, 그 뒤에 이어지는 주님께서 그분의 인성에 관해서 그것으로 가득 채우실, 신령지혜가 기술된 것에서 잘 알 수 있습니다.

6장 9-17절   37

[10] "제단"이 최고의 뜻으로 주님의 신령인성을 뜻하기 때문에, 그러므로 "제단"은 역시 천계와 교회를 뜻합니다. 본질적으로 천사적인 천계는 주님의 신령인성에서 발출한 신령한 것으로 말미암아 존재하기 때문입니다. 이것으로 말미암아 천사적인 천계는 마치 한 사람처럼 온전한 복합체 안에 있습니다. 그러므로 천계는 최대인간(最大人間·the Greatest Man)이라고 불리운다는 것은 《천계와 지옥》 59-86항을 참조하시고, 천사적인 천계가 교회에 관한 것이라는 것은 같은 책 57항을 참조하십시오. 그것은 모든 예배가 주님에게서 비롯되기 때문인데, 그 이유는 신령존재는 주님으로 말미암아 사람과 교류, 내통하기 때문입니다. 그리고 그것 안에는 주님 당신께서 계시는데, 따라서 "제단"은 일반적으로 사랑에 속한 선에서 발출하는 예배의 모든 것을 뜻합니다. 그리고 "성전"은 그 선에서 비롯된 진리들에게서 발출하는 예배를 뜻합니다. 왜냐하면 모든 예배는 사랑에서, 또는 믿음에서 비롯되듯이, 선에서, 또는 진리에서 비롯되기 때문입니다. 사랑에 속한 선에게서 비롯된 예배는 마치 주님의 천적인 왕국에 존재하는 그런 것과 같고, 그리고 그 선에서 비롯된 진리들에게서, 다시 말하면 믿음에 속한 진리들이라고 부르는 진리들에게서 비롯된 예배는, 주님의 영적인 왕국에 존재하는 그런 것과 같습니다. 이러한 내용은 같은 책 20-28항을 참조하십시오.

391[D]. [11] 이렇게 볼 때 아래 장절에서 "제단"이 뜻하는 것이 무엇인지 잘 알 수 있겠습니다. 시편서의 말씀입니다.

> 만군의 주님,
> 주님이 계신 곳(=주의 성막들)이 얼마나 사랑스러운지요.
> 내 영혼이 주의 궁전 뜰을

그리워하고, 사모합니다.
내 마음도 이 몸도,
살아 계신 하나님께 기쁨의 노래 부릅니다.
참새도 주의 제단 곁에서는 제 집을 찾고,
제비도 새끼를 칠 보금자리를 얻습니다.
만군의 주님, 나의 왕, 나의 하나님,
주의 집에 사는 사람은 복됩니다.
그들은 영원토록 주님을 찬양합니다.
(시편 84 : 1-4)

여기서 "제단들"은 천계를 뜻합니다. 왜냐하면 "주의 성막들이 어찌 사랑스러운지요. 내 영혼이 주의 궁전 뜰을 그리워하고 사모합니다"라고 언급되었고, 그리고 그 뒤에는 "만군의 주님, 나의 왕, 나의 하나님, 주의 집에 사는 사람은 복됩니다"라고 언급되었기 때문입니다. 여기서 "주의 성막들"은 보다 높은 천계를 뜻하고, 그리고 "뜰"(courts)은 입구가 있는 보다 낮은 천계를 뜻하고, 그리고 이런 것들은 예배로 말미암아 "제단들"(altars)이라고 불리웠습니다. 모든 예배가 진리들에 의하여 사랑에 속한 선에서 비롯되기 때문에, "만군의 주님, 나의 왕, 나의 하나님, 곧 주의 제단들입니다"라고 언급되었습니다. 왜냐하면 주님께서는 신령선으로 말미암아 "여호와"(=주)라고 불리웠고, 신령진리로 말미암아 "왕" "하나님"이라고 불리웠기 때문입니다. 그리고 천계를 뜻하고 있기 때문에, "주의 집에 사는 사람은 복됩니다"라고 언급되었습니다. 여기서 "여호와 하나님의 집"은 온전한 복합체로 있는 천계를 뜻합니다. 따라서 "정녕, 참새도 주의 제단 곁에서는 제 집을 찾고, 제비도 새끼를 칠 보금자리를 얻는다"라고 언급되었는데, 그 이유는 "참새"(a bird)는 영적인 진리를 뜻하고, "제비"(swallow)는 자연적인 진리를 뜻하는데, 그것에 의하여 거기에는 예배가 있기 때문입니다. 예배가 있게 하는 모든 진리는 사랑에 속한 선에게서 비롯되기 때문에, 먼저 "내 마음도 이 몸도 살아 계신 하나님께 기쁨의 노래를 부릅니다"라고 언급되었습니다. 여기서 "마음과 이 몸"(=마음과 육체)은 사랑에 속한 선을 뜻하고, "기쁨의 노래를 부른다"는 말은 선에 속한 기쁨에서 비롯된 예배를 뜻합니다.

[12] 묵시록서의 아래 장절들에서도 "제단"은 역시 천계와 교회를 뜻합니다. 묵시록서의 말씀입니다.

> 나는 지팡이와 같은 측량자 하나를 받았는데, 그 때에 이런 말씀이 내게 들려왔습니다(=내게 지팡이 같은 자막대기를 주며, 그 천사가 서서 말하였습니다). "일어서서 하나님의 성전과 제단을 측량하고, 성전 안에서 예배하는 사람들을 세어라"(묵시록 11 : 1).

그 뒤의 말씀입니다.

> 또 내가 들으니, 제단에서
> "그렇습니다. 주 하나님, 전능하신 분,
> 주님의 심판은 참되고 의롭습니다"
> 하는 소리가 울려 나왔습니다.
> (묵시록 16 : 7)

시편서의 말씀입니다.

> 주님, 내가 무죄함으로 손을 씻고,
> 주의 제단을 두루 돌면서,

감사의 노래를 소리 높여 부르며,
주께서 나에게 해주신 놀라운 일들을
모두 다 전하겠습니다(=주의 경이로운 모든 일을 말하겠습니다).
(시편 26 : 6, 7)

여기서 "무죄함으로 손을 씻는다"(=결백함으로 손을 씻는다)는 말씀은 온갖 악들이나 거짓들로부터 정화(淨化)되는 것을 뜻합니다. "주님, 주의 제단을 두루 돈다"는 말씀은 사랑에 속한 선에서 비롯된 예배에 의하여 주님과의 결합을 뜻합니다. 그리고 이 예배가 선에게서 비롯된 진리들에 의한 예배이기 때문에, 거기에 "나는 감사의 노래를 소리 높여 부른다"는 말씀이 부가되었는데, 여기서 "감사의 노래를 소리 높여 부른다"(=감사의 음성으로 공포한다)는 말씀은 진리들에게서 비롯된 예배를 뜻합니다. "주님, 주의 제단을 두루 돈다"는 말씀은 사랑에 속한 선에서 비롯된 예배에 의한 주님의 결합을 뜻합니다. 그 이유는 "주"(=여호와)가 사랑에 속한 선을 서술하기 때문이고, 그리고 "두루 돈다"(to compass)는 말은 예배와 포옹(抱擁)하는 것을 뜻하고, 따라서 결합하는 것을 뜻합니다.
[13] 이사야서의 말씀입니다.

그 날이 오면,
이집트 땅의 다섯 성읍에서는
사람들이 가나안 말을 하며,
만군의 주만을 섬기기로
충성을 맹세할 것이다.
그 다섯 성읍 가운데서 한 성읍은
'멸망의 성읍'(=태양의 성읍)이라고 불릴 것이다.
그 날이 오면,

6장 9-17절

이집트 땅 한가운데
주를 섬기는 제단 하나가 세워지겠고,
이집트 국경지대에는
주께 바치는 돌기둥 하나가 세워질 것이다.
(이사야 19 : 18, 19)

여기서 "이집트"는 자연적인 사람을 뜻하고, 그리고 아는 능력(=학문적인 능력)을 뜻합니다. 그리고 "그 날에"라는 말은 주님의 강림을 뜻하고, 그리고 그 때 주님에게서 비롯된 참된 지식들(=과학지들) 안에 있을 자들의 상태를 뜻하고, "가나안 말을 하는 이집트 땅의 다섯 성읍"은 그 교회에 속한 본연의 진리들을 가리키는 교리에 속한 수많은 진리들을 뜻하고, 여기서 "다섯"(5)은 많다는 것을 뜻하고, "성읍들"은 교리에 속한 진리들을 뜻하고, "가나안 말"(=가나안의 입술)은 그 교회에 속한 본연의 교리적인 것들을 뜻합니다. "만군의 주만을 섬기기로 충성을 맹세한다"는 말씀은 주님을 찬양하는 것을 뜻하고, 여기서 "만군의 주"(Jehovah of Hosts)는, 여기서는 물론 성경말씀의 수많은 장절들에서도, 모든 선과 진리의 측면에서 주님을 뜻합니다. 왜냐하면 "주인들"(hosts · Zebaoth)은, 그것의 어원에서 보면, 군대들(萬軍)을 뜻하고, 그리고 군인들(=만군)은 영적인 뜻으로 천계나 교회의 모든 선들이나 진리들을 뜻하기 때문입니다(A.C. 3448 · 7236 · 7988 · 8019항 참조). 그러므로 이런 내용이 "만군의 주"(Jehovah Zebaoth, 또는 Jehovah of Hosts)의 뜻입니다. "그 성읍들 중 한 성읍은 '멸망의 성읍'(Ir Cheres)이라고 불린다"는 것은 자연적인 것 안에 있는 영적인 진리들로 말미암아 빛나는 교리를 뜻하는데, 왜냐하면 여기서 "Ir"은 성읍이나 도시를 뜻하고, 그리고 "성읍"(=도시)은 교리를 뜻하기 때문입니다. 그리고 "Cheres"는, 태양에 속한 것과 같이 번쩍이는 것(glittering)을 뜻하기 때문입니다. "그 날이 오면, 이집트 땅 한가운데 주를 섬기는 제단 하나가 세워질 것이다"는 말씀은, 자연적인 사람 안에 있는 참된 지식들(=참된 과학지들)에 의하여 사랑에 속한 선에서 비롯된 주님의 예배가 그 때 있을 것이라는 것을 뜻합니다. "주를 섬기는 제단"은 사랑에 속한 선에서 비롯된 주님의 예배를 뜻하고, "이집트 땅 한가운데"라는 말은 자연적인 사람 안에 있는 지식들에 의한다는 것을 뜻하는데, 여기서 그 지식들은 성경말씀의 문자적인 뜻에서 비롯된 앎들(=인식 · cognitions)을 뜻합니다. "이집트의 국경지대"(=이집트 땅의 경계)는 믿음에 속한 진리들에게서 비롯된 주님의 예배를 뜻하는데, 여기서 "돌기둥"(a pillar)은 믿음에 속한 진리들에게서 비롯된 예배를 뜻하고, "이집트의 국경지대"(=경계)는 궁극적인 것들을 뜻합니다. 그리고 자연적인 사람의 궁극적인 것들은 감관들에 속한 것들을 뜻합니다.

[14] 같은 책의 말씀입니다.

> 야곱이 이교 제단의 모든 돌을 헐어
> 흰 가루로 만들고,
> 아세라 여신상과 분향단을
> 다시는 세우지 않을 것이다(=그가 제단의 모든 돌을 산산이 부서진 석회석들 같게 하실 때에 아세라들과 형상들이 다시는 서지 못할 것이다).
> (이사야 27 : 9)

이 말씀은 그들에 의하여 그 교회를 뜻하는, 여기서는 멸망하게 될 그 교회를 뜻하는 야곱과 이스라엘에 관해서 언급하고 있습니다. 예배에 속한 진리들에 속한 그것의 멸망은 "산산이 부서진 석회석들 같이 제단의 돌들이 놓일 것이다"는 말씀이 뜻합니다. 여기서 "산산이 부서진 석회석들 같이" 라는 말씀은 밀착(密着)되지 않는 거짓들을 뜻합니다. "아세라 여신상과 분향단을 다시는 세우지 않을 것이다"(=작은 숲들(groves)과 태양신상들(太陽神像·sun-statues)이 더 이상 일어나지 않을 것이다)는 말씀은 더 이상 영적인 진리들이나 자연적인 진리들에게서 비롯된 어떤 예배도 없을 것이라는 것을 뜻하는데, 여기서 "숲"(groves)은 영적인 진리에서 비롯된 예배를 뜻하고, "태양신상들"(sun-statues)은 자연적인 진리들에게서 비롯된 예배를 뜻합니다.
[15] 애가서의 말씀입니다.

> 주께서 당신의 제단도 버리시고,
> 당신의 성소도 역겨워하셨다.
> 궁전 성벽을 원수들의 손에 넘기시니,
> 그들이 주의 성전에서
> 마치 잔칫날처럼 함성을 지른다.
> (애가 2 : 7)

이 말씀은 그 교회의 모든 것들의 황폐화에 대한 애도(哀悼)를 가리킵니다. 교회가 모든 선들에 대해서 황폐하게 만들었다는 것은 "주님께서 당신의 제단을 버리셨다"는 말씀이 뜻하고, 교회가 모든 진리들에 대하여 황폐하게 만들었다는 것은 "주께서 당신의 성소도 역겨워하셨다"는 말씀이 뜻합니다. "성소"(=지성소·sanctuary)가 진리들에 대한 교회를 서술한다는 것은 본서 204[A]항을 참조하십시오. 온갖 거짓들이나 악들이 교회에 속한 모든 것들 속에 침입하였다는 것은 "궁전 성벽을 원수들의 손에 넘기셨다"는 말씀이 뜻하는데, 여기서 "원수"(enemy)는 악과 거짓을 뜻하고, "그의 손에 넘긴다"는 것은 이런 것들이 사로잡고, 침입하였다는 것을 뜻하고, "궁전의 벽들"(=성벽들)은 모든 방어하는 진리들을 뜻하고, "궁전"은 교회의 것들을 뜻합니다.

391[E]. [16] 이사야서의 말씀입니다.

> "안식일을 지켜 더럽히지 않고,
> 나의 언약을 철저히 지키는 이방 사람들은,
> 내가 그들을 나의 거룩한 산으로 인도하여,
> 기도하는 내 집에서 기쁨을 누리게 하겠다.
> 또한 그들이
> 내 제단 위에 바친 번제물과 희생제물들을
> 내가 기꺼이 받을 것이니,
> 나의 집은
> 만민이 모여 기도하는 집이라고
> 불릴 것이다."
> (이사야 56 : 6, 7)

여기서 "안식일"(Sabbath)은 주님과 천계의 결합이나 주님과 교회의 결합을 뜻하고, 따라서 거기에 있는 자들과 주님과의 결합을 뜻합니다. 그러므로 "안식일을 지킨다"는 것은 주님과의 결합 안에 있다는 것을 뜻합니다. 그리고 "나의 언약을 지킨다"는 것은 주님의 계명들(=명령들)에 일치하는 삶에 의한 결합을 뜻합니다. "언약"(covenant)이 결합을 뜻하고, 그리고 계명들에 일치하는 삶을 뜻한다는 것은 결합하는 것을 가리킵니다. 이런 이유 때문에 십성언(十聖言)의 계명들은 "언약"이

6장 9-17절

라고 하였습니다. "그들을 인도하여 올 거룩한 산"은 주님께서 그들에게 사랑에 속한 선을 부여할 것이라는 것을 뜻하는데, 여기서 "거룩한 산"(the mountain of holiness)은 주님사랑에 속한 선이 존재하는 천계를 뜻합니다. 결과적으로는 그 천계에 존재하는 사랑에 속한 그런 선을 뜻합니다. "내가 내 집에서 기도하는 그들이 기쁨을 누리게 하겠다"는 말씀은 주님께서 그들에게 영적인 진리들을 부여할 것이라는 것을 뜻합니다. 여기서 "기도하는 집" 즉 성전은 영적인 진리들이 존재하는 천계를 뜻합니다. 결과적으로는 그 천계에 있는 영적인 진리들을 뜻합니다. "내가 기꺼이 받을 내 제단 위에 바친 번제물들과 희생제물들"은 영적인 진리들에게서 비롯된 감사하는 사랑의 선에서 비롯된 예배를 뜻합니다. 여기서 "번제물들"은 사랑에 속한 선에서 비롯된 예배를 뜻하고, "희생제물들"은 그 선에서 비롯된 진리들에게 비롯된 예배를 뜻합니다. 선에서 비롯된 진리들은 영적인 진리들이라고 부릅니다. "제단 위에"라는 말씀은 천계 안에나, 또는 교회 안에 있다는 것을 뜻합니다.

[17] 시편서의 말씀입니다.

주의 은혜로 시온을 돌보시어,
예루살렘 성벽을 다시 세워 주십시오.
그 때에 주님은
올바른 제사와 번제와 온전한 제물을
기쁘게 받으실 것이니,
그 때에 주의 제단 위에
수송아지를 드리겠습니다(=주의 선하신 기쁨으로 시온을 향하여 선을 행하시고, 예루살렘 성벽을 쌓으소서. 그 때 주께서는 의의 희생제물과 번제와 온전한 번제를 기뻐하시리니 그 때 그들이 주의 제단에 수송아지들을 드리리이다)(시편 51 : 18, 19).

여기서 "시온"은 사랑에 속한 선 안에 있는 교회를 뜻하고, "예루살렘"은 교리에 속한 진리들 안에 있는 교회를 뜻합니다. 그러므로 "주의 선하신 기쁨으로 시온을 향하여 선을 행하신다"(=주의 은혜로 시온을 돌보신다)는 말씀과 "예루살렘의 성벽을 쌓는다"(=예루살렘 성벽을 다시 세운다)는 말씀은 사랑에 속한 선으로 그것에 의한 인도에 의하여 교회를 회복시키는 것이나, 교리에 속한 진리들로 그것을 가르치는 것에 의한 교회를 회복시키는 것을 뜻합니다. 그 때 사랑에 선에서 비롯된 예배는 "그 때에 주님은 올바른 제사와 번제와 온전한 제물을 기쁘게 받으실 것이다"(=주께서는 의의 희생제물과 번제와 온전한 번제를 기뻐하실 것이다)는 말씀이 뜻합니다. 여기서 "의"(義·righteousness)는 천적인 선을 가리키고, "온전한 번제"(whole burnt-offering)는 사랑을 뜻하고, 그리고 그 때 인애에 속한 선에서 비롯된 예배는 "그 때 그들은 주의 제단 위에 수송아지를 드릴 것이다"는 말씀이 뜻합니다. 여기서 "수송아지"(bullocks)는, 인애에 속한 선을 가리키는, 자연적인 선을 뜻합니다.

[18] 같은 책의 말씀입니다.

　　주님은 하나님이시니,
　　우리에게 빛을 비추어 주셨다.
　　나뭇가지로 축제의 단을 장식하고,
　　제단의 뿔도 꾸며라.
　　주님은 나의 하나님이시니,

내가 주님께 감사드립니다.
내 하나님,
내가 주님을 높이 기리겠습니다(=하나님은 우리에게 빛을 보여 주신 주시니, 끈으로 희생제물을 제단 뿔들에 매어라. 주는 나의 하나님이시니 내가 주를 찬양하리다)(시편 118 : 27, 28).

여기서 "빛을 비춘다"(to enlighten)는 것은 진리들로 예증(例證)하고, 설명하는 것을 뜻하고, "끈으로 희생제물을 제단 뿔들에 맨다"는 것은 예배에 속한 모든 것들을 결합시키는 것을 뜻하고, 그리고 여기서 "끈들로 맨다"는 것은 결합시키는 것을 뜻하고, "제단 뿔들에 맨 희생제물"은 예배에 속한 모든 것들을 뜻하고, "뿔들"(horns)은, 그것들이 궁극적인 것들이기 때문에, 모든 것들을 뜻하고, "희생제물"(the festal-offering)이나 "제단"(altar)은 예배를 뜻합니다. 외적인 것들이 내적인 것들과 결합하였을 때, 그리고 선들과 진리들이 결합하였을 때, 예배에 속한 모든 것들은 결합됩니다.
[19] 누가복음서의 말씀입니다.

창세 이래로 흘린 모든 예언자들의 피에 대하여 이 세대가 책임을 져야 할 것이다. 아벨의 피에서 비롯하여 제단과 성소 사이에서 죽은 사가랴의 피에 이르기까지…… 이 세대가 그 책임을 져야 할 것이다(누가 11 : 50, 51).

이 말씀은 창세 이래로(=세상의 기초가 놓인 이래로) 모든 예언자들의 피나, 아벨의 피에 대하여 유대 민족이 책임을 져야 한다는 것을 뜻하지 않습니다. 왜냐하면 피는, 그것을 흘린 그 사람을 제외하면 어느 누구에게서 그 댓가를 요구되지 않기 때문입니다. 그러나 이 말씀은 그 민족이 모든 진리들을 위화하고, 모든 선을 섞음질하였다는 것을 뜻합니다. 왜냐하면 "창세 이래로 흘린 모든 예언자들의 피"는 지금까지 교회 안에 있었던 모든 진리의 위화(僞化)를 뜻하기 때문입니다. 사실 여기서 "피"(blood)는 위화를 뜻하고, "예언자들"은 교리에 속한 진리들을 뜻하기 때문이고, 그리고 "창세 이래로"(=세상의 기초가 놓인 이래로)라는 말씀은 지금까지 교회 안에 있었던 모든 것을 뜻하기 때문이고, 그리고 "창세"(=이 세상의 기초)는 교회의 설시를 뜻하기 때문입니다. "아벨의 피로부터 제단과 성전 사이에서 살해된 스가랴의 피까지"라는 말씀은 모든 선의 섞음질을 뜻하고, 그리고 결과적으로는 주님의 예배의 멸절(滅絶)이나 파괴를 뜻합니다. "아벨로부터 사가랴까지의 피"는 모든 것의 섞음질(=품질을 나쁘게 떨어뜨리는 것·adulteration)을 뜻하고, "제단과 성전 사이에서 살해되었다"는 것은 예배 가운데 있는 모든 선이나 진리의 멸절(=파괴)을 뜻합니다. 왜냐하면 여기서 "제단"은 선에서 비롯된 예배를 뜻하고, "성전"은 진리에서 비롯된 예배를 뜻하기 때문인데, 이러한 내용은 앞에서 이미 언급하였습니다. "이들 사이에서"라는 말씀은 결합이 존재하는 곳을 뜻하고, 여기서는 선도 없고, 진리도 없기 때문에 결합이 존재하지 않는 곳을 뜻합니다. 제단은 회막(會幕·the tent of meeting) 밖에 있었고, 성전 밖에 있었습니다. 그러므로 둘(=양자) 사이에서 행해졌다는 것은 교류(交流·內通)나 결합(結合)을 뜻합니다(A.C. 10001·10025항 참조). 그리고 아벨(Abel)은 인애에 속한 선을 뜻합니다(A.C. 342·374·1179·3325항 참조). 성경말씀에 있는 이름들은 사물(事物)들을 뜻하기 때문에, 여기서 아벨이나 사가랴는 영적인 뜻으로 그들을 뜻하지 않는다는 것은 명확합니다.
[20] 마태복음서의 말씀입니다.

> (예수께서 말씀하셨습니다.) "네가 제단에 제물을 드리려고 하다가, 네 형제나 자매가 네게 어떤 원한을 품고 있다는 생각이 나거든, 너는 그 제물을 제단 앞에 놓아 두고, 먼저 가서 네 형제나 자매와 화해하여라. 그런 다음에 돌아와서 제물을 드려라(마태 5 : 23, 24).

"제단에 제물을 드린다"(=바친다)는 것은 영적인 뜻으로 하나님을 예배하는 것을 뜻하고, 그리고 하나님을 예배한다는 것은, 속뜻이나 겉뜻으로, 다시 말하면 사랑이나 믿음에서 비롯된 예배를 뜻하고, 따라서 삶에서 비롯된 예배를 뜻합니다. 이러한 뜻은 유대교회의 예배가 주로 제단 위에서 올리는 희생제물들이나 예물들에 존재하였기 때문입니다. 그리고 주된 것은 전부 지지를 받았습니다. 이렇게 볼 때 영적인 뜻으로 주님께서 가르치신 말씀의 뜻은 잘 알 수 있겠습니다. 다시 말하면 신령예배는 근본적으로는 이웃을 향한 인애 안에 존재하는 것이지, 인애가 없는 자비(慈悲·piety) 안에 존재하지 않는다는 것입니다. "제단에 예물(禮物·gift)을 드린다"(=바친다)는 것은 자비에서 비롯된 예배를 뜻하고, "형제자매와 화해한다"는 것은 인애에서 비롯된 예배를 뜻하는데, 인애에서 비롯된 예배가 참된 예배라는 것, 그리고 자비에서 비롯된 예배도 그런 것이라는 것 등등은 ≪새 예루살렘의 교리≫(the Doctrine of the New Jerusalem) 123-129항을, ≪천계와 지옥≫ 222·224·358-360·528·529·535항이나, 본서 325[B]항을 참조하십시오.

[21] "만약에 네가 예물을 제단에 드리려고 한다" 라는 말씀은 모든 예배 안에 있다는 것을 뜻한다는 것은 누가복음 17장 4절이나 마태복음 18장 22절의 주님의 말씀에서 아주 명확합니다. 거기에는 아무 때라도 필히 형제나 자매에게 용서해야 한다는 것을 언급하고 있습니다. 거기에서 "일흔 번씩 일곱 번"이라는 말은 언제나(=항상·always)를 뜻하기 때문입니다.
391[F]. "제단"이 이런 내용을 뜻하기 때문에, 제단은 나무(wood)나 흙(ground)으로 만들어졌고, 또는 쇠로 다듬지 않은(=가공하지 않은, 정을 대지 않은) 온전한 돌들(whole stones)로 만들었습니다. 그것은 역시 황동(黃銅)으로 감쌌습니다(=입혔습니다). 제단을 나무로 만든 것은, 나무가 선을 뜻하기 때문이고, 그리고 그것을 흙으로 만든 것은 흙(ground)이 동일한 뜻을 가지고 있기 때문이고, 그리고 가공하지 않은 돌들로 만든 것은, 이런 "돌들"이 선으로 형성된 진리들을, 또는 겉모양으로는 선을 뜻하기 때문입니다. 제단은, 망치나 도끼 또는 쇠로 만든 연장으로 다듬은 그런 돌들로 짜 맞추는 것을 금지하고 있습니다. 그렇게 금하고 있는 것은 자기총명(self-intelligence) 따위는 결코 제단의 형성에 필히 가까이 하면 안 된다는 것을 뜻합니다. 황동으로 씌웠다는 것은 황동이 모든 부분에서 선을 표징하기 때문입니다. 왜냐하면 "황동"(黃銅·brass)은 외적인 것으로 선을 뜻하기 때문입니다.
[22] 제단이 나무로 만들어졌다는 것은 모세의 글에서 잘 알 수 있습니다. 출애굽기서의 말씀입니다.

아카시아 나무로 제단을 만들어라. 그 제단은 길이가 다섯 자요, 너비가 다섯 자인, 네모난 모양으로 만들고, 그 높이는 석 자로 하여라. 제단의 네 모퉁이에 뿔을 하나씩 만들어 붙이되, 그 뿔과 제단을 하나로 이어놓고, 거기에 놋쇠(=황동)을 입혀야 한다. 재를 담는 통과 부삽과 대야와 고기 갈고리와 불 옮기는 그릇을 만들어라. 이 모든 기구는 놋쇠로 만들어야 한다. …… 제단을 옮기는데 쓸 채를 만들되 이것을 아카시아 나무로 만들고 거기에 놋쇠를 입혀라. …… 제단은 널빤지로 속이 비게 만들되, 내가 이 산에서 너에게 보여 준 그대로 만들어야 한다(출애굽기 27 : 1-8).

그리고 에스겔서의 말씀입니다.

나무로 만든 제단이 있는데, 그 높이는 석 자요, 그 길이는 두 자였다. 그 모퉁이와 그 받침대와 옆 부분도 나무로 만든 것이었다. 그가 나에게 일러주었다. "이것이 주님 앞에 차려 놓는 상이다(에스겔 41 : 22).

더욱이 이스라엘 자손이 그 때 머물던 광야에서 이 곳 저 곳으로 옮기고, 운반하기 위하여 그 용도에 맞게 제단은 나무로 만들었고, 놋쇠를 입혔습니다. 여기서도 역시 "나무"는 선을 뜻하기 때문이고, "아카시아 나무"(=싯팀나무·shittim wood)는 정의를 뜻하고, 또한 주님의 공로(the Lord's merit)를 뜻하기 때문입니다. "나무"가 선을 뜻한다는 것은 A.C. 643·3720·8354항을 참조하시고, "아카시아 나무"(=싯팀나무)가 오직 주님에게 속한 의의 선이나, 공로의 선을 뜻한다는 것은 A.C. 9472·9486·9528·9715·10178항을 참조하십시오. 그러나 제단이 흙으로 축조(築造)되었다는 것, 그리고 그 때 돌들로 축조되었을 경우, 철의 연장으로 다듬지 않은 온전한 돌들(=자연석들)로 만들어졌다는 것은 모세의 글에서 잘 볼 수 있습니다. 출애굽기서의 말씀입니다.

나에게 제물을 바치려거든, 너희는 흙으로 제단을 쌓고, 그 위에 다 번제물과 화목제물로 너희의 양과 소를 바쳐라. 너희가 나의 이름을 기억하고 예배하도록, 내가 정하여 준 곳이면 어디든지, 내가 가서 너희에게 복을 주겠다. 너희가 나에게 제물 바칠 제단을 돌로 쌓고자 할 때에는 다듬은 돌을 써서는 안 된다. 너희가 돌에 정을 대면, 그 돌이 부정을 타게 된다(출애굽기 20 : 24, 25).

신명기서의 말씀입니다.

거기에서 주 너희의 하나님께 드리는 제단을 만들되, 쇠 연장으로 다듬지 않은 자연석으로 제단을 만들어라. 너희는 다듬지 않은 자연적으로 주 너희 하나님의 제단을 만들고, 그 위에 번제물을 올려 주 너희의 하나님께 드려야 한다(신명기 27 : 5, 6).

391[G]. [23] 따라서 본연의 뜻으로 "제단"이 뜻하는 것이 무엇인지 더 깊이 알 수 있겠습니다. 이렇게 볼 때 "제단"이 나쁜 뜻으로 뜻하는 것이 무엇인지 잘 알 수 있겠습니다. 다시 말하면 제단은, 우상숭배적인 예배(idolatrous worship), 또는 지옥적인 예배를 뜻하는데, 그런 예배는 종교를 가지고 있는 자들에게서 오직 장소만 차지 할 뿐이고, 그럼에도 불구하고 자기 자신이나 이 세상을 사랑하고, 따라서 그런 것들을 숭배합니다. 그들이 이런 짓을 할 때 그들은 악을 애지중지하고, 거짓을 사랑하는 것입니다. 그러므로 그런 것과 관련해서 "제단"은 악에서 비롯된 예배를 뜻하고, 그들이 가지고 있는 "신상"(神像)들은 거짓에서 비롯된 예배를 뜻합니다. 그러므로 역시 지옥을 뜻합니다. 이러한 내용이 나쁜 뜻으로 "제단"의

6장 9-17절

뜻이라는 것은 아래의 장절들에게서 잘 알 수 있습니다. 이사야서의 말씀입니다.

> "그 날이 오면 사람들은
> 자기들을 지으신 분에게 눈길을 돌리고,
> '이스라엘의 거룩하신 분'을 바라볼 것이다.
> 자기들의 손으로 만든 제단들은
> 거들떠보지도 않고,
> 자기들의 손가락으로 만든
> 아세라 상들과 태양 신상은
> 생각도 하지 않을 것이다."
> (이사야 17 : 7, 8)

이 말씀은 주님에 의한 새로운 교회의 설시를 다루고 있는데, 그 때 사람들은 삶에 속한 선에 인도될 것이고, 그리고 교리에 속한 진리들로 교육을 받을 것이라는 것은 "그 날에 사람들은 자기들을 지으신 분에게 눈길을 돌리고, '이스라엘의 거룩하신 분'을 바라볼 것이다"는 말씀이 뜻합니다. 주님께서 "지으신 분"(Maker)이라고 불리웠는데, 그 이유는 주님께서는 삶에 속한 선에게로 인도하시기 때문이고, 그리고 이런 것을 위해 사람을 지으셨기 때문입니다. 주님께서 "이스라엘의 거룩하신 분"이라고 불리셨는데, 그 이유는 그분께서 교리에 속한 진리들을 가르치시기 때문입니다. 그러므로 "사람은 그분을 쳐다볼 것이다"(=존경을 가질 것이다), 그리고 "그의 눈은 바라볼 것이다"는 말씀이 부연되었습니다. 여기서 사람은 삶에 속한 선으로 말미암아 "사람"이라고 불리웠고, "눈"(eyes)은 진리의 이해에 관해서 서술하고, 따라서 교리에 속한 진리들을 서술합니다. 그 때 거기에는 삶에 속한 악의 근원인 자기사랑에서 비롯된 예배는 결코 없을 것이고, 그리고 교리에 속한 거짓들의 근원인 자기총명(self-intelligence)에서 비롯된 예배 또한 결코 없을 것이라는 것은 "자기 손으로 만든 제단들은 거들떠보지 아니 할 것이며, 자기 손가락으로 만든 아세라 상들이나 태양 신상은 생각도 하지 않을 것이다"는 말씀이 뜻합니다. 여기서 "자기 손으로 만든 제단들"은 삶에 속한 악의 근원을 가리키는 자기사랑에서 비롯된 예배를 뜻하고, 그리고 "자기 손가락으로 만든 것"은 교리에 속한 거짓들의 근원을 가리키는 자기총명에서 비롯된 예배를 뜻합니다. "숲들(groves · 아세라 상들)이나 태양 신상"(sun-statues)은 거짓들이나 그것에서 비롯된 악들에게서 비롯된 종교를 뜻하는데, 여기서 "숲들"(=아세라 상들)은 거짓에서 비롯된 종교적인 원칙을 뜻하고, "태양 신상들"은 거짓에 속한 악들에게서 비롯된 종교적인 원칙을 뜻합니다.

[24] 예레미야서의 말씀입니다.

　　유다의 죄는 그들의 마음 판에
　　철필로 기록되어 있고,
　　금강석 촉으로 새겨져 있다.
　　그들의 제단 뿔 위에도
　　그 죄가 새겨져 있다.
　　자손은 그 기록을 보고서
　　조상이 지은 죄를 기억할 것이다.
　　온갖 푸른 나무 곁에,
　　높은 언덕에,
　　들판에 있는 여러 산에,
　　그들의 조상이 쌓은 제단과

6장 9-17절

만들어 세운 아세라 목상들을
기억할 것이다.
(예레미야 17 : 1-3)

이 장절의 말씀은 유대 민족의 우상숭배적인 예배가, 그것이 제거될 수 없을 만큼, 매우 깊이 뿌리를 박고 있다는 것을 선포하고 있습니다. 그것이 뽑히지 아니 할 만큼 뿌리를 박고 있다는 것은 "유다의 죄가 그들의 마음 판에 철필로 기억되어 있고, 금강석 촉으로 새겨져 있고, 그들의 제단 뿔 위에도 그 죄가 새겨져 있다"는 말씀이 뜻합니다. 깊이 뿌리박은 거짓은 "마음 판에 철필로 기록되어 있고, 금강석 촉으로 기록되어 있다"는 말씀이 뜻하고, 그리고 깊이 뿌리박은 악은 "마음 판에, 그리고 제단의 뿔 위에 새겨져 있다"는 말씀이 뜻합니다. "제단들의 뿔에"라고 언급된 것은 그것이 우상숭배적인 예배를 뜻하기 때문입니다. "주님께서 기억하실 그들의 자손들"은 악에 속한 거짓들을 뜻합니다. 여기서 "제단들"은 악에서 비롯된 우상숭배적인 예배를 뜻하고, "온갖 푸른 나무에 새겨진 것"은 거짓에서 비롯된 그런 부류의 예배를 뜻하고, "높은 언덕에 새겨진 것"은 선의 섞음질이나, 진리들의 위화를 뜻합니다. 왜냐하면 그 때에 예배에 속한 모든 것들이 천적인 것들이나, 영적인 것들을 표징할 때, 그들은 숲이나 언덕들 위에서 예배를 드렸기 때문입니다. 그런 이유 때문에 숲을 이루고 있는 "나무들"은 진리나 선의 지각들이나 지식들을 뜻하고, 그리고 이것은 나무의 종류에 일치합니다. 그리고 "언덕들"(hills)이 인애에 속한 선들을 뜻하기 때문에, 그리고 영계에서 언덕들 위에 사는 천사들은 이런 부류의 선들 안에 있기 때문에, 그러므로 고대의 사람들의 예배는 언덕들 위에서 행해졌지만,

그러나 유대 민족이나 이스라엘 민족에게는 이런 예배가 금지되었는데, 그것은 그들이 그 예배가 표징하는 거룩한 것들을 모독하고, 더럽히는 것을 저지르지 못하기 위한 것입니다. 왜냐하면 예배의 측면에서 볼 때 그 민족은 오직 외적인 것 안에 있었고, 그리고 그들의 내적인 것은 진정으로 우상숭배적이었기 때문입니다. 나무들이 그들의 종류에 따라서 진리가 선의 지각들이나 지식들을 뜻한다는 것은 A.C. 2163 · 2682 · 2722 · 2972 · 7692항을 참조하십시오. 이런 이유 때문에 고대 사람들은 나무 아래 숲에서 그것들의 각각의 뜻에 일치하여 예배를 드렸습니다(A.C. 2722 · 4552항 참조). 이런 예배가 유대 민족이나 이스라엘 민족에게 금지된 이유는 A.C. 2722항을 참조하시고, "언덕들"(hills)이 인애에 속한 선들을 뜻하는 이유는 같은 책 6435 · 10438항을 참조하십시오.

[25] 호세아서의 말씀입니다.

　　이스라엘은
　　열매가 무성한 포도덩굴,
　　열매가 많이 맺힐수록
　　제단도 많이 만들고,
　　토지의 수확이 많아질수록
　　돌기둥도 많이 깎아 세운다.
　　그들의 마음이 거짓으로 가득 차 있으니,
　　이제는 그들이 죄값을 받는다.
　　하나님이 그들의 제단들을 파괴하시고,
　　돌기둥들을 부수실 것이다(=이스라엘은 헛된 포도나무다. 그가 자기에게 열매를 내도다. 그의 열매가 많을수록 그는 제단의 수를 늘렸으며, 그의 땅이 좋을수록 그들은 형상들을 좋게 만들었다. 그들의 마음은 나뉘었고, 이제 그들에게서 잘못이 발견되리니, 주께서 그들의 제단들을

6장 9-17절

부수실 것이요, 그들의 형상들을 헐으시리라)(호세아 10 : 1, 2).

여기서 "이스라엘"은 교회를 뜻하고, 그 교회는 거기에 더 이상 어떤 진리도 없을 때에 "헛된 포도나무"(an empty vine)이라고 하였고, 그리고 온갖 악들에게서 비롯된 그 교회의 예배는 그가 수를 늘린 제단들이 뜻합니다. 그리고 거짓들에게서 비롯된 예배는 "그가 좋게 만들은 형상들"(statues)이 뜻합니다. 이러한 일은 이런 것들이 많은 것에 비례하여 행해진다는 것은 "그의 열매가 많다"는 것이나 "그의 땅이 좋을 때"라는 말씀이 뜻합니다. 악들이나 거짓들에게서 비롯된 예배가 파괴될 것이라는 것은 "주께서 그들의 제단들을 부수실 것이요, 그들의 형상들을 헐으실 것이다"는 말씀이 뜻합니다. "형상들"(=신상들 · statues)이 좋은 뜻으로는 진리들에게서 비롯된 예배를 뜻하고, 나쁜 뜻으로는 거짓들에게서 비롯된 예배를, 따라서 우상숭배적인 예배를 뜻한다는 것은 A.C. 3727 · 4580 · 10643항을 참조하십시오.

[26] 에스겔서의 말씀입니다.

(주께서 나에게 말씀하셨다.) "너는 이렇게 외쳐라. 이스라엘의 산들아, 너희는 주님의 말씀을 들어라. 산과 언덕에게, 계곡과 골짜기에게, 주 하나님이 이렇게 말씀하신다. 보아라, 내가 너희에게 전쟁이 들이닥치게 하여 너희의 산당을 없애 버리겠다. 또 번제물을 바치는 너희의 제단이 폐허가 되고, 너희가 분향하는 제단이 부서질 것이다. 너희 가운데서 칼에 맞아 죽은 사람들을, 너희의 우상들 앞에 던져 버리겠다. …… 너희의 우상들이 산산조각으로 깨어져 사라지고, 너희가 분향하는 제단들이 파괴되고, 너희가 손으로 만든 것들이 모두 말끔히 없어지게 하려는 것이다. …… 그리하여 그들 가운데서 전쟁에서 죽은 시체들은 그들의 우상들 사

이에서 뒹굴고, 그들의 제단들 둘레에서 뒹굴고, 높은 언덕마다, 산 봉우리마다, 푸른 나무 밑에마다, 가지가 무성한 상수리나무 밑에마다, 자기들이 만든 모든 우상에게 향기로운 제물을 바치던 곳에는, 어디에나 그 시체들이 뒹굴 것이다(에스겔 6 : 3, 4, 6, 13).

"주 여호와께서 산과 언덕과 계곡과 골짜기에 외쳤다"(=말씀하셨다)는 것은 거기에 살고 있는 자들에게 말씀하였다는 것을 뜻하지 않고, 우상숭배자들에게 말씀하였다는 것을 뜻합니다. 다시 말하면 산이나 언덕이나 계곡이나 골짜기에서 예배를 드리는 모두에게 말씀하셨다는 것을 뜻합니다. 그런 일은 표징 때문에 행해진 것이고, 결과적으로는 그런 것들의 표의에서 행해진 것입니다. 그리고 "너희에게 전쟁(=칼)이 들이닥치게 하고, 산당(=높은 곳들)을 없애 버리고, 제단들이 파괴되고, 우상들(=태양신상들)을 없애버린다"는 것은 거짓들이나 악들에 의한 우상숭배적인 예배에 속한 모든 것들을 파괴하고, 없애버리는 것을 뜻합니다. 그것은, 이런 것들에 의하여, 우상숭배적인 예배가 그것 자체를 파괴하기 때문입니다. 여기서 "칼"(=전쟁)은 파괴하는 거짓들을 뜻하고, "높은 곳들"(=산당들)은 일반적으로 우상숭배적인 예배를 뜻하고, "제단들"은 악한 사랑들(=애욕들)에게서 비롯된 우상숭배적인 예배를 뜻하고, "태양신상들"(=우상들)은 교리에 속한 거짓들에게서 비롯된 우상숭배적인 예배를 뜻하고, "우상들 앞에 던져진 살해된 자"는 거짓들에 의하여 멸망할 자들의 저주나 영벌을 뜻하고, "살해되었다"는 것은 거짓들에 의하여 멸망한 자들을 뜻하고, "우상들"은 일반적으로 예배에 속한 거짓들을 뜻하고, "던져진다"(to fall)는 것은 저주나, 영벌을 받는 것을 뜻합니다.
[27] 호세아서의 말씀입니다.

6장 9-17절

에브라임이 죄를 용서받으려고
제단을 만들면 만들수록,
늘어난 제단에서 더욱더 죄가 늘어난다(=에브라임이 많은 제단을 만들어 죄를 지었으니, 제단들이 그를 범죄하게 하리라)(호세아 8 : 11).

"에브라임"은 교회에 속한 총명적인 것을 뜻하고, 여기서는 왜곡된 총명적인 것을 뜻합니다. "죄를 용서받으려고 제단들을 많이 늘린다"는 것은 온갖 거짓들에 의하여 예배를 왜곡시키고, 타락시키는 것을 뜻합니다. 왜냐하면 성경말씀에서 "늘린다"(=증가, 번식시킨다 · to multiply)는 말은 진리에 관해서 언급, 서술하고, 나쁜 뜻으로는 거짓들에 관해서 서술하기 때문입니다. 그리고 "완성한다"(=만든다 · 이룬다 · to make)는 선에 관해서 언급, 서술하고, 나쁜 뜻으로는 악에 관해서 언급, 서술하기 때문입니다. 이것이 둘(=양자 · the two)이 언급된 이유이지만, 그럼에도 불구하고 그것은 쓸데없는 공허한 반복은 아닙니다.

[28] 같은 책의 말씀입니다.

사마리아는 멸망하게 되었다.
왕은 물 위에 떠내려가는 나무토막과 같다.
이제 이스라엘의 죄악인
아웬 산당들은 무너지고,
가시덤불과 엉겅퀴가 자라 올라서
그 제단들을 뒤덮을 것이다.
그 때에 백성들은 산들을 보고
"우리를 숨겨 다오!"
또 언덕들을 보고

"우리를 덮어 다오!"

하고 호소할 것이다(=그러면 그들이 산들에게 말하기를 "우리를 덮으라" 하겠고, 작은 산들에게 말하기를 "우리 뒤에 무너져라" 하겠다)(호세아 10 : 7, 8).

"사마리아"는 영적인 교회를 뜻하는데, 그 교회 안에는 인애와 믿음이 하나를 이룬 그 교회를 가리킵니다. 그러나 그 교회가 타락한 뒤에는 "사마리아"는 믿음에서 인애가 분리된 그 교회를 뜻합니다. 그리고 그 교회 안에 있는 믿음은 본질적인 것이라고 선포되고 있습니다. 그러므로 그 때 사마리아는 그 교회 안에 더 이상 그 어떤 진리도 존재하지 않는 그 교회를 뜻합니다. 그 이유는 거기에 선이 존재하지 않기 때문입니다. 그러나 그 선의 자리에는 삶에 속한 악이 있고, 그리고 진리의 자리에는 교리에 속한 거짓이 차지하고 있습니다. 이러한 내용은 "사마리아는 멸망하게 되었다"(=물 위에 거품처럼 끊어졌다)는 말씀이 뜻합니다. 그리고 그 교회의 교리에 속한 거짓은 "사마리아의 왕은 물 위에 떠내려가는 나무토막(=거품 · foam)같다" 라는 말씀이 뜻하는데, 여기서 "왕"은 좋은 뜻으로는 진리를 뜻하지만, 여기서는 나쁜 뜻으로 거짓을 뜻하고, "물 위로 떠내려가는 거품"은 텅빈 것이나, 진리들에게서 분리된 것을 뜻하고, 그리고 "물"은 본래는 진리들을 뜻하기 때문입니다. "아웬의 산당들(=높은 곳들)이 무너질 것이다"는 말씀은 거짓에 속한 원칙들의 파괴를 뜻하고, 그리고 그런 예배에 있는 자들에게서 비롯되는 추론들의 파괴를 뜻합니다. 그것이 본질적으로 여기는 것은 내면적인 우상숭배적인 것입니다. 왜냐하면 삶에 속한 악이나, 교리에 속한 거짓들 안에 있는 자들은 자기 자신들이나 아니면 이 세상을 숭배합니다. "가시덤불과 엉겅퀴가 자라서 그 제단들을 뒤덮을 것이다"는 말씀은 위화된 진리와, 그리고 그것에서 비롯된 악이 그들의 예배 안에 있을 것이라는 것을 뜻하는데, 여기서 "제단들"은 모든 예배를 뜻하고 있기 때문입니다.

391[H]. [29] 아모스서의 말씀입니다.

> 내가 이스라엘의 죄를 징벌하는 날,
> 베델의 제단들도 징벌하겠다.
> 그 때에 제단의 뿔들을 꺾어,
> 땅에 떨어뜨리겠다(=내가 이스라엘의 죄과들을 그에게 감찰하는 날에 내가 베델의 제단들도 감찰할 것이니, 제단의 뿔들은 꺾여 땅에 떨어질 것이다)(아모스 3 : 14).

이 장절에서 "이스라엘의 죄를 징벌한다"(=이스라엘의 죄과들을 감찰한다)는 말씀은 그들의 마지막 상태를 뜻하고, 영적인 뜻으로는 그들이 심판받을 때인, 죽음 뒤에 있는 그들의 상태를 뜻합니다. 심판이라는 말 대신에 "감찰한다"(=벌한다 · 덮친다 · 방문한다 · to visit)라고 언급되었는데, 그것은 방문(=감찰 · 엄습 · visiting)은 언제나 심판에 선행되기 때문입니다. 여기서 "베델의 제단들"은 악에서 비롯된 예배를 뜻하고, "그 제단의 뿔들"은 거짓들에게서 비롯된 예배를 뜻하는데, 따라서 이런 것들은 예배에 속한 모든 것들을 뜻합니다. 그리고 이런 것들이 파괴될 것이라는 내용은 "제단의 뿔들이 꺾여 땅에 떨어질 것이다"는 말씀이 뜻합니다. "내가 베델의 제단들을 징벌하겠다"(=감찰하겠다)는 말씀이 언급되고 있는데, 그 이유는 왕 여로보암(Jeroboam)은 유대 민족에게서 이스라엘 민족을 갈라 놓았기 때문이고, 그는 두 제단들, 즉 하나는 베델에, 또 하나는 단에 축조(築造)하였기 때문입니다. 그리고 "베델"과 "단"은 교회 안에 있는 궁극적인 것들을 뜻하고, 그리고 자연적 감관적인 것들이라고 부르는, 또는 세상적인 것들이나 관능적인 것들이라고 하는 교회의 사람 안에 있는 궁극적인 것을 뜻하기 때문에 이런 것들은 "베델"이나 "단"이 뜻하는 것들입니다. 그리고 선에 속한 궁극적인 것들은 "베델"이 뜻하고, 진리에 속한 궁극적인 것들은 "단"이 뜻합니다. 그러므로 이들 두 제단들은 궁극적인 것들 안에 있는, 또는 가장 외적인 것들 안에 있는 예배를 뜻하는데, 이런 부류의 예배는 그들의 믿음에서 인애를 부리시키는 자들의 예배를 가리키고, 그리고 그 믿음 안에 구원의 방법이 있다는 것을 시인하는 자들의 예배를 가리킵니다. 그러므로 이런 부류의 인물은 종교에 관해서 자연적 감관적인 것(the natural-sensual) 안에 있는 것으로 생각합니다. 결과적으로 그들은 이해는 반드시 믿음의 복종하에 있어야 한다고 말을 하고 있으면서 그들이 말하고, 그들이 믿는 것들에 대해서 이해하려고 하지도 않고, 또한 이해하기를 열망하지도 않습니다. 유대에서 분리된 이스라엘은 이런 부류의 인물들을 표징하고, 또한 예루살렘에서 분리된 사마리아가 표징합니다. 그리고 이런 무리에 속한 예배는 베델이나 단에 있는 제단들이 표징합니다. 인애에서 분리된 것에 비례하여 그런 예배는 결코 예배가 아닙니다. 왜냐하면 그것 안에서 입은 이해와 의지를 서로 떼어서 말하기 때문이고, 다시 말하면 마음에서 인애를 떼어놓고 말하고, 이해에서 의지를 떼어놓고 말하기 때문입니다. 그 이유는 그들은 그들이 비록 이해하지 못한다고 해도 반드시 사람들은 그것을 믿어야 한다고 달하기 때문이고, 그들은 행위들이나 인애에 속한 선들을 무시하기 때문에 그들은 의지에서 이해를 떼어 놓습니다.
[30] 이런 부류의 예배가 결코 예배가 아니라는 것은 열왕기 상서에 언급된 것이 잘 의미하고 있습니다. 열왕기 상서의 말씀입니다.

> 여로보함이 제단 곁에 서서 막 분향을 하려고 하는데, 바로 그 때에 하나님의 사람이 주의 말씀을 전하려고 유다로부터 베델로 왔다. 그리고 그는 그 제단 쪽을 보고서, 주께서 받은 말씀을 외쳤다. …… 이 제단이 갈라지고(=잘게 부수어지고), 그 위에 있는 재가 쏟아질 것이다. …… 그 제단은 갈라지고, 그 제단으로부터 재가 쏟아져 내렸다(열왕기 상 13 : 1-5).

"제단이 갈라지고, 그 위에 있는 재가 쏟아져 내린다"는 말씀은 거기에 예배에 속한 것은 무엇이든 아무것도 없다는 것을 뜻합니다. 그 때 인애에서 분리된 믿음은 "사마리아"가 뜻하는데, 그 이유는 유대 왕국은 천적인 교회를, 다시 말하면 사랑에 속한 선 안에 있는 교회를 뜻하기 때문입니다. 그리고 이스라엘 왕국은 그 선에서 비롯된 진리들 안에 있는 교회인, 영적인 교회를 뜻하기 때문입니다. 이러한 내용은 유대 왕국이나 이스라엘 왕국이 한 임금의 통치 아래에 있을 때, 즉 그들이 통일되어 있는 동안 유대 왕국이나 이스라엘 왕국이 뜻하지만, 그러나 그들이 갈라져 있을 때에는, 이스라엘 왕국은 선에서 분리된 진리를 뜻하고, 그리고 마찬가지로 인애에서 분리된 믿음을 뜻합니다. 더욱이 "제단"은 예배를 뜻합니다. 그 이유는 그 위에서 바쳐지는 번제물이나 희생제물이 예배를 뜻하기 때문입니다. 그리고 이러한 사실은 인용된 수많은 장절들에서 잘 드러나고 있습니다. 그리고 우상숭배적인 예배가 그 민족들의 제단들이 뜻하기 때문에, 그러므로 그들은 어디에서 멸망될 것이라는 것이 명령되었습니다(신명기 7 : 5 ; 12 : 3 ; 사사기 2 : 2과 그 밖의 여러 곳).

[31] 제단들이 에벨의 후손들 가운데서 사용되었다는 것, 따라서 히브리 사람들이라고 하는 자들 가운데 사용되었다는 것은 아주 명확합니다. 그리고 제단들이 가나안 땅에 있었던 대부분의 사람들에게서, 그리고 바로 그들 가까이에 있었던 이웃에게, 마찬가지로 아브라함이 거기에서 온 시리아(Syria)에서 제단들이 사용되었다는 것은 아주 명확합니다. 가나안 땅이나 그 땅의 이웃 땅에도 제단들이 있었다는 것은 그 제단들이 파괴될 것이라고 언급된 제단들에게서 명확합니다. 그것에 관한 말씀들입니다.

> 시리아에 제단들이 있었다는 것은 발람에 의하여 세워진 제단들에게서 명확하다(민수기 23 : 1).
> 다마스쿠스에 있는 제단에서 명확하다(열왕기 하 16 : 10-15).
> 그들의 희생제물 때문에 히브리 사람들을 이집트 사람들이 부정하게 여겼다는 말에서(출애굽기 8 : 26).
> 이집트 사람들은 히브리 사람들과 같은 상에서 먹으면 부정을 탄다고 생각하였다(창세기 43 : 32).

이런 이유가 표징적인 교회였던 고대교회에게는 비록 아세아 지역의 대부분에 두루 널리 확장되기는 하였지만, 희생제사는 잘 알려지지 않았던 것이고, 그런 것들이 에벨(Eber)에 의하여 제정되었을 때 그것은 그들에게는 혐오(嫌惡)스러운 것으로 보였습니다. 다시 말하면 서로 다른 종류의 동물들의 도살(屠殺)에 의하여, 따라서 피(血)에 의하여 하나님을 기쁘게 하기를 열망하였습니다. 고대교회에 속한 자들 가운데는 역시 이집트 사람들도 있었지만, 그러나 그들은 그들 가운데서 끝나 버린 그 교회에 표징적인 것을 마술적인 것에 적용하였습니다. 그들은 히브리 사람들과 함께 빵을 먹는 것을 좋아하지 않았습니다. 그 때 "저녁 만찬"이나 "저녁 식사"는 영적인 제휴(提携)를 표징하고 뜻하였기 때문에 그것은 그 교회에 속한 이런 것들을 통한 제휴이고 결합이었습니다. 그리고 "빵"(bread)은 일반적으로 모든 영적인 음식을 뜻하고, 따라서 "점심 식사"나 "저녁 식사"는 모든 결합을 뜻하였습니다.

[32] 고대교회가 아세아 지역에 두루 널리 확장되었다는 것은 다시 말하면 앗시리아, 메소포타미아, 시리아, 에디오피아, 아라비아, 리비아, 이집트, 피리스티아 심지어 두로와 시돈에 이르기까지 가나안 땅을 거쳐서 요르단 강의 양쪽에까지 확장하였다는 것은 A.C. 1238 · 2385항을 참조하시고, 그리고 그 교회가 바로 표징적 교회를 가리킨다는 것은 같은 책 519 · 521 · 2896항을 참조하시고, 에벨에 의하여 제정된 그 교회가 히브리 교회(the Hebrew Church)라고 불리웠다는 것은 같은 책 1238 · 1341 · 1343 · 4516 · 4517항을 참조하십시오. 처음에는 에벨에 의하여 희생제사가 시작되었고, 그리고 그 뒤에는 그의 후손 가운데서 사용되었다는 것은 같은 책 1128 · 1343 · 2180 · 10042항을 참조하십시오. 희생제물이 명령된 것이 아니고, 다만 허용된 것이라는 사실은 성경말씀에서 잘 드러나고 있습니다. 그것들이 명령된 것이 아니라고 언급된 이유는 같은 책 922 · 2180 · 2818항을 참조하십시오. 제단들이나 희생제물이 언급되어야만 했던 필수적인 것이었다는 것, 그리고 신령예배가 그것들에 의하여 의미되었다는 것은,

성언이 그 민족에게서 기술되었기 때문이고, 그리고 역사적인 성경말씀(the historical Word)은 그 민족을 다루었기 때문입니다(A.C. 10453 · 10461 · 10603 · 10604항 참조).

392[A]. 하나님의 말씀 때문에, 또 그들이 말한 증언 때문에, 죽임을 당한 사람들의 영혼을 보았습니다.

이 말씀은 신령진리 때문에, 그리고 주님에 대한 그들의 고백 때문에 배척되고, 숨겨진 자들을 뜻합니다. 이러한 내용은 그들에 관해서 곧 설명하겠지만, 악에 의하여 배척되고, 주님에 의하여 숨겨진 자들을 가리키는 "죽임을 당한 사람들"의 뜻에서, 그리고 또한 신령진리를 가리키는 "하나님의 말씀"(the Word of God)의 뜻에서 잘 알 수 있겠습니다. 주님께서 말씀하신 것이 하나님의 말씀이라고 불리웠고, 그것은 곧 신령진리를 가리킵니다. 성언(聖言 · the Word) 또는 성스러운 책(聖書 · the Sacred Scripture)은 그 밖의 것 이외에 아무것도 아닙니다. 왜냐하면 그것 안에는 모든 신령진리가 담겨 있기 때문입니다. 그러나 그것은 진리 자체가 그것 안에 밝히 드러나 있는 그것의 영광 가운데 있는 천사들의 안전(眼前)에서만 그러한 것입니다. 그 이유는, 영적인 것이나 천적인 것을 가리키는 성언에 속한 내면적인 것들이 그들에게는 명확하게 드러나기 때문이고, 그리고 역시 그들의 지혜를 구성하기 때문입니다. 그러므로 "하나님의 말씀"(the Word of God)은 신령진리를 뜻하고, 최고의 뜻으로는 그것을 말씀하신 주님 당신을 뜻합니다. 왜냐하면 주님께서 당신 자신으로 말미암아 말씀하셨기 때문이고, 또한 당신의 신성으로 말미암아 말씀하셨기 때문이고, 그리고 그분에게서 발출한 것은 곧 그분 자신을 가리키기 때문입니다.

6장 9-17절

[2] 신령발출(神靈發出 · the Divine proceeding)이 주님이시라는 것은 이런 것에 의하여 예증(例證), 설명될 수 있겠습니다. 모든 천사에 관해서 보면, 거기에는 그의 생명의 영기(靈氣 · the sphere of his life)라고 하는 영기가 있습니다. 이것은 그에게서부터 아주 먼 거리까지 널리 사방으로 퍼져나아 갑니다. 이 영기는 그의 정동에 속한 생명(=삶), 즉 사랑에서 솟아나고, 발출(發出 · proceed)합니다. 그러므로 영기는 그 천사 안에 있는 그런 생명(=삶)에 속한 그의 밖에 있는 하나의 확장이고, 외연(外延)입니다. 이 확장이나 외연은 영적인 대기(大氣 · the spiritual atmosphere), 즉 기운(aura)에 의하여 이루어집니다. 다시 말하면 그것은 천계의 기운(the aura of heaven)입니다. 그 영기(=기운)에 의하여 정동에 관한 천사의 성품(性稟)은 멀리 떨어져 있는 다른 천사에 의하여 지각됩니다. 이러한 현상은 가끔 나로 하여금 깨닫게 하기 위하여 허락되었습니다. 그러나 주님의 주위에는 신령영기(a Divine sphere)가 있는데, 그것은 주님 가까이에서는 마치 태양처럼 보입니다. 그것은 곧 그분의 신령사랑이고, 그리고 이 신령사랑으로부터 그 영기는 온 천계(the whole heaven)에 퍼져나가고, 그리고 천계를 가득 채우고, 그리고 거기에 있는 광명(=빛 · the light)을 구성합니다. 이 영기가 바로 주님에게서 비롯되는 신령발출(神靈發出 · the Divine proceeding)인데, 이것은 그것의 본질로는 곧 신령진리입니다. 천사들과의 이 비교는 주님에게서 비롯된 신령발출이 주님 당신 자신이라는 것을 증명, 밝히기 위한 하나의 예증(例證)으로 만들어진 것입니다. 그 이유는 그것이 주님의 사랑에 속한 발출이기 때문이고, 그리고 그 발출은 당신 밖에 있는 당신 자신이기 때문입니다. 이상의 내용은 주님의 고백(=

찬양)이나 주님 당신 자신을 가리키는 "증언"(=증거 · testimony)의 뜻에서 더욱 더 명확합니다. 이것에 관해서는 곧 설명하겠습니다.

[3] 여기서 "죽임을 당한 자들"(=살해된 자들 · those slain)은 악령들에 의하여 배척된 자들을 뜻하고, 또한 주님에 의하여 숨겨진 자들을 뜻한다는 것, 그리고 최후의 심판 날까지 다른 자들의 안전(眼前)에서 옮겨진 자들이나, 보호, 보존된 자들을 뜻한다는 것은 앞서의 단락에서 언급, 설명된 내용에서, 그리고 아래에 이어지는 두 절에서 그들에 관해서 기술된 내용에서 잘 알 수 있습니다. 위의 단락에서는 외적인 것들 안에서 도덕적인 삶(a moral life)을 산 자들로 이루어진 "옛 하늘"(the former heaven)이 사라졌다는 것에 관한 것이 언급되었습니다. 그럼에도 불구하고 그것은 어디까지나 그저 단순한 자연적인 것이지 결코 영적인 것은 아니었습니다. 그리고 이들은 명성 · 명예 · 영광 · 재물 따위에 속한 정동이나 사랑에서 비롯된 단순한 일종의 영적인 삶을 살았고, 따라서 외현적인 목적(the sake of appearance)을 위해서 산 것 뿐입니다. 비록 이런 것들이 내적인 악(inwardly evil)이라고 해도, 그럼에도 불구하고 그것들은 용납, 묵인될 뿐만 아니라, 그들은 영계에서 보다 높은 장소에 있는 사회들을 형성합니다. 이런 사회들도 모두 합쳐서 하나의 천계라고 불리우지만, 그러나 "옛 하늘"이라고 하는데 그 뒤에 모두 사라졌습니다. 이것으로 말미암아 영적인 자들은 모두, 다시 말하면 겉보기에 선한 자와 꼭같이 속보기에도 선한 자들은 모두 이들과 함께 있을 수 없는 일이 일어났고, 그리고 그들에게서 물러나게 되었고, 심지어 자발적이기도 하지만, 쫓겨나기까지 하였습니다. 그들은 어디에서나 발

견, 드러났고, 그들은 괴롭힘을 당하였습니다. 이런 이유 때문에 그들은 주님에 의하여 숨겨졌고, 최후심판의 날이 오기까지 그들은 그들의 장소에 간수, 보호되었습니다. 그래서 그들은 "새 하늘"(the new heaven)을 형성할 수 있었습니다. 그러므로 이들이 바로 "제단 아래에서 보인 죽임을 당한 사람들의 영혼"이 뜻하는 무리입니다. 이러한 내용은 "죽임을 당한 자들"이 배척되고, 그리고 숨겨진 자들을 뜻한다는 것을 아주 명료하게 합니다. 왜냐하면 그들은 다른 자들에 의하여 미움을 받았기 때문입니다. 그 이유는 신령진리 때문이고, 주님에 대한 그들의 고백(=찬양) 때문입니다. 미움을 받은 자들이 "죽임을 당한 자들"(=살해된 자들)이라고 불리웠는데, 그 이유는 미위한다(=증오한다·to hate)는 것은 영적으로 살해(殺害)하는 것이기 때문입니다. "죽임을 당한 자들의 영혼들"이 이런 내용을 뜻한다는 것은, 그들에 관해서 언급된 아래의 두 절 말씀에서 더 잘 알 수 있습니다. 그 두 절에는 "그들은 큰 소리로 '거룩하고 참되신 통치자님, 우리가 얼마나 더 오래 기다려야 땅 위에 사는 자들을 심판하시고, 또 우리가 흘린 피의 원수를 갚아 주시겠습니까?' 하고 부르짖었습니다. 그리고 그들은 흰 두루마기를 한 벌씩 받아 가지고 있었고, 그들은 그들과 같은 동료 종들과 그들의 형제자매들 가운데서 그들과 같이 죽임을 당하기로 되어 있는 사람의 수가 차기까지, 아직도 더 쉬어야 한다는 말씀을 들었습니다"는 말씀이 기술되었습니다. 위에 언급, 기술된 내용이 "죽임을 당한 자들"이 뜻하는 것이라는 것은 그 내용이 계시된 자들을 제외하면 어느 누구도 알 수 없습니다. 왜냐하면 묵시록서 21장 1절에서의 "이전 하늘"(=옛 하늘)을 구성하는 자들에 대한 계시나 "새 하늘"을 형성하는 자들에 대한 계시를 제외하면, 그 때까지 주님에 의하여 숨겨지고, 보호되었던 자들을 그 누구가 알 수 있겠습니까? 이런 내용들이 어느 누구에게 계시되는 일이 없다면 속뜻으로 묵시록서에 내포된 것들은 틀림없이 숨겨져 있을 것입니다. 왜냐하면 그것 안에 있는 그런 부류의 것들은 최후심판 전에 영계에서 일어날 일들이고, 그리고 잠시 동안 계속될 일이고, 그 뒤에도 있을 일들을 주로 다루고 있기 때문입니다.

392[B]. "증언"(證言 · testimony)이 주님에 대한 고백(告白)을 뜻하고, 그리고 주님 당신 자신을 뜻한다는 것은 아래에 이어지는 성경말씀의 여러 장절들에게서 잘 볼 수 있겠습니다. 이러한 뜻은 바로 이것에서 그것의 근원을 취하는데, 그것은 성경말씀은 개별적인 것으로나, 모든 개별적인 것 안에는 주님에 관해서 증거하고 있다는 것입니다. 왜냐하면 성경말씀의 극내적인 뜻에서 성경말씀은 오직 주님에 관해서 다루고 있고, 언급하고 있기 때문이고, 그리고 그것의 속뜻으로는 주님에게서 발출하는 천적인 것들이나 영적인 것들을 다루고 있기 때문이고, 그리고 특별한 뜻으로는 주님께서 사랑에 속한 삶이나 인애 안에 있는 자들 모두 안에 있는 주님 당신에 관해서 증거하시기 때문입니다. 왜냐하면 주님께서는 그들의 심령이나 생명에 입류하시고, 그리고 그들을 가르치기 때문입니다. 특히 주님의 신령인성에 관해서 가르치시기 때문입니다. 왜냐하면 주님께서는 사랑에 속한 삶(=생명) 안에 있는 자들에게, 인간 형체로 존재하는 하나님에 관해서, 그리고 인간 형체로 계시는 하나님이 주님이시라는 것을 생각하는 것을 주시기 때문입니다. 기독교계의 소박한 사람(the simple)은 그렇게 생각하고, 또한 그들의 종교적인 원칙에 따라서 인애 가운데 사는 이교

도들(異敎徒)도 그와 같이 생각합니다. 이들 양자들―기독교도들이나 이교도들―은 유식한 자들이 어떤 인간 형체로 계시는 하나님은 알 수 없는 존재라고 하나님에 관해서 떠벌리는 소리를 들을 때, 매우 놀라워합니다. 왜냐하면 그들은 그와 같이 생각하는 것이 그들의 생각(=사상) 가운데서 어떤 하나님도 알 수 없다는 것이고, 그러므로 그들은 하나님의 존재를 믿는 신앙을 거의 가질 수 없다는 것을 알고 있기 때문입니다. 그 이유는 인애에 속한 믿음을 가리키는 신앙은 믿는 것을 어떤 방법으로 완전히 이해하기를 원하기 때문입니다. 왜냐하면 믿음(=신앙)은 생각에 속한 것이고, 신(神)의 속성과 같이 이해할 수 없는 것을 생각한다는 것은 곧 생각하는 것이 아니고, 다만 어떤 개념이나 생각이 없는 것으로 말미암아 지식을 가지는 것이고, 말하는 것이기 때문입니다. 심지어 가장 현명한 존재인 천사들도 인간의 형체의 존재 이외의 다른 존재로 하나님을 생각하지 않습니다. 그들에게는 그와 달리 생각한다는 것은 불가능하기 때문입니다. 이런 이유 때문에 그들의 지각이나 인식 따위들은 천계의 형체(the form of heaven)에 일치하여 유입하는데, 그 천계의 형체는 주님의 신령인성(=신령인간 · the Lord's Divine Human)에서 비롯됩니다. 이 주제에 관해서는 ≪천계와 지옥≫ 59-86항을 참조하십시오. 이런 이유 때문에 그들의 생각들(=사상들)의 근원인 정동들이 입류(入流)에서 비롯되는 것이고, 그리고 입류는 주님에게서 비롯되는 것입니다. 이와 같이 길게 언급하는 것은 "증언"(證言)이 주님을 뜻한다는 이유를 알게 하기 위함입니다. 말하자면 주님께서 당신 자신에 관해서 그분의 증언을 수용하는 자들 모두를 상대로 가르치고, 증거하셨기 때문이고, 그리고 이들이 주님을 사랑하는 삶을 사는 그런 부류이고, 이웃을 향한 인애의 삶을 사는 무리입니다. 이런 부류의 사람들은 주님의 증언을 열납(悅納)하고, 주님을 찬양하고, 고백합니다. 그 이유는 사랑이나 인애에 속한 삶(=생명)은 천계에서 비롯된 빛의 입류(the influx of light)에 의하여 내면적인 마음을 열기 때문입니다. 왜냐하면 사랑에 속한 삶이나 인애에 속한 삶은 신령 생명(the Divine life) 자체이기 때문입니다. 왜냐하면 주님께서는 모두를 사랑하시기 때문이고, 그리고 사랑으로 말미암아 모두에게 선을 행하시기 때문입니다. 결과적으로 주님을 영접, 수용한 삶(=생명)이 있는 곳은 어디서나 현재(present)이고, 그 사람에게 결합하고, 따라서 이른바 영적인 마음이라고 부르는 그의 보다 높은 마음에 입류하기 때문이고, 그리고 주님에게서 비롯된 빛에 의하여 그 마음을 열기 때문입니다.

392[C]. [5] "증언"이 주님을 뜻한다는 것, 그리고 사람에게서는 심령에서 비롯된 주님의 고백(=찬양)을 뜻한다는 것, 그리고 개별적으로는 그분의 인성 가운데 계시는 주님의 신성에 속한 시인(是認)을 뜻한다는 것 등등은 이런 사실에서, 다시 말하면 시내 산에서 주어진 두 돌판에 쓰여진 율법에서, 그리고 그 뒤에는 법궤에 안치(安置)된 "증언"(=증거)이라고 부르는 것에서 잘 알 수 있습니다. 그것의 안치로 말미암아 그 법궤는 "증거의 궤"(the ark of the Testimony)라고 불렀고, 그리고 그 돌판들은 "증거의 판들"(the tables of Testimony)이라고 불리웠습니다. 그 이유는 이것이 가장 거룩하기 때문이고, 그리고 시은좌(施恩座 · the mercy-seat)가 그 법궤에 안치되었기 때문이고, 그리고 그 시은좌 위에는 두 그룹이 장식되어 있는데, 이 두 그룹 사이에서 여호와, 즉 주님께서 모세나 아론과 함께

말씀하셨기 때문입니다. 이러한 사실은 "증언"이 주님 자신을 뜻한다는 것을 명료하게 됩니다. 그렇지 않다면 시은좌는 법궤에 안치되지 않았을 것이고, 또한 주님께서는 시은좌의 케르빔들 사이에서 모세나 아론과 말씀하시지 않았을 것입니다. 더욱이 아론이 일 년에 한 번씩 휘장(the veil) 안에 들어갔을 때, 그는 처음에는 신성(神聖)하게 되었고, 그 뒤에는 그는 향의 연기가 시은좌를 가릴 때까지 향을 피웠습니다. 만약에 그가 연기로 시은좌를 가리는 일을 하지 않았다면 그는 죽었을 것이라고 언급되었습니다. 이상에서 볼 때 법궤 안에 모신 "증거"나, 시내 산에서 주어진 율법이나, 두 돌판 위에 새겨진 율법인 "증거판"이 주님 당신을 뜻한다는 것은 아주 명백합니다.

[6] 율법이 "증거판"이라고 불리웠다는 것은 모세의 책 아래 장절에서 아주 확실합니다.

> 내가 너에게 준 증거판을 그 궤 속에 넣어 두어라(출애굽기 25 : 16).
> (모세는) 증거판을 가져다가 궤 안에 넣었다(출애굽기 40 : 20).
> 그 향 타는 연기가 증거궤(=법궤) 위의 덮개(=시은좌)를 가리우게 하여야 한다(레위기 16 : 13).
> 너는 그것들을 회막 안, 내가 너희에게 나 자신을 알리는 곳인 그 증거궤(=법궤) 앞에 두어라(민수기 17 : 4).
> 내가 거기에서 너를 만나겠다. 내가 속죄판 위, 곧 증거궤 위에 있는 두 그룹 사이에서, 이스라엘 자손에게 명할 모든 말을 너에게 일러주겠다(출애굽기 25 : 22 ; 31 : 7, 18 ; 32 : 15).
> 너는 그 속죄판을 궤 위에 얹고, 궤 안에는 내가 너에게 준 증거판을 넣어 두어라(출애굽기 25 : 17-22 ; 26 : 34).
> 너는 그 속죄판을 궤 위에 얹고, 궤 안에는 내가 너에게 준 증거판을 넣어두어라(출애굽기 25 : 21).

너는 너의 형 아론에게 "죽지 않으려거든, 보통 때에는 휘장 안쪽 거룩한 곳(=지성소), 곧 법궤를 덮은 덮개 앞으로 나아가지 말라"고 일러라. …… 주 앞에서 향가루를 숯불에 태우고, 그 향 타는 연기가 증거궤(=법궤) 위를 덮개(=시은좌)를 가리우게 하여야 한다. 그래야만 그가 죽지 않는다(레위기 16 : 2, 13).

392[D]. [7] "증언"(=증거판 · the testimony)이 주님을 뜻한다는 것은 이런 사실에서, 즉 법궤 위에 놓인 것을 시은좌(=속죄판 · *propitiatorium*)라고 불리웠다는 것에서, 그리고 주님께서 속죄소(=시은좌 · the Propitiator)로 불리셨다는 것에서 명확합니다. 법궤가 그것 안에 있는 증거판으로 말미암아 성막이나 성전에서 지성소(至聖所 · the holy of holies)라고 불리웠다는 것에서, 그리고 이것으로 말미암아 성막이나, 역시 성전도 거룩하다고 하였습니다. 성막은 천계를 표징하고, 성전 역시 천계를 표징합니다. 그리고 천계는 주님의 신령인성에서 비롯된 천계를 가리킵니다. 이런 것에서 뒤이어지는 것은 "증언"(=증거판)이 주님의 신령인성의 측면에서 주님을 뜻합니다. "회막"(the tent of meeting)이 천계를 표징한다는 것은 A.C. 9457 · 9481 · 9485 · 10545항을 참조하시고, 그리고 성전 역시 그러하다는 것은 본서 220항을 참조하시고, 천계가 주님의 신령인성에게서 비롯된 천계를 가리킨다는 것은 ≪천계와 지옥≫ 59-86항을 참조하십시오. 시내 산에서 공표된 율법이 "증언"이라고 불린 것은, 그 율법이 넓은 뜻으로 예언적인 말씀이든, 역사적인 말씀이든, 전 성언을 뜻하기 때문이고, 그리고 성언은 요한복음서의 말씀에 따라서 주님을 가리키기 때문입니다. 요한복음서의 말씀입니다.

6장 9-17절

> 태초에 말씀이 계셨다. 그 말씀은 하나님과 함께 계셨다. 그 말씀은 하나님이셨다. …… 말씀이 육신이 되셨다(요한 1 : 1, 14).

말씀(聖言 · the Word)이 신령진리를 뜻하기 때문에, 모든 신령진리는 주님에게서 발출하기 때문에, 성언(=말씀)은 주님이십니다. 왜냐하면 그것은 천계에서는 빛(光 · the light)이시고, 그리고 그것은 천사들의 마음이나 사람들의 마음에 빛을 비추기 때문이고, 그리고 그들에게 지혜를 주시기 때문입니다. 이 빛은 본질적으로 태양이신 주님에게서 발출하고 있는 신령진리입니다. 이 빛에 관해서는 ≪천계와 지옥≫ 126-140항을 참조하십시오. 그러므로 뒤에 가서는 "말씀은 하나님과 함께 계셨고, 하나님은 말씀이다"고 언급되었습니다. 요한복음서에는 또 이렇게 언급되었습니다. 요한복음서의 말씀입니다.

> 그의 안에서 생겨난 것은 생명이었으니, 그 생명은 모든 사람의 빛이었다. …… 그 빛이 세상에 오셨으니, 모든 사람을 비추는 참 빛이시다(요한 1 : 4, 9).

[8] 이 말씀은 "증거판"(=증언)이 주님을 뜻한다는 것을 명료하게 합니다. 왜냐하면 "증거"(=증언)라고 부르는 두 돌판에 쓰여진 율법은 온전한 복합체(the whole complex)로 있는 성언(聖言 · 말씀 · the Word)을 뜻하기 때문이고, 그리고 주님은 성언이시기 때문입니다. 넓은 뜻으로 "율법"(the law)이 온전한 복합체 안에 있는 성언을 뜻한다는 것, 그리고 덜 넓은 뜻으로 역사적인 성언(=말씀 · the historical Word)을 뜻한다는 것, 그리고 엄밀한 뜻으로 십성언의 열 계명들을 뜻한다는 것 등등은 A.C. 6752항을 참조하십시오. 이 율법이 "언약"(言約 ·

the Covenant)이라고 하였고, 그것이 그 위에 새겨진 돌판들을 "언약의 판들"(the table of the Covenant)이라고 불리웠고, 그리고 법궤를 "언약의 궤"(the ark of the Covenant)라고 불리웠습니다(출애굽기 34 : 28 ; 민수기 14 : 44 ; 신명기 9 : 9, 15 ; 묵시록 11 : 19 ; 그 밖의 여러 곳). "언약"이 결합을 뜻하기 때문에 성언, 즉 신령진리는 사람과 주님을 결합시키는 것을 가리킵니다. 거기에 있는 결합은 그 이외의 다른 결합에서 비롯되지 않습니다. "언약"(covenant)이 결합을 뜻한다는 것은 A.C. 665 · 666 · 1023 · 1038 · 1864 · 1996 · 2003 · 2021 · 6804 · 8767 · 8778 · 9396 · 10632항을 참조하십시오. 이 율법이 양자, 즉 "언약"과 "증거판"이라고 불리웠는데, 그 이유는 "언약"이라고 불리웠을 때, 그것은 그것에 의하여 결합이 이루어지는 성언을 뜻하기 때문이고, 그리고 "증거"라고 불리웠을 때, 그것은 결합하시는 주님 자신을 뜻하기 때문입니다. 그리고 사람의 몫인 주님에 대한 고백이나 주님의 인성 안에 있는 주님의 신성의 시인도 결합시킵니다. 이렇게 볼 때 성언이 교회에서 "언약"(covenant)이라고 부르는 이유를 잘 알 수 있겠습니다. 주님의 강림 전의 성언은 "구약"(=옛 약속 · the Old Covenant)이라고 하고, 주님의 강림 뒤의 성언은 "신약"(=새 약속 · the New Covenant)이라고 합니다. 그리고 성언은 "구약과 신약"(the Old and New testament)이라고 하지만, 그러나 그것은 곧 "계약"(=성약 · 聖約 · the Testimony)이라고 하는 것입니다.

392[E]. [9] "증언"(=증거)이 주님을 뜻하고, 사람의 몫인 주님의 고백과 주님의 인성 안에 계신 주님의 신성(His Divine in His Human)의 시인을 뜻한다는 것은 성경말씀의 여러 장절들

에게서 역시 명확합니다. 묵시록서의 말씀입니다.

> 그 형제들은
> 어린 양이 흘린 피와
> 자기들이 증언한 말씀을 힘입어서
> 그 악마를 이겨 냈다. …… 그 용은 그 여자에게 노해서, 그 여자의 남아 있는 자손, 곧 하나님의 계명을 지키며 예수의 증언을 간직하고 있는 사람들과 싸우려고 떠나갔습니다(묵시록 12 : 11, 17).

또 다른 말씀입니다.

> "이러지 말아라. 나도 예수의 증언을 간직하고 있는 네 형제자매들 가운데 하나요, 너와 같은 종이다. 경배를 하나님께 드려라. 예수의 증언은 곧 예언의 영이다"(묵시록 19 : 10).

여기서 "예수의 증언은 곧 예언의 영이다"는 말씀이 주님의 고백과 주님의 인성 안에 계시는 그분의 신성의 시인을 뜻한다는 것은 성경말씀이나, 성경말씀에서 비롯된 교리 안에 있는 모든 진리에 속한 삶을 뜻합니다.

[10] 묵시록서의 또 다른 곳의 말씀입니다.

> (내가 또 보좌들을 보니) 나는 예수의 증언과 하나님의 말씀 때문에, 목이 베인 사람들의 영혼에게와 그 짐승이나 그 짐승 우상에게 절하지 않고, 그들의 이마와 손에 표를 받지 않은 사람들을 보았습니다(묵시록 20 : 4).

여기의 장절들은 아래의 말씀의 내용을 설명해 주고 있습니다. 시편서의 말씀입니다.

예루살렘아, 너는
모든 것이 치밀하게 갖추어진 성읍처럼,
잘도 세워졌구나.
저 지파들, 주의 지파들이
주의 이름을 찬양하려고(=고백하려고)
이스라엘의 전례를 따라
그리로 올라가는구나.
거기에 재판(=심판)의 보좌들이 놓여 있으니,
다윗 가문의 보좌들이로구나.
(시편 122 : 3-5)

여기서 "예루살렘"은 교리에 관계되는 교회를 뜻하는데, 그것이 주님에 의하여 세워졌을 때, 그것은 "잘도 세워졌다"라고 언급되었습니다. 그리고 "모든 것이 치밀하게 갖추어진 성읍처럼"이라는 말씀은 그것 안에 질서정연하게 있는 모든 것들인 교리를 뜻하고, 그리고 "성읍"(city)은 교리를 뜻합니다. "저 지파들, 주의 지파들(=지파들, 곧 주의 지파들)이 그리로 올라간다"는 말씀은 복합체 안에 있는 모든 진리들과 선들을 뜻합니다. "이스라엘의 증거(=이스라엘의 전례)를 따라 주의 이름에 감사드리려고"(=주의 이름을 찬양하려고)라는 말씀은 거기에 계신 주님의 고백(=찬양)과 시인을 뜻합니다. "이것은 거기에 심판의 보좌들이 놓여 있기 때문이다"는 말씀은 그것에 따라서 심판을 실행하게 될 거기에 있는 신령진리를 뜻합니다. 이러한 내용이 거기에 있는 "보좌들"이 뜻하는 것이라는 것은 본서 253[A]항을 참조하십시오.

[11] 또 같은 책의 말씀입니다.

> 주께서 야곱에게 경고를 내리시고,
> 이스라엘에게 법을 세우실 때에,
> 자손에게 잘 가르치라고,
> 우리 조상에게 이르신 것이다(=그가 한 증거를 야곱 안에 세우시고, 이스라엘 안에 율법을 정하셨도다. 이는 우리 조상들에게 명령하시어 그들의 자손들에게 알리도록 하신 것이다)(시편 78 : 5).

여기서 "야곱"이나 "이스라엘"은 교회를 뜻하는데, "야곱"은 외적인 교회를 뜻하고, "이스라엘"은 내적인 교회를 뜻합니다. 그리고 "증거"나 "법"은 성언을 뜻하는데, "증거"는 성경말씀에서 가르치는 삶에 속한 선들을 뜻하고, "법"은 성경말씀에서 가르치는 교리에 속한 진리들을 뜻합니다. 외적인 교회에 있는 자들은 교리에 속한 진리들에 따라서 사는 삶의 선 안에 있기 때문에, 그리고 내적인 교회 안에 있는 자들은 그 삶에 일치하는 교리에 속한 진리들 안에 있기 때문에, 그러므로 "증거"는 야곱에 관해서 언급하고, "법"은 이스라엘에 관해서 언급하고 있습니다.

[12] 또 같은 책의 말씀입니다.

> 네 자손이
> 나와 더불어 맺은 언약을 지키고,
> 내가 가르친 그 법도를 지키면,
> 그들의 자손이 대대로 네 뒤를 이어서
> 왕이 되게 하겠다.
> (시편 132 : 12)

이 말씀은 다윗에 관해서 언급한 것이지만, 그러나 여기서 다윗은 다윗을 뜻하지 않고, 주님을 뜻합니다. 그리고 "그의 자손"은 주님의 계명들을 실행하는 자들을 뜻합니다. 그들에 관해서는 "네 자손이 나와 더불어 맺은 언약을 지키고, 내가 가르친 그 법도를 지킨다면"이라고 언급되었는데, 여기서 "언약"(=약속 · covenant)은, 위에서 언급한 "율법"(law)과 같은 내용을, 다시 말하면 교리에 속한 진리를 뜻하고, 여기서 "법도"(=증거)는 위에서 언급한 증거(=증언)를, 다시 말하면 교리에 속한 진리들에 일치하는 삶에 속한 선을 뜻합니다. "언약"이나 "증거들"이 뜻하는 것과 동일한 것입니다.

[13] "증거들"(=증언들 · testimonies)은 성경말씀의 여러 장절들에서 "법률" · "교훈들"(precepts) · "계율들"(commandments) · "법령들"(statutes) · "공평들"(judgments)과 함께 언급, 기술되고 있는데, "증언들이나 계율들"은 삶을 가르치는 그런 것들을 뜻하고, "법률들이나 교훈들"은 교리를 가르치는 것들을 뜻하고, "법령들이나 공평들"은 예전들을 가리키는 그런 것들을 뜻합니다. 이러한 것은 시편서의 아래 장절들에서 알 수 있습니다. 시편서의 말씀입니다.

주의 교훈은 완전하여서
사람에게 생기를 북돋우어 주고,
주의 증거는 참되어서
어리석은 자를 깨우쳐 준다.
주의 교훈은 정직하여서
마음에 기쁨을 안겨 주고,
주의 계명은 순수하여서
사람의 눈을 밝혀 준다.
주의 말씀은 티 없이 맑아서

6장 9-17절

영원토록 흔들리지 아니하고,
주의 법령은 참되어서
한결같이 바르다.
(시편 19 : 7-9)

또 같은 책의 말씀입니다.

행위가 깨끗하며
주의 법(law)대로 사는 사람은,
복이 있다.
주의 교훈(=증거들)을 지키며
온 마음을 기울여서 주님을 찾는 사람은,
복이 있다.
진실로 이런 사람들은
불의를 행하지 않고,
주께서 가르치신 길을 따라서 사는 사람이다.
주님,
주께서는 우리에게 주의 법도를 주시고,
그것을 성실하게 지키라고 명령하셨습니다.
내가 주의 율례를
성실하게 지킬 수 있도록
내 길을 탄탄하게 하셔서
흔들리는 일이 없게 해주십시오.
내가
주의 모든 계명을 낱낱이 마음에 새기면,
내가 부끄러움을 당할 일이 없을 것입니다.
내가 주의 의로운 판단을 배울 때에,
정직한 마음으로 주님께 감사하겠습니다.
(시편 119 : 1-7 ; 12-15, 88, 89, 151-156)

393. 10절. 그들은 큰소리로 부르짖었습니다.
이 말씀은 그들의 마음의 비애(=슬픔·悲哀)를 뜻합니다. 이러한 뜻은 마음에 속한 격렬한 비애(=슬픔)를 가리키는 "부르짖는다"(to cry out)는 말씀의 뜻에서 잘 알 수 있습니다. 왜냐하면 이 말은 언어에서 크게 지른다는 소리에 의하여 그것 자체를 드러내기 때문입니다. 결과적으로 성경말씀에서 "부르짖음"(crying out)은 슬픔이나 비애를 뜻합니다. 더욱이 슬픈 것이든, 즐거운 것이든, 모든 정동은 소리들에 의하여 그것 자체를 표현하고, 그리고 생각에 속한 개념(ideas of thought)은 소리 안에 있는 표현들에 의하여 표현합니다. 이것이 언어 가운데 있는 소리가 그 정동의 질(質)이나 분량(分量·measure)을 드러낸다는 이유입니다. 그리고 이러한 사실은 자연계에 비하여 영계에서 더욱 명확한데, 이런 이유 때문에 정동들은 마음에 속한 것들 이외의 다른 것들에 의하여 보여 주는 것을 허락하지 않습니다. 그러므로 영계에서 현명한 사람은, 오직 그의 언어에서 비롯된 것에서 다른 사람의 정동을 듣고 지각할 수 있습니다. 영들이나 천사들에게서 소리는 정동에 속해 있고, 낱말들은 생각의 개념에 속해 있다는 것은 ≪천계와 지옥≫ 241항이나, 본서 323[A]항을 참조하십시오. 성경말씀에서 "부르짖는다" 또는 "부르짖음"이 "슬픔이나 비애"를 뜻한다는 것은 그것에 관해서 내가 이사야서의 말씀에서 인용한 수많은 장절들에게서 아주 명확합니다. 이사야서의 말씀입니다.

> 헤스본과 엘르알레에서 부르짖는 소리가
> 저 멀리 야하스에까지 들리니,
> 모압의 용사들이 두려워 떨며 넋을 잃는다.

6장 9-17절

가련한 모압아,
너를 보니, 나의 마음까지 아프구나.
사람들이 저 멀리
소알과 에글랏슬리시야까지 도망치고,
그들이 슬피 울면서
루힛 고개로 오르는 비탈길을 올라가고,
호로나임 길에서 소리 높여 통곡하니,
그들이 이렇게 망하는구나. ……
그 곡하는 소리가
모압 땅 사방에 울려 퍼지고,
그 슬피 우는 소리가
에글라임에까지 들리며,
그 부르짖는 소리가 브엘엘림에까지 이른다.
(이사야 15 : 4, 5, 8)

"부르짖음"(crying out)이 슬픔이나 비애를 뜻하기 때문에 사람의 마음이 비애의 상태에 빠져 있을 때 "하나님에게 부르짖음"으로 말한다는 것은 일종의 관습이었습니다. 예를 들면 이사야서 19장 20절, 30장 19절, 65장 19절이나 예레미야서 14장 2절이나 그 밖의 여러 장들이 되겠습니다. 성경말씀에서 "부르짖음"(crying out)이 다종다양한 정동들을, 예를 들면 내면적인 비탄(悲歎)이나 애도(哀悼), 심신의 고통에서 비롯된 탄원(歎願)이나 애원(哀怨), 그리고 증언(證言)·분노(忿怒)·고백(告白)이나 광희(狂喜·excultation), 그 밖의 다른 상태들에 관해서 언급, 서술한 것은 A.C. 2240 · 2821 · 2841 · 4779 · 5016 · 5018 · 5027 · 5323 · 5365 · 5870 · 6801 · 6802 · 6862 · 7119 · 7142 · 7782 · 8179 · 8353 · 9202 항을 참조하십시오.

394. "거룩하고 참되신 통치자님, 우리가 얼마나 더 오래 기다려야 땅 위에 사는 자들을 심판하시고, 또 우리가 흘린 피의 원수를 갚아 주시겠습니까?"(=오 거룩하시고, 참되신 주여, 땅에 살고 있는 그들을 심판하시어 우리의 피를 갚아 주실 날이 얼마나 남았나이까?)

이 말씀은 의(義)이신 주님에게, 그리고 공개적으로 주님을 시인하고, 인애의 삶 안에 있는 자들을 괴롭히고, 귀찮게 하는 무리들의 심판이나 제거에 관한 탄식(歎息)이나 한숨짓는 것을 뜻합니다. 이런 뜻은 주님에게 퍼붓는 근심에서 비롯된 탄식이나 한숨짓는 것을 가리키는 "거룩하고 참되신 통치자님, 우리가 얼마나 더 오래 기다려야 합니까? 하고 부르짖고 외친다"는 말의 뜻에서 잘 알 수 있습니다. 이런 말씀이나 낱말들은 정의에 대하여 신음(呻吟)하고, 탄식하고, 간절히 탄원(歎願)하는 자들의 낱말들이기 때문입니다. 그리고 또한 공의로우신 분을 가리키는 "거룩하고 참되다"는 말의 뜻에서도 잘 알 수 있습니다. 왜냐하면 주님에 관해서 언급될 때 정의(=공의)는, 주님께서 이런 것들을 관대(寬大)하게 다루시지 않는다는 것을 뜻하기 때문입니다. 이것은 주님께서 거룩하시고, 참되시기 때문입니다. 그리고 또한 주님을 공개적으로 시인하고, 인애에 속한 삶 안에 있는 자들에 대하여 괴롭히고, 귀찮게 하는 무리들의 심판이나 제거를 가리키는 "심판하고, 흘린 피의 원수를 갚는다"는 말씀의 뜻에서 잘 알 수 있습니다. 이러한 뜻은 "피"(血·blood)가 신령선과 신령진리에 대한, 따라서 주님에 대하여 저지른 모든 폭행을 뜻하기 때문에, 이런 말씀들의 뜻입니다. 결과적으로는 인애의 삶이나 믿음 안에 있는 자들에 대하여 저지른 폭행을 뜻합니다. 이런 자들에게 폭행을 저지른다는 것은 곧 주님 당신에게 폭행을 저지르는 것을 뜻합니다. 주님 당신에 속한 말씀에 일치하는 마태복음서의 말씀입니다.

> 내가 진정으로 너희에게 말한다. 너희가 여기 내 형제자매 가운데, 지극히 보잘 것 없는 사람 하나에게 한 것이 곧 내게 한 것이다. …… 여기 이 사람들 가운데서 지극히 보잘 것 없는 사람 하나에게 하지 않은 것이 곧 내게 하지 않은 것이다(마태 25 : 40, 45).

이런 뜻으로 "피"가 뜻하는 것이 무엇인지는 본서 329[F · G]항에서 잘 볼 수 있습니다. 그리고 또한 그 뒤에 사라질 "옛 하늘에 있는 자들"을 가리키는 "땅 위에 사는 자들"의 뜻에서 잘 알 수 있습니다. 왜냐하면 그 땅에 있는, 그리고 산들이나 언덕들이나 바위들 위에 있는 영계에 사는 자들을 뜻하기 때문입니다. 이에 반하여 주님을 시인하고, 땅 아래에, 또는 하늘 아래에서 사는 인애의 삶 안에 있는 자들은 숨겨져 있고, 보호되어 있기 때문입니다(본서 391[A] · 392[A]항 참조). [2] 이렇게 볼 때 순수한 뜻으로 이들 낱말들이나 말씀들이 뜻하는 것을 잘 알 수 있겠습니다. 그러나 만약에 그것이 그 사람에게 계시되지 않는다면 이런 것들이 뜻하는 것을 어느 누구도 알 수 없습니다. 왜냐하면 그렇지 않다면 "죽임을 당한 자들의 영혼들"이 뜻하는 것이 누구인지, 그리고 "땅 위에 사는 자들의 피에 대하여 원수를 갚는다"는 말씀이 뜻하는 것을 어느 누구가 알 수 있겠습니까? 계시로부터 알지 못하는 사람이 필히 결론을 짓는 것은 이들이 순교자(殉敎者)들을 뜻한다는 것입니다. 그럼에도 불구하고 이들은 순교자들을 뜻하지 않고, 오히려 사라져 없어질 옛 하늘에 있는 자들에 의하여 괴롭힘을 겪고, 공격을 받은 부류의 모두를 뜻합니다. 왜냐하면 이들은, 공개적으로 주님을 시인하고, 인애의 삶 안에 있는 모든 자들을 자기 자신들에게서 밀어내려는 그런 부류이기 때문입니다. 그 이유는 그들이 내면적으로 악하기 때문입니다. 이들에 관해서는 본서 391[A]·392[A]항에서 언급되었습니다. 여기에 나는 아래의 사실들을 부가하고자 합니다. 그 내용은 내면적으로 악하지만, 그러나 겉보기에 도덕적인 삶을 이 세상에서 살 수 있었던 영계에 있는 모두는 주님을 예배하고, 그리고 인애에 속한 삶을 사는 자들에 대하여 전적으로 관대할 수 없다는 무리입니다. 그들은 이런 부류의 무리를 보자 그 즉시 그들은 공격하고, 그들을 위해(危害)하고, 그들을 모욕(侮辱)적으로 다룹니다. 나는 자주 이런 광경을 보고 이상하게 생각하였습니다. 그리고 그것에 관해서 알지 못하는 자들도 모두 틀림없이 이상하게 생각하였습니다. 그 이유는 이들도 동일한 그런 인물들이었기 때문입니다. 이 세상에 있을 때 그들은 주님이나 인애에 관한 설교말씀들을 관대하였고, 그리고 그들 자신들은 그런 것들에 관해서 교리적으로 말하였지만, 그럼에도 불구하고 그들이 영들이 되었을 때 그들은 그들에 대하여 관대할 수 없었습니다. 그 이유는 이런 혐오감(嫌惡感)이 그들이 처해 있는 그들의 악 안에 유전적으로 가지고 있기 때문입니다. 왜냐하면 그들의 악 안에는 적개심(敵愾心)이 있기 때문입니다. 아니, 사실은 주님을 미워하기 때문입니다. 그리고 또한 주님께서 인도하시는 인애에 속한 삶 안에 있는 자들을 미워하기 때문입니다. 그러나 이런 적개심이나 미움 따위는 그들의 영 안에 숨겨져 있습니다. 결과적으로 그들이 영들이 되었을 때 그들은 그런 것들 안에 있습니다. 그 때 악 안에 있는 선천적인 혐오감이나 적대감은 밖으로 표출되어 나옵니다.
[3] 예를 들어 보겠습니다. 그 사람 안에서 모든 것을 좌지우지 다스리는 지배애(支配愛 · the love of ruling)의 경우입니다. 이것은 곧 다른 자들을 지배하는 그들의 기쁨입니다. 그리고 만약에 끝에서 끝까지 갈 수 있다면, 이런 기쁨은 사후(死後)에도 그들 안에 존재합니다. 어느 누구도 그것을 제거할 수 없습니다. 그 이유는 모든 기쁨은 그 사랑에 속한 것이기 때문이고, 그리고 지배하는 사랑(the predominant love)은 모두의 생명(=삶)을 형성하기 때문입니다. 그들이 영들이 되었을 때, 그들은 그들이 이 세상에서 행하였던 것과 같이, 그들의 사랑에 속한 기쁨으로 말미암아 다른 자들을 지배하려는 통치권을 쥐기 위하여 계속해서 무척 애를 씁니다. 그리고 만약에 그들이 그것을 쥘 수 없다면, 그들은 주님에게 분노(忿怒)합니다. 그리고 그들이 주님 그분에 해코지를 할 수 없기 때문에, 그들은 공개적으로 주님을 시인하는 자들에게 분노하고, 성질을 부립니다. 왜냐하면 그들의 사랑(=애욕)에 속한 기쁨(=쾌락)은 천계적인 사랑(heavenly love)에 속한 기쁨에 정반대이기 때문입니다. 이런 기쁨은 주님께서 다스릴 수 있는 것입니다. 이에 반하여 다른 기쁨은 그들이 스스로 다스릴 수 있는 것입니다. 이것이 바로 주님을 미워하고, 주님께서 인도하시는 자들을 미워하는 그런 쾌락 안에 선천적으로 지니고 있는 이유이고, 그리고 또한 인애에 속한 삶 안에 있는 자들을 미워하는 그런 쾌락 안에 선천적으로 지니고 있는 이유이기도 합니다. 이상에서 볼 때 공객적으로 주님을 시인하는 자들이나, 인애에 속한 삶을 사는 자들을 주님께서 이런 부류의 영들의 폭행이

나 폭력에서 구출하시려는 이유입니다. 그리고 그들이 낮은 땅(the lower earth)에 숨겨져 있고, 최후심판 때까지 거기에 보호되는 이유입니다. 그러나 최후심판 뒤에 위에 있는 땅에 산 자들이나 거기에 있는 산들이나 언덕들 위에, 또는 바위들 위에 산 사람들이나, 위에서 언급한 것과 같이, 내면적으로 악한 성품의 사람들은 거기에서 쫓겨납니다. 땅이나 하늘 아래에 숨겨져 있던 자들은, 먼저 있던 자들이 거기에서 쫓겨난 자리에로 올리워지고, 상속이 분배됩니다. 이렇게 볼 때 다음 절에 그들에게 언급된 "그들은 그들과 같은 동료 종들과 그들의 형제자매들 가운데서 그들과 같이 죽임을 당하기로 되어 있는 사람의 수가 차기까지, 아직도 더 쉬어야 한다는 말씀을 들었습니다"는 말씀이 뜻하는 내용을 보다 충분하게 이해, 파악할 수 있겠습니다.

395[A]. 11절. 그리고 그들은 흰 두루마기를 한 벌씩 받아 가지고 있었다(=그들 각자에게 긴 흰 옷을 주었다).
이 말씀은 그들에게 있는 주님에게서 비롯된 신령진리를 뜻하고, 그리고 보호를 뜻합니다. 이러한 뜻은 주님에게서 비롯된 신령진리를 가리키는 "흰 두루마기"(=긴 흰 옷·a white robe)의 뜻에서 잘 알 수 있습니다. 왜냐하면 "긴 옷"(robe)은 일반적으로 진리를 뜻하는데, 그 이유는 그것이 일반적인 덮개(=가리개·general covering)이기 때문입니다. 그리고 "흰색"(white)은 주님에게서 비롯된 진리들을 언급, 서술하기 때문입니다. 왜냐하면 흼(白色·whiteness)은 빛에 속해 있고, 그리고 태양이신 주님에게서 발출하는 빛은 그것의 본질에서는 신령진리이기 때문입니다. "그들 각자에게 긴 흰 옷(=흰 두루마기)이 주어졌다"는 말씀은 역시 보호(保護·protection)를 뜻한다는 것은 더 상세하게 언급하겠습니다. 그러나 먼저 언급하여야 할 것은 "흰 긴 옷"(=흰 두루마기 · a white robe)이 주님에게서 비롯된 신령진리를 뜻하는 이유입니다. 모든 영들이나 천사들은 그들의 총명에 따라서 옷을 입고, 그리고 이것이 총명을 형성하기 때문에, 삶 가운데 그들의 진리의 수용(受容)에 일치하여 옷을 입습니다. 왜냐하면 그들의 총명에 속한 빛은 옷가지들로 나타나기 때문입니다. 그리고 그와 같이 그것들이 바뀌었을 때 그들은 옷가지처럼 전혀 보이지 않는데, 따라서 그들은 역시 옷들이라고 하겠습니다. 왜냐하면 영계에 존재하는 모든 것들은 거기에 있는 자들 앞에 나타날 때 태양이신 주님에게서 발출하는 빛이나 별로 말미암아 존재하기 때문입니다. 영계에 있는 모든 것들이 그 근원에서 창조되고, 형성될 뿐만 아니라, 자연계 안에 있는 모든 것들도 그 근원에서 형성됩니다. 왜냐하면 자연계는 주님에게서 비롯된 영계에 의하여 존재하고 유지, 존속되기 때문입니다. 이렇게 볼 때 천사들 앞에서 천계에 존재하는 외현들(外現 · appearances)은 전적으로 실제(real)적이라는 것을 밝히 알 수 있겠습니다. 이와 마찬가지로 옷들도 그러합니다. 영들이나 천사들이 총명에 일치하여 옷을 입기 때문에, 그리고 모든 총명이 진리에 속한 것이기 때문에, 그리고 천사적인 총명이 신령진리에 속한 것이기 때문에, 그러므로 그들은 진리들에 일치하여 옷을 입습니다. 이것은 "옷들"이 진리들을 뜻하는 이유입니다. 인체(人體)에 가까이 있는 "옷들", 다시 말하면 안에 입는 옷들(=내의들)은 내면적인 진리들을 뜻하지만, 그러나 인체의 바깥(=외부)에 있고, 그리고 인체를 감싸는 옷들은 외면적인 진리들을 뜻합니다. 그러므로 여기서 "긴 옷"(=두루마기 · a robe)나 "망

토"(a mantle)나 "외투"(a cloak) 따위의 일반적인 덮개(=가리
개)들은 일반적인 진리들을 뜻하고, 그리고 "흰색의 긴 옷"(a
white robe)은 그것들이 주님에게서 비롯된 것을 가지고 있는
일반적인 신령진리를 뜻합니다. 그러나 천사들이 입고 있는
겉옷들이 뜻하는 것에 관해서는 ≪천계와 지옥≫ 177-182항
을 참조하시고, 그리고 옷들의 뜻에 관해서는 앞에서 언급한
본서 64 · 65 · 195 · 271항을 참조하십시오.
[2] "제단 아래에 있는 자들에게 흰 긴 옷(=흰 두루마기) 한 벌
씩 주어졌다"는 말씀은 주님에 의한 보호(保護 · protection)를
뜻하는데, 그 이유는 그들에게 주어진 "흰색의 긴 옷"(=흰 두루
마기)은 그것들에 관한 신령진리로서의 주님의 현존(現存)을 표
징하기 때문이고, 그리고 신령진리에 의하여 주님께서는 주님
당신의 것을 보호하시기 때문입니다. 왜냐하면 주님께서는 그
것들을 그들이 가지고 있는 흰 긴 옷의 근원을 가리키는, 빛에
속한 영기(靈氣)로 에워싸기 때문입니다. 그리고 이 영기에 의
하여 에워싸질 때 그들은 더 이상 악령들에 의하여 공격을 받
을 수 없기 때문입니다. 왜냐하면 앞에서 언급한 것과 같이,
그들은 악령들에 의하여 공격을 받기 때문이고, 그리고 그러므
로 주님에 의하여 숨겨지기 때문입니다. 이런 일은 주님에 의
하여 천계에 올리워진 자들에게 일어납니다. 그 때 그들은 그
들이 신령진리 안에 있다는 것을 가리키기 위하여 흰 옷들을
입습니다. 따라서 그들은 안전한 상태에 있습니다. 그러나
흰 긴 옷을 입은 자들에 관한 상세한 설명은 다음 장의 9,
13-17절의 설명에서 잘 볼 수 있겠습니다.
392[B]. [3] "긴 옷"(robe) · "망토"(mantle) · "외투"(cloak)
등이 일반적으로 신령진리를 뜻한다는 것은 아래의 장절들에

게서 잘 알 수 있겠습니다. 스가랴서의 말씀입니다.

> 그 날이 오면, 어느 예언자라도, 자기가 예언자 행세를 하거나 계시를 본 것을 자랑하지 못할 것이다. 사람들에게 예언자처럼 보이려고 걸치는, 그 거친 털옷도 걸치지 않을 것이다(=그 날에 선지자들은 자기가 예언했을 때 각기 자기의 환상을 부끄러이 여길 것이며, 또한 그들은 속이기 위한 털옷도 입지 아니할 것이다)(스가랴 13 : 4).

여기서 "예언자들"(=선지자들)은 성경말씀으로부터 진리들을 가르치는 자들을 뜻하고, 추상적인 뜻으로는 성경말씀에서 비롯된 교리에 속한 진리들을 뜻합니다. "예언자들"의 이런 뜻 때문에 그들은 털로 만든 망토들을 걸쳤는데, 여기서 "털로 만든 망토"는 일반적으로 신령진리를 가리키는 궁극적인 것 안에 있는 신령진리를 뜻하기 때문입니다. 왜냐하면 궁극적인 것들은 모든 내면적인 것들을 담고 있기 때문이고, 그리고 "털"(hair) 역시 궁극적인 것들을 뜻하기 때문입니다. 이것이 바로 그 이유입니다.

> 왕이 그들에게 물었다. "너희들을 만나서 그러한 말을 한 그 사람이 어떻게 생겼더냐?" 그들이 왕에게 대답하였다. "털이 많고, 허리에는 가죽 띠를 띠고 있었습니다." 그러자 왕은 "그는 분명히 디셉 사람 엘리야다" 하고 외쳤다(열왕기 하 1 : 7, 8).
> 요한은 낙타 털 옷을 입고, 허리에 가죽 띠를 띠었다(마태 3 : 4).

이 장절은 "예언자들이 겉꾸미기 위해서 털로 만든 망토를 입지 않았다"는 뜻을 아주 명료하게 합니다. 다시 말하면 그들은 거짓들을 진리들이라고, 그리고 진리들을 거짓들이라고 공언, 선포하지 않습니다. 이것이 바로 "겉꾸미고, 속인다"는 말이 뜻하는 것입니다.
[4] "엘리야"가 진리 자체에 속한 교리를 가리키는 성언의 측면에서 주님을 표징하기 때문에, 그리고 엘리사가 그 표징을 계속해서 계승하기 때문에, 그리고 "망토"가 궁극적인 것들 안에 있는 성언을 가리키는 일반적인 신령진리를 뜻하기 때문에, 그 망토는, 열왕기서에 이어지는 것과 일치하여, 요단 강물을 둘로 갈라 놓았습니다. 영왕기 하서의 말씀입니다.

> 엘리야가 엘리사의 곁으로 지나가면서, 자기의 외투(=망토)를 그에게 던져 주었다(열왕기 상 19:19).
> 그 때에 엘리야가 자기의 겉옷을 벗어 말아서, 그것으로 강물을 치니, 물이 좌우로 갈라졌다. 두 사람은 물이 마른 강바닥을 밟으며, 요단 강을 건너갔다(열왕기 하 2:8).
> 그들이 이야기를 하면서 가고 있는데, 갑자기 불병거와 불말이 나타나서, 그들 두 사람을 갈라 놓더니, 엘리야만 회오리바람에 실리고 하늘로 올라갔다. 엘리사가 이 광경을 보면서 외쳤다. "나의 아버지! 나의 아버지! 이스라엘 병거이시며, 마병이시여!" 엘리사는 엘리야를 다시는 볼 수 없었다. 엘리사는 슬픔에 겨워서, 자기의 겉옷을 힘껏 잡아당겨 두 조각으로 찢었다. 그리고는 엘리야가 떨어뜨리고 간 겉옷을 들고 돌아와, 요단 강 가에 서서, 엘리야가 떨어뜨리고 간 그 겉옷으로 강물을 치면서 "엘리야의 주 하나님, 주께서는 어디에 계십니까?" 하고 외치고, 또 물을 치니, 강물이 좌우로 갈라졌다. 엘리사가 그리로 강을 건넜다(열왕기 하 2:11-14).

"엘리야가 엘리사에게 자기의 겉옷을 던져 주었다"는 말씀은 엘리사에게 성언에 관계되는 주님의 표징의 양도(讓渡)를 뜻합니다. 그리고 "엘리야가 사라질 때 엘리야에게서 떨어진 겉옷

(=망토)을 엘리사가 취하였다"는 말씀은 그 때 이 표징이 엘리사에게 양도되었다는 것을 뜻합니다. 왜냐하면 엘리야와 엘리사는 성언에 관계되는 주님을 표징하기 때문이고, 그리고 그들은 그들이 표징하는 것에 일치하여 그것을 착용하였기 때문입니다. "겉옷"(=망토)은 일반적으로 신령진리가 그것 안에 내재해 있는 성언을 뜻하고, 또는 복합체적으로 신령진리를 뜻합니다. 처음에는 엘리야가, 그 다음에는 엘리사가, 엘리야의 겉옷에 의하여 요단 강물이 갈라졌다는 것은 궁극적인 것들 안에 있는 신령진리의 능력을 뜻합니다. 여기서 "요단 강물"은 처음에는 그것을 통해서 교회에 소개된 진리들을 뜻하고, 그리고 처음의 이런 진리들은 성언에 속한 궁극적인 것들 안에 있는 것들을 가리킵니다. 이렇게 볼 때 역시 "겉옷"(=망토 · a mantle)이나 "긴 옷"(robe) 등이 일반적으로 신령진리를 뜻한다는 것을 잘 알 수 있겠습니다. "엘리야"가 성언에 관계되는 주님을 표징한다는 것, 그러므로 역시 "엘리사"가 주님을 표징한다는 것은 A.C. 2762 · 5247항을 참조하십시오. 궁극적인 것들이 내면적인 것들을 담고 있다는 것, 그리고 따라서 일반적인 모든 것을 뜻한다는 것 등등은 A.C. 634 · 6239 · 6465 · 9215 · 9216 · 9828항을 참조하시고, 따라서 궁극적인 것들 안에 있는 힘(strength)이나 능력을 뜻한다는 것은 A.C. 9836항을 참조하십시오. "요단"(Jordan)이 교회에 들어가는 입구를 뜻하고, 따라서 "요단 강물"은 그것을 통해서 들어가는 입구를 가리키는 첫째의 진리들을 뜻한다는 것은 A.C. 1585 · 4255항을 참조하시고, "물"(waters)이 진리들을 뜻한다는 것은 본서 71항을 참조하십시오. 첫 번째 진리들이 궁극적인 진리들(ultimate truths)을 가리킨다는 것, 그리고 이런 것들은 성경

말씀의 문자적인 뜻 안에 있습니다. 왜냐하면 이런 것들을 통해서 입장(入場·entrance)이 이루어지기 때문이고, 그리고 제일 처음에 배운 것들이나, 그리고 그것들 안에 있는 모든 내면적인 것들은 성언의 속뜻을 형성하기 때문입니다.

395[C]. [5] "긴 옷"(robe)이나 "겉옷"(mantle)이 뜻하는 것이 무엇인지 알지 못하는 사람은 "외투"(cloak)가 뜻하는 것도 알지 못합니다. 왜냐하면 "겉옷"(mantle)과 꼭같이 외투(a cloak)는 튜닉(tunic)이나 속옷(inner garment)을 감싸는 일반적인 의복(general garment)을 가리킵니다. 그러므로 그것은 비슷한 뜻을 가지고 있습니다. 따라서 그것들의 뜻을 알지 못하면 사울이 사무엘의 옷자락을 찢었다는 말이 뜻하는 것을 알지 못하고, 그리고 사울의 겉옷자락을 다윗이 잘랐다는 것을 알지 못하며, 다윗에게 요나단이 그의 겉옷이나 옷가지들을 주었다는 것의 뜻도 역시 알지 못하며, 다양한 색깔의 겉옷으로 단장하는 공주(=왕의 딸)가 뜻하는 것도 알지 못합니다. 뿐만 아니라 겉옷들이 거론된 성경의 수많은 장절의 뜻도 알지 못합니다. 사울이 사무엘의 옷자락을 찢은 사건을 우리는 이렇게 읽고 있습니다. 사무엘 상서의 말씀입니다.

> 사무엘이 거기에서 떠나려고 돌아설 때에, 사울이 그의 겉옷자락을 붙잡으니, 옷자락이 찢어졌다. 사무엘이 그에게 말하였다. "주께서 오늘 이스라엘 나라를 이 옷자락처럼 찢어서 그대에게서 빼앗아, 그대보다 더 나은 다른 사람에게 주겠소"(사무엘 상 15 : 27, 28).

여기의 사무엘의 말은 "겉옷자락의 찢음"이 사울에게서는 나라의 찢음(=나눔)을 뜻한다는 것을 명확하게 합니다. 왜냐하면 그가 말한 뒤에 그 나라가 그렇게 되었기 때문입니다. "주께서 오늘 이스라엘 나라를 이 옷자락처럼 찢어내었다"는 말씀에서 "왕"이나 "왕의 나라"는 교회에 속한 신령진리를 뜻하고, "옷자락"(=겉옷의 지락)은 궁극적인 것들 안에 있는 신령진리, 다시 말하면 일반적인 모든 신령진리를 뜻합니다. 왜냐하면 이스라엘 자손들을 다스리는 왕은 신령진리에 관련하여 주님을 표징하기 때문이고, 그리고 그들의 왕국은 신령진리에 관련하여 교회를 뜻하기 때문입니다. 그러므로 이와 같은 역사적인 사건은 왕 사울이 더 이상 주님을 표징할 수 없다는 것을 뜻하고, 그리고 만약에 그 나라가 그에게서 갈라져 떼어내지 않았다면, 그 교회에 속한 표징이 소멸될 것이라는 것을 뜻합니다. "왕들"이 신령진리와 관련하여 주님을 표징한다는 것, 그리고 따라서 "나라"(=왕국)가 신령진리와 관련하여 교회를 뜻한다는 것은 본서 29·31항을 참조하십시오.

[6] 우리가 그것에 관해서 읽고 있는, 사울의 겉옷자락을 다윗이 몰래 잘랐다는 말씀도 동일한 뜻을 뜻합니다. 사무엘 상서의 말씀입니다.

> 그 곳에 굴이 하나 있었다. 사울이 뒤를 보려고 그리고 들어갔는데, 그 굴의 안쪽 깊은 곳에 다윗과 그의 부하들이 숨어 있었다. 다윗의 부하들이 그에게 말하였다. "도리어 주께서 대장님에게 약속하신 바로 그 날이 왔습니다. '내가 너의 원수를 너의 손에 넘겨 줄 것이니, 네가 마음대로 그를 처치하여라' 하신 바로 그 날이 왔습니다." 다윗이 일어나서 사울 겉옷자락을 몰래 잘랐다. 다윗은, 자기가 사울의 겉옷자락만을 자른 것 뿐인데도, 곧 양심에 가책을 받게 되었다. …… 아버지, 지금 내가 들고 있는 임금님의 겉옷자락을 보십시오. 내가 이 겉옷자락만 자르고, 임금님

께 손을 대지 않았습니다. 이것을 보시면 나의 손에 악이나 죄가 없으며, 임금님께 반역하거나 잘못한 일이 없다는 것도 아실 것입니다. 그런데도 임금님은 나를 죽이려고 찾아 다니십니다. ……
"나도 분명히 안다. 너는 틀림없이 왕이 될 것이고, 이스라엘 나라가 네 손에서 굳게 설 것이다"(사무엘 상 24 : 3-5, 11, 20).

이 일은 신령섭리로 다윗에 의하여 행해졌습니다. 이 일은 위에서 언급한 것과 같이 "겉옷자락"과 "임금님 사울과 그의 나라"는 위와 꼭같은 뜻을 가지고 있습니다.
[7] 사울의 아들 요나단이 자기의 겉옷을 벗어서 그것을 다윗에게 주었는데, 우리는 그것에 관해서 아래와 같이 읽는데, 그것도 동일한 뜻을 갖습니다. 사무엘 상서의 말씀입니다.

요나단은 자기가 입고 있던 겉옷을 벗어서 다윗에게 주고, 그의 옷과 칼과 활과 허리띠까지 모두 다윗에게 주었다(사무엘 상 18 : 4).

이 말씀은 그 나라의 상속인(相續人)인 요나단이 그의 모든 권리를 다윗에게 양도(讓渡)하였다는 것을 뜻합니다. 왜냐하면 요나단이 다윗에게 준 모든 것들은 그 나라에 속한 표징적인 것들이기 때문입니다. 다시 말하면 사울이 표징하고 있는 그 교회의 신령진리에 속한 표징적인 것들이기 때문입니다. 왜냐하면 앞에서 언급한 것과 같이 이스라엘 자손들을 지배하는 모든 왕들은 신령진리와 관련해서 주님을 표징하기 때문입니다. 그리고 그들의 왕국은 신령진리와 관련해서 교회를 표징하기 때문입니다.
[8] 일반적으로 "겉옷들"(cloaks)이나 "긴 옷들"(robes)이 신령진리를 뜻하기 때문입니다. 사무엘 하서의 말씀입니다.

그 때 그녀가 채색옷을 입었는데, 이런 옷은 처녀인 왕의 딸들이 입는 것이었다(사무엘 하 13 : 18).

"처녀들인 임금의 딸들"(=공주들)은 진리의 정동을 뜻하고, 따라서 교회를 뜻합니다. 이러한 내용은 "임금의 딸"·"시온의 딸"·"예루살렘의 딸"이나 "시온의 처녀"·"예루살렘의 처녀"가 언급된 성경말씀의 수많은 장절들에서 잘 알 수 있습니다. 그러므로 "임금의 딸들"(=공주들)은 다양한 색깔로 물들인 그들의 의상들, 그리고 일반적으로는 그들의 긴 옷들에 의하여 정동에 속한 진리들을 표징합니다. 따라서 선에서 비롯된 진리들이나, 또는 정동에서 비롯된 진리들은 천계에서는 처녀들의 의상들이 표징합니다. 그 진리들은 더 충분하게 이런 말씀들에 의하여 기술되었습니다. 시편서의 말씀입니다.

임금의 딸들의 의상이 언급되었다(시편 45 : 9, 10, 13, 14).

395[D]. [9] 고대교회들에서 애도(哀悼 · mourning)는 진리의 박탈(剝奪)에서 비롯된 영적인 슬픔을 뜻하기 때문에 그들은 그들의 슬픔이나 애도를 이런 식으로 나타내었는데, 그 때 그들은 자신들의 망토나 겉옷을 찢는 것에 의하여 표현하였습니다. 이것은 욥기서에서 잘 알 수 있습니다.

이 때에 욥은 일어나 슬퍼하며 겉옷을 찢고 머리털을 민 다음에, 머리를 땅에 대고 엎드려 경배하면서, 이렇게 말하였다.
"모태에서 빈 손으로 태어났으니,
죽을 때에도 빈 손으로 돌아갈 것입니다(=떠날 것입니다).

주신 분도 주님이시오,
가져가신 분도 주님이시니,
주의 이름을 찬양할 뿐입니다."
(욥기 1 : 20, 21)

다른 곳의 말씀입니다.

그들(=욥의 세 친구들)은 한참 뒤에야 그가 바로 욥인 줄을 알고, 슬픔을 못 이겨 소리 내어 울면서 겉옷을 찢고, 또 공중에 티끌을 날려서 머리에 뒤집어썼다(욥기 2 : 12).

여기서 "옷을 찢는다"는 것은, 진리가 해를 입었거나, 파괴되었기 때문에, 애도의 표징을 가리킵니다(A.C. 4763항 참조). 에스겔서의 말씀입니다.

그 때에는 해변 주민의 왕들이 그들의 왕좌에서 내려오고, 그들의 왕복을 벗고, 수 놓은 옷들도 벗어 버릴 것이다. 그들은 모두 두려움에 사로잡혀 땅바닥에 앉아서, 때도 없이 떨며, 너 때문에 놀랄 것이다(=그들은 떨림으로 옷입고, 땅에 앉아서 너를 보고 매 순간 떨며 놀랄 것이다)(에스겔 26 : 16).

이 말씀은 두로에 관해서 언급하고 있는데, 두로는 진리와 선에 속한 지식들에 관한 교회를 뜻하는데, 지금 여기서는 그런 것들이 파괴된 교회를 뜻합니다. 거기에는 그것들을 통해서 존재할 수 있는 진리들이 더 이상 없다는 것은 "그 때에는 해변 주민의 왕들(=그 때 바다의 모든 통치자들)이 그들의 왕좌에서 내려온다"는 말씀이 뜻하는데, "여기서 해변 주민의 왕들"(=바다의 모든 통치자들)은 참된 중요한 과학지들을 뜻하고,

"그들의 왕좌에서 내려온다"는 말씀은 이런 중요한 과학지들이 파괴되었다는 것을 뜻하고, 결과적으로는 거기에 총명이 전혀 없다는 것을 뜻합니다. 이러한 내용은 "그들이 그들의 왕복들을 벗어 버리고, 수 놓은 옷들도 벗어 버릴 것이다"는 말씀이 뜻합니다. "왕복들"(=외투들·cloaks)은 일반적인 진리들을 뜻하고, "수 놓은 옷들"은 진리에 속한 지식들을 뜻하고, 결과적인 영벌이나 저주는 "그들은 떨림으로 옷입고, 땅바닥에 앉는다"는 말씀이 뜻합니다.

[10] 미가서의 말씀입니다.

> 내 백성이 대적처럼 일어났다.
> 전쟁터에서 고향으로 돌아가는 장정들처럼,
> 안심하고 지나가는 사람들에게서,
> 너희는 그들의 옷을 벗겨 갔다.
> (미가 2 : 8)

이 장절의 말씀이나 낱말들은 "이스라엘 자손들이 원수처럼 일어나서 전쟁을 반대하여 안전하게 지나가는 자들의 겉옷과 속옷을 벗긴다"는 것을 뜻하지 않고, 오히려 그들이 진리들을 말하는 자들을 적군(=원수)들로 여기고, 그리고 착하게 살고, 거짓들을 털어 없애 버리는 자들에게서 모든 진리들을 박탈(剝奪)하는 것을 뜻합니다. "옷"(garment)은 진리를 뜻하고, "망토"(mantle)는 그것이 일반적으로 진리를 뜻하기 때문에, 모든 진리를 뜻하고, "안심하고 지나간다"는 것은 착하게 잘 사는 것을 뜻하고, "전쟁에서 돌아오는 장정들"(=사람들)은 거짓들을 털어 버리는 자들을 뜻합니다. 왜냐하면 여기서 "전쟁"(war)은 거짓에 대항하여 싸우는 진리에 속한 싸움을 뜻하기 때문입니다. 어느 누구가 이것이 전쟁에 관한 영적인 뜻이라는 것을 알 수 있겠으며, 어느 누구가 이스라엘 백성이 안심하고 지나가는 자들에게서 겉옷을 벗기고, 속옷을 벗기는 원수로 여기지 않는다는 것을 알겠습니까?
[11] 마태복음서의 말씀입니다.

> 그들(=율법학자들과 바리새파 사람들)이 하는 행실은 모두 사람들에게 보이려고 하는 것이다. 그들은 경문 곽(=성구 함)을 크게 만들어서 차고 다니고, 옷술을 길게 늘어뜨린다(=옷단을 넓혀서 입는다) (마태 23 : 5).

이 말씀은 율법학자들(=서기관들)이나 바리새파 사람들이 행하는 것을, 그러나 그것은 그들이 논(論)하는 것이나, 그리고 그들이 거룩하고 유식하다는 것을 뽐내기 위하여, 성경말씀의 궁극적인 것들에서 비롯된 수많은 것들을 삶에 적용하고, 그들의 전통이나 관습에 적용하는 것을 뜻합니다. "그들이 크게 만든 경문 곽"(=성구 함)은 겉모양의 선들을 뜻하는데, 왜냐하면 손에 차고 다니는 "경문 곽"(=성구 함)이나 "손들"은 행위들을 뜻하기 때문인데, 그 이유는 이런 것들이 손들에 의하여 행해지고, 이루어지기 때문입니다. "그들이 길게 늘어뜨린 옷술"은 외적인 진리들을 뜻하는데, 외적인 진리들은 문자에 속한 궁극적인 뜻 안에 있는 것들을 가리킵니다. "긴 옷"(robe)은 일반적인 진리들을 뜻하고, "옷술"은 그것들의 궁극적인 것들을 뜻합니다. "긴 옷의 옷술"이 이런 진리들을 뜻한다는 것은 A.C. 9917항을 참조하십시오.
395[E]. [12] 이사야서의 말씀입니다.

6장 9-17절

> 주께서 나에게 구원의 옷을 입혀 주시고,
> 의의 겉옷으로 둘러 주셨으니,
> 내가 주 안에서 크게 기뻐하며,
> 내 영혼이 하나님 안에서 즐거워할 것이다.
> (이사야 61 : 10)

"주(=여호와) 안에서 크게 기뻐한다"는 말씀은 선 안에서 크게 기뻐한다(to rejoice)는 것을 뜻하고, "하나님 안에서 즐거워할 것이다"는 말씀은 진리 안에서 즐거워한다는 것을 뜻합니다. 왜냐하면 주님은 신령선으로 말미암아 "여호와"라고 불리웠고, 그리고 신령진리로 말미암아 "하나님"이라고 불리웠기 때문입니다. 모든 영적인 즐거움은 이런 것들에게서 비롯됩니다. "구원의 옷을 입는다"는 말씀은 진리들로 가르침을 받고, 진리가 주어진다는 것을 뜻하고, 그리고 "의의 겉옷을 둘러 준다"는 말씀은 선에서 비롯된 모든 진리로 채워진다는 것을 뜻합니다. 여기서 "겉옷"(robe)은 모든 진리를 뜻하는데, 그 이유는 그것이 일반적으로 진리를 뜻하기 때문입니다. 그리고 "의"는 선에 관해서 서술합니다.

[13] 같은 책의 말씀입니다.

> 응징을 속옷으로 입으셨다(=복수의 의복들로 옷 입으셨다).
> 열심을 겉옷으로 입으셨다(=열심으로 겉옷을 입으셨다).
> (이사야 59 : 17)

이 말씀은 주님에 관해서, 그리고 지옥과의 주님의 싸움에 관해서 언급하고 있습니다. 왜냐하면 주님께서 이 세상에 계실 때, 주님께서는 지옥에 있는 것들이나 천계에 있는 모든 것들을 질서에 맞게 회복시키셨기 때문입니다. 그리고 이러한 일은 신령사랑에서 비롯된 신령진리에 의하여 행하셨습니다. "복수의 의복들"(=응징의 속옷 · garments of vengeance)은 그것에 의하여 행해진 진리들을 뜻하고, "열심을 겉옷으로"(=겉옷으로서의 열심)은 이 일이 행해진 그것의 근원인 신령사랑을 뜻하고, 여기서 "겉옷"(robe)은 신령사랑에서 비롯된 신령진리들을 통하여 그 일이 행해졌다는 것을 뜻하기 위하여 언급되었습니다. 그러나 "에봇의 겉옷"(the robe of the ephod)은 아론이 그 옷으로 치장하였고, 그 겉옷의 옷자락 둘레에는 석류 모양의 술을 만들어 달고, 석류 술 사이에는 금방울을 달았습니다(출애굽기 28 : 31-35 ; 레위기 8 : 7 ; A.C. 9910-9928항을 참조).

396. 그들은 아직도 더 쉬어야 한다는 말씀을 들었습니다(=그들에게 잠시만 더 쉬라고 말씀하셨다).
이 말씀은 좀 더 이어지는 그 상태의 계속을 뜻합니다. 이러한 내용은 더 다른 설명없이도 명확합니다. 그리고 때(time)가 상태를 뜻하기 때문에, 그 상태 안에 있다는 것을 뜻합니다. 때(=시간 · time)가 삶(=생명)의 상태를 뜻한다는 것은 ≪천계와 지옥≫ 162-169항을 참조하십시오.

397. 그들과 같은 동료 종들과 그들의 형제자매들 가운데서 그들과 같이 죽임을 당하기로 되어 있는 사람의 수가 차기까지……(=그들의 동료 종과 형제도 그들처럼 죽임을 당하여 그 수가 가득 채워질 때까지……).
이 말씀은 온갖 악들이 소멸할 때까지를 뜻합니다. 이러한 사실은 그런것들이 완전히 이루어질 때까지를 가리키는 "그 수가 가득 채워질 때까지"라는 말의 뜻에서, 그리고 온갖 악들을 가리키는 그들처럼, 죽임을 당할 그들의 동료 종과 형제자매들의 뜻에서 잘 알 수 있습니다. 왜냐하면 이들을 죽인다는 것은 악을 뜻하기 때문이고, "동료 종들"은 진리들 안에 있는 자들을 뜻하기 때문이고, 그리고 "형제들"(=형제자매들)은 선들 안에 있는 자들을 뜻하기 때문입니다. 그리고 "동료 종들"과 "형제자매들"과 함께 언급되었을 때에는 선에서 비롯된 진리들 안에 있는 자들을 뜻합니다. 왜냐하면 속뜻에서 이들 둘은 하나로 결합되어 있기 때문입니다. 성경말씀의 어떤 장절에 언급된 이른바 "완성이나 완료"(consummation)는 "악들이 최고의 점에 다달았을 때"와 같은 것을 뜻하는데, 그러나 오늘날에는 어느 누구도 거의 이 말들이 뜻하는 것을 거의 알지 못합니다. 앞서 세 단락에서(본서 391 · 392 · 394항 참조) 언급된 것인 외적인 것들로 보기에 도덕적인 삶을 산 자들로 형성된 옛 하늘(=종전 하늘 · the former heaven)은 그럼에도 불구하고 그것은 내적으로는 악한 삶을 산 자들로 이루어졌다는 것이고, 그리고 이들은 영계에서 높은 곳들에서 살았다고, 그러므로 그들 자신들은 그들이 천계에 존재한다고 생각하였다는 것 등을 언급하였습니다. 그들은 내면적으로 악하였기 때문에, 이들은 그들에 대해서 그들이 내면적으로 선하다고 관대하지는 않았을 것입니다. 이런 이유는 그들의 정동들과 생각들이 조화롭게 일치하지 않았기 때문입니다. 왜냐하면 영계에서 모든 연합(聯合)이나 제휴(提携)는 정동과들과 생각들의 합치나 부합에 일치하여 이루어지기 때문입니다. 왜냐하면 천사들이나 영들은 인간형체 안에 있는 그것에서 비롯된 정동들이나 생각들 이외에 아무것도 아니기 때문입니다. 그리고 그 때 높은 지역들에 있었던 이들은 내면적으로 선한 자들의 현존(現存 · 임재

· presence)을 참고 견딜 수가 없었기 때문에, 그들은 그들을 그들 가운데서 내쫓아버렸습니다. 그들은 어디에서나 사악하게, 그리고 창피스럽게 다루어진 그들을 보았습니다. 결과적으로 선한 사람은 주님에 의하여 이런 폭행의 상태에서 구출되었고, 그리고 하늘 아래에 숨겨지고, 보호되었던 곳에서 구출되었습니다. 이러한 일은 주님께서 이 세상에 계실 때부터 심판이 완료될 때까지 일어났습니다. 그 때 높은 지역에 있던 자들은 아래로 쫓겨났고, 하늘 아래에 있던 자들은 위로 올리워졌습니다. 악한 자는 높은 지역에서 아주 오랜 동안 너그럽고, 관대하게 대접을 받았고, 선한 자는 하늘 아래에서 아주 오랜 동안 억류(抑留)되어 있었는데, 그것은 이들 양자가 "가득 채워지기 위해서"입니다. 그런 일은 새 하늘(a new heaven)이 형성되기 위하여 선한 자의 충분한 숫자가 차기 위해서 이고, 그리고 악한 자가 천계로 자기 스스로 내려앉기 위해서 입니다. 왜냐하면 주님께서 어느 누구도 아래로 내쫓지 않으시고, 오히려 악한 영들과 함께 있는 악한 자 자신이 자신들을 아래로 내쫓기 때문입니다. 이러한 사실은 ≪천계와 지옥≫ 545-550항에서 잘 볼 수 있습니다. 이런 일은 악들이 최상에 달하였을 때, 다시 말하면 충분하게 채워졌을 때 일어납니다.
[2] 이러한 일련의 내용이 마태복음서의 주님의 말씀이 뜻하는 것입니다. 마태복음서의 말씀입니다.

그래서 주인의 종들이 와서, 그에게 말하였다. "주인 어른, 어른께서 밭에 좋은 씨를 뿌리지 않으셨습니까? 그런데 가라지가 어디에서 생겼습니까?" 주인이 종들에게 말하기를 "원수가 그렇게 하였구나" 하였다. 종들이 주인에게 말하기를 "그러면 우리가 가서 그것들을 뽑아 버릴까요?" 하였다. 그러나 주인은 이렇게 대답하였다. "아니다. 가라지를 뽑다가 그것과 함께 밀까지 뽑으면 어떻게 하겠느냐? 거둘 때가 될 때까지 둘 다 함께 자라게 내버려 두어라. 거둘 때에, 내가 일꾼에게, 먼저 가라지를 뽑아 단으로 묶어서 불태워 버리고, 밀은 내 곳간에 거두어 들이라고 하겠다. ……" 예수께서 이렇게 말씀하셨다. "좋은 씨를 뿌리는 이는 인자요, 밭은 세상이다. 좋은 씨는 그 나라의 자녀들이요, 가라지는 악한 자의 자녀들이다. 가라지를 뿌린 원수는 악마요, 추수 때는 세상 끝 날이요, 추수꾼은 천사들이다. 가라지를 모아다가 불에 태워 버리는 것 같이, 세상 끝 날에도 그렇게 할 것이다. 인자가 천사들을 보낼 터인데, 그들은 죄짓게 하는 자들과 불법한 일을 하는 자들을 모조리 그 나라에서 모아다가, 불 아궁이 속에 던질 것이다. 그러면 그들은 거기에서 울며 이를 갈 것이다"(마태 13 : 27-30, 37-42).

"세상 끝 날"(the consummation of age)은 최후심판이 일어나는 마지막 때(the last time)입니다. "추수 때"(the time of harvest)는 모든 것들이 성취, 완성되었을 때, 다시 말하면 모든 것들이 충분하게 채워졌을 때입니다. 여기서 "가라지들"(the tares)은 악들이나 그 사람 안에 악이 있는 자들을 뜻하고, 그리고 "밀"(the wheat)은 선들이나, 그 사람 안에 선이 있는 자들을 뜻합니다. 이것에 관한 더 자세한 내용은 ≪최후심판≫(the Last Judgment) 65-72항을 참조하십시오. 이상의 모든 것에서 볼 때, 우리는 그들에게 말씀하신 "그들은 그들과 같은 동료 종들과 그들의 형제자매들 가운데서 그들과 같이 죽임을 당하기로 되어 있는 사람의 수가 치기까지, 아직도 더 쉬어야 한다는 말씀을 들었습니다"는 말씀이 뜻하는 이유를 어느 정도 이해할 수 있겠습니다. 여기서 "죽임을 당한다"(to be killed)는 말은 앞서 "살해되었다"(to be slain)는 말의 뜻과 동일한 뜻을 가지고 있습니다(본서 392[A]항 참조). 다시 말하면 신령진리 때문에, 그리고 주님에 대한 그들의 증언(=찬양) 때문에 악한 자에 의하여 배척된다는 뜻과 동일한 뜻을 가지고 있습니다.

[3] 이런 뜻을 알게 될 때, 아래의 장절에서 "극치"(極致 · consummation)나 "매우 심한 죄악"(iniquity consummated)이 뜻하는 것이 무엇인지 알 수 있겠습니다. 창세기서의 말씀입니다.

> 주께서 또 말씀하셨다. "소돔과 고모라에서 들려 오는 저 울부짖는 소리가 너무 크다. 그 안에서 사람들이 엄청난 죄를 저지르고 있다. 이제 내가 내려가서, 거기에서 벌어지는 모든 악한 일이 정말 나에게까지 들려온 울부짖음과 같은 것인지를 알아보겠다"
> (창세기 18 : 20, 21).

이 말씀은 소돔에 관한 것입니다. 같은 책의 말씀입니다.

> 아모리 사람들의 죄가 아직 벌을 받을 만큼 이르지는 않았다(창세기 15 : 16)

이사야서의 말씀입니다.

> 만군의 주께서 온 세상을
> 멸하시기로 결정하셨다는 말씀을,
> 내가 들었다.
> (이사야 28 : 22)

또 같은 책의 말씀입니다.

> (이스라엘아,)
> 너의 파멸이
> 공의로운 판결에 따라서 이미 결정되었다.
> 파멸이 이미 결정되었으니,
> 주, 곧 만군의 주께서 온 땅 안에서
> 심판을 강행하실 것이다.
> (이사야 10 : 22, 23)

스바냐서의 말씀입니다.

> 주께서 분노하시는 날,
> 주의 불 같은 질투가
> 온 땅을 활활 태울 것이다.
> 땅에 사는 모든 사람을
> 눈 깜짝할 사이에 없애실 것이다.
> (스바냐 1 : 18)

다니엘서의 말씀입니다.

> 그 대신에 성전의 가장 높은 곳에 흉측한 우상을 세울 것인데, 그것을 거기에 세운 사람이 하나님이 정하신 끝 날을 맞이할 때까지, 그것이 거기에 서 있을 것이다(다니엘 9 : 27).

다른 곳에서도 마찬가지입니다. 이 장절에서 "완료"(=진멸할 때 · consummation)나 "결정"(=정해진 것 · decision)은 교회의 마지막 상태를 뜻하는데, 그 상태에는 어떤 진리도 없는 상태인데, 그 이유는 거기에 선이 없기 때문이고, 또한 거기에 인애가 없기 때문에 거기에 더 이상 어떤 믿음도 없는 상태입니다. 그리고 이것이 교회의 마지막 상태인데, 그 때 마지막 심판이 임합니다. 그 때에 마지막 심판이 오는데, 여기서 더 큰 이유는 인류(the human race)는 천사적인 천계의 기초, 또는 초석(礎石)이기 때문입니다. 왜냐하면 인류와 천사적인 천계의 결합은 영속(永續)적이고, 다른 것에 의한 하나의 계속적인 존재이기 때문입니다. 그러므로 그와 같은 기초(=초석)가 천사적인 천계에 대응하지 못하고 비틀거리고, 위기에 놓이게 되면, 결과적으로 그 때 영계에 있는 자들에게 반드시 심판이 있어야 하는데, 천계에 있는 모든 것들은 지옥에 있는 모든 것들과 꼭같이, 질서에 맞게 회복될 것입니다. 인류가 천사적 천계의 기초이고, 초석이라는 것, 그리고 그 결합이 영구적이라는 것 등은 ≪천계와 지옥≫ 291-310항을 참조하십시오. 이렇게 볼 때 "종말"(終末・consummation)은 교회의 마지막 상태를 뜻하고, 그리고 그 때 거기에 인애가 없기 때문에 더 이상 믿음이 없다는 것을 우리는 잘 알 수 있겠습니다. 교회의 이런 상태가 성경말씀에서는 "황폐"(vastation)나 폐허(desolation)라고 불리웠고, 그리고 주님께서는 "시대의 종말"(=세상의 종말・the consummation of the age)이라고 하였습니다(마태 13 : 39, 40, 49 ; 24 : 3 ; 28 : 20).

398. 12-14절. 그 어린 양이 여섯째 봉인을 뗄 때에, 나는 큰 지진이 일어나는 것을 보았습니다. 그리고 해는 검은 머리털로 짠 천과 같이 검게 되고, 달은 온통 피와 같이 되고, 하늘의 별들은, 무화가나무가 거센 바람에 흔들려서 설익은 열매가 떨어지듯이, 떨어졌습니다. 하늘은 두루마기가 말리듯이 사라

지고, 제 자리에 그대로 남아 있는 산이나 섬은 하나도 없었습니다.

[12절] :

"나는 그 어린 양이 여섯째 봉인을 떼는 것을 보았다"는 말씀은 그 교회의 상태에 관한 매우 상세한 예언(豫言 · prediction)을 뜻합니다(본서 399항 참조). "보아라, 거기에 큰 지진이 일어나는 것을 보았다"는 말씀은 완전히 변해 버린 그 교회의 상태를 뜻합니다(본서 400항 참조). "해는 검은 머리털로 짠 천과 같이 되고, 달은 온통 피와 같이 되었다"는 말씀은 사랑에 속한 모든 선이 분리되고, 그리고 그것으로 인하여 믿음에 속한 모든 진리가 위화되었다는 것을 뜻합니다(본서 401항 참조).

[13절] :

"하늘의 별들은 땅에 떨어졌습니다"라는 말씀은 선이나 진리에 속한 지식들이 멸망하였다는 것을 뜻합니다(본서 402항 참조). "무화과나무가 거센 바람에 흔들려서 설익은 열매가 떨어졌다"는 말씀은 자연적인 사람이 가지고 있는 추론들에 의하여 황폐하게 된 지식들을 뜻합니다(본서 403항 참조).

[14절] :

"하늘은 두루마리(=두루마리 책)가 말리듯이 사라졌다"는 말씀은 영적인 사람이 종결되고, 폐쇄되었다는 것을 뜻합니다(본서 404항 참조). "산이나 섬은 제 자리에 그대로 남아 있는 것은 하나도 없었다"는 말씀은 사랑에 속한 모든 선이나 믿음에 속한 모든 진리가 멸망, 소멸하였다는 것을 뜻합니다(본서 405 · 406항 참조).

399. 12절. **나는 그 어린 양이 여섯째 봉인을 떼는 것을 보았**

습니다.

이 말씀이 그 교회의 상태에 관한 매우 상세한 예언(豫言)을 뜻하는데, 그것은 숨겨진 것들이 계시되는 것을 가리키는, 그리고 장차 일들을 예언하는 것을 가리키는 주님의 손 안에 있는 책의 "봉인을 뗀다"는 말의 뜻에서 잘 알 수 있습니다. 이것에 관해서는 본서 352 · 361 · 369 · 378 · 390항을 참조하십시오.

400[A]. 나는 큰 지진이 일어나는 것을 보았습니다.
이 말씀은 완전히 변해 버린 그 교회의 상태를 뜻합니다. 이러한 뜻은, "땅"이 교회를 뜻하고, "땅의 지진"이 상태의 변화를 뜻하기 때문에, 그 교회의 상태의 변화를 가리키는 "지진"(地震 · earthquake)의 뜻에서 잘 알 수 있습니다. "땅"(the earth)이 교회를 뜻한다는 것은 본서 304항을 참조하시고, 그것의 "흔들림"(quaking)이 상태의 변화를 뜻한다는 것은 A.C. 1273-1275 · 1377 · 3357항을 참조하십시오. "여섯째 봉인이 열렸다"는 말씀이 뜻하는 이 예언은 그 교회의 상태 안에 있는 전체적인 변화를 담고 있다는 것은 앞에서 언급한 것이나, 우리의 본장에 뒤이어지는 설명에서 잘 알 수 있습니다. 앞서에서 다루어진 예언된 것은, 하나는 선에 관련한 성언에 속한 이해이고, 그 뒤에는 진리에 관련한 성언의 이해인데, 이것들은 멸망할 것이라는 것이고, 그리고 종국에는 삶에 속한 악들 때문에, 그리고 그것에서 비롯된 교리의 거짓들 대문에 모두 멸망할 것이라는 것이었습니다. 선에 관련한 성언의 이해의 파괴(=멸망)는 본서 364항에서, 그 책의 봉인을 개봉해서 나온 것을 본 "붉은 색 말"(=불빛과 같은 말)이 뜻합니다. 그리고 진리에 관련한 성언의 이해의 파괴(=멸망)는 본서 372항에서 다루어진 "검은 말"이 뜻합니다. 그리고 결과적으로 삶의 악들이나 교리의 거짓들 때문에 거기에 성언의 이해가 전혀 존재하지 않는다는 것은 "청황색 말"(=창백한 말)이 뜻합니다 (본서 381항 참조). 이렇게 볼 때 아래에서는 그 교회의 상태가 전적으로 변화되었다는 것이 뒤이어집니다. 이러한 뜻은 앞에서 언급한 것이나, 뒤에 언급될 내용에서 명백합니다. 그 이유는 "해는 검은 머리털로 짠 천과 같이 검게 되고, 달은 온통 피와 같이 되고, 하늘의 별들은 땅에 떨어졌다"고 언급되었기 때문인데, 이런 말씀은 그 밖의 다른 많은 것들과 더불어, 거기에는 사랑에 속한 선도, 또한 믿음에 속한 진리도, 그리고 또한 선과 진리의 지식들도 더 이상 존재하지 않는다는 것을 뜻하기 때문입니다. 이러한 내용은 여기서 "큰 지진"이 그 교회가 있는 상태의 전적인 변화를 뜻한다는 것이 명확하게 합니다.

[2] "지진"이 그 교회의 상태의 변화를 뜻한다는 것은 성경말씀의 수많은 장절들에서 더욱 명확하게 합니다. 이런 장절들의 몇몇은 아래에 인용될 것입니다. "지진"의 뜻은 영계에 있는 외현(外現·現象·appearances)들에서 비롯되었습니다. 영계에서는 자연계에 있는 것과 꼭같이, 땅들(lands)·계곡들(valleys)·언덕들·산들이 있고, 그리고 그것들에는 영들이나 천사들이 사는 사회들도 있습니다. 이러한 공간들로 이루어진 새 하늘(the new heaven)이 있기 전에는 그런 것들이 놀랄만한 변화가 진행되는 것이 목격되었습니다. 그중에 어떤 것들은 아래로 침몰(沈沒)하는 것이 목격되었고, 어떤 것은 심하게 움직이거나, 흔들리는 것이, 어떤 것은 마치 두루마리 책처럼 둘둘 말리는 것이, 어떤 것은 다시 생겨나는 것 등등이 목격되었

고, 그리고 어떤 것은 큰 지진에 의하여 흔들리고, 크게 떨리는 것도 목격되었습니다. 이런 일들은 새 하늘이 형성되기 전에 나에게 보여진 것들이었습니다. 그리고 그것들은 교회의 상태에 항상 있는 변화의 징조(徵兆)들이었습니다. 거기에 마치 지진에서 비롯된 것과 같은 흔들림이나 진동(震動)이 있을 때 그것은 그 장소에 있는 교회의 상태가 변화된다는 징조였고, 표지(標識)였습니다. 그리고 그 변화의 크기는 지구의 운동의 범위나 성질만큼 명확하였습니다. 그들에게 있는 그 교회의 상태가 선에서 악으로, 그리고 진리에서 거짓으로 전적으로 바뀌었을 때 거기에 있는 땅(the earth)은 두루마리 책이 둘둘 말리는 것처럼 보였고, 그리고 사라져 버렸습니다. 이러한 일은 우리의 본문장 14절에 있는 말씀들이 뜻하는 것입니다. 다시 말하면 "하늘은 두루마리가 말리듯이 사라졌다"는 말씀이 뜻하는 것입니다. 동일한 것들이 역시 요한(John)에게 목격되었습니다. 왜냐하면 요한이 어린 것들을 목격하였을 때는 그는 영의 상태에 있었기 때문입니다. 요한 자신은 그것을 묵시록 1장 10절과 4장 2절에서 말하였습니다. 그리고 영의 상태에서 본 그는 영계에 존재하고, 나타나는 것들을 목격하였습니다. 지금 이러한 내용은 "지진"이 교회의 상태의 변화를 뜻한다는 것을 명료하게 합니다. 다시 말하면 선이 악으로, 진리가 거짓으로 바뀌었다는 것을 명료하게 합니다.

400[B]. [3] "지진"이나 "땅의 떨림"(tremblings of the earth)이 성경말씀에서 그 밖의 다른 뜻을 결코 가지고 있지 않다는 것은 아래의 여러 장절들에게서 잘 알 수 있습니다. 요엘서의 말씀입니다.

전진할 때에는 땅이 진동하고,

온 하늘이 흔들린다.
해와 달이 어두워지고,
별들이 빛을 잃는다.
(요엘 2 : 10)

여기서 "땅과 하늘들"(earth and heavens)은, 자주 다른 곳에와 같이, 교회를 뜻하는데, 여기서 "땅"은 외적인 교회를 뜻하고, "하늘"은 내적인 교회를 뜻합니다. 내적인 교회는 겉사람 안에 있는 선과 진리에서 비롯된 예배를 뜻하고, 내적인 교회는 영적인 사람 안에 있는 것을 가리키는 사랑에 속한 선이나 믿음에 속한 선에서 비롯된 예배를 뜻합니다. 왜냐하면 속사람이나 겉사람 안에, 또는 영적인 사람이나 자연적인 사람 안에 있는 것은 마찬가지로 교회 안에 있기 때문입니다. 그리고 교회가 사람 안에 있고, 그리고 교회가 그 사람 안에 있는 그 사람의 것들로 이루어지기 때문입니다. 교회의 변화나 타락(墮落)은 "땅이 진동하고, 하늘이 흔들린다"는 말씀이 뜻하고, "해와 달이 어두워진다"는 말씀은 거기에 사랑에 속한 선이나, 믿음에 속한 진리가 전혀 없다는 것을 뜻하고, "별들이 빛을 잃는다"(=별들이 그들의 빛을 거둔다)는 말씀은 진리나 선에 속한 지식이 더 이상 거기에 없다는 것을 뜻합니다.
[4] 이사야서의 말씀입니다.

내가 사람들의
수를 순금보다 희귀하게 만들고,
오빌의 금보다도 드물게 만들겠다.
하늘이 진동하고, 땅이 흔들리게 하겠다.
만군의 주께서 진노하시는 날에

그 분노가 맹렬히 불타는 날에
이 일이 이루어질 것이다.
(이사야 13 : 12, 13)

여기서 "사람"(*virum hominem*)은 총명(=지성 · intelligence)을 뜻하고, "사람의 수를 순금보다 희귀하게 만든다"는 말씀은, 총명은 진리에서 비롯된 총명을 뜻하기 때문에, 거기에 남아 있는 총명이 거의 없다는 것을 뜻합니다. 왜냐하면 모든 총명은 진리들에게서 비롯되기 때문입니다. "그러므로 내가 하늘들을 흔들고, 땅을 그 자리에서 옮겨 버리겠다"는 말씀은, 사랑에 속한 선과 믿음에 속한 진리와, 그리고 외적인 것 안에 있는 그것에서 비롯된 예배가 소멸된다는 것을 뜻합니다. 그 이유는 여기서 "하늘과 땅"(heaven and earth)은, 위에서 언급한 것과 같이, 교회에 속한 내적인 것이나 외적인 것을 뜻하기 때문입니다. 교회에 속한 내적인 것은 사랑에 속한 선이나 믿음에 속한 선을 가리키고, 교회의 외적인 것은 그것에서 비롯된 예배를 가리킵니다. 왜냐하면 외적인 것은 오로지 내적인 것에서 발출(發出)하기 때문에 교회에 속한 사람의 내적인 것은 그의 외적인 그런 것이기 때문입니다. 내적인 것에서 갈라진 외적인 예배는 생명이 없는 죽은 것이고, 소리(=음성)는 영이 없는 것입니다. 그리고 소리의 근원인 생각이나, 동작의 근원인 의지는 생명이 없는 것입니다. 왜냐하면 그것 안에는 생명이 비롯된 근원인 영적인 것이 없기 때문입니다. "여호와의 진노나, 그의 분노가 불탄다"는 말씀이 뜻하는 것은 아래의 17절의 해설에서 언급되겠습니다.
[5] 또 같은 책의 말씀입니다.

> 하늘의 홍수 문들이 열리고,
> 땅의 기초가 흔들린다.
> 땅덩이가 여지없이 부스러지며,
> 땅이 아주 갈라지고,
> 땅이 몹시 흔들린다.
> 땅이 술 취한 자처럼 몹시 비틀거린다.
> 폭풍 속의 오두막처럼 흔들린다.
> 세상은
> 자기가 지은 죄의 무게에 짓눌릴 것이니,
> 쓰러져서
> 다시는 일어나지 못할 것이다.
> (이사야 24 : 18-20)

이 말씀도 땅에 관해서 언급한 것이 아니고, 교회에 관해서 언급된 것이라는 것은 아주 명확합니다. 왜냐하면 어느 누구가 땅의 기초가 흔들린다는 것이나, 땅이 흔들리는 것이 마치 술 취한 사람이 비틀거리고, 오두막처럼 흔들린다고 생각하겠습니까? 그러나 어떤 사람은 땅 대신에 교회에 대해서 생각을 할 때 이런 낱말들로 이해할 수 있습니다. 이 낱말들은 확실하게 교회의 변화나 타락을 뜻합니다. 왜냐하면 "자기가 지은 죄의 무게에 짓눌릴 것이니 쓰러져서 다시는 일어나지 못할 것이다"고 언급되었기 때문입니다. 여기서 높은 곳(=하늘)에서 열린 "홍수 문들"(the flood-gates)은 악이나 거짓에 속한 범람(汎濫 · inundation)을 뜻합니다.

[6] 시편서의 말씀입니다.

> 주께서 크게 노하시니,
> 땅이 꿈틀거리고, 흔들리며,

산의 뿌리가 떨면서 뒤틀렸다.
(시편 18 : 7)

이 말씀은 땅이나 산의 뿌리가 꿈틀거리고 흔들렸다는 것을 뜻하지 않고, 오히려 교회나, 그 교회가 그 위에 세워진 진리들을 뜻합니다. 왜냐하면 "땅"(earth)은 교회를 뜻하고, 그리고 "산의 뿌리"(=기초)는 그 위에 교회가 세워진 진리들을 뜻하고, 그리고 그 진리는 선에서 비롯된 것을 가리킵니다. "주께서 크게 노하시었기 때문이다"는 말씀은 성경말씀에서 "여호와의 분노"(忿怒 · the wrath of Jehovah)와 같은 뜻을 가리킵니다. "땅이 꿈틀거리고, 흔들리며, 산의 뿌리(=기초)가 뒤틀렸다"고 언급된 것은 영계에서의 외현들에게서 비롯된 것입니다. 거기에서 이런 일들은 거기에 살고 있는 사람들에게 있는 교회의 상태가 변화되었을 때 일어납니다. 더욱이 거기에 있는 진리들 안에 있는 자들은 산자락에서 삽니다. 왜냐하면 천사들의 모든 주거지(住居地)들은 주님사랑에 속한 선 안에 있는 자들이 산에서 살도록 조절, 정리되어 있기 때문입니다. 그리고 그 선에서 비롯된 진리들 안에 있는 자들은 아래 낮은 곳에서 삽니다. 진리들의 측면에서 이들의 상태가 변할 때, 그들의 거주지, 따라서 산들 기초들(=산자락들)은 꿈틀거립니다. 영계에 이런 일들이 있고, 그리고 그것들이 거기에 있는 교회의 상태의 변화로 말미암는다는 것은 계시를 받은 자를 제외하면 어느 누구도 알 수 없습니다.
[7] 나훔서의 말씀입니다.

주 앞에서 산들은 진동하고,
언덕들은 녹아 내린다.

> 그(=주)의 앞에서 땅은 뒤집히고,
> 세상과 그 안에 있는 모든 것은
> 곤두박질한다.
> 주께서 진노하실 때에
> 누가 감히 버틸 수 있으며,
> 주께서 분노를 터뜨리실 때에
> 누가 감히 견딜 수 있으랴?
> 주의 진노가 불같이 쏟아지면,
> 바위가 주 앞에서 산산조각 난다.
> (나훔서 1 : 5, 6)

여기서 "산들"은 주님사랑 안에 있는 교회를 뜻하고, "언덕들"은 이웃을 향한 사랑, 즉 인애 안에 있는 교회를 뜻합니다. 그러므로 역시 "산들"은 주님사랑을 뜻하고, "언덕들"은 이웃을 향한 사랑(=인애)을 뜻합니다. 이런 이유 때문에 주님사랑 안에 있는 자들은 산에서 살고, 이웃을 향한 사랑(=인애) 안에 있는 자들은 언덕에서 삽니다. 주님사랑의 자리에서 자기사랑이 지배할 때, 그 때 산들이 진동한다고 언급되었고, 언덕들은 녹아버린다고 언급되었습니다. 왜냐하면 이런 일은 천계에 있는 천사들에게서가 아니고 영계에서 일어나고, 다만 최후심판 전, 산들이나 언덕들 뒤 위에 있는 자기 자신들을 위하여 세운 유사한 천계에 있는 영들에게서 일어납니다. 자기사랑이나 세상사랑을 뜻하기 때문에, "언덕들은 녹아 내린다"고 언급되었고, 그리고 "주 앞에서 땅은 뒤집히고, 세상과 그 안에 있는 모든 것은 곤두박질한다"고 언급되었고, 그리고 또한 "주의 진노가 불같이 쏟아진다"고 언급되었습니다. 왜냐하면 여기서 "불"(fire)은 이런 사랑들—자기사랑이나 세상사랑—을 뜻하고,

그리고 "녹아 내린다"(to dissolve)는 것이나 "타버린다"(to be burned)는 것은 그것들에 의하여 멸망, 소멸하는 것을 뜻합니다. "산산조각이 나는 바위들"은 믿음에 속한 진리들을 뜻하는데, 믿음 안에 있는 자들은 비록 인애로 말미암은 것은 아니고 복종으로 말미암아 선을 행하기 때문에, 영계에서 바위들 위에서 살고 있기 때문입니다.
[8] 욥기서의 말씀입니다.

> 지진을 일으키시어
> 땅을 그 밑뿌리에서 흔드시고,
> 땅을 받치고 있는 기둥들을 흔드신다.
> (욥기 9 : 6)

예레미야서의 말씀입니다.

> 오직 주님(=여호와)만이 참되신 하나님이시오,
> 주님만이 살아 계시는 하나님이시며,
> 영원한 임금이십니다.
> 주님이 진노하시면,
> 땅이 지진을 일으키고,
> 그 진노는
> 세계 만민이 감당할 수가 없습니다.
> (예레미야 10 : 10)

여기서도 역시 "땅"(the earth)은 교회를 뜻하지만, 그러나 거짓들 안에 있는 교회를 뜻합니다. 그리고 거짓들을 믿고, 그것들을 진리들이라고 부를 때, "땅이 지진을 일으킨다"고 언급되었습니다. 그리고 "세계 만민"은 거짓에 속한 악들을 뜻하고, 그리고 지옥으로 내던져진다는 것이나, 이들 악들의 파괴는 "세계 만민이 주님의 진노를 감당할 수 없다"는 말씀이 뜻합니다. 여기서 "땅"이 그것 안에 거짓이 있는 교회를 뜻하기 때문에 "주님만이 참되신 하나님이시오, 살아 계시는 하나님이시고, 영원한 임금이십니다"고 언급되었습니다. 왜냐하면 여호와께서는 신령진리로 말미암아 "하나님"·"임금"이라고 불리셨고, 그리고 천계에서는 신령진리로 말미암아 "살아 계시는 하나님"이라고 하였고, 이 땅에서는 신령진리로 말미암아 "영원한 임금이시다"고 하였습니다. 진리가 다루어지는 곳에서는 성경말씀의 개별적인 것들 안에는 천계적인 혼인(the heavenly marriage)이 있기 때문인데, 그러므로 다른 한편에서는 거짓이 다루어지는 곳에서는 역시 악이 다루어졌습니다. 이러한 언급은 "세계 만민"이 뜻하는 것인데, 여기서 "만민"은 거짓에 속한 악들을 뜻합니다. 거짓에 속한 악들이 교리에 속한 거짓들로부터 유입한다는 것은 아래와 같이 예증할 수 있겠습니다. 오직 교리만이 구원할 수 있고, 삶에 속한 선은 구원하지 못한다는 교리는 어디에서나 판을 치고, 그리고 또한 믿음을 가지고 있는 자에게는 악에 속한 것은 아무것도 전가(轉嫁)되지 않는다는 교리가 만연되고, 그리고 또한 오직 믿음에 의하여 구원받는다는 교리가 만연되어 있습니다. 그리고 심지어 인생의 종말에서까지 만약에 율법을 주님께서 완전히 이루시는 것에 의하여 율법의 멍에서 모두를 구원하신다는 것을 그 때 믿으면, 그리고 주님의 보혈에 의하여 주님의 속죄(贖罪)가 이루어진다는 것을 그 때 믿으면, 오직 그 믿음에 의하여 구원받는다는 것입니다. 이 경우 사람이 행한 악들은 결과적으로 이런 것들은 거짓에 속한 악들입니다.

400[C]. [9] 에스겔서의 말씀입니다.

"곡이 이스라엘 땅을 쳐들어오는 그 날에는, 내가 분노와 격분과 울화를 참지 못할 것이다. 불 같이 격노하면서, 그 때에 내가 선언하여 이스라엘 땅에 큰 지진이 일어나게 할 것이다. 바다의 물고기와 공주의 새와 들의 짐승과, 땅에 기어다니는 모든 벌레와 땅 위에 있는 모든 사람이 내 앞에서 떨 것이며, 산이 무너지고, 절벽이 무너지고, 모든 성벽이 허물어질 것이다"(에스겔 38 : 18-20).

여기서 "곡"(Gog)은 내적인 것이 결여(缺如)된 외적인 예배를 뜻하고, "이스라엘 땅"은 그 교회를 뜻하고, 그리고 이러한 뜻은 "그 날에 곡이 이스라엘 땅을 쳐들어 올 것이다"는 말씀이 뜻하는 것이 무엇인지를 명확하게 합니다. "그 때 거기에 큰 지진이 있을 것이다"는 말씀은 그 교회의 변화를 뜻하고, 그리고 그 교회의 멸망을 뜻합니다. 왜냐하면 외적인 예배는 내적인 예배에서 그것의 모든 것을 취하기 때문입니다. 그러므로 외적인 것은 내적인 것 바로 그것과 같습니다. 결과적으로 내적인 예배가 없는 곳에서의 외적인 예배는 단순한 모양이나 언어를 제외하면 진정한 예배는 아닙니다. 오늘날 현존하는 생각은 오로지 자연적인 기억에서 비롯되었고, 그리고 정동은 사람의 관습에서 생겨난 그런 겉몸통에서 비롯되었을 뿐입니다. "바다의 물고기 · 공중의 새 · 들의 짐승 · 땅에 기어 다니는 벌레가 떨 것이다"는 말씀은 사람에 속한 모든 것들을 뜻합니다. 왜냐하면 "바다의 물고기들"은 일반적으로는 자연적인 것들을 뜻하고, 개별적으로는 그것의 기억지(=과학지)를 뜻하고, "공중의 새"는 일반적으로는 총명적인 것들을 뜻하고,

개별적으로는 진리에서 비롯된 생각들을, 그러나 여기서는 거짓에서 비롯된 생각들을 뜻하기 때문입니다. "들의 짐승들"은 좋은 뜻으로는 정동을 뜻하고, 나쁜 뜻으로는 거짓이나 악에 대한 탐욕(=정욕 · lust)을 뜻하고, "땅에서 기는 길짐승들"(=벌레들)은 그것의 기쁨들이나 지식들(=과학지들)에게 있는 자연적인 것의 궁극적인 것을 가리키는 감관적인 것을 뜻합니다. 이런 것들이 사람의 모든 것들을 뜻하기 때문에, "땅 위에 있는 (=지면 위에 있는) 사람"이라고 언급되었는데, 여기서 "모든 사람"은 영적인 뜻으로, 총명이나 지혜에 관한 사람의 모든 것을 뜻합니다. "산들이 무너질 것이고, 절벽이 무너지고, 모든 성벽이 땅 바닥으로 허물어질 것이다"는 말씀은 사랑에 속한 모든 선이나, 그 선에 속한 모든 진리가 멸망할 것이라는 것을 뜻합니다. 따라서 모든 악이나 거짓이 아무런 방해가 없이, 무방비 상태에서 깨질 것이라는 것을 뜻합니다. 여기서 "산들"은 사랑에 속한 선들을 뜻하고, "절벽들"은 그것에서 비롯된 진리들을 뜻하고, 그리고 "성벽"은 방어(防禦 · defence)를 뜻하기 때문입니다. 방어가 없는 곳에서 모든 악이나 거짓은 무방비 상태에서 모든 것을 깨부술 것입니다. "바다의 물고기와 공중의 새와 들의 짐승과 땅에 기어 다니는 모든 벌레와 땅 위에 있는 모든 사람이 여호와 앞에서 떤다"는 것을 뜻하지 않는다는 것을 어느 누가 모르겠습니까?
[10] 예레미야서의 말씀입니다.

　에돔이 쓰러지는 소리가 땅을 흔들고,
　그들의 울부짖는 소리가
　홍해에까지 들릴 것이다.
　(예레미야 49 : 21)

여기서 "에돔"(=데만 주민)은 그들을 뜻하지 않고, 오히려 천적인 왕국에 속한 선들이나 진리들에 반대되는 악들이나 거짓들을 뜻합니다. 그러므로 "에돔과 데만 주민의 쓰러지는 소리가 땅을 흔든다"는 말씀은 그런 악들이나 거짓들에 의하여 교회가 변화되고, 그리고 멸망한다는 것을 뜻합니다. "그들의 울부짖는 소리가 홍해에까지 들렸다"는 말씀은 그들의 영벌이나 저주를 뜻하는데, 여기서 "홍해"는 영벌이나 저주를 뜻하기 때문입니다. "부르짖음"은 악에 속한 영벌이나 저주를 뜻하고, "소리"는 거짓에 속한 것을 뜻합니다. "홍해"가 영벌이나 지옥을 뜻한다는 것은 A.C. 8099항을 참조하십시오.

[11] 시편서의 말씀입니다.

> 하나님,
> 주께서 우리를 내버리시고, 흩으시고,
> 우리에게 노하셨으나,
> 이제는 우리를 회복시켜 주십시오.
> 주께서
> 땅을 흔드시고, 갈라지게 하셨으니,
> 이제는 그 갈라지고 깨어진 틈을
> 메워 주시어서,
> 땅이 요동치 않게 해주십시오.
> (시편 60 : 1, 2)

여기서 "깨어진 틈"(=갈라진 틈 · breach)은 교회의 변절(變節 · falling away)을 뜻하고, 결과적으로는 진리의 곡해나 악용을 뜻하고, 거짓에 속한 난입(亂入 · breaking in)을 뜻합니다. 그

6장 9-17절

러므로 이러한 내용은 "주께서 땅을 흔드시고, 갈라지게 하셨다"는 말씀이 뜻하고, 그리고 또한 "땅"이 교회를 뜻하기 때문에 "땅이 요동친다"는 말씀이 뜻합니다.

[12] 학개서의 말씀입니다.

> 나 만군의 주가 말한다.
> 머지 않아서 내가 다시
> 하늘과 땅, 바다와 뭍을 뒤흔들어 놓겠다.
> 또 내가 모든 민족을 뒤흔들어 놓겠다.
> 그 때에, 모든 민족의 보화가
> 이리로 모일 것이다(=모든 민족들의 열망이 이를 것이다).
> 내가 이 성전을 보물로 가득 채우겠다(=내가 이 집을 영광으로 채우리라)(학개 2 : 6, 7).

이 말씀은 예루살렘에 있는 성전의 재건축을 뜻하고, 그리고 거기에 세워질 "새로운 성전"(the new temple)은 주님에 의하여 세워질 새로운 교회(a new church)를 뜻합니다. 이러한 내용은 "조금 있으면"이라는 말과 "내가 모든 민족들을 진동시키니 모든 민족들의 열망이 이를 것이다"(=내가 모든 민족을 뒤흔들어 놓겠다. 그 때에 모든 민족의 보화가 이리로 모일 것이다.) 그러면 내가 이 집을 영광으로 채울 것이다(=이 성전을 보물로 가득 채우겠다)는 말씀이 뜻하는데, 그것은 "민족들"이나 "민족의 보화"(=민족의 열망)는 선 안에 있는 자들을 뜻하기 때문입니다(본서 175[A] · 331항 참조). 그리고 여기서 "집"은 교회를 뜻하고, "영광"은 신령진리를 뜻합니다. 이 새로운 교회가 그 장의 "성전"에 의하여 더 많은 것이 기술되었습니다. 같은 책의 말씀입니다.

> 그 옛날 찬란한 그 성전보다는,
> 지금 짓는 이 성전이
> 더욱 찬란하게 될 것이다.
> 나 만군의 주가 말한다.
> 내가 바로 이 곳에 평화가 깃들게 하겠다.
> (학개 2 : 9)

영계에서 앞서 행해질 심판은 "하늘과 땅"이 교회에 속한 모든 내면적인 것들을 뜻하기 때문에, 그리고 "바다와 뭍"(=마른 땅)이 교회에 속한 모든 외면적인 것들을 뜻하기 때문에 "내가 하늘과 땅, 바다와 뭍을 뒤흔들어 놓겠다"는 말씀에 의하여 기술되었습니다.

[13] 복음서들의 말씀입니다.

> 민족이 민족을 거슬러 일어나고, 나라가 나라를 거슬러 일어날 것이며, 곳곳에 기근과 지진이 있을 것이다(마태 24 : 7 ; 마가 13 : 8 ; 누가 21 : 11).

"민족이 민족을 거슬러 일어나고, 나라가 나라를 거슬러 일어난다"는 말씀은 악이 악과 더불어 싸우고, 그리고 거짓이 거짓과 더불어 싸운다는 것을 뜻합니다. 그 이유는 여기서 "민족"은 교회에 속한 선을 뜻하지만, 반대의 뜻으로는 그것의 악을 뜻하기 때문이고, "나라"는 교회에 속한 진리를 뜻하지만, 반대의 뜻으로는 그것의 거짓을 뜻하기 때문입니다. "곳곳에 역병과 기근과 지진이 일어날 것이다"는 말씀은 거기에는 더 이상 어떤 선들이나 진리들이 없을 것이고, 선이나 진리의 지식들이 더 이상 없다는 것을, 따라서 "지진"이 뜻하는 변화된 교회의 상태를 뜻합니다. 여기 복음서들의 장절들에는 종말에 이르기까지의 교회의 계속적인 상태가 예언되었지만, 그러나 그것들은 순수한 대응들에 의하여 기술되었습니다. 이런 것들은 A.C. 3353-3356 · 3486-3489 · 3650-3655 · 3751-3757 · 3897-3901 · 4056-4060 · 4229-4231 · 4332-4335 · 4422-4434항에 기술되었습니다.

400[D]. [14] 성경말씀에는 주님께서 십자가 위에서 고통을 받고 있을 때 지진이 있었다고 기록하고 있고, 그리고 또한 천사가 내려와 무덤의 입구에서 돌을 굴려 옮길 때에 지진이 있었다고 기록하고 있습니다. 이들 지진의 각각은 그 교회의 상태 안에 있는 변화를 뜻합니다. 주님께서 고통을 겪고 있을 때 일어난 지진에 관해서는 이렇게 기술되었습니다. 마태복음서의 말씀입니다.

> 그 때 성전 휘장이 위에서 아래까지 두 폭으로 찢어졌다. 그리고 땅이 흔들리고, 바위가 갈라지고. …… 백부장과 그와 함께 예수를 지키는 사람들이, 지진과 여러 가지 일어난 일들을 보고, 몹시 두려워하며 말하기를 "참으로 이분은 하나님의 아들이셨다" 하였다(마태 27 : 51, 54).

천사가 내려와서 무덤 입구에 있는 돌을 굴릴 때에 일어난 지진에 관해서는 이렇게 언급되어 있습니다. 마태복음서의 말씀입니다.

> 이레의 첫날 동틀 무렵에, 막달라 마리아와 다른 마리아가 무덤을 보러 갔다. 그런데 갑자기 큰 지진이 일어났다. 주의 천사가 하

늘에서 내려와 무덤에 다가와서 그 돌을 굴려 내고, 그 돌 위에 앉았다(마태 28 : 1, 2).

이런 지진들은 그 때 변화된 교회의 상태를 지적해서 보여주기 위하여 일어났습니다. 왜냐하면 주님께서 겪으신 겟세마네 동산이나 십자가 상에서 당하신 주님의 마지막 시험에 의하여 지옥을 정복하셨기 때문이고, 그리고 거기에 있는 모든 것들이나 천계에 있는 모든 것들을 질서에 두시기 때문이고, 그리고 또한 주님의 인성(His Human)을 영화하셨기 때문입니다. 다시 말하면 주님의 인성을 신령하게 이루셨기 때문입니다. 이런 이유 때문에 "갑자기 큰 지진이 일어났고, 바위가 갈라졌다"고 하였습니다. 그리고 "그 때 성전 휘장이 위에서 아래까지 두 폭으로 찢어졌다"는 말씀은 그분의 인성이 신령하게 되었다는 것을 뜻합니다. 왜냐하면 휘장 안에는 그것 안에 증거판이 있는 법궤가 있고, 그리고 "증거판"은 주님의 신령인성의 측면에서 주님을 뜻하기 때문입니다(본서 392[B-E]항 참조). 여기서 "휘장"은 유대민족이나 이스라엘 민족에게 있었던 그 교회의 외적인 것을 뜻하고, 그리고 그것은 그들 자신의 빛으로는 그들이 주님을 보지 못하게, 그리고 신령진리, 즉 성언을 보지 못하게 그들의 눈을 가리었다는 것을 뜻합니다. 천사가 하늘에서 내려와서 무덤 입구에 있는 돌을 굴려 낼 때 일어난 "큰 지진"은 역시 위에서 언급한 것과 동일한 뜻을 가지고 있는데, 다시 말하면 전적으로 변화된 그 교회의 상태를 뜻합니다. 왜냐하면 그 때 주님께서는 부활하셨기 때문이고, 그리고 주님의 인성의 측면에서 주님께서는 주님께서 마태복음서에서 친히 말씀하신 것과 같이(마태 28 : 18), 하늘과 땅(天地)을 다스리는 모든 권세를 받으셨기 때문입니다. "천사가 무덤 입구의 돌을 굴려 내고, 그 위에 앉아 계셨다"는 말씀은 여기서 "돌"은 유대민족이 그들의 전통에 의하여 위화시킨 신령진리를 뜻하기 때문에 주님에게의 근접을 가로막아버린 모든 거짓을 주님께서 제거하셨다는 것을 뜻합니다. 왜냐하면 이렇게 언급되었기 때문입니다. 마태복음서의 말씀입니다.

> 그들은 물러가서 그 돌을 봉인하고, 경비병을 두어서 무덤을 단단히 지켰다. …… 주의 천사가 하늘에서 내려와 무덤에 다가와서 그 돌을 굴려 내고, 그 돌 위에 앉았다(마태 27 : 66 ; 28 : 2).

이런 지진들이나 성전의 휘장에 관해서, 그리고 무덤 입구에 있는 돌에 관해서 언급된 내용들은 거의 보잘 것 없이 아주 적지만, 오히려 그것들이 뜻하는 것들은 매우 많습니다. 왜냐하면 복음서에 주님의 고난(=열정)에 관해서 기록된 개별적인 것이나 모든 것은 비의(秘義·arcana)를 내포하고 있고, 표의(表意)적인 뜻을 가지고 있기 때문입니다. 그리고 또한 묵시록서의 여러 곳에 언급된 지진들은 그 교회의 상태의 변화들을 뜻합니다(묵시록 11 : 13 ; 16 : 17-19 참조).

401[A]. 해는 검은 머리털로 짠 천과 같이 검게 되고, 달은 온통 피와 같이 되었다.
이 말씀은 사랑에 속한 모든 선이 분리되었다는 것을 뜻하고, 그리고 그것에서 비롯된 위화된 믿음에 속한 모든 진리를 뜻합니다. 이러한 뜻은 최고의 뜻으로는 신령사랑의 측면에서 주님을 가리키는, 그리고 이것에 관해서는 곧 설명되겠지만, 그것에서 비롯된 사람에게 있는 주님에게서 비롯된 주님사랑에 속한 선을 가리키는 "해"(the sun)의 뜻에서 잘 알 수 있고, 그리고 분리된 것을 가리키는 "검은 머리털로 짠 천과 같이 검다"는 말의 뜻에서도 잘 알 수 있습니다. 여기서 "검다"(black)는 것은 짙은 흑암(thick darkness)에 관해서 서술하고, 따라서 어떤 것도 빛으로부터 드러나 보이지 않는 것에 관해서 서술합니다. "머리털로 짠 천 같다"(as sackcloth of hair)고 언급되었는데, 그것은 사람의 감관적인 것을 뜻하기 때문이데, 그것은 자연적인 것의 가장 낮은 것을 가리키고, 따라서 그것 안에는 짙은 흑암을 야기시키는 그런 것이 내면적인 것들을 에워싸고 있기 때문입니다. 사람은 영적인 것과 자연적인 것인 두 마음을 가지고 있고, 전자 즉 영적인 마음(the spiritual mind)은 천계에 속한 빛으로 말미암아 생각하고 지각하지만, 그러나 후자, 즉 자연적인 마음(the natural mind)은 이 세상에 속한 빛으로 말미암아 생각하고 지각합니다. 후자로부터 사람은 자연적인 빛(natural light · lumen)이라고 부르는 빛을 취합니다. 이 자연적인 마음은 자연적인 사람이라고 부르는 것을 가리키지만, 그러나 영적인 마음은 영적인 사람이라고 하는 것을 가리킵니다. 자연적인 마음은 영적인 마음 아래에, 또는 바깥쪽에 있기 때문에, 그것은 영적인 마음을 에워싸고 있습니다. 왜냐하면 그것은 모든 방면에서 그것을 두루 감싸고 있기 때문입니다. 그러므로 그것은 "머리털로 짠 천"(sackcloth) 또는 "털투성이"(hairy)라고 불리웠습니다. 왜냐하면 이른바 보다 높은 마음이나, 내면적인 마음(interior mind)을 가리키는 영적인 마음이 닫혀질 때, 그 때 보다 낮은 것이나 외면적인 것을 가리키는 자연적인 마음은 천계나 교회에 속한 모든 것들에 관해서는 짙은 흑암 안에 있기 때문입니다. 왜냐하면 자연적인 마음이 가지고 있는 모든 빛이나, 그것의 총명을 구성하는 모든 빛은 그의 영적인 마음에 속한 빛에서 비롯되고, 그리고 이 빛은 천계의 빛입니다. 자연적인 것의 궁극적인 것을 가리키는 감관적인 것은 어떤 털투성이처럼 천계의 빛 안에 있습니다. 이런 사실에서부터 "머리털"(= 머리카락 · hair)은 자연적인 사람의 궁극적인 것을 가리키고, 그것이 곧 감관적인 것입니다(A.C. 3301 · 5247 · 5569-5573항 참조). 이러한 일련의 것들은 우리의 본문 "해는 검은 머리털로 짠 천과 같이 검게 되었다"는 이유를 알게 하기 위하여 언급되었습니다.

[2] 그리고 위의 사실은 이것에 관해서는 곧 언급하겠지만, 믿음에 속한 진리라고 부르는 이른바 영적인 진리를 가리키는 "달"의 뜻에서, 그리고 위화된 진리를 가리키는 "피와 같이 되었다"는 말씀의 뜻에서 잘 알 수 있습니다. 왜냐하면 본래의 뜻에서 "피"(blood)는 신령진리를 뜻하고, 반대의 뜻으로는 신령진리에 가해진 폭행을, 따라서 위화된 진리를 뜻하기 때문입니다. 이러한 것이 성경말씀에서 "피"의 뜻이라는 것은 본서 329[F]항을 참조하십시오. 이러한 뜻은 "달이 피와 같이 되었다"는 말씀이 뜻하는 것이 무엇인지 아주 명확하게 합니다. "해"(the sun)가 신령사랑의 측면에서 주님을 뜻하고, 따라서 사람에게서는 주님에게서 비롯된 주님사랑에 속한 선을 뜻하고, 그리고 "달"(the moon)은 영적인 진리를 뜻하는데, 그 이유는 천적인 천사들의 천계에서 주님께서는 마치 해처럼 나타나시고, 영적인 천사들의 천계에서는 마치 달처럼 나타나시기 때문입니다. 해처럼 나타나시는 주님의 출현(出現)은 신령사랑에서 비롯된 것입니다. 왜냐하면 신령사랑은 불(火 · fire)처럼 나타나고, 그것에서 천계에 있는 천사들은 그들의 볕(熱 · heat)을 취하기 때문입니다. 결과적으로 천적인 "불"이나 영

적인 "불"은 성경말씀에서 사랑을 뜻합니다. 달처럼 나타나는 주님의 출현은 그 해에서 비롯된 빛에서 비롯된 것입니다. 왜냐하면 천계에 있는 빛(光)은 신령진리를 가리키고, 결과적으로 성경말씀에서 "빛"은 신령진리를 뜻합니다. 천계에 있는 해(太陽 · the Sun)와 달(月 · the Mood)이나, 그것들에게서 비롯된 별(熱 · the Heat)과 빛(光 · the Light)에 관한 것은 나의 저서 ≪천계와 지옥≫(Heaven and Hell)의 116-125 · 126-140항을 참조하십시오.

401[B]. [3] 성경말씀에서 "해"(太陽 · the sun)가 신령사랑에 관해서 주님을 뜻한다는 것, 그리고 사람에게서는 주님사랑에 속한 선을 뜻한다는 것, 그리고 "달"(月 · the moon)이 영적인 신령진리에 관해서 주님을 뜻한다는 것 등등은 아래의 장절들에게서 잘 알 수 있겠습니다. 마태복음서의 말씀입니다.

> 엿새 뒤에 예수께서는 베드로와 야고보와 그의 동생 요한을 데리시고, 따로 높은 산으로 가셨다. 그런데 그들이 보는 앞에서 그의 모습이 변하였다. 그의 얼굴은 해와 같이 빛나고, 옷은 빛과 같이 희게 되었다(마태 17 : 1, 2).

그 때 주님께서는 그분의 신성(His Divine) 안에서 보이셨기 때문에 주님께서는 그분의 얼굴(His face)에 관해서는 "해와 같이" 나타나 보이셨고, 그리고 주님의 옷(His garments)에 관해서는 "빛과 같이" 보이셨습니다. 그 이유는 "얼굴"은 사랑에 대응하기 때문이고, 그리고 "옷들"(=의상들)은 진리들에 대응하기 때문입니다. 그리고 "그분의 얼굴은 해와 같이 빛났다"고 하였는데, 그것은 신령사랑이 그분 안에 존재하기 때문이고, 그리고 "그분의 옷은 빛과 같이 희게 되었다"고 하였는데, 그

6장 9-17절

것은 신령진리가 그분에게서 비롯되었기 때문입니다. 왜냐하면 천계에 있는 빛은 태양이신 주님에게서 발출하는 신령진리이기 때문입니다. 주님과 관련해서 "얼굴"(the face)이 사랑이나 모든 선을 뜻한다는 것은 A.C. 5585 · 9306 · 9546 · 9888항을 참조하시고, 주님과 관련해서 "옷들"(=의상들 · garments)이 신령진리를 뜻한다는 것은 본서 64 · 195[C]항을 참조하십시오. 마찬가지로 주님께서 당신의 모습을 천사들 앞에 드러내실 때 주님께서는 천계에서 천사들 앞에 나타나시지만, 그러나 그 때 주님께서는 태양 밖에 나타나십니다. 그러므로 주님은 이와 마찬가지로 요한에게 나타나 보이셨는데, 그 때 요한은 영(靈 · the spirit) 안에 있었는데, 이와 같은 것은 묵시록서에서도 마찬가지입니다. 묵시록서에는 이와 같이 언급되었습니다.

> (인자의) 얼굴은 해가 세차게 비치는 것과 같았습니다(묵시록 1 : 16).

이것은 나타나 보이신 분이 주님이시라는 것은 명확합니다(본서 63항 참조).
[4] 마찬가지로 주님께서 한 천사의 모습으로 요한에게 나타나셨을 때 그것에 관해서 우리는 이렇게 읽습니다. 묵시록서의 말씀입니다.

> 또 나는 힘센 다른 천사 하나가 구름에 싸여서 하늘에서 내려오는 것을 보았습니다. 그의 머리 위에는 무지개가 둘려 있고, 그 얼굴은 해와 같고, 발은 불기둥과 같았습니다(묵시록 10 : 1).

왜냐하면 성경말씀에서 속뜻으로 "천사들"은 천사들을 뜻하지 않고, 오히려 주님에게서 비롯된 신령한 무엇을 뜻하는데, 그 이유는 그들에게 나타나 보이는 신령한 것은 그들의 것이 아니고, 그들에게 있는 주님의 것이기 때문입니다. 그러므로 역시 그들이 하는 말은 지혜로 가득 찬 신령진리입니다. 그리고 그들은 자기 자신으로 말미암아 말하지 않고, 주님으로 말미암아 말을 하기 때문입니다. 왜냐하면 그들은 사람들이었고, 그리고 사람들은 주님으로부터 모든 지혜와 총명을 취하기 때문입니다. 이러한 사실은 성경말씀에서 "천사"는 그 때 태양처럼 나타나는 주님을 뜻한다는 것을 명확하게 합니다. 성경말씀에서 "천사"가 주님에게서 비롯된 신령한 무엇을 뜻한다는 것은 A.C. 1925 · 2821 · 3039 · 4085 · 6280 · 8192항을 참조하시고, 이것이 성경말씀에서 "하나님들"(=신들 · gods)이라고 하는 이유는 A.C. 4295 · 4402 · 7268 · 7873 · 8301 · 8192항을 참조하십시오.

[5] 그러므로 역시 교회가 한 여인(as a woman)으로 표징될 때, 그 때 역시 태양은 그녀 주위에 나타났는데, 따라서 그러한 사실은 묵시록서에 이렇게 기술되었습니다. 묵시록서의 말씀입니다.

> 하늘에 큰 표징이 나타났는데, 한 여자가 태양을 둘러 걸치고, 달을 그 발 밑에 밟고, 열두 별이 박힌 면류관을 머리에 쓰고 있었습니다(묵시록 12 : 1).

여기서 "여자"(=여인 · the woman)가 교회를 뜻한다는 것은 아래의 단락에서 주어질 설명에서 잘 볼 수 있겠습니다. "여자"(=여인)가 교회를 뜻한다는 것은 A.C. 252 · 253 · 749 ·

770항을 참조하십시오. 그리고 교회가 주님에게서 비롯되기 때문에 그 여자가 태양을 둘러 걸친 것(=한 여인이 해로 옷 입었다)으로 보였습니다. 그리고 그 여자 "발 밑에 있는 달이나 그녀 머리 위에 있는 열두 별이 박힌 면류관"은 아래의 설명에서 잘 입증될 것입니다.
[6] 그러므로 다윗은 이렇게 언급하였습니다. 사무엘 하서의 말씀입니다.

> 이스라엘의 하나님이 말씀하셨다.
> 이스라엘의 반석께서 나에게 이르셨다.
> 모든 사람을 공의로 다스리는 왕은
> 하나님을 두려워하면서 다스리는 왕은,
> 구름이 끼지 않은 아침에 떠오르는
> 맑은 아침 햇살과 같다고 하시고,
> 비가 온 뒤에 땅에서 새싹을 돋게 하는
> 햇빛과도 같다고 하셨다.
> (사무엘 하 23 : 3, 4)

여기서 "이스라엘의 하나님"· "이스라엘의 반석"은 교회와 관련해서 주님을 뜻하고, 그리고 거기에 있는 신령진리와 관련해서 주님을 뜻합니다. 교회와 관련해서는 "이스라엘의 하나님"은, 그리고 거기에 있는 신령진리와 관련해서 "이스라엘의 반석"은 주님을 뜻합니다. 그리고 주님께서는 천사적인 천계의 태양이시기 때문에, 그리고 그분에게서 발출하는 신령진리는 그 천계의 빛이시기 때문에, 그러므로 주님께서 말씀하신 신령한 것에 관해서 언급되었는데, 그것이 바로 신령진리를 가리키는데, 그것이 바로 "아침에 떠오르는 맑은 아침 햇살과 같다"는 것입니다. 이것은 순수(pure)하기 때문에, 그리고 주님의 신령사랑에서 발출하기 때문에 "구름이 끼지 않은(=구름이 없는) 아침" 그리고 "비가 온 뒤에 맑은 반짝임"(=광채)이라는 말씀이 부연되었습니다. 왜냐하면 빛의 밝음(=광채), 또는 그분에게서 발출하는 신령진리의 광채는 신령사랑에서 오기 때문입니다. 여기서 "비가 온 뒤"라는 말씀은 교류하고 영접, 수용된 뒤를 뜻합니다. 왜냐하면 그 때 그것의 밝음은 주님에 의하여 교류되고, 영접, 수용된 천사들이나 사람들에게 있기 때문입니다. "이스라엘의 반석"(the Rock of Israel)이나 "이스라엘의 돌"(the Stone of Israel)은 신령진리와 관련해서 주님을 뜻한다는 것은 A.C. 6426 · 8581 · 10580항을 참조하시고, 그리고 "빛"(光 · light)이 태양이신 주님에게서 발출하는, 따라서 주님의 신령사랑에서 나오는 신령진리라는 것은 나의 저서 ≪천계와 지옥≫ 126-140항을 참조하십시오.

[7] 마찬가지로 사사기서에서는 여호와를 사랑하는 자들에 관해서 언급하고 있습니다. 사사기서의 말씀입니다.

주님,
주의 원수들은 이처럼 모두 망하고,
주(=여호와)를 사랑하는 사람들은
힘차게 떠오르는 해처럼
되게 하여 주십시오.
(사사기 5 : 31)

성경말씀에서 "여호와"(=주)가 신령사랑에 속한 신령선과 관련해서 주님을 뜻한다는 것은 A.C. 1736 · 2921 · 3035 · 5041 · 6303 · 6281 · 8864 · 9315 · 9373 · 10146항을 참

조하십시오. 그리고 그분을 사랑하는 자들에 관해서는 "힘차게 떠오르는 해처럼 되게 하여 주십시오"라고 언급되었는데, 그것은 그들 안에 있는 주님의 신령사랑을 뜻합니다. 그들에 관해서 마태복음서에서는 "그들은 해처럼 빛날 것이다"라고 언급되었습니다. 마태복음서의 말씀입니다.

> 그 때에 의인들은 그들의 아버지의 나라에서 해와 같이 빛날 것이다(마태 13 : 43).

성경말씀에서 주님을 사랑하는 자들이 "의인"(righteous)이라고 불리웠습니다. 다시 말하면 사랑으로 말미암아 주님의 계명들을 행하는 자들을 의로운 사람이라고 하였습니다. 그리고 그들의 얼굴에 대해서는 그들이, 해의 광채와 같이, 눈부신 광채(an effulgence)와 같이 빛났다고 하였는데, 그 이유는 주님의 신령사랑이 그들에게 교류, 내통되었고, 그리고 그들이 그것을 영접, 수용하였기 때문입니다. 주님께서는 그것에 의하여 그들의 중심에 계십니다. 다시 말하면 자기 자신들을 얼굴에 드러내는 그들의 내면적인 것들 안에 계십니다. 주님사랑에 속한 선 안에 있는 자들이 "의로운 사람"(=의인)이라고 불리웠다는 것은 본서 204[B]항을 참조하십시오.
[8] 시편서의 말씀입니다.

> 그 자손이 영원토록 이어지고,
> 그 왕위는 내 앞에서 태양과 같을 것이니,
> 저 달처럼, 하늘에 있는 진실한 증인처럼,
> 영원토록 견고하게 서 있을 것이다(=그의 씨가 영원히 지속될 것이요, 그의 보좌 내 앞에 태양 같으니, 그것이 달과 같이 하늘에 있는 신

실한 증인 같이 영원히 견고하게 서리라).
(시편 89 : 36, 37)

이 말씀은 주님에 관해서, 그리고 주님의 천계와 교회에 관해서 언급하고 있습니다. 왜냐하면 여기서 문자적인 뜻으로 다루어진 "다윗"은 주님을 뜻하기 때문이고(본서 205항 참조), 그리고 "영원토록 이어질 그 자손"(=그의 씨)은 신령진리를 뜻하기 때문이고, 그리고 그것을 영접, 수용한 자들을 뜻하기 때문입니다. 그리고 "내 앞에서 태양과 같은 그의 왕위"(=보좌)는 사랑에 속한 선을 가리키는 천적인 선 안에 있는 주님의 천계와 교회를 뜻합니다. "영원히 달처럼 견고하게 설 보좌"(=왕위)는 신령진리를 가리키는 영적인 선 안에 있는 천계와 교회를 뜻하고, "하늘에 있는(=구름 가운데 있는) 진실한 증인"은 문자적인 뜻으로는 성언을 뜻하는데, 그것은 "증인"(a witness)이라고 불리웠는데, 그 이유는 "구름들"이 성언의 문자적인 뜻을 뜻하기 때문에 그것이 증언, 입증하기 때문입니다.

[9] 같은 책의 말씀입니다.

> 해가 닳도록, 달이 닳도록,
> 영원무궁하도록,
> 왕이 주님을 경외하게 해주십시오(=해와 달이 있는 한 그들이 모든 세대에 걸쳐 주를 두려워하리이다……).
> 그가 다스리는 동안,
> 정의가 꽃을 피우게 해주시고,
> 저 달이 다 닳도록
> 평화가 넘치게 해주십시오(=그의 날에는 의인이 번성할 것이며, 달이 있는 한 화평의 풍성함이 지속될 것이다……).
> 그의 이름 영원히 잊혀지지 않을 것이다.

6장 9-17절

태양이 그 빛을 잃기까지
그의 명성이 흔들리지 않을 것이다.
뭇 민족이 그를 통해 복을 받고,
모든 민족이 그를 일컬어서,
복 받은 사람이라 칭송할 것이다.
(시편 72 : 5, 7, 17)

이 구절들도 역시 주님에 관해서 언급하고 있습니다. 왜냐하면 우리의 시편서 전체는 주님에 관해서 언급, 다루고 있기 때문입니다. 주님께서는 천계에서 주님의 천적인 왕국에 있는 자들에게는 마치 해처럼 나타나시기 때문에, 그리고 주님의 영적인 왕국에 있는 자들에게는 달처럼 나타나시기 때문에, "해와 달이 있는 한 그들이 모든 세대에 걸쳐 주를 두려워할 것이다"고 언급되었습니다. "그의 날들에는 의인이 번성할 것이며, 달이 있는 한 그 화평의 풍성함이 지속될 것이다"는 말씀은 주님사랑 안에 있는 자들은 그 선에서 비롯된 진리들 안에 있을 것이라는 것을 뜻합니다. 왜냐하면 천적인 왕국에 있는 자들에게, 다시 말하면 주님사랑 안에 있는 자들에게는 진리들이 심어져 활착(活着)되기 때문입니다. "의인"이라고 불리운 자들은 사랑에 속한 선 안에 있는 자들이고, 그리고 "화평"(=평화)은 그 선에 관해서 서술합니다. "달이 있는 한 화평의 풍성함이 지속될 것이다"(=저 달이 다 닳도록 평화가 넘치게 해주십시오)는 말을 어떻게 이해하여야 하는지 알게 하기 위하여 몇 말씀 부연, 언급되겠습니다. 태양이신 주님에게서 발출하는 빛은 달이신 주님에게서 발출하는 빛과는 차이가 있는데, 그것은 마치 이 세상에서 한낮의 빛이 이 세상에서 한밤에 달에서 오는 빛과 같이 차이가 있습니다. 천계의 태양의 빛 가운데 있는 자들의 총명은, 마찬가지로 거기에 있는 달의 빛 가운데 있는 자들의 총명과는 전혀 다릅니다. 그러므로 거기에 있는 태양의 빛 가운데 있는 자들은 순수한 신령진리 안에 있지만, 그러나 거기에 있는 달의 빛 안에 있는 자들은 순수하지 않은 신령진리 안에 있습니다. 왜냐하면 그들은 이해하지 못한 성언의 문자적인 뜻에서 취한 수많은 거짓들 안에 있기 때문입니다. 그럼에도 불구하고 이런 거짓들은 그들에게는 마치 진리들처럼 보입니다. 이상에서 볼 때 우리의 본문 "달이 있는 한 평화가 지속될 것이다"는 말씀은 진리처럼 보이는 그들에게 있는 거짓이 더 이상 존재하지 않을 것이라는 것을 뜻한다는 것은 잘 알 수 있겠습니다. 그러나 사랑에 속한 선과 하나를 이루는 순수한 진리는 그렇지 않습니다. 그러나 어쨌든 우리가 반드시 알아야 할 것은 천계에 있는 달의 빛 안에 있는 자들은 그것 안에 결코 악이 전혀 없는 거짓들 안에 있는 자들인데, 그러므로 만약에 그것들이 진리들이라면 이런 부류의 거짓은 주님께서 받아들이십니다. 이런 부류의 거짓들에 관해서는 ≪새 예루살렘의 교리≫ 21항을 참조하십시오. 그러므로 이러한 내용은 "달이 있는 한 평화의 풍성함이 지속될 것이다"는 말씀이 뜻하는 것입니다. 다시 말하면 "그 사람 안에 평화의 풍성함이 존재하는 의로운 사람"이 뜻하는 자들에게 평화의 풍성함이 있다는 것입니다. 그러나 최고의 뜻으로 이런 말씀들은 주님의 신령인성과 관련하여 신령사랑에 속한 신령선이 되실 주님을 뜻한다는 것, 그러므로 "그분은 앞에서 아들의 이름(the name of Son)을 가질 것이다"(=그의 이름이 해가 있는 한 계속될 것이다)는 말씀이 부가되었습니다. 그것은 "아들"(the Son)이 주님의 신령인성을 뜻하기 때문입니다. 그리고 "민족들"(=뭇 민족)이 선 안에 있는 자들을 뜻하기 때문에, 또는 주님으로부터 사랑에 속한 선을 영접, 수용한 자들을 뜻하기 때문에, "뭇 민족이 그를 통해서 복을 받을 것이다"는 말씀이 부연되었습니다. 여기서 "뭇 민족들"(nations)이 선 안에 있는 자들을 뜻하고, "백성들"(peoples)이 진리들 안에 있는 자들을 뜻한다는 것은 본서 331항을 참조하십시오.

401[C]. [10] 이사야서의 말씀입니다.

> 큰 살육이 일어나고
> 성의 탑들이 무너지는 날에,
> 높은 산과 솟은 언덕마다
> 개울과 시냇물이 흐를 것이다.
> 주께서 백성의 상처를 싸매어 주시고,
> 매 맞아 생긴 그들의 상처를 고치시는 날에,
> 달빛은 마치 햇빛처럼 밝아지고,
> 햇빛은 일곱 배나 밝아져서
> 마치 일곱 날을 한데 모아 놓은 것 같이
> 밝아질 것이다.
> (이사야 30 : 25, 26)

이 장절은 최후심판에 관해서 언급하고 있는데, 최후심판은 "성의 탑들이 무너지는 날에 큰 살육이 일어난다"는 말씀이 뜻하는데, 그것은 "무너질 탑들"이 악들이나, 그것에서 비롯된 거짓들 안에 있는 자들을 뜻하기 때문이고, 특별하게는 교회에 속한 거룩한 것들이 뜻하는 지배애(支配愛 · the love of ruling) 안에 있는 자들을 뜻하기 때문입니다(≪최후심판≫ 56 · 58항 참조). 주님사랑 안에 있고 이웃을 향한 인애 안에 있는 자들에게 진리들을 이해하는 것이 주어질 것이라는 것은 "높은 산과 솟은 언덕마다 개울과 시냇물이 흐를 것이다"는 말씀이 뜻합니다. 여기서 "높은 산"은, 산이 주님사랑에 속한 선을 뜻하기 때문에, 주님사랑에 속한 선 안에 있는 자들을 뜻하고, "솟은 언덕"은, "언덕"이 그 사랑의 선을 뜻하기 때문에, 이웃을 향한 인애에 속한 선 안에 있는 자들을 뜻합니다. "개울과 시냇물이 흐를 것이다"는 말씀은 진리들에게서 비롯된 총명을 뜻합니다. 앞에서 언급한 것과 같이, 천적 왕국에는 진리가 있듯이, 주님의 영적 왕국에 그 때 진리가 있을 것이라는 것, 그리고 그 때 천적인 왕국에 있을 진리가 사랑에 속한 선이 될 것이라는 것은 "달빛은 마치 햇빛처럼 밝아지고, 햇빛은 일곱 배가 밝아져서 마치 일곱 날을 한데 모아 놓은 것 같이 밝아질 것이다"는 말씀이 뜻합니다. 왜냐하면 "빛"은 주님에게서 발출하는 신령진리를 뜻하고, 그리고 "달빛"은 영적 왕국에 있는 신령진리를 뜻하고, 그리고 "햇빛"은 천적인 왕국에 있는 신령진리를 뜻하기 때문입니다. "일곱 배"(sevenfold)는 충분하고, 완전한 것을 뜻하고, 그리고 진리는, 진리가 선이 되었을 때, 또는 형체 안에 있는 선이 되었을 때, 충분하고 완전한 것입니다. 이것이 땅에 있는 해나 달이 뜻하지 아니하고, 오히려 천계에 있는 해나 달이 뜻한다는 것은 아주 잘 알 수 있겠습니다. 그리고 꼭 주지하여야 할 것은, 최후심판이 행해질 때 주님께서는 다른 때들에 비하여 매우 월등히 밝은 찬란한 광채나 광휘(光輝) 가운데 있는 천계에 나타나신다는 것입니다. 이런 이유는 거기에 있는 천사들은 매우 강력하게 보호되시기 때문입니다. 그것으로 천사들에 속한 외면적인 것들이 가지는 낮은 것들(lower things)은 그 때 소동(騷動)이나 교란(攪亂)의 상태에 있기 때문입니다. 그러므로 여기서 최후심판이 다루어지고 있기 때문에 "달빛은 마치 햇빛처럼 밝아지고, 햇빛은 마치 일곱 날을 한데 모아 놓은 것 같이 밝아질 것이다"라고 언급되었습니다. 그리고 또한 "높은 산과 솟은 언덕마다 개울과 시냇물이 흐를 것이다"라고 언급되었는데, 이 말씀은 높은 산들이나 솟은 언덕들 위에 있는 자들에게 있는 풍부한 총명을 뜻합니다. 왜냐하면 그 때 최후심판은 낮은 산들이나 언덕들 위해서 일어나기 때문입니다. 주님께서는 주님의 천적 왕국에 있는 자들에게는 마치 태양(=해)처럼 나타나신다는 것, 주님의 영적 왕국에 있는 자들에게는 마치 달처럼 나타나신다는 것 등은 ≪천계와 지옥≫ 116-125항을 참조하시고, 그리고 이런 것들에게서 비롯된 빛이 신령진리이라는 것은 같은 책 127-140항을 참조하십시오.

[11] 역시 이사야서의 말씀입니다.

> 주께서 몸소 너의 영원한 빛이 되시며,
> 네가 곡하는 날도 끝이 날 것이므로,
> 다시는 너의 해가 지지 않으며,
> 다시는 너의 달이 이지러지지 않을 것이다.
> (이사야 60 : 20)

이 말씀은 주님에 관해서 언급하고 있고, 그리고 새 하늘과 새 땅에 관해서 다루고 있습니다. 다시 말하면 주님께서 세우시는 교회에 관해서 언급하고 있습니다. 그 교회에 있는 사람들에게서는 주님사랑에 속한 선이나, 이웃을 향한 인애에 속한 선이 멸망하지 않을 것이라는 것을 뜻한다는 것은 "너의 해가 더 이상 지지 아니하고, 너의 달도 물러나지 아니 할 것이다"는 말씀이 뜻합니다. 왜냐하면 주님사랑에 속한 선 안에 있는 자들에게 주님께서는 해처럼 나타나시기 때문이고, 그리고 이웃을 향한 인애에 속한 선 안에 있는 자에게 주님께서는 달처럼 나타나시기 때문입니다. 그러므로 여기서 "너의 해"는 주님사랑에 속한 선을 뜻하고, 그리고 "너의 달"은 인애에 속한 선을 뜻합니다. 이것은 본질적으로 선에 비롯된 진리입니다. 그들이 사랑에 속한 선에서 비롯된 진리들 안에 영원히 계속 머물러 있을 것이라는 것, 그리고 인애에 속한 선에서 비롯된 진리들 안에 영원히 남아 있을 것이라는 것은 "여호와께서 너의 영원한 빛이 될 것이며, 그리고 네 슬픔의 날들(=곡하는 날들)이 끝나게 될 것이다"는 말씀이 뜻합니다. "영원한 빛"은 주님사랑에 속한 선 안에 있는 자들에 관해서 서술하고, "곡하는 날들이 끝난다"는 말씀은 이웃을 향한 인애에 속한 선 안에 있는 자들에 관해서 서술합니다. 다시 말하면 선에서 비롯된 진리들 안에 있는 자들에 관해서 언급하고 있습니다. 왜냐하면 고대교회에 속한 자들에게서 "곡한다"(=애도한다 · mourning)는 것은 진리나 선의 상실(喪失)이나 파괴(破壞) 때문에 있는 슬픔(悲哀 · grief)을 표징하기 때문입니다. "끝난다"(fulfilled)는 것은 마치는 것(ended), 따라서 그들이 선에서 비롯된 진리들 안에 있을 것이라는 것을 뜻합니다. 이렇게 볼 때 "해가 검은 머리털로 짠 천과 같이 검게 될 것이고, 달은 온통 피와 같이 된다"는 말씀의 뜻을 잘 알 수 있을 것입니다. 다시 말하면 주님사랑에 속한 선은 분리, 분열되고, 따라서 진리는 위화된다는 것을 잘 알 수 있겠습니다.

[12] 아래의 장절에서도 이런 내용과 거의 같은 것을 뜻합니다. 이사야서의 말씀입니다.

    주의 날이 온다.

6장 9-17절

> 무자비한 날,
> 진노와 맹렬한 분노의 날,
> 땅을 황폐하게 하고
> 그 땅에서 죄인들을 멸절시키는,
> 주의 날이 온다.
> 하늘의 별들과 그 성좌들이
> 빛을 내지 못하며,
> 해가 떠도 어둡고,
> 달 또한 그 빛을 비치지 못할 것이다.
> "내가 세상의 악과
> 흉악한 자들의 악행을 벌하겠다.
> 교만한 자들의 오만을 꺾어 놓고,
> 포학한 자들의 거만을 낮추어 놓겠다.
> (이사야 13 : 9-11)

여기서 "무자비하고, 진노와 맹렬한 분노의 날, 주의 날"은 최후심판(the Last Judgment)의 날을 뜻하고, "하늘의 별들과 그 성좌들이 빛을 내지 못하며 해가 떠도 어둡고, 달 또한 그 빛을 비치지 못할 것이다"는 말씀은 주님사랑에 속한 선이나 이웃을 향한 인애의 선, 그리고 그것에서 비롯된 믿음의 진리라고 부르는 진리와 꼭같이, 선이나 진리에 속한 지식들이 모두 멸망한다는 것을 뜻합니다. 왜냐하면 "별들"은 선에 속한 지식들을 뜻하고, "성좌들"(=별자리 · 星座)은 진리에 속한 지식들을 뜻하고, "해"는 주님사랑에 속한 선을 뜻하고, "달"은 이웃을 향한 인애의 선을 뜻하는데, 본질적으로 그것은 선에서 비롯된 진리이고, 그리고 믿음의 진리라고 부르는 것이기 때문입니다. "해가 솟아도 어두워진다"고 언급되었고 "달이 그 빛을 비추지 못한다"고 언급되었는데, 그것은 천사적인 천계에 있는 해나 달이 어둡다는 것이 아닙니다. 왜냐하면 거기에 있는 해는 항상 그것의 광휘 안에 있기 때문이고, 달도 그것의 광채 안에 있기 때문입니다. 그러나 온갖 악들이나 그것에서 비롯된 온갖 거짓들 안에 있는 자들 앞에서 선들이나 진리들은 그와 같이 어두컴컴하기 때문입니다. 그러므로 그와 같은 사실은 그와 같이 언급된 외현(外現 · appearance)에 일치합니다. 왜냐하면 온갖 악들이나 그것에서 비롯된 거짓들 안에 빠져 있는 자들은 자기 스스로 사랑에 속한 선이나, 인애에 속한 선에게 외면(外面)하고 피하기 때문입니다. 결과적으로 주님에게서 피하고, 외면하기 때문이고, 그리고 그 때 그들은 악 이외에는 아무것도 원하지 않고, 거짓 이외에는 아무것도 생각하지 않기 때문입니다. 그리고 그것 이외에 다른 것을 원하지 않고, 생각하지 않는 자들은, 천계나 교회에 속한 그런 것들 가운데 있는 짙은 흑암이나 어둠 이외에는 아무것도 보지 못합니다. 그 이유는 이런 것들이 그들에게서 "해가 어둡고, 달이 빛을 비추지 않는다"고 하는 그들이 뜻하는 것이기 때문입니다. 그리고 이어서 "그 땅은 황폐하게 되고, 그리고 그가 거기에서 나온 죄인들을 멸하겠다"는 말이 언급되었습니다. 그리고 그 뒤에는 "나는 이 세상의 악과 흉악한 자들의 악행을 벌하겠다"고 언급하였는데, 그것은 여기서 "땅"이나 "세상"은 교회를 뜻하기 때문이고, "땅을 황폐하게 한다"는 말은 거기에 더 이상 어떤 선도 있지 않다는 것을 뜻하고, 그리고 "세상의 악과 흉악한 자들의 악행을 벌하겠다"는 말씀은 최후심판을 뜻하기 때문입니다.

[13] 에스겔서의 말씀입니다.

내가 네 빛을 꺼지게 할 때에,

6장 9-17절

> 하늘을 가려 별들을 어둡게 하고,
> 구름으로 태양을 가리고,
> 달도 빛을 내지 못하게 하겠다.
> 하늘에서 빛나는 광채들을
> 모두 어둡게 하고,
> 네 땅을 어둠으로 뒤덮어 놓겠다.
> (에스겔 32 : 7, 8)

이 말씀은 이집트의 왕 바로에 관해서 언급하고 있는데, 여기서 바로 왕은 영적인 것에서 분리된 자연적인 사람을 뜻합니다. 그것이 분리되었을 때 그 사람은 천계나 교회에 속한 모든 것들에 관해서 완전히 짙은 흑암 안에 있고, 어둠 속에 빠져 있습니다. 그것이 분리된 것에 비례하여 그런 모든 것들을 부인합니다. 왜냐하면 자연적인 사람은 자신으로 말미암아서는 그런 것들 안에서 아무것도 볼 수 없지만, 그러나 주님에게서 비롯된 오직 영적인 사람을 통하여 무엇인가를 볼 수 있기 때문입니다. 그 이유는 자연적인 사람은 이 세상의 별이나 빛 가운데 있지만, 이에 반하여 영적인 사람은 천계의 별이나 빛 안에 있기 때문입니다. 이렇게 볼 때 여기서 개별적인 것들이 뜻하는 것이 무엇인지 잘 알 수 있겠습니다. 다시 말하면 "내가 네 빛을 꺼지게 할 때에, 나는 하늘을 가리겠다"는 말씀은 천계의 빛 안에 있는 내면적인 것들을 뜻하고, "내가 그것의 별들을 어둡게 한다"는 말씀은 선이나 진리에 속한 지식들을 뜻하고, "내가 구름으로 태양을 가리겠다"는 말씀은 주님사랑에 속한 선을 뜻하고, "내가 달도 빛을 내지 못하게 하겠다"는 말씀은 이웃을 향한 인애의 선을, 그리고 그것에서 비롯된 믿음의 진리를 뜻하고, 그리고 "하늘에서 빛나는 광채들을 모두

어둡게 하겠다"는 말씀은 모든 진리들을 뜻하고, "네 땅을 어둠으로 뒤덮어 놓겠다"는 말씀은 온갖 거짓들을 뜻합니다.
[14] 요엘서의 말씀입니다.

> 주의 날이 오고 있다.
> 그 날이 다가오고 있다.
> 그 날은 캄캄하고 어두운 날,
> 먹구름과 어둠에 뒤덮이는 날이다. ……
> 전진할 때에는 땅이 진동하고,
> 온 하늘이 흔들린다.
> 해와 달이 어두워지고,
> 별들이 빛을 잃는다.
> (요엘 2 : 1, 2, 10)

또 같은 책의 말씀입니다.

> 해가 어두워지고
> 달이 핏빛 같이 붉어질 것이다.
> 끔찍스럽고 크나큰 주의 날이 오기 전에,
> 그런 일이 먼저 일어날 것이다.
> (요엘 2 : 31)

역시 같은 책의 말씀입니다.

> 판결의 골짜기(=결단의 골짜기)에 수많은 무리가 모였다.
> 판결이 골짜기(=결단의 골짜기)에서
> 주께서 심판하시는 날이 가까이 왔다.
> 해와 달이 어두워지고,

6장 9-17절

별들이 빛을 잃는다.
(요엘 3 : 14, 15)

복음서들의 말씀입니다.

그 환난의 날들이 지난 뒤에,
곧 해는 어두워지고,
달은 빛을 내지 않고,
별들은 하늘에서 떨어지고,
하늘의 세력들은 흔들릴 것이다.
(마태 24 : 29 ; 마가 13 : 24, 25)

묵시록서의 말씀입니다.

넷째 천사가 나팔을 부니, 해의 삼분의 일과 달의 삼분의 일과 별들의 삼분의 일이 타격을 입어서, 그것들의 삼분의 일이 어두워지고, 낮의 삼분의 일이 빛을 잃고, 밤도 역시 그렇게 되었습니다(묵시록 8 : 12).

같은 책의 다른 곳의 말씀입니다.

그 별이 아비소스를 여니, 거기에서 큰 용광로의 연기와 같은 연기가 올라왔습니다. 그래서 해와 하늘이 그 구덩이에서 나온 연기 때문에 어두워졌습니다(묵시록 9 : 2).

앞에서 언급된 것에서 알 수 있었듯이, 장절들의 "해와 달이 어두워지고, 빛을 잃는다"는 말씀이 거기에는 더 이상 어떤 선이나 진리도 있지 않았다는 것을 명확하게 알 수 있겠습니다.

그러므로 그것에 관해서는 더 설명하지 않겠습니다.

401[D]. [15] "어두워진 태양"이 이런 것들을 뜻하기 때문에, 그러므로 주님께서 십자가에 달리셨을 때 해가 어두워졌습니다. 그 이유는 주님께서 유대민족에게 있었던 교회에 의하여 전적으로 배척 당하셨기 때문인데, 그 민족은 결과적으로는 짙은 어두움에 빠져 있었었고, 거짓들 안에 빠져 있었기 때문입니다. 이 사실이 누가복음서에 이렇게 기술되었습니다. 누가복음서의 말씀입니다.

> 낮 열두시쯤 되었는데, 어둠이 온 땅을 덮어서, 오후 세 시까지 계속되었다. 해는 빛을 잃고, 성전의 휘장은 한가운데가 찢어졌다(누가 23 : 44, 45).

이런 일이 행해진 것은 주님께서 부인, 배척되셨다는 표지이고, 증표이고, 그리고 그것으로 말미암아 그 교회에 속한 자들에게는 결코 선도 진리도 없다는 그런 것들입니다. 왜냐하면 그들에게 있는 천계에서 비롯된 모든 표지나 증표는 교회에 속한 것들이 그러하다는 것을 표징하고 표의하기 때문입니다. 그 이유는 그들에게 있는 교회는 하나의 표징적인 교회이었고, 또한 그 교회는 그 교회에 속한 내적인 것들을 표징하고 표의하는 것들로 이루어졌기 때문입니다. "어둠이 온 땅을 덮었다"는 것은 교회에 속한 자들에는 악에 속한 거짓들 이외에는 아무것도 없다는 것을 뜻합니다. 여기서 "온 땅"은 모든 교회를 뜻하고, 그리고 "어둠"은 거짓들을 뜻하기 때문입니다. 그 일이 여러 시간 계속되었다, 다시 말하면 "열두 시쯤부터 오후 세 시까지 계속되었다"는 것은 철저하게 거짓들만 남아 있고, 진리는 어떤 것도 없었다는 것을 뜻합니다. 왜냐하면 여기서

"셋"(3)은 충분한 것, 그리고 전부나 완전한 것을 뜻하기 때문이고, 그리고 "여섯"(6)이나 "아홉"(9)은 복합체 안에 있는 모든 것을 뜻하기 때문이고, 여기서는 온갖 거짓들과 악들을 뜻하기 때문입니다. 그리고 그 이유는 그들에게는 주님을 부인하는 것으로 말미암아 거짓들이나 악들이 있기 때문입니다. 그러므로 "어둠이 온 땅을 덮었고, 해는 빛을 잃었다"(=어둡게 되었다)고 언급되었습니다. 불영명한 "해"는 주님이 시인되지 않는 그 교회 안에 거짓들이 매우 창궐(猖獗)하고, 만연(蔓延)되었을 때, "불명료한" 주님을 뜻하고, 그리고 온갖 악들이 창궐, 만연되었을 때는 십자가에 못 박히신 주님을 뜻합니다. 주님의 고통에 관한 성경말씀에 관련된 개별적인 것들이나 모든 것들이 표의적이라는 것은 본서 64 · 83 · 195[C]항에서 잘 볼 수 있습니다.

[16] 미가서의 말씀입니다.

　　(주께서 이렇게 말씀하신다.)
　　예언자라는 자들이
　　나의 백성을 속이고 있다(=오도하고 있다).
　　입에 먹을 것을 물려주면 "평화"를 외치고,
　　먹을 것을 주지 아니하면,
　　전쟁을 벌일 준비를 한다.
　　'그러므로 너희가 밤을 만날 것이니,
　　너희가 환상을 볼 수 없을 것이요,
　　흑암을 만날 것이니,
　　점을 칠 수 없을 것이다.'
　　이러한 예언자들에게는
　　해가 져서 낮이 캄캄할 것이다.
　　(미가 3 : 5, 6)

영적인 뜻으로 이 낱말들이 뜻하는 것은, 그것들이 설명된 본서 372[A]항에서 볼 수 있습니다. 아모스서의 말씀입니다.

그 날에는 내가
대낮에 해가 지게 하고,
한낮에 땅을 캄캄하게 하겠다.
(아모스 8 : 9)

이 말씀은 교회 안에는 그것으로 말미암아 선이 무엇이고, 진리가 무엇인지 알게 하는 성언(=성경말씀)이 있어야 하지만, 그럼에도 불구하고 거기에 악이나 거짓 이외에는 아무것도 없다는 것을 뜻합니다. "해가 지게 한다"·"땅을 캄캄하게 한다"는 말씀은 교회 안에 있는 삶에 속한 악이나 교리에 속한 거짓을 뜻합니다. 왜냐하면 "해가 뜬다"(日出)는 것은 삶에 속한 선을 가리키는 사랑에 속한 선을 뜻하고, "해가 진다"(日沒)는 것은 삶에 속한 악을 가리키는 사랑에 속한 악을 뜻하기 때문입니다. 그리고 "땅을 어둡게 한다"는 것은 어둠이 거짓들을 뜻하고, "땅"이 교회를 뜻하기 때문에, 결과적으로는 교리에 속한 거짓을 뜻합니다. 그리고 "땅"은 교회를 뜻하고, "정오"(正午 · at moon)나 "대낮"(in the day of light)은 그들이 성언을 가지고 있기 때문에 거기에 선에 속한 지식들이나 진리에 속한 지식들이 있을 수 있는 때를 뜻합니다. 그것은 "정오"가 선에 속한 지식들이 있는 곳을 뜻하기 때문이고, "대낮"(day of light)은 진리에 속한 지식들이 있는 곳을 뜻하기 때문입니다. 이런 지식들은 성언에서 비롯된 것을 뜻하는데, 그 이유는 여기서 다루고 있는 성언이 있는 곳이 교회를 뜻하기 때문입니다.
[17] 하박국서의 말씀입니다.

> 산이 주님을 보고 비틀거립니다.
> 거센 물이 넘칩니다.
> 지하수가 소리를 지르며,
> 높이 치솟습니다.
> 주께서 번쩍이는 화살을 당기고,
> 주께서 날카로운 창을 내던지시니,
> 그 빛 때문에
> 해와 달이 하늘에서 멈추어 섭니다.
> (하박국 3 : 10, 11)

이 장은 주님의 강림과 그 때 주님께서 행하시는 최후심판에 관해서 다루고 있습니다. "산이 비틀거리고, 거센 물이 넘친다"는 말씀은 자기사랑이나 세상사랑에 있는 자들이 그들을 거기에 인도한 악에 속한 거짓들에 의하여 쫓겨난다는 것을 뜻합니다. 여기서 "산들"은 자기사랑이나 세상사랑을 뜻하고, "물이 넘친다"는 것은 그런 사랑들(=애욕들)로 말미암아 거짓들에게 끌려 가는 것을 뜻하고, 여기서 "물"은 거짓을 뜻하기 때문이고, "넘친다"(overflowing)는 것은 그것들에게 끌려가는 것을 뜻하기 때문입니다. 그런 상태에 있는 자들은 순수한 진리들이나 선들을 보지 못하고, 오히려 그런 것들 대신에 본질적으로 거짓들이나 악들을 가리키는 어리석고 바보같은 진리들이나 선들 따위를 본다는 것이 "화살들"이나 "번쩍임들"이 본질적으로 거짓들인 어리석은 진리들을 뜻하기 때문에, 그리고 "번쩍이는 창의 광채"는 본질적으로 거짓에 속한 악들을 가리키는 바보 같은 선들을 뜻하기 때문에, "그들이 주의 화살들의 빛과 주의 번쩍이는 창의 광채로 나갔다"는 말씀이 뜻합니다. 더욱 이런 부류의 표지들이나 증표들은 영계에서 나타나는데, 최후심판이 일어날 때, 그들의 경우는 대개가 자기사랑이나 세상사랑에서 비롯된 거짓들 안에 빠져 있을 때입니다. [18] 우리의 본문의 예언에서 "해와 달이 그들의 처소에서 멈추어 섰다"고 언급되었기 때문에

> 여호수아가 주께 아뢰었다. 이스라엘 백성이 보는 앞에서 그가 외쳤다.
> "태양아,
> 기브온 위에 머물러라!
> 달아,
> 아얄론 골짜기에 머물러라!"
> 백성이 그 원수를 정복할 때까지 태양이 멈추고, 달이 멈추어 섰다. '야살의 책'(=의로운 자의 책)에 해가 중천에 머물러 종일토록 지지 않았다고 한 말이 바로 이것을 두고 한 말이다(여호수아 10 : 12, 13).

기브온 위에 머물렀다고 언급된 해나, 아얄론 골짜기에 더물렀다고 언급된 달은 교회가 모든 선과 진리에 관하여 전적으로 황폐하게 되었다는 것을 뜻합니다. 왜냐하면 그 때 기브온은 예루살렘 왕과 아모리 족속의 왕들의 연합한 모든 군대와 대항해서 싸우는 전쟁이 있었기 때문입니다. 여기서 "예루살렘의 왕"은 온갖 거짓들에 의하여 전적으로 황폐하게 된 교회의 진리를 뜻하고, "아모리 족속의 왕들"은 악들에 의하여 황폐하게 된 교회의 선을 뜻합니다. 그러므로 그런 왕들이 우박들로

강타를 당하였는데, 그것은 악에 속한 무섭고, 비참한 거짓들을 뜻합니다. 해와 달이 자신들의 자리에 머물러 섰다고 언급되었는데, 다시 말하면 이스라엘 자손들 앞에 머물러 섰다고 하였는데, 그것은 그들이 그들의 원수들 보기 위해서 입니다. 그러나 비록 그것이 역사로서 언급되었다고 해도, 이것은 하나의 예언입니다. 이러한 사실은 "야살의 책(=의로운 자의 책· the book of the Upright)에 기록되지 아니하였느냐?"(=바로 이것을 두고 한 말이다)라고 언급된 것에서 잘 알 수 있는데, 그것은 하나의 예언적인 책인데, 그 책에서 이 말씀이 취해졌습니다. 그러므로 동일한 책에서 취한 것으로 "그 백성이 그 원수를 정복할 때까지"라고 언급되었습니다. 이 말씀은 이스라엘 자손이 그들의 원수에게 원수를 갚을 때까지를 뜻하는 것은 아닙니다. 낱말 "백성"(=민족·nation)은 예언적으로 사용되었기 때문입니다. 이러한 것은 만약에 이 기적이 전적으로 이런 식으로 일어났다면, 이 세상의 전체적인 본성은 왜곡될 것이라는 사실에서 명확합니다. 그 기적은 성경말씀의 다른 기적들의 경우와는 다릅니다. 그러므로 그것이 예언적으로 언급된 것이라는 것을 알게 하기 위하여 "야살의 책(=의로운 자의 책)에 기록되지 아니하였느냐?"라는 말씀이 부가되었습니다. 그럼에도 불구하고 태양이 기브온 위에 머무르고, 달이 아얄론 골짜기에 머무른 것처럼 하늘에서 나온 빛이 그들에게 주어졌다는 것은 의심이 되지 않습니다.
[19] 예레미야서의 말씀입니다.

> 아들을 일곱이나 둔 여인도
> 아들을 잃고 기절할 것이다.
> 그 여인에게 대낮은 이미 칠흑 같은 밤이다.

그 여인은 비천한 신세가 될 것이다.
살아 남은 자식들은,
원수들이 보는 앞에서
칼에 맞아 죽게 하겠다.
(예레미야 15 : 9)

"아들을 일곱이나 둔 여인이 아들들을 잃고 기절할 것이다"(=기진하니, 그녀가 숨을 거두었다)는 말씀은 성언이 주어진 그 교회가 그것을 통하여 모든 진리들이 곧 멸망할 것이라는 것을 뜻합니다. 여기서 "일곱 번 낳았다"는 말은 사무엘 상서 2장 5절에서와 같이 그 교회의 모든 진리들이 선물로 주어졌다는 것을 뜻합니다(본서 257항 참조). "아직 대낮인데도 그녀의 해가 기울어졌다"(=그 여인에게 대낮은 이미 칠흑 같은 밤이다)는 말씀은 비록 그 교회가 성언을 가지고 있고, 그리고 성언을 통하여 빛 가운데 있다고 해도, 그 교회에 속한 선은 곧 멸망할 것이라는 것을 뜻합니다. "그것, 다시 말하면 해는 부끄럽게 될 것이고, 당혹할 것이다"는 말씀은 선과 진리는 영접, 수용되지 못하였고, 그 대신 악과 거짓을 영접, 수용되었기 때문이라는 것을 뜻합니다. 이러한 내용은 이사야서의 다음의 인용 장절에서 아주 명확합니다. "살아 남은 자식들도 원수들이 보는 앞에서 칼에 맞아 죽게 하겠다"는 말씀은 남아 있는 모든 선이나 진리도 악에서 비롯된 거짓으로 말미암아 멸망할 것이라는 것을 뜻하는데, 그것은 "남은 것"(remnant)이 남아 있는 모든 것을 뜻하기 때문이고, "칼에 넘겨준다"는 말은 거짓들 때문에 멸망하는 것을 뜻하기 때문이고, 여기서 "원수들"은 악들을 뜻하기 때문입니다.

[20] 이사야서의 말씀입니다.

> 그 날이 오면, 주께서
> 위로는 하늘의 군대(=높은 곳에 있는 높은 자의 군대)를 벌하시고,
> 아래로는 땅에 있는 세상의 군왕들을
> 벌하실 것이다. ······
> 만군의 주께서 왕이 되실 것이니,
> 달은 볼 낯이 없어 하고,
> 해는 부끄러워할 것이다.
> (이사야 24 : 21, 23)

여기서 "벌한다"(=방문한다 · to visit)는 것은 파괴하는 것을 뜻하는데, 그 이유는 "방문"(=천벌 · 재난 · visitation)이 심판에 선행(先行)하기 때문입니다. 그리고 그 때 온갖 악들이나 그것에서 비롯된 거짓들에 빠져 있는 자들은 멸망하기 때문입니다. "높은 곳에 있는 높은 자의 군대"는 "군대"(host)가 모든 악들을 뜻하기 때문에, 자기사랑에서 비롯된 악들을 뜻합니다. "땅에 있는 세상의 군왕들"은 온갖 종류의 거짓들을 뜻하고, "땅"은 교회를 뜻합니다. 이러한 내용은 "여호와께서 높은 곳에 있는 높은 자의 군대를 벌할 것이고, 땅에 있는 세상의 군왕들을 벌할 것이다"는 말씀의 뜻을 명확하게 합니다. "높은 곳에 있는 높은 자의 군대"라는 말이 언급되었는데, 그것은 자기사랑에 빠져 있는 자들이 영계에서 높은 자리를 차지하려고 하기 때문입니다. "그 때 달은 당혹할 것이고, 해는 부끄러워할 것이다"는 말씀은 "달"과 "해"가 믿음에 속한 진리나 사랑에 속한 선을 뜻하기 때문에 더 이상 신령진리나 신령선의 수용이 없다는 것을 뜻하고, 그리고 "당혹할 것이고, 부끄러워 할 것이다"는 말이 언급되었는데, 그 때 그것들은 더 이

상 영접되지 않고, 오히려 거짓과 악이 그것들의 자리에 수용될 것이라는 것을 뜻합니다.
[21] 시편서의 말씀입니다.

> 지혜로 하늘을 만드신 분께 감사하여라.
> 그 인자하심이 영원하다.
> 물 위에 땅을 펴 놓으신 분께 감사하여라.
> 그 인자하심이 영원하다.
> 큰 빛들을 지으신 분께 감사하여라.
> 그 인자하심이 영원하다.
> 낮을 다스리는 해를 지으신 분께 감사하여라.
> 그 인자하심이 영원하다.
> 밤을 다스릴
> 달과 별을 지으신 분께 감사하여라.
> 그 인자하심이 영원하다.
> 이집트의 맏아들을 치신 분께 감사하여라.
> 그 인자하심이 영원하다.
> 이스라엘을
> 그들 가운데서 이끌어 내신 분께
> 감사하여라.
> 그 인자하심이 영원하다.
> (시편 136 : 5-11)

성경말씀의 영적인 뜻을 전혀 알지 못하는 사람은 성경말씀의 문자적인 뜻 가운데 나타난 것을 제외하면 이들 말씀들에는 내포하고 있는 것이 아무것도 없다고 틀림없이 생각할 것입니다. 그럼에도 불구하고 모든 개별적인 것은, 모든 천적 신령한 것들이나, 모든 영적 신령한 것들을 가리키는, 천사적인 지혜에 속한 그런 것들을 내포하고 있고, 그리고 뜻하고 있습니다. 우리의 이 말씀은 교회가 그들로 이루어지는 그 교회에 속한 사람들의 새로운 창조(the new creation)나 중생(重生)을 기술하고 있습니다. 여기서 "하늘"(heaven)은 여호와께서 그분의 지혜(=총명)에 의하여 완성하신 교회에 속한 사람들의 내적인 것들을 뜻하는데, 그것은 한마디로 표현하면 지혜(=총명)가 그것의 자리를 가지고 있는, 그리고 그들의 천계가 있는 곳인 영적인 사람(the spiritual man)을 뜻합니다. 그리고 그분께서 물 위에 펴 놓으신 "땅"(the earth)은 교회에 속한 외적인 것을 뜻하는데, 한마디로 표현하면 자연적인 사람을 뜻합니다. 이 사람이 "물 위에 펴 놓았다"고 언급되었는데, 그것은 "물"이 진리를 뜻하기 때문에 거기에 사람이 중생할 때 그것에 의한 진리가 있기 때문입니다. "큰 빛들(=발광체들), 곧 해·달·별들"은 사랑에 속한 선과, 그 선에서 비롯된 진리와, 그리고 선과 진리의 지식들을 뜻합니다. 여기서 "해"(the sun)는 사랑에 속한 선을 뜻하고, "달"은 그 선에서 비롯된 진리를 뜻하고, "별들"은 선과 진리의 지식들을 뜻합니다. 해가 "낮을 다스리기 위하여 만들었다"고 언급되었는데, 그 이유는 "낮"(day)은 영적인 사람의 빛을 뜻하기 때문입니다. 왜냐하면 영적인 사람은 사랑에 속한 선에서 비롯된 예증(例證)이나 지각(知覺)을 가지고 있기 때문입니다. 달과 별들은 "밤을 다스리기 위하여 만들었다"고 언급되었는데, 그 이유는 "밤"이 자연적인 사람의 빛을 뜻하고, 그리고 그것의 빛은 영적인 사람의 빛과 비교하는 것과 같은데, 달이나 별들에게서 비롯된 밤의 빛은 마치 해에서 비롯된 낮의 빛과 비교하는 것과 같기 때문입니다. 이 말씀은 교회에 속한 사람들의 중생에 관해서 다루고 있기 때문에 뒤이어서 "이집트의 맏아들을 치신 분, 이 스라엘을 그들 가운데서 이끌어 내신 분"이라고 언급되었는데, 그것은 "이집트"가 자연적인 사람을 뜻하고, 그런 존재는 출생에 의하여 그러한 것인데, 다시 말하면 그 사람은 악에서 비롯된 철저한 거짓들 안에 빠져 있기 때문입니다. "그들의 맏아들"은 중요한 것들을 뜻하고, 그리고 "이집트에서 그들의 맏아들을 치셨다"는 말씀은 사람이 중생하는 동안에 생긴 중요한 것들의 파괴를 뜻합니다. 여기서 "이스라엘"은 영적인 사람을 뜻하고, "그들 가운데서 이스라엘을 이끌어 낸다"는 말씀은 영적인 사람을 개방(開放)하고 계발(啓發)한다는 것, 따라서 중생(重生)하는 것을 뜻합니다. 왜냐하면 주님께서는 교회에 속한 사람을 자연적인 사람 안에 뙈리를 틀고 있는 악들에게서 비롯된 거짓들을 분산시키고, 쫓아버리는 것(dispersing)에 의하여, 그리고 영적인 사람을 개방하고 계발하는 것(opening)에 의하여 중생시키시기 때문입니다. 이러한 일은 주님께서 신령진리를 가리키는, 영적인 빛에 의하여 이루십니다.

401[E]. [22] 동일한 뜻을 창세기서의 말씀이 뜻합니다. 창세기서의 말씀입니다.

> 하나님이 두 큰 빛(=두 발광체)을 만드시고, 둘 가운데서 큰 빛으로는 낮을 다스리게 하시고, 작은 빛으로는 밤을 다스리게 하셨다. 또 별들도 만드셨다(창세기 1 : 16).

왜냐하면 창세기서의 이 장은 새로운 창조(=재 창조 · the new creation), 즉 태고교회를 이루고 있었던 사람들의 중생을 다루고 있기 때문이고, 그리고 이것은 문자적인 뜻으로 하늘과 땅(天地 · heaven and earth)의 창조에 의하여 기술되기 때문입니다. 예레미야서의 아래 말씀도 동일한 것들을 뜻합니다. 예레미야서의 말씀입니다.

> (만군의 주께서 말씀하셨다.) 낮에는 해를 주셔서 빛을 밝혀 주시고, 밤에는 달과 별들이 빛을 밝히도록 정하여 놓았다(예레미야 31 : 35).

여기서 "달과 별들의 법칙들"(=정하여 놓았다)은 질서의 법칙(the law of order)에 일치하여 자연적인 사람 안에서 행해진 모든 것들을 뜻합니다.

[23] 시편서의 말씀입니다.

> 주의 모든 천사들아,
> 주님을 찬양하여라.
> 주의 모든 군대야
> 주님을 찬양하여라.
> 해와 달아, 주님을 찬양하여라.
> 빛나는 별들아, 모두 다 주님을 찬양하여라.
> 하늘 위의 하늘아,
> 주님을 찬양하여라.
> 하늘 위에 있는 물아,
> 주님을 찬양하여라.
> (시편 148 : 2-4)

"여호와(=주)를 찬양한다"는 것은 그분을 예배하는 것을 뜻합니다. 여기서 "천사들"은 천사들이 이런 부류이기 때문에, 사랑에 속한 선에게서 비롯된 신령진리들 안에 있는 자들을 뜻합니다. 그리고 "모든 군대들"은 전체적인 복합체 안에 있는 선들과 진리들을 뜻하고, "해와 달"은 사랑에 속한 선과 그 선에서 비롯된 진리를 뜻하고, "빛나는 별들"은 선에서 비롯된 진리에 속한 지식들을 뜻하고, "하늘 위의 하늘"(=하늘들의 하늘들)은 내적인 것이나 외적인 것, 양자의 선들과 진리들을 뜻하고, 그리고 사람은 주님에게서 비롯된 그 사람에게 있는 그런 것들로 말미암아 주님을 예배하기 때문에, 따라서 그 사람에게 있는 선들이나 진리들로 말미암아 주님을 예배하기 때문에, 그리고 사람은 이런 것들로 말미암아 주님을 예배하기 때문에, 그리고 사람은 이런 것들로 말미암아 사람이기 때문에, 그러므로 그들에게 이렇게, 다시 말하면 선들과 진리들을 뜻하는 해 · 달 · 별들에게 그들이 "찬양하여라", 다시 말하면 여호와 그분을 예배하여라라고 엄명되었습니다. 어느 누구가 해 · 달 · 별들이 찬양하지 않는다는 것, 다시 말하면 예배하지 않는다는 것을 모르겠습니까?
[24] 신명기서의 글입니다.

> 요셉 지파를 두고서,
> 그는 이렇게 말하였다.
> "주께서 그들의 땅에 복을 내리실 것이다.
> 위에서는 하늘의 보물 이슬이 내리고,
> 아래에서는 지하의 샘물이 솟아오른다.
> 햇빛을 받아 익은 온갖 과실이,
> 그들의 땅에 풍성할 것이다."
> (신명기 33 : 13, 14)

이 말씀은 모세에 의한 이스라엘 자손의 축복 가운데 언급되었습니다. 그리고 "요셉"이 영적인 왕국에서 가장 최고의 높은 자들을 가리키는 영적 천적인 사람(the spiritual-celestial)을 뜻하기 때문에, 따라서 주님의 천적인 왕국에 있는 자들과의 가장 가까운 교류나 내통을 뜻합니다. 여기서 "그의 땅"은 영적인 왕국을 뜻하고, 마찬가지로 그런 부류로 구성된 그 교회를 뜻합니다. "하늘의 보물들 이슬이나, 지하에서 솟는 샘물"은 속사람이나 겉사람 안에 있는 영적-천적인 것들을 뜻하고, "햇빛을 받아 잘 익은 온갖 곡식과 달빛을 받아 자라나는 온갖 과실"(=태양이 내는 진귀한 것들이나 달이 내는 진귀한 것들)은 주님의 천적 왕국에서 발출하는 모든 것들을 뜻하고, 그리고 주님의 영적 왕국에서 발출하는 모든 것들을 뜻합니다. 따라서 모든 선들과 그것에서 비롯된 모든 진리들을 뜻합니다. 그것은 "해"(=태양)가 주님의 천적 왕국에 있는 자들이 가지고 있는 선을 가리키는 주님사랑에 속한 선을 뜻하기 때문이고, "그것의 생산물"(=증대)은 그것에서 발출하는 모든 것들을 뜻하기 때문입니다. "달빛을 받아 자라나는 온갖 과실"(=달이 내는 진귀한 것들)은 여기서 "달들"(=months)은 "달"(moon)과 꼭 같은 것을 뜻하기 때문인데, 다시 말하면 선에서 비롯된 진리들을 뜻하기 때문에, 주님의 영적인 왕국에서 발출하는 모든 것들을 뜻합니다. 왜냐하면 동일한 말씀이 그 근원에서 양쪽을 위하여 사용되었기 때문입니다. 그러나 이 말씀은 천계의 두 왕국, 즉 천적인 왕국과 영적인 왕국에 관해서 아무것도 알지 못하는 사람에게는, 그리고 중간적인 것들은 그들의 결합을 뜻한다는 것에 관해서 아무것도 알지 못하는 사람에게는 필히 불명명하게 보이기 때문에 언급된 것입니다. 그러나 이들 두 왕국이나 중간적인 것들에 관해서는 나의 저서 ≪천계와 지옥≫ 20-28항에 언급된 내용을 참조하십시오.

[25] 이사야서의 말씀입니다.

(내가)
홍보석으로 흉벽(=너의 해들 · thy suns)을 만들고,
석류석으로 성문을 만들고,
보석(=기쁨의 돌들)으로 성벽 둘레를 꾸미겠다.
(이사야 54 : 12)

이 말씀은 주님에 의하여 그 민족으로부터 세워질 새로운 교회를 가리키는 그 교회 밖에 있는 민족들에 관해서 언급하고 있습니다. "내가 너의 해를 홍보석으로 만들겠다"는 말씀은 모든 선들이 사랑에 속한 불(=불꽃 · fire)로 말미암아 찬란하게 빛날 것이라는 것을 뜻합니다. 그것은 여기서 "해들"(suns)은 사랑에 속한 선들을 뜻하기 때문이고, 그리고 "홍보석"(ruby)은 불꽃에서 비롯된 것처럼 찬란하게 빛나는 것을 뜻하기 때문입니다. "내가 석류석으로 성문들을 만들겠다"는 말씀은 "성문들"이 서론적인 진리들을 뜻하고, 개별적으로는 선에서 비롯된 교리들을 뜻하기 때문에, 진리들이 선으로 말미암아 찬란하게 눈부실 것이라는 것을 뜻합니다. 왜냐하면 진정한 교리에 속한 모든 진리들은 선에서 발출하고, 그리고 선에 속한 것이기 때문입니다. 그리고 "석류석"(stones of carbuncles)은 선에서 비롯된 그것들의 빛남을 뜻하고, 사실 모든 보석(寶石)을 뜻하고, 그리고 불꽃(=불 · fire)은 선에서 비롯된 진리의 성질을 나타냅니다. "나는 기쁨의 돌들(=보석들)로 성벽 둘레를 꾸미겠다"(=만들겠다)는 말씀은, 자연적인 사람에 속한 진정한 지식들(=과학지들)이 선으로 말미암아 즐겁고 기쁠 것이라는 것을 뜻합니다. 왜냐하면 "둘레"(=테두리 · border)는 기초(=초

석)와 동일한 뜻을 가지기 때문이고, 그리고 이것은 자연적인 사람을 뜻하기 때문입니다. 그리고 그것 안에 있는 모든 것들 안에는 영적인 사람의 선들과 진리들이 종결(終結)되기 때문입니다. 그리고 여기서 "기쁨의 돌들"(stones of desire)은 선으로 말미암아 진리들이 즐겁고 기쁜 것을 뜻하기 때문입니다. 이런 것들은 장차 새로운 교회를 형성할 자들이 가질 성언에 속한 선들이나 진리들을 뜻하고, 그리고 그것이 그런 부류일 것을 뜻합니다. "해"(the sun)가 사랑에 속한 선을 뜻한다는 것은 역시 그들의 것이 복수적으로 "해들"(suns)이라고 불리운 것에서 명확합니다.

[26] 욥기서의 말씀입니다.

　　　　내가 재산이 많다고 하여
　　　　자랑하지도 않았고,
　　　　벌어들인 것이 많다고 하여
　　　　기뻐하지도 않았다.
　　　　해가 찬란한 빛을 낸다고 하여,
　　　　해를 섬기지도 않고,
　　　　달이 밝고 아름답다고 하여,
　　　　달을 섬기지도 않았다.
　　　　해와 달을 보고
　　　　그 장엄함과 아름다움에 반하여
　　　　그것에다가 절을 하는 사람들이 있다.
　　　　해와 달을 경배하는 표시로
　　　　제 손에 입을 맞추기도 한다.
　　　　그러나 나는 그렇게 하지 않았다.
　　　　그런 일은
　　　　높이 계산 하나님을 부인하는 것이므로,

벌로 사형을 받아도 마땅하다.
(욥기 31 : 25-28)

이 말씀들은 속뜻으로 그가 자기 자신을 위해서는 자기 자신의 것은 자신의 고유속성에서 총명을 취하지 않았다는 것을 뜻하고, 그리고 자신의 총명을 위해서는 그 공로를 자신의 것으로 돌리지 않았고, 그것을 자랑하지 않았다는 것을 뜻합니다. 왜냐하면 "내가 내 자산이 많고 내 손에 많이 가졌다고 해서 즐거워하지 않았다"는 말씀은 총명을 가진 것을 지나치게 자랑하고, 자신의 고유속성에서 자신을 위하여 그것을 취한 것을 뜻하기 때문입니다. 여기서 "재산"(means)은 그것에 의하여 재물을 벌어들이는, 선과 진리의 지식들을 뜻합니다. 그리고 "내 손에 많이 가졌다"는 것은 자신의 고유속성으로 인하여 무엇인가를 터득하는 것을 뜻하고, "내가 해가 찬란한 빛을 낸다고 하여, 해를 섬기지도 않고, 달이 밝고 아름답다고 하여 달을 섬기지도 않았다"(=내가 해가 비치는 것을 보거나, 달이 밝게 움직이는 것을 보았다)는 말씀은 "빛"(light)과 "달"(moon)이 영적인 진리들을 뜻하기 때문에, 총명을 구성하는 영적인 진리들을 가지는 것을 뜻합니다. "해와 달을 보고 그 장엄함과 아름다움에 반하여 해와 달을 경배하는 표시로 제 손에 입을 맞춘다"(=내 마음이 몰래 유혹되었거나 내 입이 내 손에 입맞추었다)는 말씀은, 그러므로 내가 속으로 자랑을 한다는 것이나, 내가 자신에게 그것을 주장, 요구한다는 것을 뜻합니다.

[27] 마태복음서의 말씀입니다.

그래야만 너희가 하늘에 계신 너희 아버지의 자녀가 될 것이다.

아버지께서는, 악한 사람에게나 선한 사람에게나, 꼭같이 해를 떠오르게 하시고, 의로운 사람이나 불의한 사람에게나, 꼭같이 비를 내려 주신다(마태 5 : 45).

이 장절은 이웃을 향한 인애에 관해서 다루고 있는데, 그것은 앞서의 구절이나 뒤에 이어지는 것에서, 그리고 개별적으로는 유대 사람의 경우, 이방 사람들을 원수로 생각하고, 그리고 자신들의 백성은 친구들로 생각한다는 것에서 잘 알 수 있습니다. 그들이 자신들의 백성과 같이 이방 사람들을 사랑하여야 한다는 것은 주님께서 이 비교에 의하여 명료하게 하셨습니다. 그러나 성경말씀에서 모든 비교(=비유)들은 대응에서 비롯되고, 그리고 표의적인 것은 대응에서 비롯되는데, 그렇지 않은 다른 것들은 비교해서 언급하지 않기 때문에, 따라서 그것은 이런 비교, 비유입니다. 그리고 "하늘에 계시는 아버지께서는 악한 사람에게나 선한 사람에게나, 꼭같이 해를 떠오르게 하시고, 의로운 사람에게나, 불의한 사람에게나 꼭같이 비를 내려 주신다"는 말씀은 유대교회 안에 있는 자들과 아주 꼭같이 유대교회 밖에 있는 자들에게 주님께서 천계로부터 사랑에 속한 신령선과 신령진리로 입류하신다는 것을 뜻합니다. 그리고 여기서 "해"는 사랑에 속한 선을 뜻하고, "비"(rain)는 신령진리를 뜻합니다. 그리고 "악한 사람과 불의한 사람"은 속뜻으로, 그들이 그것들을 영접, 수용하지 않기 때문에 유대교회에 속한 자들을 뜻하고, "선한 사람과 의로운 사람"은 그 교회 밖에 있고, 그리고 그런 것들을 영접, 수용한 자들을 뜻합니다. 일반적으로 여기서는 모든 악한 사람과 선한 사람을, 그리고 의로운 사람과 불의한 사람을 뜻합니다. 왜냐하면 주님께서 모두에게 꼭같이 선과 진리로 입류하시지만, 그러나 모두는 꼭같이 영접, 수용하지 않기 때문입니다.
[28] "해"가 신령사랑에 관련하여 주님을 뜻하기 때문에, 주님께서는 "의로운 해"(=의의 태양 · the Sun of righteousness)(말라기 4 : 2)라고 불리셨고, "태양과 방패"(a Sun and Shield)(시편 84 : 11)라고 불리셨습니다. 그 이유는 "해"는 사람에게 있는 주님사랑에 속한 선을 뜻하고, 그리고 "해가 뜨고, 진다"(日出日沒)는 것은 처음부터 마지막까지 주님사랑에 속한 선 안에 있는 모두를 뜻하고, 그리고 "해가 뜨는 것에서부터" 라는 말씀은 처음에서부터를 뜻하고, "해가 지는 것에까지" 라는 말씀은 마지막까지를 뜻하기 때문에, 이러한 내용은 말라기서의 아래 장절이나 다른 성경말씀에서 잘 알 수 있습니다. 말라기서의 말씀입니다.

> 해가 뜨는 곳으로부터 해가 지는 곳까지, 내 이름이 이방 민족들 가운데서 높임을 받을 것이다(말라기 1 : 11).

시편서의 말씀입니다.

> 해 뜨는 데서부터 해 지는 데까지,
> 주의 이름이 찬양을 받을 것이다.
> (시편 113 : 3)

같은 책의 말씀입니다.

> 전능하신분,
> 주 하나님께서 말씀하시어,
> 해가 돋는 데서부터 해 지는 데까지,

온 세상을 불러모으셨다.
(시편 50 : 1)

이사야서의 말씀입니다.

> 그렇게 해서, 사람들이,
> 해가 뜨는 곳에서나, 해가 지는 곳에서나,
> 나 밖에 다른 신이 없음을 알게 하겠다.
> (이사야 45 : 6)

같은 책의 말씀입니다.

> 해 지는 곳에서 주의 이름을 두려워하며,
> 해 뜨는 곳에서
> 주의 영광을 두려워할 것이다.
> (이사야 59 : 19)

역시 같은 책의 말씀입니다.

> 내가 북쪽에서 한 사람을 일으켜
> 오게 하였다.
> 나의 이름을 부르는 그 사람을
> 해 뜨는 곳에서 오게 하였다.
> (이사야 41 : 25)

여기서 "해 돋는 데서부터 해 지는 데까지"라는 말씀은 천계에 있는 모두는 방위들에 따라서 살기 때문에 처음부터 마지막까지 주님사랑에 속한 선 안에 있는 전부를 뜻합니다. 주님사랑에 속한 선 안에 있는 자들은 동쪽에서부터 서쪽에까지 살고 있는, 그리고 동쪽에 살고 있는 자들은 사랑에 속한 명료한 선 안에 있고, 서쪽에 사는 자들은 사랑에 속한 덜 명료한 선 안에 있습니다. 이것은 "해 돋는 데서부터 해 지는 데까지"라는 말씀이 사랑에 속한 선 안에 있는, 처음부터 마지막까지 전부를 뜻하기 때문입니다. 그리고 이사야서에서 "내가 한 사람을 북쪽으로부터 일으켰으니, 그가 오리라. 해가 뜨는 곳으로부터 오게 하였다"는 말씀은 교회에 밖에 있는 자들을 뜻하고, 그것 안에 있는 자들을 뜻합니다. 왜냐하면 "북쪽"은 진리의 불영명함을, 따라서 교회 밖에 있는 자들을 뜻하기 때문인데, 그 이유는 그들은 성언을 가지고 있지 못한 것에서 비롯된 진리들에 관한 불영명의 상태에 있기 때문입니다. 그리고 그것으로 인하여 주님에 관해서 어떤 것도 알지 못하기 때문입니다. 그리고 "해가 돋는다"(日出)는 것은 교회 안에 있는 자들을 뜻합니다. 그 이유는 그들이 그것 안에 주님께서 현존(現存)하시고, 그래서 그분의 오름(His rising) 안에 계시기 때문입니다. "동쪽" 즉 "해가 뜨는 것"(日出)과, "서쪽" 즉 "해가 지는 것"(日沒)은 명료한 상태 안에 있는 사랑의 선과 불영명한 상태 안에 있는 사랑에 속한 선을 뜻한다는 것은 ≪천계와 지옥≫ 141·148-150항을 참조하시고, "북쪽"이 불영명 상태에 있는 진리를 뜻한다는 것은 같은 책 148-150항을 참조하십시오. 왜냐하면 거기에는 영계에 있는 네 방위(四方位)가 다루어졌기 때문입니다.

401[F]. 재차 말씀드리겠습니다. "해가 진다"(日沒)는 것은 그것의 처음 상태를 가리키는, 그것이 무지(無知)에 빠져 있을 때의 교회의 상태를 뜻하고, "해 뜬다"(日出)는 것은 그것이 빛

가운데 있을 때의 그것의 상태를 뜻합니다. 그리고 "해가 진다"(日沒)는 것은 교회가 악들이나 그것에서 비롯된 거짓들 안에 빠져 있을 때의 교회의 상태를 뜻하고, "해가 뜬다"(日出)는 것은 교회가 선들이나 그것에서 비롯된 진리들 안에 있을 때의 교회의 상태를 뜻합니다.
[29] 교회가 심한 무지의 상태에 있을 때인 그 교회의 처음 상태는 모세의 글에서와 같이, 해가 질 때 저녁으로 넘어가는 시작이 뜻합니다. 신명기서의 말씀입니다.

> 유월절 제물을 잡는 때는, 너희가 이집트를 떠난 바로 그 시각, 곧 초저녁 해가 질 무렵이다(신명기 16 : 6).

왜냐하면 유월절(=유월절 명절)은, 그것이 중생에 의하여 이루어진 영벌이나 저주에서의 구출 때문에 주님의 찬양을 뜻하기 때문입니다. 그리고 최고의 뜻으로는 주님의 인성의 영광화의 기념을 뜻하는데, 그 이유는 그것으로부터의 구출을 뜻하기 때문입니다(A.C. 7093 · 7867 · 9286-9292 · 10655항 참조). 그리고 중생의 첫 번 상태는 무지의 상태(a state of ignorance)이기 때문에 축제(=명절)의 시작은 "해가 졌을 때인 저녁"(=해질녘 · at even)이었습니다. 그리고 우리의 본문은 다시(=재차) 그 상태를 "이스라엘 자손이 이집트를 떠난 초저녁 해가 질 무렵"이라고 하였습니다. 왜냐하면 이집트에서 그들은 노예의 상태에 있었기 때문입니다. 그러므로 "너희가 이집트를 떠난 바로 그 시각"이라고 언급되었습니다.
[30] 교회의 마지막 상태는 교회가 온갖 거짓들이나 악들 가운데 빠져 있을 때입니다. 왜냐하면 이런 상태가 그것의 마지막이라는 것은 곧 "초저녁 해가 질 무렵이다"는 말씀이 뜻하

기 때문입니다. 창세기서의 말씀입니다.

> 해가 질 무렵에 아브람이 깊이 잠든 가운데, 깊은 어둠과 공포가 그를 짓눌렀다. …… 해가 지고, 어둠이 짙게 깔리니, 연기 나는 화덕과 타오르는 횃불이 갑자기 나타나서, 쪼개 놓은 희생제물 사이로 지나갔다 (창세기 15 : 12, 17).

이 장절들은 야곱에게서 이어진 아브람의 후손들에 관해서 언급하고 있습니다. 다시 말하면 이스라엘 민족이나 유대민족에 관해서 언급하고 있습니다. "드디어 해가 졌을 때"(=해가 질 무렵)라는 말씀은 그 민족 가운데 있는 그 교회의 마지막 상태를 뜻하고, 그 상태는 그들이 오직 온갖 거짓들이나 악들 가운데 빠져 있을 때입니다. 여기서 "깊은 어둠"과 "연기 나는 화덕"은 악에서 비롯된 온갖 거짓들을 뜻하고, 그리고 "타오르는 횃불"은 극단적인 자기사랑을 뜻하는데, 그것에서 그들의 악들이나 거짓들은 비롯되었습니다.

401[G]. [31] 성경말씀의 대부분의 것들은 반대적인 뜻을 지니고 있기 때문에, 그러므로 "해"나 "달"도 역시 그러합니다. 반대의 뜻(=나쁜 뜻)으로 "해"는 자기사랑(自我愛 · the love of self)을 뜻하고, "달"은 그것에서 비롯된 거짓들을 뜻합니다. 오직 자연적인 생각 안에만 있고, 영적인 생각에 있지 않는 자들은 자연 너머를 생각하지 못하기 때문에, "해와 달"은 이 세상의 해와 달의 뜻만을 가지고 있습니다. 그러므로 그들이 이들 두 발광체들(=두 빛나는 것들), 또는 그것들의 빛(光)과 볕(熱)으로부터 모든 것들이 생겨나는 것을 볼 때, 말하자면 모든 것들이 땅 위에 사는 것을 볼 때, 그들은 이들 발광체들이 우주를 다스린다고 생각하였고, 그리고 이것 이상으로 그들은

그들의 생각들을 끌어올리지 못하였습니다. 이러한 내용이나 사실이 자기사랑이나 그리고 악들 안에, 그리고 그것에서 비롯된 거짓들 안에 빠져 있는 모두가 생각하는 것입니다. 왜냐하면 이런 부류의 인물들은 그저 단순한 자연적인 사람들이고, 감관적인 사람들이기 때문입니다. 그리고 단순한 자연적인 사람이나 감관적인 사람은 자연 너머를 생각하지 못하기 때문입니다. 왜냐하면 그가 눈으로 보지 못하고, 손으로 만지지 못한 것을 그는 아무것도 아니고 존재하지도 않는다고 믿기 때문입니다. 고대 사람들은 교회에 속한 모든 것들은 자연적인 것 안에 있는 영적인 것들에 속한 표징적인 것들로 이루어졌다고 믿었습니다. 그러므로 그들에게서 "해"는 신령선에 관해서는 주님을 뜻하였고, 그리고 "달"은 신령진리에 관해서는 주님을 뜻하였고, 결과적으로 그들은 예배에서 그들의 얼굴을 해 돋는 쪽으로 돌렸습니다. 그리고 그들 가운데 자기사랑에 빠져 있는 자들은, 그러므로 단순한 자연적이나 감관적인 자들은 그들의 최고의 하나님들(=신들)로서 그들의 눈으로 보는 해나 달을 예배하기 시작하였습니다. 그러나 이들 안에 이런 짓을 하였고, 그리고 그런 짓을 하기를 다른 자들에 설득하였기 때문에, 그리고 자기사랑이나 악들이나 그것에서 비롯된 거짓들 안에 있는 자들이 이런 짓을 하였기 때문에, 그러므로 "해"는 자기사랑을 뜻하고, "달"은 그것에서 비롯된 거짓을 뜻합니다. 이러한 사실은 이 세상에 있는 그런 부류가 있는 저 세상에 있는 영들의 경우에 매우 명확하게 드러납니다. 이들은 주님으로부터 그들의 얼굴을 돌려 외면하였고, 그리고 그들은 자신들의 얼굴을 어둠이나 흑암 가운데 있는 그 어떤 것을 향하여 그것에로 얼굴을 돌렸는데, 그 어떤 것은 이 세상의 해나 달이 있는 그 자리에 있었고, 그것은 천사적인 천계의 해나 달에 대립, 대조되는 것입니다. 이것에 관해서는 ≪천계와 지옥≫ 122 · 123항을 참조하십시오. 이런 인물들은 모든 신령예배가 표징적이었을 때 고대에서 제정되었던 해나 달을 예배했던 자들과 같습니다. 그러나 표징적인 예배가 소멸된 오늘날에는 기독교계에는 존재하지 않지만, 그러나 그것의 자리에는 자기에 속한 예배를 가리키는 그것은 자기사랑이 지배하는 자들 안에 있는 그런 것들과 함께 존재합니다. 이러한 사실은 나쁜 뜻으로 "해와 달"의 뜻을 아주 명확하게 만듭니다.

[32] 고대에서 해와 달이 숭배(=예배)되었다는 것은 특정한 이방 사람들이 그들에게 모셔졌다는 사실에서 명확합니다. 이러한 사건은 역사서들에 수도 없이 언급되었습니다. 유대 사람이 이스라엘 사람과 꼭같이 이집트 사람들도 해나 달을 숭배, 예배하였다는 것은 성경말씀에서 아주 명확합니다. 이집트 사람들의 그것들을 숭배, 예배하였다는 것은 예레미야서에서 잘 볼 수 있습니다. 그 책의 말씀입니다.

> 그(=바빌로니아 왕)가 와서 이집트 땅을 치면,
> 염병에 걸려 죽을 자는 염병에 걸려 죽고,
> 포로로 끌려갈 자는 포로로 끌려가고,
> 칼에 맞아 죽을 자는
> 칼에 맞아 죽을 것이다. ……
> 그는 이집트 땅에 있는 태양 신전의 돌기둥들(=헬리오폴리스에 있는 돌기둥들)을 부수고, 이집트의 신전들을 불살라버릴 것이다(예레미야 43 : 11, 13).

유다 사람이나 이스라엘 민족이 행한 것을 에스겔서에서 봅니다. 에스겔서의 말씀입니다.

> 그가 나를 주의 성전 안뜰로 데리고 가셨는데, 주의 성전 어귀에, 바로 현관과 제단 사이에 사람이 스물다섯 명이나 있었다. 그들은 주의 성전을 등지고, 얼굴을 동쪽으로 하고 서서 동쪽 태양에게 절을 하고 있었다(에스겔 8 : 16).

이 장절은 예루살렘의 혐오들이나 증오들 따위를 다루고 있습니다. 열왕기 하서의 말씀입니다.

> 요시야 왕이 우상을 숭배하는 제사장들을 내쫓았다. 그리고 바알과 태양과 달과 성좌들과 하늘의 별들에게 제사지내는 사람들을 모두 몰아냈다. …… 또 그는 유다의 왕들이 주의 성전 어귀, 곧 나단멜렉 내시의 집 옆에 있는 태양신을 섬기려고 만든 말의 동상을 헐어 버리고, 태양수레도 불태워 버렸다(열왕기 하 23 : 5, 11)

예레미야서의 말씀입니다.

> 그 때에는 사람들이 유다 왕들의 뼈와, 유다 지도자들의 뼈와, 제사장들의 뼈와, 예언자들의 뼈와 예루살렘 주민의 뼈를, 그들의 무덤에서 꺼내다가, 그들이 좋아하고 노예처럼 섬기고 뒤쫓아 다니고, 뜻을 물어 보면서 찾아 다니고 숭배하던, 해와 달과 하늘의 모든 천체 앞에 뿌릴 것이다. 그래도 그 뼈들을 모아다가 묻어 주는 사람이 아무도 없을 것이니, 그것들은 이제 땅바닥에서 거름이 되고 말 것이다(예레미야 8 : 1, 2).

이 밖에도 예레미야 44장 17-19, 25절, 신명기 4장 19절, 17

장 3, 5절의 말씀들도 있습니다.
[33] 성경말씀에서 "모압"이 자기사랑에서 비롯된 거짓의 삶 안에 있는 자들을 뜻하기 때문에, 그리고 그들의 예배가 자아에 속한 예배를 뜻하기 때문에, 그러므로 이스라엘 백성이 모압 백성의 예배에 가까이 근접하였을 때, "그 백성의 우두머리들을 모두 잡아다가 해가 비치는 대낮에 주 앞에서 그것들의 목을 매달 것"이 명령되었는데, 그것에 관해서 모세의 글에는 이와 같이 기술되었습니다. 민수기서의 말씀입니다.

> 이스라엘이 싯딤에 머무는 동안에, 백성들이 모압 사람의 딸들과 음행을 하기 시작하였다. 모압 사람의 딸들이 자기 신들에게 바치는 제사에 이스라엘 백성을 초대하였고, 이스라엘 백성은 거기에 가서 먹고, 그 신들에게 머리를 숙였다. 그래서 이스라엘은 바알브올과 결합하였다. 주께서는 이스라엘에게 크게 진노하셨다. 주께서 모세에게 말씀하셨다. "너는 백성의 우두머리들을 모두 잡아다가, 해가 환히 비치는 대낮에(=여러 사람 앞에), 주 앞에서 그것들의 목을 매달아라"(민수기 25 : 1-4).

여기서 "모압"(Moab)은 자기사랑에서 비롯된 거짓에 속한 삶 안에 있는 자들을 뜻하고, 그리고 결과적으로는 교회에 속한 선들을 변질, 섞음질하는 자들이 뜻합니다(A.C. 2468 · 8315항 참조).
[34] 이상에서 볼 때 명확한 것은 이 세상의 해는 자기사랑을 뜻한다는 것입니다. 자기사랑은 사람을 그의 고유속성으로 인도하기 때문에, 그리고 거기에서 자신을 우러르고 신봉하게 합니다. 왜냐하면 그것은 계속해서 자신을 주시, 신봉하기 때문입니다. 그리고 사람의 고유속성은 악 이외에 아무것도 아니

고, 그리고 그 악에서부터 모든 거짓이 비롯되기 때문에, 그러므로 여기서 "해의 볕"은 섞음질된 진리를 뜻하는데, 그런 진리는 본질적으로 악에 속한 거짓입니다. 이러한 일련의 내용이 묵시록서의 아래에 이어지는 장절에서 "해의 볕"(the heat of the sun)이 뜻합니다. 묵시록서의 말씀입니다.

> 넷째 천사가 그 대접을 해에다가 쏟았습니다. 해는 불로 사람을 태우라는 허락을 받았습니다(묵시록 16 : 8).

같은 책의 말씀입니다.

> 그들은 다시는 주리지 않고,
> 목마르지도 않고,
> 태양이나 그 밖의 어떤 열도
> 그들을 괴롭히지 못할 것입니다.
> (묵시록 7 : 16)

시편서의 말씀입니다.

> 낮의 해도 너를 해치지 못하며,
> 밤의 달도 너를 해치지 못할 것이다.
> 주께서 너를
> 모든 재난에서 지켜 주시며,
> 네 생명을 지켜 주실 것이다.
> (시편 121 : 6, 7)

여기서 "해"는 자기사랑을 뜻하고, 그리고 "달"은 그것에서 비롯된 거짓을 뜻합니다. 그 이유는 그 사랑에서는 모든 악이 비롯되기 때문이고, 그리고 악에서는 모든 거짓이 비롯되기 때문입니다. 그러므로 "주께서 모든 재난(=모든 악)에서 지켜 주시고, 주께서 네 생명(=영혼)을 지켜 주실 것이다"고 언급되었는데, 여기서 "영혼"은 진리에 속한 생명을 뜻합니다.
[35] 마태복음서의 말씀입니다.

> 더러는 흙이 많지 않은 돌짝밭에 떨어지니, 흙이 깊지 않아서 싹은 곧 났지만, 해가 뜨자 타 버리고, 뿌리가 없어서 말라 버렸다 (마태 13 : 5, 6 ; 마가 4 : 5, 6).

여기서 "씨들"(=종자들)은 성언에서 비롯된 진리들을 뜻합니다. 다시 말하면 사람이 주님에게서 영접, 수용한 진리들을 뜻합니다. 왜냐하면 그 뒤에 가서 "씨를 뿌린 자는 인자"(人子 · 사람의 아들 · the Son of man)이라고 언급되었기 때문입니다. "돌짝밭"(rocky places)은 역사적인 믿음(a historical faith)을 뜻하는데, 그것은 자기 자신 안에 있는 다른 자의 믿음을 가리킵니다. 그런 믿음은 참된 것을 믿는 것이지만, 누구나 자신 안에서 그것을 보지 못하기 때문에, 하지만 다른 자는 그가 속으로 신뢰하는 것을 보기 때문에 그것을 말하고 있기 때문입니다. 여기서 "땅"(=밭)은 영적인 선을 뜻하는데, 그 이유는 이것이, 옥토(沃土)가 씨를 영접, 수용하는 것과 같이, 진리들을 영접, 수용하기 때문입니다. 그리고 "해가 뜬다"는 것은 자기사랑을 뜻하고, 그리고 "타게 한다" 또는 "시들어 말라 버린다"는 것은 섞음질되고 멸망하는 것을 뜻합니다. 이러한 내용은 시리즈로 주님께서 말씀하신 것들이 무엇을 뜻하는지 명확하게 합니다. 다시 말하면 사람이 자기 자신으로 말미암아 시작할 때 어린 아이 때부터 성경말씀에서 활착, 심어진 진리들이나, 설교말씀에서 활착, 심어진 진리들은 자기사랑에서 비롯된 정욕들이나, 탐욕들에 의하여 섞음질되고, 멸망합니다. 성경말씀에 있는 것들은 모두가 진정으로 진리들이지만, 그러나 그것들은 그것들에 관한 생각의 개념들에 의하여 섞음질되고, 그리고 그런 식으로 그것들이 적용될 때 결과적으로 그런 부류의 인물들에게서 진리들은 그것들에 관한 단순한 발언(發言)이나 발설에 관한 것을 제외하면 진정한 진리들이 아닙니다. 이러한 내용이나 사실은 그것이 진리에 속한 모든 생명(=삶)은 영적인 선에서 비롯되기 때문이고, 그리고 영적인 생명은 그것의 자리를 이른바 영적인 마음이라고 부르는 보다 높은 마음(the higher mind)이나 내면적인 마음에서 취하기 때문입니다. 이 마음은 자기사랑 안에 있는 자들에게는 계발될 수 없습니다. 왜냐하면 그들은 모든 것에서 늘 자기 자신만을 주목하고 우러르기 때문입니다. 만약에 그들이 자신의 눈을 천계를 향해 올려든다면, 그러나 여전히 그들의 영(靈)에 속한 생각은 자아에 속한 가치나 집념(執念)에 사로잡혀 있습니다. 결과적으로 자기 자신의 광영(光榮)이나 영달에 속한 열망(=불꽃 · fire)으로 말미암아 그것은 어린 아이 때부터 배워 익힌 외적인 것들이나 관능적이고, 감관적인 것들을 영적인 사람에게 속한 그런 정동들의 모조품에 대하여 자극(刺戟)되고 선동(煽動)합니다.

401[H]. [36] 요나서에는 "주께서 박 넝쿨이 요나 위에 올라가게 하고, 시들게 하였고, 그리고 햇볕이 그의 머리에 뜨겁게 내려쬐니, 그래서 그는 죽을 지경이다"고 기술되었습니다. 이 장절의 내용은 속뜻에 의한 설명이 없이는 이해할 수 없기 때문에 몇 말씀에 의하여 설명하고자 합니다. 요나서에는 이와

같이 언급, 기술되었습니다. 요나서의 말씀입니다.

> 주 하나님이 박 넝쿨을 마련하셨다. 주께서는 그것이 자라 올라 요나의 머리 위에 그늘이 지게 하여, 그를 편하게 해주셨다. 박 넝쿨 때문에 요나는 기분이 무척 좋았다. 그러나 다음날 동이 틀 무렵, 하나님이 벌레 한 마리 마련하셨는데, 그것이 박 넝쿨을 쏠아 버리니 그 식물이 시들고 말았다. 해가 뜨자 하나님이 찌는 듯이 뜨거운 돌풍을 마련하셨다. 햇볕이 요나의 머리 위로 내리 쬐니, 그는 기력을 잃고 죽기를 자청하면서 말하였다. "이렇게 사느니 차라리 죽는 것이 더 낫겠습니다." 하나님이 요나에게 말씀하셨다. "박 넝쿨이 죽었다고 네가 이렇게 화를 내는 것이 옳으냐?" 요나가 대답하였다. "옳다 뿐이겠습니까? 저는 화가 나서 죽겠습니다." 주께서 말씀하셨다. "네가 수고도 하지 않았고, 네가 키운 것도 아니며, 그저 하룻밤 사이에 자랐다가 하룻밤 사이에 죽어 버린 이 식물을 네가 그처럼 아까워하는데, 하물며 좌우를 가릴 줄 모르는 사람들이 십이만 명도 더 되고, 짐승들도 수없이 많은 이 큰 성 니느웨를 어찌 아끼지 않겠느냐?"(요나 4 : 6-11).

이 말씀은 유대 민족의 기질(氣質)에 관한 기술입니다. 그것은 그들이 자기사랑이나 그것에서 비롯된 거짓들 안에 있다는 것입니다. 요나는 그 민족의 사람이었고, 그러므로 니느웨에 파견되었습니다. 왜냐하면 유대 민족은 성언을 가지고 있었고, 그러므로 이른바 이방 사람들이라고 부르는 그 교회 밖에 있는 자들을 가르칠 수 있었습니다. 이런 것들이 "니느웨"가 뜻하는 것입니다. 유대 민족은 다른 자들에 비하여 월등하게 자기사랑이나, 그 사랑에서 비롯된 거짓들 안에 빠져 있었기 때문에 그들은 자신들 이외에는 어느 누구도 잘 되기를 원하지 않았고, 따라서 이방 사람들이 잘 되기를 원하지 않았고, 오히려 그들은 이들을 미워하였습니다. 그 민족이 이런 성질이었기 때문에 요나는 그것을 표징하였습니다. 그는 여호와께서 니느웨 사람들을 아끼는 것에 대하여 매우 분해하였습니다. 왜냐하면 이렇게 언급되었기 때문입니다. 요나서의 말씀입니다.

> 요나는 이 일이 매우 못마땅하여, 화가 났다. …… 주님, 이제는 제발 내 목숨을 나에게서 거두어 주십시오! 이렇게 사느니 차라리 죽는 것이 낫겠습니다(요나서 4 : 1, 3).

이것이 그 민족의 악한 성질이라는 것은 벌레가 그것을 공격, 그래서 그것이 말라 죽어버렸다는 박 넝쿨이 뜻합니다. "요나의 머리에 내려쬔 해"는 그 민족에게 있는 자기사랑을 뜻하고, "말라 죽게 한 동풍"은 그것에서 비롯된 거짓을 뜻하고, 그리고 "박 넝쿨을 쏠아 버린 벌레"는 이 악과 그것에서 비롯된 거짓의 파괴를 뜻합니다. 이러한 내용이 "박 넝쿨"의 뜻이라는 것은 이런 것의 설명에서 언급된, 다시 말하면 처음에는 요나가 "박 넝쿨이 그의 머리에 그늘이 지게 하여 무척 기분이 좋았다"는 말에서, 그리고 그 뒤에는 벌레에 의하여 쏠아 버려, 그것이 말라 죽었을 때 "노아는 그것 때문에 몹시 화가 나서, 심지어 죽을 지경이었다"는 것과 "그는 박 넝쿨에 동정심을 가지게 되었다"고 언급된 것의 설명에서 잘 알 수 있습니다. 그 민족이 이런 부류의 어떤 사랑 안에, 그리고 그것에서 비롯된 이런 부류의 어떤 거짓 안에서 영벌이나 저주 따위에 책임을 져야 하기 때문에 유대 민족은 요나에게 하신 주의 말씀, 즉 "네가 수고도 아니 하였고, 기르지도 아니하였으면서도 하룻밤에 나와서 하룻밤에 없어졌다"는 말씀이 뜻합니다. 유대 민족이 이런 부류의 민족이라는 것은 ≪새 예루살렘의 교리≫ 248항을 참조하십시오.

[37] 자기사랑(the love of self)이 여기서나 앞절에서 의미되고 있는데, 그것은 "해"가 본연의 영적인 뜻에서는 주님사랑을 뜻하기 때문이고, 그리고 자기사랑은 주님사랑에 정반대되기 때문입니다. 더욱이 모두에게 현존하는 주님의 신령사랑은 악한 사람에게서는 자기사랑으로 변하기 때문입니다. 왜냐하면 유입하는 모든 것은 수용하는 것의 고유속성의 본성에 일치하는 것으로 그것의 수용적인 주체(the recipient subject)에서 변하기 때문입니다. 예를 들면 태양의 순수한 볕은 어떤 성질의 수용 주체에서는 악취(惡臭)로 변하고, 태양의 순수한 빛은 어떤 성질의 수용 개체들에서는 끔찍스러운 색깔들로 바뀌는 것과 같습니다. 이것이 바로 "요나의 머리 위에 심하게 쬔 해"가 그 사람 안에 있는 자기사랑을 뜻하는 이유입니다. 마찬가지로 마태복음서에 언급된 것과 같이 돌짝밭에 떨어진 씨들이 말라버리게 한 "솟아 오른 해"가 뜻하는 것입니다.

[38] 묵시록서의 말씀입니다.

> 그 도시(=새 예루살렘)에는, 해나 달이 빛을 필요가 없습니다. 그것은 하나님의 영광이 그 도성을 밝혀 주며, 어린 양이 그 도성의 등불이기 때문입니다(묵시록 21 : 23 : 22 : 5).

여기서 필요가 없을 새 예루살렘 도성의 "해"는 자연적인 사랑을 뜻하는데, 본질에서 보면 그것은 자기사랑이나 세상사랑을 가리킵니다. 그리고 "달"은 자연적인 빛을 뜻합니다. 왜냐하면 본질에서 보면 자연적인 빛은 자연적인 사랑에서 비롯되었고, 그리고 그 빛의 성질은 그 사랑의 성질에 일치하기 때문입니다. 이에 반하여 영적인 사랑이나 영적인 빛은 "그 도성을 밝혀 줄 하나님의 영광"과 "그 도성의 등불인 어린 양"이 뜻하기 때문입니다.
[39] 이런 말씀들의 뜻이 이러하다는 것은 이사야서의 아래 말씀에서 명확합니다. 이사야서의 말씀입니다.

> 해는 더 이상 낮을 밝히는 빛이 아니며,
> 달도 더 이상
> 밤을 밝히는 빛이 아닐 것이다.
> 오직 주께서 너의 영원한 빛이 되시고,
> 하나님께서 너의 영광이 되실 것이다.
> 주께서 몸소 너의 영원한 빛이 되시며,
> 네가 곡하는 날도 끝이 날 것이므로,
> 다시는 너의 해가 지지 않으며,
> 다시는 너의 달이 이지러지지 않을 것이다.
> (이사야 60 : 19, 20)

이 구절의 앞 부분의 "해와 달"은 묵시록서의 앞서의 뜻과 동일한 뜻을 가지고 있습니다. 다시 말하면 거기의 "해"는 거의 자연적인 사랑을 뜻하고, "달"은 거기에서 비롯된 자연적인 빛을 뜻합니다. 그러나 그 절의 뒷부분에서 "해와 달"은 천사적인 천계의 해와 달을 뜻하고, 그리고 그것의 해는 주님의 신령사랑을 뜻하고, 그것의 달은 주님의 신령진리를 뜻하는데, 이러한 내용은 이미 위에서 설명, 언급되었습니다. 왜냐하면 처음에는 "해는 더 이상 낮을 밝히는 빛이 아니며, 달도 더 이상 밤을 밝히는 빛이 아닐 것이다"고 언급되었고, 그 뒤에 가서는

"다시는 너의 해가 지지 않으며, 다시는 너의 달이 이지러지지 않을 것이다" 라고 언급되었기 때문입니다. 이상에서 볼 때 양쪽의 뜻에서 "해와 달"이 뜻하는 것이 무엇인지 아주 명확하게 되었습니다.

402. 13절. **하늘의 별들은 무화과나무가 거센 바람에 흔들려서 설익은 열매가 떨어지듯이 떨어졌습니다.**
이 말씀은 선의 지식들이나 진리의 지식들이 멸망하였다는 것을 뜻합니다. 이러한 내용은 선과 진리의 지식들을 가리키는 "별들"의 뜻에서(본서 72항 참조), 그리고 또한 멸망하는 것을 가리키는 "땅에 떨어진다"는 말의 뜻에서 잘 알 수 있습니다. 왜냐하면 별들이 땅에 떨어질 때, 그것들은 멸망하기 때문입니다. 아래의 장절도 동일한 뜻을 뜻합니다. 복음서의 말씀입니다.

별들은 하늘에서 떨어지고……(마태 24 : 29 ; 마가 13 : 25).

어느 누구가 여기서 "별들"이 하늘의 별들을 뜻하지 않는다는 것을 모르겠습니까? 왜냐하면 별들은 하늘에서 떨어질 수 없기 때문이고, 그리고 그것들은 그것들의 자리에 고정되어 있고, 자리잡고 있기 때문입니다. 그리고 별들이 땅에 떨어질 수 없는데, 그 이유는 그것들이 땅(=지구)에 비하여 매우 크기 때문입니다. 결과적으로 그것들은 천계적인 빛에 속한 것들을 뜻하고, 그리고 그것들이 주는 빛은 선에 속한 지식들이나 진리에 속한 지식들을 가리킵니다. 더욱이 별들은 천사적인 천계에 나타나지만, 그러나 그것들은 선과 진리의 지식들에게서 비롯된 외현(外現 · 겉모양 · appearances)들입니다. 그러므로 그것들은 이런 지식들 안에 있는 자들 주위에 나타나고, 특히 그것들이 그들의 마음에서 바뀔 때, 그리고 그것들을 알기를 열망할 때 그들 주위에 나타납니다.

403[A]. 무화과나무가 거센 바람에 흔들려서 설익은 열매가 떨어지듯이 떨어졌습니다.

이 말씀은 자연적인 사람이 가지고 있는 지식들이 그 사람의 추론에 의하여 황폐하게 되었다는 것을 뜻합니다. 이러한 뜻의 내용은, 그것에 관해서 곧 설명하겠지만, 자연적인 사람을 가리키는 "무화과나무"(fig-tree)의 뜻에서, 그리고 자연적인 사람 안에 있는 것들을 가리키는, 특히 어린 아이 때부터 자연적인 사람 안에 이식, 활착된 지식들을 가리키는, 그리고 아직은 완숙하지 않은 그저 단순히 듣고, 그것에서 받아들인 것을 가리키는 "설익은 무화과나무 열매들"의 뜻에서, 그리고 추론들에 의하여 자연적인 사람을 황폐하게 만든 것을 가리키는 "거센 바람에 의하여 흔들린다"는 말의 뜻에서 잘 알 수 있습니다. 여기서 "거센 바람에 흔들린다"는 것은 악에 속한 거짓들에게서 비롯된 추론들을 뜻합니다. 왜냐하면 성경말씀에서 "거세다"(=크다 · great)는 낱말은 선이나 악에 관해서 서술하기 때문이고, "바람"(wind)은 진리나 거짓에 관해서 서술하고, "바람에 의하여 흔들린다"는 것은 그것에서 비롯된 추론에 관해서 서술하고 있기 때문입니다. 이런 부류의 뜻은, 비록 그것들이 비교하기 위하여 사용되었지만, 이런 낱말들의 뜻을 가리킵니다. 그 이유는 성경말씀에서 모든 것은 그 밖의 것과 같이 비유들이고, 비교들이기 때문입니다. 왜냐하면 그것들은 꼭같이 대응들이기 때문입니다. 이런 것들에 관해서 보면 그 경우는 이렇습니다. 모든 사람은 그의 부모로부터 자연적으로 태어나지만, 그러나 모두는 주님으로 말미암아 영적인 존재가

되는데, 이것은 이른바 새롭게 태어난다, 또는 중생(重生)된다고 일컬어집니다. 사람은 자연적인 존재로 태어나기 때문에, 그러므로 그가 영적인 존재가 되기 전 유아기부터 흡수, 주입된 지식들은 그의 자연적인 기억 안에 활착, 뿌리를 내리고 있습니다. 그러나 그가 나이가 들게 되고, 그리고 그가 성경말씀이나 설교말씀에서 흡수, 터득된 선과 진리의 지식들을 합리적으로 깊이 생각하기 시작하게 되면, 만약에 그 때 그가 악에 속한 삶을 좌지우지하게 되면, 그 사람은 이런 지식들에 정반대되는 거짓들로 물들게 되고, 그리고 열심히 응용합니다. 그리고 그 때 그가 추론하는 능력을 받았기 때문에 그는 유아기나 소년기에 주입된 지식들에 반대되는 거짓들로 말미암아 추론합니다. 그 결과 그런 지식들은 추방(追放)되고, 그리고 거짓들이 그것들의 자리를 차지하게 됩니다. 그러므로 이러한 내용은 우리의 본문 "하늘의 별들은 무화과나무가 거센 바람에 흔들려서 설익은 열매가 떨어지듯이 떨어졌습니다" 라는 말씀이 뜻하는 것입니다.

[2] "무화과나무"가 자연적인 사람을 뜻한다는 것은 대응(對應·correspondence)에서 알 수 있습니다. 왜냐하면 천계에는 정원(gardens)이나 낙원(paradises)이 눈에 보이고, 그리고 거기에는 온갖 종류의 나무들이 있고, 그리고 그 각각의 나무는 주님에 의하여 천사들과 내통, 교류하는 신령존재의 그 어떤 것을 뜻하기 때문입니다. 일반적으로 "올리브 나무"(the olive tree)는 사랑에 속한 선을 가리키는 천적인 것을 뜻하고, "포도나무"(the vine)는 그 선에서 비롯된 진리에 속한 영적인 것을 뜻하고, 그리고 "무화과나무"(the fig-tree)는 영적인 것이나 천적인 것에서 유래, 터득한 자연적인 것을 뜻합니다. 그리고 이

런 나무들이 이런 뜻을 가지고 있기 때문에, 그것들은 이런 것들이 그들 안에 내재해 있는 천사나 사람을 뜻합니다. 그러나 일반적인 뜻으로 그들은 하나의 온전한 사회를 뜻하는데, 그 이유는 천계에 있는 모든 사회는 한 사람의 형상을 드러내기 위하여 그와 같이 형성되었습니다. 그러나 영적인 뜻으로 이런 나무들은 교회를 뜻하는데, "올리브 나무"는 천적인 교회를, "포도나무"는 영적인 교회를, 그리고 "무화과나무"는 자연적인 교회를 뜻하는데, 그리고 외적인 교회는 내적인 교회에 대응합니다. 이렇게 볼 때 "무화과나무"가 자연적인 사람을 뜻한다고 언급한 이유를, 다시 말하면 사람에게 있는 자연적인 것을 뜻한다고 언급한 이유를 밝혀 알 수 있겠습니다.

403[B]. [3] "무화과나무"가 이러한 뜻을, 그리고 일반적으로는 외적인 교회(the external church)를 뜻한다는 것은 성경말씀에 그것들이 언급된 장절들이나 아래의 장절에서 잘 알 수 있겠습니다. 이사야서의 말씀입니다.

> 해와 달과 별들이 떨어져서 가루가 되고,
> 하늘은 마치 두루마리처럼 말릴 것이다.
> 포도나무의 잎이 말라 떨어지듯이,
> 무화과나무의 잎이 말라 떨어지듯이,
> 하늘에 있는 별들이 떨어질 것이다.
> (이사야 34 : 4)

이 말씀은 다가올 것이고, 행하여질 최후심판의 날에 관해서 언급하고 있습니다. 왜냐하면 구약의 예언자들에 의하여 예언된 최후심판은 주님께서 이 세상에 강림하셨을 때 주님에 의하여 완성, 행해졌기 때문입니다. 그리고 그 때 행해진 것들은 묵시록에 예언된 최후심판에서 행해진 것과 동일한 것이기 때문에, 그리고 오늘날 주님에 의하여 완성한 것들과 동일한 것이기 때문에, 따라서 그런 것과 거의 동일한 것들이 언급되었습니다. 이사야 예언서에는 "하늘에 있는 많은 것들이 마치 포도나무의 잎이 말라 떨어지듯이, 그리고 무화과나무의 잎이 말라 떨어지듯이 떨어질 것이다"고 언급되었고, 그리고 마찬가지로 "하늘은 마치 두루마리처럼 말릴 것이다"고 언급되었습니다. 그리고 묵시록서에는 "하늘의 별들은 거센 바람에 설익은 무화과 열매가 땅에 떨어지듯이 땅에 떨어졌다"고 언급되었고, 그리고 또한 "하늘은 마치 두루마리처럼 말릴 것이다"고 언급되었습니다. "하늘의 모든 것들이 떨어져서 가루가 되었다"는 말씀은 사랑이나 믿음에 속한 모든 선들이나 진리들이 타락되고, 더렵혀졌다는 것을 뜻하고, 그리고 여기서 "하늘의 모든 것들"은 사랑과 믿음에 속한 모든 선들이나 진리들을 뜻하기 때문입니다. 왜냐하면 이런 내용을 뜻하는 해·달·별들이 "하늘의 무리"(=군상·群像·the host of heavens)라고 불리웠기 때문입니다. "하늘은 마치 두루마리처럼 말릴 것이다"는 말씀은 그것들의 분산이나 소멸을 뜻하고, "하늘의 별들(=日月星辰)이 포도나무의 잎이 말라 떨어지듯이 무화과나무의 잎이 말라 떨어지듯이 떨어질 것이다"는 말씀은 악에 속한 거짓들로 인하여 황폐하게 된 것을 뜻합니다.

[4] 예레미야서의 말씀입니다.

 그들이 거둘 것을
 내가 말끔히 거두어 치우리니,
 포도덩굴에는 포도송이가 없고,
 무화과나무에는 무화과도 없고,

6장 9-17절

잎까지 모두 시들어 버릴 것이다.
(예레미야 8 : 13)

"포도덩굴에 포도송이가 없다"는 말씀은 거기에 영적인 선이 전혀 없다는 것을 뜻하는데, 그것은 "포도덩굴"(=포도나무)이 영적인 사람을 뜻하고, 그것의 열매를 가리키는 "포도송이"는 이른바 영적인 선이라고 하는 그 사람의 선을 뜻하기 때문입니다. "무화과나무에 무화과가 없다"는 말씀은 거기에 자연적인 선도 전혀 없다는 것을 뜻하는데, 그것은 "무화과나무"가 자연적인 사람을 뜻하기 때문이고, 그리고 "무화과나무의 열매"(=무화과)는 자연적인 선이라고 부르는 그 사람의 선을 뜻하기 때문입니다. 분명한 것은 "포도나무"(=포도덩굴)가 포도나무를 뜻하지 않고, 무화과나무가 무화과나무를 뜻하지 않는다는 것입니다. 왜냐하면 "내가 그것들을 말끔히 거두어 치우리니(=소멸할 것이니), 포도덩굴에는 포도송이가 없고, 무화과나무에는 무화과도 없다"고 언급되었기 때문입니다. 왜냐하면 그것들은 그 이유 때문에 소멸될 것은 아니기 때문입니다. 더욱이 여기서 다루어진 것은 교회의 황폐나 폐허이기 때문입니다. 그와 같은 사실은 그 앞절의 말씀이나 뒤에 이어지는 장절에서 명확합니다.
[5] 호세아서의 말씀입니다.

그가 즐거워하는 모든 것과,
그의 온갖 잔치와,
초하루와 안식일과 모든 절기의 모임들을,
내가 끝장내겠다.
정부들이 저에게 준 몸값이라고 자랑하던

> 포도나무와 무화과나무들을
> 내가 모조리 망쳐 놓을 것이다.
> 내가 그것들을 수풀로 만들어서,
> 들짐승들이 그 열매를 따먹도록 할 것이다.
> (호세아 2 : 11, 12)

이 장절은 교회들을 다루고 있고, 그리고 그것 안에 있는 진리의 위화에 관해서 다루고 있습니다. 그 교회가 다루어졌다는 것은 우리의 본문장 2절에서 명확한데, 거기에는 "너의 어머니를 고발하여라. 그는 이제 나의 아내가 아니며, 나는 그녀의 남편이 아니다"라고 언급되었기 때문입니다. 여기서 "어머니"(mother)나 "아내"(wife)는 교회를 뜻하기 때문입니다. 더욱이 그것들로 말미암아 예배가 형성되는, 그리고 그 예배 자체를 가리키는 교회의 거룩한 것들은 장차 소멸하게 될, "온갖 잔치와 초하루와 안식일과 모든 절기의 모임들"이 뜻합니다. 그러므로 "내가 포도나무와 무화과나무들을 모조리 망쳐 놓을 것이다"는 말씀은 영적인 선이나 자연적인 선 양자가 소멸할 것이라는 것을 뜻합니다. "내가 그것들을 수풀로 만들어서 들짐승들이 그 열매를 따먹을 것이다"는 말씀은 그것들이 절저하게 자연적인 것이 될 것이고, 그리고 영적인 것은 거짓들이나 탐욕들(=정욕들)에 의하여 소멸할 것이라는 것을 뜻합니다. 여기서 "수풀"(=잡목·forest)은 절저한 자연적인 것을 뜻하고, "들짐승들"은 거짓들이나 탐욕들(=정욕들)을 가리킵니다. 교회 안에 있는 거짓들은, 특히 위화된 진리들을 가리키기 때문에, 그리고 이런 것들이 우리의 이 본문장에 다루어지고 있기 때문에 "그녀가 정부들(=연애했던 자들)이 저에게 준 몸값이라고 자랑하였다"는 말이 언급되었는데, 여기서 "몸값"(=갈보의 임금

· 화대 · 花代 · meretricious hire)은 위조(僞造)나 왜곡(歪曲) 따위를 뜻합니다.
[6] 요엘서의 말씀입니다.

>셀 수 없이 많고 강한 메뚜기 군대가
>우리의 땅을 공격하였다.
>그들의 이빨은 사자의 이빨과 같고,
>날카롭기가 암사자의 송곳니와 같다.
>그들이 우리의 포도나무를 망쳐 놓았고,
>우리의 무화과나무도
>그루터기만 남겨 놓았다.
>나무 껍질을 다 벗겨서
>그 줄기가 모두 하얗게 말랐다. ……
>포도나무가 마르고,
>무화과나무도 시들었다.
>석류나무, 종려나무, 사과나무 할 것 없이,
>밭에 있는 나무가 모두 말라 죽었다.
>(요엘 1 : 6, 7, 12)

우리의 본문 전장은 황폐된 교회를 다루고 있습니다. 다시 말하면 "셀 수 없이 많고, 강한 메뚜기 군대가 우리의 땅을 공격하였다. 그들의 이빨은 사자의 이빨과 같고, 날카롭기가 암사자의 송곳니와 같다"는 말씀은, 그 어떤 민족을 뜻하지 않고, 오히려 매우 극악한 악이나 그것에서 비롯된 거짓을 뜻합니다. "그들이 공격한 땅"은 교회를 뜻하고, "사자의 이빨"은 그런 악에 속한 거짓들을 뜻합니다. 그리고 이런 것들이 그 교회에 속한 모든 선들이나 진리들을 파괴, 파멸하기 때문에, "그것들은 사자의 이빨과 같고, 날카로운 암사자의 송곳니와 같다"고

하였습니다. 여기서 "사자"는 파괴, 파멸시키는 거짓을 뜻합니다. 그러므로 "그것이 나의 포도나무를 망쳐 놓았고, 그리고 나의 무화과나무도 거품(=그루터기)만 남겨 놓았다"는 말씀은 그것에 의하여 황폐하게 된 내적인 교회나 외적인 교회를 뜻합니다. 그리고 "포도나무"는 내적인 교회를, "무화과나무"는 외적인 교회를, "거품"(=그루터기)은 내적으로 진리가 전혀 없는 곳을 뜻하고, "껍질을 벗기고, 그것을 깨끗이 벗겨져서 가지들이 하얗게 되었다"는 말씀은 거기에는 더 이상 파괴되지 않은 어떤 선이나 진리도 전혀 없다는 것을 뜻합니다. "벗겨버린" 열매들이나 잎은 선들이나 진리들을 뜻하고, "버렸다"는 말은 전적으로 파괴하였다는 것을 뜻합니다. "나무의 가지들이 모두 하얗게 되었다"는 말은 거기에 더 이상 영적인 선이 전혀 없다는 것을 뜻하고, "밭에 있는 말라 죽은 석류나무 · 종려나무 · 사과나무와 그 밖의 나무들"은 교회에 속한 온갖 종류의 선들이나 진리들을 뜻하고, 그리고 온갖 악들이나 거짓들에 의하여 완전히 못쓰게 된 그것의 지식들을 뜻하고, "밭에 있는 나무들"은 일반적으로 선이나 진리의 지식들을 뜻합니다.
[7] 같은 책의 말씀입니다.

> 들짐승들아, 두려워하지 말아라.
> 이제 광야에 풀이 무성할 것이다.
> 나무마다 열매를 맺고,
> 무화과나무와 포도나무도
> 저마다 열매를 맺을 것이다.
> (요엘 2 : 22)

이 구절은 교회의 설립을 다루고 있습니다. 그러므로 "들짐승들"(=밭의 짐승들)은 그런 것들을 뜻하지 않고, 오히려 자연적인 사람 안에 있는 선에 속한 정동들을 뜻하고, 결과적으로는 그런 부류의 정동들이 있는 자들을 뜻합니다. "밭에 있는 짐승들아, 두려워하지 말아라"라고 말한 그들이 짐승들이 아니라는 것을 누가 모르겠습니까! "사막의 주거지들(=광야의 초장들)에 풀이 무성할 것이다"는 말씀은 전에는 전혀 없었던 곳에 진리의 지식들로 채워질 것이라는 것을 뜻하고, "광야의 초장들"은 전에는 전혀 그런 것들이 존재하지 않았던 그들의 마음의 내면적인 것들을 가리키고, "풀이 무성할 것이다"는 것은 이런 것들의 증가와 증대를 뜻합니다. "나무마다 열매를 맺고, 무화과나무와 포도나무도 열매를 맺을 것이다"는 말씀은 그것들이 자연적인 선이나 영적인 선을 소유한다는 것을 뜻하고, "그것들이 힘을 낸다"는 말씀은 일반적으로 선이나 진리의 지식들을 뜻합니다.

[8] 아모스서의 말씀입니다.

> 너희의 정원과 포도원을 황폐하게 하였다.
> 너희의 무화과나무와 올리브 나무는,
> 메뚜기가 삼켜 버렸다.
> 그런데도 너희는
> 나에게로 돌아오지 않았다.
> (아모스 4 : 9)

여기서 "정원"은 총명이나 지혜를 구성하는 교회에 속한 모든 것들을 뜻하고, "포도원"은 영적인 선들이나 진리들을 뜻하고, "무화과나무"는 자연적인 선들이나 진리들을 뜻하고, "올리브 나무"는 천적인 선들이나 진리들을 뜻합니다. "메뚜기"(=과수

해충 · 모충 · palmer-worm)는 파괴시키는 거짓을 뜻하고, "무화과나무" · "포도나무" · "올리브 나무"는 정확하게는 교회나, 교회의 사람을 뜻하지만, 그러나 교회가 선들이나 진리들로 말미암아 교회이고, 그리고 그 사람이 사람이기 때문에, 이런 나무들이 뜻하는 것들을 뜻하는데, 그것들의 열매들은 선들을 뜻하고, 그것들의 가지들이나 잎들은 진리들을 뜻합니다.
[9] 학개서의 말씀입니다.

> 너희는 부디 오늘, 아홉째 달 이십사 일부터 주의 성전 기초를 놓던 날까지 지나온 날들을, 마음 속으로 곰곰이 돌이켜 보아라. 곳간에 씨앗이 아직도 남아 있느냐? 이제까지는, 포도나무나 무화과나무나 석류나무나 올리브 나무에 열매가 맺지 않았으나, 오늘부터는 내가 너희에게 복을 내리겠다(학개 2 : 18, 19).

영적인 뜻으로 여기의 낱말들이 아직까지 거기에 남아 있는 선들이나 진리들을 뜻합니다. 처음부터 마지막까지의 모든 선들이나 진리들은 "포도나무 · 무화과나무 · 석류나무 · 올리브 나무"가 뜻합니다. 그리고 "포도나무"는 영적인 선이나 진리를 뜻하고, "무화과나무"는 자연적인 선과 진리를, "석류나무"는 일반적으로는 선과 진리의 앎이나 지각에 속한 것을, 그리고 개별적으로는 선과 진리의 지시들이나 지각들을 뜻하고, "올리브 나무"는 천적인 선이나 진리의 지각을 뜻하고, "곳간"(barn)은 이런 것들이 있는 장소를 뜻하고, 또한 그 사람 안에 교회가 있는 그 교회나 그 사람을 뜻하고, 그리고 주제를 가리키는 사람의 마음을 뜻합니다.
[10] 하박국서의 말씀입니다.

6장 9-17절

> 무화과나무에 과일이 없고,
> 포도나무에 열매가 없을지라도,
> 올리브 나무에서 딸 것이 없고
> 밭에서 거두어들일 것이 없을 지라도,
> 우리에 양이 없고
> 외양간에 소가 없을 지라도,
> 나는 주 안에서 즐거워하련다.
> 나를 구원하신
> 하나님 안에서 기뻐하련다.
> (하박국 3 : 17, 18)

"무화과나무에 과일(=꽃들)이 없다"는 것은 거기에 자연적인 선이 없을 것이라는 것을 뜻하고, "포도나무에 열매가 없을 것이다"는 것은 거기에 영적인 선이 없을 것이라는 것을 뜻하고, "올리브 나무에 딸 것이 없다"(=올리브 나무의 수고가 헛것이 된다)는 것은 거기에 천적인 선이 없을 것이라는 것을 뜻하고, "밭에서 거두어들일 것이 없다"(=밭들이 양식을 내지 못한다)는 것은 영적인 영양분이 전혀 없다는 것을 뜻합니다.

[11] 신명기서의 말씀입니다.

> 주 너희의 하나님이 너희를 데리고 가시는 땅은 좋은 땅이다. 골짜기와 산에서는 지하수가 흐르고, 샘물이 나고, 시냇물이 흐르는 땅이며, 밀과 보리가 자라고, 포도와 무화과와 석류가 나는 땅이며, 올리브 기름과 꿀이 생산되는 땅이다(신명기 8 : 7, 8)

그들이 인도될 "좋은 땅"(the good land)은 교회를 뜻하는 가나안 땅을 가리킵니다. 그러므로 여기의 "포도"·"무화과"·"석류"·"올리브"는 위에 언급된 것과 동일한 뜻을 가지고 있습니다. 그 밖의 나머지 내용은 앞서의 설명된 것을 참조하십시오(본서 374[C]항 참조).

403[C]. "가나안 땅"이 교회를 뜻하기 때문에, 그리고 "포도"·"무화과"·"석류"가 교회에 속한 내적인 것들이나 외적인 것들을 뜻하기 때문에, 그러므로 그 땅의 탐정꾼들(explorers of that land)은 그 땅에서 이런 것들을 가지고 돌아오는 일이 일어났습니다. 그것에 관해서는 모세의 글에 이렇게 기술되었습니다. 민수기서의 말씀입니다.

> 그들은 에스골 골짜기에 이르러, 거기에서 포도 한 송이가 달린 가지를 꺾어서, 두 사람이 막대기에 꿰어 둘러메었다. 석류와 무화과도 땄다(민수기 13 : 23).

[12] "포도"와 "무화과"가 이런 것들을 뜻하기 때문에, 성경 말씀에는 교회에 속한 선들이나 진리들 안에 있는 자들에 관해서, 그리고 따라서 악들이나 거짓들로부터 안전하게 있는 자들에 관해서 "그들은 자신들의 포도나무 아래에서, 그리고 그들의 무화과나무 아래에서, 어느 누구의 두려움도 없이 안전하게 앉을 것이다"라고 언급되었습니다. 따라서 열왕기 상서의 말씀입니다.

> 솔로몬의 일생 동안에 단에서부터 브엘세바에 이르기까지, 유다와 이스라엘의 모든 사람은 저마다 자기의 포도나무와 무화과나무 아래서 평화를 누리며 살았다(열왕기 상 4 : 25).

스가랴서의 말씀입니다.

6장 9-17절

내가 여호수아 앞에 돌 한 개를 놓는다. 그것은 일곱 눈을 가진 돌이다. 나는 그 돌에 "내가 이 땅의 죄를 하루 만에 없애겠다"는 글을 새긴다. …… 그 날이 오면, 너희는 서로 자기 포도나무와 무화과나무 아래로 이웃을 초대할 것이다(스가랴 3 : 9, 10).

그리고 미가서의 말씀입니다.

> 그 날이 오면,
> 주의 성전이 서 있는 주의 산이
> 산들 가운데서 가장 높이 솟아서,
> 모든 언덕을 아래로 내려다 보며,
> 우뚝 설 것이다.
> 민족들이 구름처럼 그리고 몰려올 것이다. ……
> 주께서 민족들 사이의 분쟁을 판결하시고,
> 원근 각처에 있는
> 열강 사이의 갈등을 해결하실 것이니,
> 나라마다 칼을 쳐서 보습을 만들고
> 창을 쳐서 낫을 만들 것이며,
> 나라와 나라가
> 칼을 들고 서로를 치지 않을 것이며,
> 다시는 군사 훈련도 하지 않을 것이다.
> 사람마다
> 자기 포도나무와 무화과나무 아래 앉아서,
> 평화롭게 살 것이다.
> 사람마다
> 아무런 위협을 받지 않으면서 살 것이다.
> (미가 4 : 1, 3, 4)

여기의 말씀은 주님사랑 안에 있는 천계나 땅 위에 있는 자들에게 있는 주님의 나라에 관해서 언급하고 있습니다. 주님의 나라는 "산들의 정상에 세워질 주의 성전이 서 있는 산"이 뜻합니다. 왜냐하면 "주의 산"(the mountain of Jehovah)은 주님 사랑 안에 있는 자들로 이루어진 주님의 나라를 뜻하기 때문이고, 그리고 이들이 천계에서 다른 자들 보다 높이 살기 때문에, 이 산은 "산들의 정상에 세워질 것이다"라고 언급되었기 때문입니다(《천계와 지옥》 188항 참조). 이들은 그들의 심령에 새겨진 진리들을 가지고 있기 때문에, 그러므로 이들도 그것들에 관해서 다투지 않기 때문에, "이 민족이 저 민족을 대적하여 칼을 들어올리지 아니할 것이며, 그들이 더 이상 군사 훈련을 하지 않을 것이다"라고 언급되었습니다. 이 말씀은 주님의 나라에서 진리들에 관한 논쟁이 전혀 없을 것이라는 것을 뜻합니다(《천계와 지옥》 25 · 26 · 270 · 271항 참조). 그들이 있는 진리들이나 선들을 통하여 그들이 악들이나 거짓들로부터 안전할 것이라는 것은 "사람마다 자기 포도나무와 무화과나무 아래 앉아서 평화롭게 살 것이다. 사람마다 아무런 위협을 받지 않으면서 살 것이다"는 말씀이 뜻합니다.

[13] 예레미야서의 말씀입니다.

　　이스라엘 백성아,
　　내가 먼 곳에서 한 민족을 데려다가,
　　너를 치도록 하겠다. ……
　　내가 거둔 곡식과 나의 양식을
　　그들이 먹어 치우고,
　　너의 아들과 딸들도 그들이 죽이고,
　　너의 양 떼와 소 떼도 그들이 잡아먹고,
　　너의 포도와 무화과도

>   그들이 모두 먹어 치울 것이다.
>   네가 의지하고 있는 견고한 성들도
>   그들이 모두 칼로 무너뜨릴 것이다.
>   (예레미야 5 : 15, 17)

"먼 곳에서 온 민족"은 천적인 선에 반대되는 악한 자를 뜻하고, 여기서 "먼 곳"이라는 말은 선들이나 진리들에게서 떨어져 있고, 멀리 있으며, 따라서 그것들에 정반대라는 것을 뜻합니다. "그 민족이 네가 거둔 곡식과 너의 양식을 먹어 치운다"는 것은, 거기에 있는 영적인 양분인 모든 진리들과 선들을 그 민족이 파괴할 것을 뜻합니다. "그들이 너의 아들과 딸들도 죽일 것이다"는 것은 진리나 선에 속한 모든 영적인 정동들을 뜻하고, "그들이 너의 양 떼와 소 떼도 잡아 먹을 것이다"는 말씀은 내적인 진리들이나 선들을 뜻하고, 그리고 외적인 진리들이나 선들을 뜻합니다. "그들이 포도와 무화과도 먹어 치울 것이다"는 이와 같이 교회에 속한 내적인 것이나 외적인 것을 뜻합니다.

[14] 호세아서의 말씀입니다.

>   내가 이스라엘을 처음 만났을 때에,
>   광야에서 만난 포도송이 같았다.
>   내가 너희 조상을 처음 보았을 때에,
>   제철에 막 익은
>   무화과의 첫 열매를 보는 듯하였다.
>   (호세아 9 : 10)

여기서 "이스라엘"이나 "조상"은 야곱의 자손의 지파들의 조상들을 뜻하지 않고, 오히려 고대교회에 속한 자들을 뜻하는데, 그 이유는 그들이 선 안에 있었기 때문입니다(A.C. 6050 · 6075 · 6846 · 6876 · 6884 · 7649 · 8055항 참조). 이들이 선 안에 있었지만, 그러나 초기에는 진리의 무지의 상태에 있었고, 그러나 그것을 통하여 선이 이르렀기 때문에, "내가 이스라엘을 처음 만났을 때에는 광야에서 만난 포도송이 같았고, 내가 너희 조상을 처음 보았을 때에는 제철에 잘 익은 무화과의 첫 열매를 보는 듯하였다"고 언급되었습니다. 그것은 "포도송이"가 영적인 선을 뜻하기 때문이고, "광야"는 진리의 무지의 상태를 뜻하기 때문이고, "무화과의 첫 열매"는 유아기에 있는 영적인 선에서 비롯된 자연적인 선을 뜻하기 때문입니다.
[15] 누가복음서의 말씀입니다.

"이런 일들이 일어나기 시작하거든, 일어서서 너희의 머리를 들어라. 너희의 구원이 가까워지고 있기 때문이다." 예수께서 그들에게 비유를 하나 말씀하셨다. "무화과나무와 모든 나무를 보아라. 잎이 돋으면 너희는 스스로 보고서, 여름이 벌써 가까이 온 줄을 안다. 이와 같이 너희도 이런 일들이 일어나는 것을 보거든, 하나님의 나라가 가까이 온 줄로 알아라"(누가 21 : 28-31 ; 마태 24 : 32 ; 마가 13 : 28, 29).

이 구절은 최후심판을 가리키는 시대의 종말을 다루고 있습니다. 그리고 앞서 일어나는 증조들(=증표들 · signs)이 일일이 열거되었는데, 그것은 "이런 일들이 일어나기 시작하거든"이라는 말씀이 뜻하는데, 그 때 새로운 교회(a new church)가 시작된다는 것, 그리고 그 교회의 초기에는 "무화과나무와 모든 나무를 보아라. 그것들이 잎을 돋우었다"는 말씀이 뜻하는 외적인 것이 있을 것이라는 것을 뜻합니다. 이 비유 또는 유사함이 언급되었는데, 그 이유는 "무화과나무"가 외적인 교회를 뜻하기 때문이고, 그리고 "모든 나무들"은 진리의 지식들이나 선의 지식들을 뜻하기 때문이고, 그리고 가까이 왔다는 "하나님의 나라"는 주님의 새로운 교회를 뜻하기 때문입니다. 왜냐하면 최후심판의 때에 옛 교회는 멸망할 것이고, 새로운 교회가 시작할 것이기 때문입니다.
[16] 누가복음서의 말씀입니다.

> 나무는 각각 그 열매를 보면 안다. 가시나무에서 무화과를 거두어들이지 못하고, 가시덤불에서 포도를 따지 못한다(누가 6 : 44 ; 마태 7 : 16).

"열매"(fruit)가 삶에 속한 선을 뜻하기 때문에, 그리고 삶에 속한 선(=선한 삶)은 내적인 것에서 비롯된 외적인 선을, 또는 영적인 것에서 비롯된 자연적인 선을 뜻하기 때문이고, 그리고 이 선으로부터 사람은 무엇인가를 알기 때문에, 그러므로 주님께서는 "모든 나무는 각각 그 열매를 보면 안다. 사람들은 가시나무에서 무화과를 거두어들이지 못하고, 가시덤불에서 포도를 따지 못한다"고 말씀하셨습니다. 여기서 "무화과"는 외적인 사람의 선, 즉 자연적인 사람의 선을 뜻하고, "포도"는 속사람의 선, 즉 영적인 사람의 선을 뜻하고, "가시나무"나 "가시덤불"은 이런 선들에 정반대되는 악들을 뜻하기 때문입니다.
[17] 유대의 왕들이나 이스라엘의 왕들은 신령진리에 관해서 주님을 표징하기 때문에, 그리고 사람에게서 신령진리는 고통들이나 애씀들 따위를 겪게 합니다. 말하자면 삶이 신령진리에 일치하지 않을 때, 그리고 그것이 삶에 속한 선을 이루지

못할 때, 그러나 그것이 살아 있을 때 삶에 속한 선이 이루어
질 때, 사람에게 있는 신령진리는 고통이나 애씀을 겪게 합니
다. 그래서 이러한 내용은 아래의 말씀이 뜻하고 있습니다.
열왕기 하서의 말씀입니다.

> 이사야가 왕의 신하들에게 무화과 반죽을 가져 오라고 하였다.
> 신하들이 그것을 가지고 와서 왕의 상처에 붙이니, 왕의 병이 나
> 았다(열왕기 하 20 : 7 ; 이사야 38 : 21).

이상의 것들에게서 볼 때, 진정한 뜻으로 "무화과나무"는 선과
진리에 관한 자연적인 사람을 뜻한다는 것, 그리고 하나의 나
무로서 무화과 자체는 자연적인 사람을, 그리고 열매로서 무화
과는 자연적인 사람의 선을 뜻하고, 그리고 그것의 잎은 그 선
에 속한 진리를 뜻한다는 것 등등을 잘 알 수 있겠습니다.

403[D]. [18] 그러나 반대의 뜻(=나쁜 뜻)으로 "무화과나무"
는 악이나 거짓의 측면에서 자연적인 사람을 뜻하고, 하나의
나무로서 무화과나무는 자연적인 사람 자체를 뜻하고, 그리고
하나의 열매로서 무화과는 그 자연적인 사람의 악을 뜻하고,
그것의 잎은 그 악에 속한 거짓을 뜻한다는 것은 아래의 장절
들에게서 잘 알 수 있겠습니다. 예레미야서의 말씀입니다.

> 주께서 나에게 이런 것을 보여 주셨다. 내가 보니, 주의 성전 앞
> 에 무화과 광주리 두 개가 놓여 있었다. …… 그런데 한 광주리
> 에는 맏물 무화과처럼 아주 좋은 무화과가 담겨 있었고, 다른 한
> 광주리에는 너무 나빠서 먹을 수도 없는 아주 나쁜 무화과가 담
> 겨 있었다. …… "무화과입니다. 좋은 무화과는 아주 좋고, 나쁜
> 무화과는 아주 나빠서, 먹을 수가 없습니다." 그러자 주께서 나

에게 이와 같이 일러주셨다. …… "내가 이 곳에서 바빌로니아(=갈대아) 사람의 땅으로 내쫓은 유다의 포로들을 이 좋은 무화과처럼 잘 돌보아 주겠다. 내가 그들을 지켜 보면서 잘 되게 하고, 다시 이 땅으로 데려오겠다. 내가 그들을 세우고 헐지 않겠으며, 내가 그들을 심고 뽑지 않겠다. …… 예루살렘에 남은 사람들과 이 땅에 남은 사람들과 이집트 땅으로 간 사람들은, 아주 나빠서 먹을 수 없는, 나쁜 무화과처럼 만들어 버리겠다. …… 내가 그들을 세계 만국으로 흩어 놓아, 혐오의 대상이 되게 하겠다. …… 그리고 내가 그들과 그들의 조상에게 준 땅에서 그들이 멸절할 때까지, 나는 계속 그들에게 전쟁과 기근과 염병을 보내겠다"(예레미야 24 : 1-10).

"갈대아 땅(=바빌로니아 땅)에 있는 유대 사람의 포로"는 영적인 포로들처럼, 또는 위에서 언급한 것과 같이(본서 391[A]・392[A]・394・397항 참조) 영계에서 악한 사람에게서 좋은 사람에게 옮기는 것과 같은 동일한 것을 뜻합니다. 다시 말하면 내적으로 악한 자들이지만, 그러나 아직까지 겉으로 보기에 마치 영적인 삶 같이 보이는 도덕적인 삶(a moral life)을 유지할 수 있는 자들을 영계에 있는 땅에 남겨두셨고, 그리고 그들을 위하여 보다 높은 곳에 주거들을 마련하였습니다. 이에 반하여 내적으로 선한 자들은 그들에게서 옮겨서 주님께서 그들을 낮은 땅에 숨겨 두셨습니다. 이러한 내용이 유대 사람들을 갈대아의 땅으로 옮겼고, 낮은 자들도 그 땅으로 계속해서 옮겼다는 말이 표징하는 것입니다. 그러므로 이들에 관해서 그들은 스스로 갈대아의 땅으로 옮기는 것을 감내(堪耐)하였습니다. "내가 이 곳에서 갈대아 사람의 땅으로 내쫓은 유다의 포로들을 이 좋은 무화과처럼 잘 돌보아 주겠다. 내가 그들을 지켜 보면서 잘 되게 하고, 다시 이 땅으로 데려오겠다. 내가 그들을 세우고 헐지 않겠으며, 내가 그들을 심고 뽑지 않겠다"고 언급되었습니다. 이에 반하여 거기에 남아 있는 자들에 관해서는 "내가 그들을 세계 만국으로 흩어 놓아 혐오의 대상이 되게 하겠다. …… 그리고 내가 그들과 그들의 조상에게 준 땅에 그들이 멸절할 때까지, 나는 계속해서 전쟁과 기근과 염병을 보내겠다"고 언급되었습니다. 이러한 내용이 표징하는 것이 무엇인지는 이러한 것들, 즉 솔로몬의 성전이 그들이 돌아오기 전에 파괴될 것이고, 그리고 그들이 돌아왔을 때에는 새로운 성전이 세워진다는 말씀이 표징하는 것을 잘 알 수 있겠습니다. 여기서 "성전"은 신령예배를 뜻하고, "새로운 성전"은 회복된 예배를 뜻합니다.

[19] 이상에서 볼 때 "주의 성전 앞에 무화과 광주리 두 개가 놓여 있었는데, 한 광주리에는 맏물 무화과처럼 아주 좋은 무화과가 담겨 있었고, 다른 한 광주리에는 너무 나빠서 먹을 수도 없는 아주 나쁜 무화과가 담겨 있었다"는 것, 다시 말하면 새로운 그들로 천계가 형성될 내적으로 선한 자들은, "좋은 무화과가 담긴 광주리"가 뜻한다는 것, 그리고 지옥으로 쫓겨날 내적으로 악한 자들은 "나쁜 무화과가 담긴 광주리"가 뜻한다는 것입니다. 그러므로 후자에 관해서는 "너무 나빠서 먹을 수도 없는 아주 나쁜 무화과"라고 언급하였는데, 그것은 내적으로 악한 것을 뜻하고, 이에 반하여 전자는 "맏물 무화과처럼 아주 좋은 무화과"라고 언급되었는데, 그것은 내적으로 선한 것을 뜻하고, 그러므로 새로운 천계는 그들에게서 나온 자들로 형성될 수 있었습니다. 왜냐하면 열매로서 "무화과"는 그것의 내적인 형체나 외적인 형체 양면에서 삶에 속한 선(=선한 삶)을 뜻하기 때문입니다. 그리고 반대의 뜻으로 그것은 외적인

형체로는 삶에 속한 선을 뜻하지만, 그것은 사실은 삶에 속한 악입니다. 모든 외적인 것은 그것의 내적인 것에서 그것의 모든 성품(=성질)을 취하기 때문에, 그것은 내적으로는 악하기 때문입니다. 그것은 바로 그것의 의미이고, 결과입니다. 그런 자들에게서 악은 외적인 것으로서는 선처럼 보이는데, 그 이유는 그들이 안에 자리잡고 있는 악에 속한 목적을 위해 무엇인가의 목적을 얻기 위하여 가장(假裝)하기 때문입니다. 그것에 대하여 선처럼 보이는 것은 수단이나 방법으로 섬겨야 합니다. 동일한 내용이 같은 예언서에 가나안 땅에 남아 있는 자들에 관해서 언급되었습니다. 예레미야서의 말씀입니다.

> 그렇기 때문에 나 주가 지금 다윗의 보좌에 앉아 있는 왕에게, 그리고 지금 이 도성에 살고 있는 모든 백성, 곧 너희와 함께 포로로 잡혀 가지 않은 너희의 형제들에게 말한다. …… 내가 그들에게 전쟁과 기근과 염병을 보내어, 그들을 아무도 먹을 수 없는 썩은 무화과처럼 만들겠다(예레미야 29 : 16, 17).

403[E]. [20] 반대의 뜻으로 나무로서의 "무화과"는 단순한 자연적인 사람을 뜻하고, 그리고 그런 것들로 이루어진 교리를 뜻하고, 또한 그것 안에 선이 전혀 없기 때문에 자연적인 선이 전혀 존재하지 않는 자들을 뜻한다는 것은 누가복음서에서 명백합니다. 누가복음서의 말씀입니다.

> 예수께서는 이런 비유를 말씀하셨다. "어떤 사람이 자기 포도원에다가 무화과나무를 한 그루 심어 놓고, 그 나무에서 열매를 얻을까 해서 왔으나, 찾지 못하였다. 그래서 그는 포도원지기에게 말하였다. '보아라, 내가 세 해나 이 무화과나무에서 열매를 얻을

까 해서 왔으나, 찾지 못하였다. 찍어 버려라. 무엇 때문에, 땅만 버리게 하겠느냐?' 그러자 포도원지기가 그에게 말하였다. '주인님, 올해만 그냥 두십시오. 그 동안에 내가 그 둘레를 파고 거름을 주겠습니다. 그렇게 하면, 다음 철에 열매를 맺을지도 모릅니다. 그 때에 가서도 열매를 맺지 못하면, 찍어버리십시오'" (누가 13 : 6-9).

"무화과나무가 있는 포도원"은 교회를 뜻하는데, 그 교회는 외적인 것들 안에 있는 것들을 내포하고 있습니다. 왜냐하면 주님의 교회 안에는 내적인 것과 외적인 것 양자가 있기 때문입니다. 교회에 속한 내적인 것은 인애와 그것에서 비롯된 믿음을 가리키고, 이에 반하여 교회에 속한 외적인 것은 삶에 속한 선을 가리킵니다. 삶에 속한 선을 가리키는 인애나 믿음의 일들이나 업적들은 자연적인 사람에 속하고, 이에 반하여 인애 자체나 그것에서 비롯된 믿음은 영적인 사람에 속합니다. 그러므로 "포도원"은 교회의 내적인 것을 뜻하고, "무화과나무"는 교회의 외적인 것을 뜻합니다. 유대 민족에게는 오직 교회에 속한 외적인 것만 있었는데, 그 이유는 그것이 외적인 표징적 예배 안에 있었기 때문입니다. 그러므로 "무화과나무"는 그 민족에게 있는 그 교회를 뜻하지만, 그러나 내적으로는 악을 가리키는 내적인 예배 안에는 아무것도 없고, 외적인 예배 안에 그것들이 있었기 때문에, 그리고 악한 사람에게는 악한 예배만 있기 때문에, 그리고 내적인 것이 없는 외적인 예배는 결코 예배가 아니기 때문에, 그리고 악한 사람에게는 악한 예배가 있기 때문에, 그러므로 그들에게는 자연적인 선에 속한 것은 아무것도 없었습니다. 그러므로 "세 해나 이 무화과나무에서 열매를 얻을까 해서 왔으나, 찾지 못하였다. 포도원주인은 포도원지기에게 찍어 버려라" 라고 말하였습니다. 포도원 주인의 말은 시작부터 끝까지 그 민족에게는 결코 자연적인 선도 전혀 없다는 것을 뜻하는데, 여기서 "세 해"(=삼 년)는 전 기간을, 즉 시작부터 마지막까지를 뜻하고, "무화과나무의 열매"는 자연적인 선을 뜻하고, 여기서 자연적인 선은 영적 자연적 선(spiritual-natural good)을, 다시 말하면 영적인 것에서 비롯된 자연적인 것 안에 있는 선을 뜻하기 때문입니다. 그리고 이것이 유대 민족이 가리키는 것인데, 자연적인 선 안에 있지 않은 것으로 이루어진 교회는 교회가 아니기 때문에, "무엇 때문에 땅만 버리겠느냐?"(=어찌하여 쓸데없이 땅만 버리겠느냐?)는 말씀이 언급되었습니다. 여기서 "땅"(land)은 교회를 뜻하고, "포도원지기가 주인에게 올해만 그냥 두십시오. 그 동안에 제가 둘레를 파고 거름을 주겠습니다" 라고 말한 것은 그들이 남아 있을 것이고, 그리고 이후 그들은 그들 가운데 있을 기독교도들에 의하여 가르침을 받을 것이라는 것을 뜻하고, 그러나 이렇게 한 것에 대하여 응답이 없다는 것은 여전히 무화과나무가 열매를 생산하지 못한다는 것, 다시 말하면 유대 민족에 의하여 행한 그 어떤 영적인 것에서 결코 선이 전혀 발출되지 않는다는 것을 뜻합니다.

[21] 이것이 마태복음서에서 주님께서 무화과나무에서 열매를 전혀 찾지 못하였을 때 "말라서 죽은 무화과나무"의 뜻입니다. 마태복음서의 말씀입니다.

새벽에 성 안으로 들어오시는데, 예수께서는 시장하셨다. 마침 길가에 있는 무화과나무 한 그루를 보시고, 그 나무로 가셨으나, 잎사귀 밖에 아무것도 없으므로, 그 나무에게 "이제부터, 너는 영원히 열매를 맺지 못할 것이다" 하고 말씀하셨다. 그러자 무화과나무가 곧 말라 버렸다(마태 21 : 18, 19 ; 마가 11 : 12-14).

여기서도 역시 "무화과나무"는 유대 민족에게 있는 교회를 뜻합니다. 그 민족에게는 자연적인 선은 전혀 없고, 오히려 오직 위화된 진리만 가지고 있는데, 사실 그것은 본질적으로 거짓이라는 것은 "주님께서 그 나무로 가까이 가셨으나 잎사귀 이외에는 아무것도 찾지 못하였다"는 말씀이 뜻합니다. 여기서 주님께서 찾지 못하신 "무화과"는, 앞에서 기술된 것과 같은, 그런 자연적인 선을 가리키고, 그리고 "그 잎사귀"는 본질적으로 거짓을 가리키는 위화된 진리를 뜻합니다. 왜냐하면 성경말씀에서 "잎"(leaf)은 진리를 뜻하지만, 그러나 열매가 없는 나무의 잎은 거짓을 뜻하기 때문이고, 그리고 그 민족으로서는 위화된 진리를 뜻하기 때문입니다. 그 이유는 그 민족이 진리들이 있는 성언을 가지고 있기 때문이지만, 그러나 그들은 그것을 자신들에게 적용하는 것에 의하여 위화시켰는데, 그것이 바로 그들의 전통이나 관습의 근원이기 때문입니다. 그 민족이 이른바 영적 자연적 선(spiritual-natural good)으로 말미암아 행한 것이 전혀 없다는 자연적인 선은 그것에 관해서 주님께서 말씀하신 말씀들이 뜻하는데, 주님께서 하신 말씀은 "이제부터 너는 영원히 열매를 맺지 못할 것이다"라고 말씀하셨을 때, 그러자 무화과나무가 곧 말라 버렸다는 말씀입니다. 여기서 "말라 버렸다"는 것은 거기에 더 이상 어떤 선이나 진리도 없다는 것을 뜻하기 때문입니다. 주님께서는 성 안으로 들어오실 때, 그리고 시장하셨을 때, 무화과나무를 보시고 말씀하셨는데, 그 이유는 "예루살렘 성"은 교회를 뜻하기 때문이고, 그리고 주님과 관련해서 "시장하셨다"(=배고프셨다)는 말씀은 위에서 언급한 것과 같이(본서 386[H]항 참조), 그 교회에서 선을 열망하였다는 것을 뜻합니다. "무화과나무"의 영적인 뜻을 알지 못하는 사람은, 그리고 이 무화과나무가 그 민족에게 있는 교회를 뜻한다는 것을 알지 못하는 사람은, 주님께서 배가 고프셨기 때문에 성질이 나서 이 일을 행하셨다는 것 이외에 다른 것은 전혀 생각하지 않습니다. 그러나 그 일은 그 이유 때문에 행하신 것이 아니고, 오히려 그와 같이 행하신 것은 유대 민족의 성품이 그런 꼬락서니라는 것을 보여 주기 위한 것입니다. 왜냐하면 주님께서 행하신 모든 이적인 천계나 교회에 속한 그런 것들을 내포하고 있고, 뜻하기 때문입니다. 그것으로 말미암아 그런 이적들은 신령한 것입니다(A.C. 7337 · 8364 · 9051항 참조).

[22] 타락한 교회나 그의 자연적인 사람이나 겉사람의 측면에서 타락한 교회에 속한 사람은 무화과나무가 뜻합니다. 시편서의 말씀입니다.

> (주께서)
> 비를 기다릴 때에 우박을 내리셨고,
> 그 땅에 화염을 보내셨다.
> 포도나무와 무화과나무를 치시고,
> 그들이 사는 지경 안의 나무를 꺾으셨다.
> (시편 105 : 32, 33)

이 말씀은 이집트에 관한 말씀인데, 이집트는 온갖 악들이나 거짓들 안에 빠져 있는 자연적인 사람을 뜻합니다. "포도나무" · "무화과나무" · "그 지경의 나무"는 교회에 속한 모든 것들을 뜻합니다. 그리고 여기서 "포도나무"는 그 교회의 내적인 것들이나 영적인 것들을, 그리고 "무화과나무"는 그것의 자연적인 것들을, 그리고 "그 지경의 나무"는 알고 지각하는 것에 속한 모든 것을 뜻합니다. 그 이유는 "지경"(=경계나 지계 · the border)은 내면적인 것들이 그것에서 종결(終結)하는 궁극적인 것을 뜻하기 때문이고, 그리고 "나무들"은 지식들이나 지각들을 뜻하기 때문입니다. 이런 모든 것들이 왜곡, 타락되었고, 따라서 저주를 받았기 때문에 파괴나 저주 또는 영벌을 뜻하는 "그들이 매를 맞았고(=치시고), 꺾으셨다"고 언급되었습니다. 이런 일이 세상사랑에서 비롯된 악에 속한 온갖 거짓들에 의하여 행해졌다는 것은 "주께서 그들에게 비 대신 우박을 내리셨고, 그들의 토지에는 화염을 내리셨다"는 말씀이 뜻합니다. 여기서 "우박으로서의 비"는 악에 속한 거짓들을, 그리고 "화염"(=불꽃의 불)은 세상사랑을 뜻하기 때문입니다.
[23] 나훔서의 말씀입니다.

> 네 모든 요새가 무화과처럼 떨어질 것이다.
> 흔들기만 하면 먹을 이의 입에 떨어지는,
> 처음 익은 무화과처럼 될 것이다.
> (나훔 3 : 12)

이 구절은 "피의 도성"(나훔 3 : 1)에 관해서 언급하고 있는데, 그 도성은, 그것 안에 있는 진리들은 위화되었고, 선들은 섞음질된 교리를 뜻합니다. 이러한 내용이 그들이 흔들리기만 하면 먹을 이의 입에 떨어지는 처음 익은 무화과나무의 무화과에 비유되었습니다. 그리고 이 구절은 거기에 있는 선들은 선들이 아니고, 더욱이 수많은 것들이 선들인 것처럼 보이지만, 결코 선들이 아니라는 것을 뜻하고, 그리고 이런 것들은 수용되지 않는다는 것, 또는 만약에 그것들이 영접, 수용된다고 해도 마음에 수용되는 것이 아니고, 오직 기억에만 수용된다는 것을 뜻합니다. "만약에 흔들기만 하면 떨어질 것이다"는 말씀은 비록 그것들이 선들 같이 보인다고 해도 그것들이 선들이 아니라는 것을 뜻합니다. 그 이유는 "그것들이 처음 익은 무화과들"이고 "먹는 이의 입에 떨어진다"는 그것들의 떨어짐(落果)은 그것들이 심지어 기억에도 영접, 수용되지 않는다는 것을 뜻하기 때문입니다. "먹는 이의 입"(the mouth of the eater)이 비수용(非受容·non-reception)을 뜻한다는 것은 영계에 있는 외현들에게서 명확합니다. 왜냐하면 어떤 것이 기억에 수용된 자들은 그것을 입으로 받는 것처럼 보이기 때문입니다. 그러므로 "입에 떨어진다"는 것은 청각에 수용되는 것이지 기억에 수용되는 것은 아니고, 그리고 또한 만약에 그것들이 그와 같이 수용되었다면 그것은 오직 기억에 있을 뿐이지 마음에 수용된 것은 아닙니다. "처음 익은 무화과나무의 무화과"는 진정한 선들을 뜻하고, 그리고 그것은 마치 악에 속한 거짓들 안에 빠져 있는 자들의 참된 것이라는 것과 같습니다.

404. 14절. **하늘은 두루마리**(=두루마리 책)**가 말리듯이 사라졌습니다.**
이 말씀은 영적인 사람이 차단(遮斷), 폐쇄(閉鎖)되었다는 것을 뜻합니다. 이러한 내용이나 사실은, 일반적이든 개별적이든, 교회를 가리키는 "하늘"(heaven)의 뜻에서 잘 알 수 있습니다. 왜냐하면 교회는 땅 위에 있는 주님의 하늘이기 때문입니다. 더욱이 교회는 결합에 의하여 하늘과 하나를 이루기 때문입니다. 그러므로 성경말씀에서 "하늘과 땅"(heaven and earth)이 거명되었을 때 내적인 교회와 외적인 교회를 뜻합니다. 왜냐하면 교회에 속한 사람들의 내적인 것은 그들에게 있는 하늘이기 하늘이기 때문이고, 그들의 외적인 것은 그들에게 있는 이 세상이기 때문입니다. 그리고 "하늘과 땅"이 내적인 교회와 외적인 교회를 뜻하기 때문에, 그러므로 그것들은 속사람(the internal man)과 겉사람(the external man)을 뜻하고, 또한 영적인 사람과 자연적인 사람을 뜻합니다. 왜냐하면 사랑에 속한 선이나 믿음에 속한 선이 그의 안에 있는 사람은 하나의 교회이기 때문이고, 그러므로 일반적으로 교회는 그 사람들 안에 교회가 있는 사람들로 말미암아 존재하기 때문입니다. 이러한 사실은 여기서 "하늘"이 속사람이나 영적인 사람을 뜻한다는 것의 이유를 명확하게 합니다. "영적인 사람"(the spiritual man)이라고 언급하였는데, 그 사람은 영적인 마음을 뜻하는데, 그 마음은 사람의 보다 높은 마음이나 내면적인 마음을 뜻하지만, 이에 반하여 낮은 마음(the lower mind)이나 외면적인 마음(the exterior mind)은 자연적인 사람이라고 부르기 때문입니다. 이상의 사실들은 그것이 차단이나 폐쇄되었다는 것을 가리키는 "두루마리 책처럼 말리듯이 사라졌다"는 말씀의 뜻에서 잘 알 수 있습니다. 왜냐하면 앞에서 언급한 것과 같이 영적인 마음이나 사람에게 있는 보다 높은 마음이나 내면적인 마음은 삶에 적용된 진리들(truths applied to life)에 의하여 개방되고, 따라서 선들에 의하여 열리지만, 이에 반하여 그 마음은 삶에 적용된 거짓들이나, 따라서 악들에 의하여 닫혀지고, 폐쇄되기 때문입니다. 그리고 폐쇄된다(the closing up)는 것은 마치 두루마리 책이 돌돌 말리는 것(the rolling up)과 같습니다. 이것이 그러하다는 것은 최후심판이 단행될 때 영계에 있는 외현들(外現・the appearances)에 의하여 명확하게 입증됩니다. 왜냐하면 거기에 있는 산들이나 언덕들이 그런 어떤 때에는 마치 두루마리 책이 돌돌 말리는 것처럼 돌돌 말리는 것으로 나타나기 때문입니다. 그리고 그런 것들에게 있는 그런 것들은 그 때 지옥으로 돌돌 말려서 떨어졌기 때문입니다. 이런 모습의 원인은 이러합니다. 그들의 마음이 내면적인 것들은 그것을 통해서 천계에서 비롯된 빛에 속한 어떤 것이 유입하기 전에 그 때 차단, 폐쇄됩니다. 일반적으로 많은 사람들에게서 일어나는 것은 개별적으로는 동일한 성격의 모두에게서 일어납니다. 왜냐하면 영계에는 이런 부류의 일반적인 것이 있고, 그것이 개별적인 것이기 때문입니다. 이러한 내용은 ≪천계와 지옥≫ 73항에서 잘 볼 수 있습니다. 여기서 "책"은 두루마리(a scroll)를 뜻하는데, 그 이유는 고대에는 활자들이 없고, 따라서 오늘날과 같은 모양의 책들이 없었고, 다만 그 때에는 양피지(羊皮紙)로 만든 두루마리 모양의 책만 있었기 때문입니다. 그러므로 묵시록서에서 "책들"은 두루마리 형체의 책들을 뜻합니다. 그리고 "하늘이 책이 말리듯이 사라졌다"는 것은 두루마리가 말리는 것과 같은 것을 뜻합니다. 이사야서에서도 마찬가지입니다. 이사야서의 말씀입니다.

> 해와 달과 별들이 떨어져서 가루가 되고,
> 하늘은 마치 두루마리처럼 말릴 것이다.
> (이사야 34 : 4)

405[A]. 제 자리에 그대로 남아 있는 산이나 섬은 하나도 없었습니다(=모든 산과 섬도 각기 제자리에서 옮겨졌다).
이 말씀은 사랑에 속한 모든 선이나 믿음에 속한 모든 진리가 소멸되었다는 것을 뜻합니다. 이러한 뜻은 이것에 관해서는 곧 설명하겠지만, 주님사랑에 속한 선을 가리키는 "산"의 뜻에서, 그리고 이것에 관해서는 다음 단락에서 설명될 믿음에 속한 진리를 가리키는 "섬"의 뜻에서, 그리고 사랑에 속한 선이나 믿음에 속한 진리를 뜻하기 때문에, 제거(除去)되었다, 또는 멸망한다는 것을 가리키는 "각기 제자리에서 옮겨졌다"(=제자리에 남아 있지 않다)는 말의 뜻에서 잘 알 수 있습니다. 왜냐하면 이런 것들이 자기들의 자리에서 옮겨졌을 때, 그 때 악들이나 거짓들도 자기들의 자리를 차지하고, 그리고 악들이나 거짓들을 통하여 선들이나 진리들은 소멸하기 때문입니다. 여기서 "산"(山·mountain)은 사랑에 속한 선을 뜻하는데, 그 이유는 천계에서 주님사랑 안에 있는 자들은 산들에서 살고, 이웃을 향한 인애 안에 있는 자들은 언덕들에서 살기 때문입니다. 또한 같은 뜻이지만 주님의 천적인 왕국에 속한 자들은 산들에서 살고, 주님의 영적인 왕국에 속한 자들은 언덕들에서 살기 때문입니다. 그리고 천적인 왕국과 영적인 왕국은 이런 식으로 분별, 구분되는데, 즉 천적인 왕국에 속한 자들은 주님사랑 안에 있고, 영적인 왕국에 속한 자들은 이웃을 향한 인애 안에 있습니다. 그러나 후자와 전자에 관해서는 ≪천계와 지옥≫ 20-28항을 참조하십시오. 이러한 내용은 "산"이 주님사랑에 속한 선을 뜻하는 이유입니다.

[2] "산"은 추상적인 뜻으로는 주님사랑에 속한 선(the good of love to the Lord)을 뜻하는데, 그 이유는 성경말씀의 속뜻 안에 있는 것들은 모두 영적인 것이고, 그리고 영적인 것들은 인물들이나 장소들에서 추상화된 뜻으로 반드시 이해되어야 하기 때문입니다. 결과적으로 천사들은 영적인 존재이기 때문

에 그들은 이런 것들에게서 추상화된 것으로 생각하고 말하기 때문입니다. 그리고 그들은 그것들에 의하여 총명이나 지혜를 소유합니다. 왜냐하면 인물들이나 장소들의 개념은 그것이 인물이나 장소들에 제한된 개념을 가지기 때문에 생각을 제한하고 한정하기 때문입니다. 생각에 속한 이러한 개념은 자연적인 것의 본성이지만, 이에 반하여 인물들이나 장소들에게서 추상화된 개념은 그것 자체를 모든 방향에서 천계에까지 확대, 확장하고, 그리고 그것은 눈이 창공을 우러러 볼 때 중간에 방해하는 장애물이 없다면 눈의 시각이 한정되는 것의 이상과 결코 다르지 않습니다. 이러한 개념은 영적인 것의 본성입니다. 이러한 것이 성경말씀의 영적인 뜻으로 "산"이 사랑에 속한 선을 뜻하는 이유입니다. 그것은 성경말씀에서 "땅"이 교회를 가리킨다는 뜻도 이와 동일합니다. 왜냐하면 장소들에게서 떠나 추상화된 생각이나, 그리고 땅 위에 있는 민족들이나 백성들에게서 추상화된 생각은 거기에 있는, 또는 이것들이 가지고 있는 교회에 관한 생각이기 때문입니다. 그러므로 이것이 성경말씀에서 "땅"이 뜻하는 것입니다. 그러한 것은 성경말씀의 자연적인 뜻으로 언급, 거명된 다른 것들에게도 동일한데, 예를 들면 그런 것들은 언덕들 · 바위들 · 골짜기들 · 강들 · 바다들 · 성읍이나 도시들 · 가옥들 · 정원들 · 나무들이나 그 밖의 다른 많은 것들이 있습니다.

405[B]. [3] "산"이 주님사랑을 뜻한다는 것, 따라서 그것에서 비롯된 천적인 선이라고 부르는 그 선을 뜻한다는 것, 그리고 반대의 뜻으로는 자기사랑(自我愛)을 뜻한다는 것, 따라서 그것에서 비롯된 모든 악을 뜻한다는 것 등등은 성경말씀의 아래 장절들에게서 잘 알 수 있겠습니다. 아모스서의 말씀입

니다.

> "이스라엘아, 너는 너의 하나님을 만날 준비를 하여라."
> 산을 만드시고,
> 바람을 창조하시고,
> 하시고자 하는 것을 사람에게 알리시고,
> 여명을 어둠으로 바꾸시고,
> 땅의 높은 곳을 밟고서 걸어다니시는 분,
> 그분의 이름은 '주 만군의 하나님'이다.
> (아모스 4 : 12, 13)

여기서 하나님은 "산을 만드신 분"(the Former of the mountains)이라고 하였는데, 그것은 "산들"이 사랑에 속한 선들을 뜻하기 때문이고, 그리고 "바람을 창조한 분"(the Creator of the spirit)이라고 하였는데, 그것은 "바람"(=영 · 靈 · spirit)이 그런 선들에게서 비롯된 생명을 뜻하기 때문입니다. 이런 것들을 통하여 그분께서는 사람에게 총명을 주시기 때문에 거기에 부연된 말씀은 "사람에게 자기 생각이 무엇인가를 선포하신다"(=하시고자 하는 것을 사람에게 알리신다)는 것입니다. 왜냐하면 사람이 가지고 있는 생각은 그 사람의 생각이기 때문입니다. 그리고 그것은 주님으로부터 사랑에 속한 선을 통하여 그의 삶 속에 유입하기 때문입니다. 그러므로 여기서 "선포한다"(to declare)는 것은 여기서는 유입하는 것(=입류하는 것 · to flow)을 뜻합니다.

[4] 시편서의 말씀입니다.

> 주께서는 주의 힘으로,

산들이 뿌리를 내리게 하셨고,
주께서 능력으로 허리에 띠를 동이신다(=그 힘으로 산들을 확고히 세우시고, 권능으로 띠를 두르신다)(시편 65 : 6).

여기서도 역시 "산"은 사랑에 속한 선들을 뜻합니다. 천계나 교회에서 모든 능력을 가진 주님의 신령진리들을 통하여 이런 것들을 "주님께서 확고하게 만드셨습니다"(=세우셨습니다). 그러므로 "주께서는 주의 힘(=능력)으로 산들을 확고히 세우셨다(=만드셨다), 그리고 주님께서는 능력(=권능)으로 띠를 두르신다"는 말씀이 언급되었습니다. 성경말씀에서 "하나님의 힘"(God's power)은 신령진리를 뜻하고, 주님과 관련해서 "능력"(=권능·might)은 모든 권능, 즉 전능(全能·omnipotence)을 뜻합니다. 모든 능력(=힘)이 주님에게서 발출하는 신령진리 안에 존재한다는 것은 ≪천계와 지옥≫ 228-233항을 참조하시고, 그리고 본서 209·333항을 참조하십시오. 그리고 "권능"(might)이 주님과 관련해서는 전능(全能)을 가리킨다는 것은 본서 338항을 참조하십시오.
[5] 같은 책의 말씀입니다.

내가 눈을 들어 산을 본다.
내 도움이 어디에서 오는가?
(시편 121 : 1)

여기서 "산들"은 천계를 뜻합니다. 그리고 앞에서 언급한 것과 같이 천계에서 사랑에 속한 선들이나 인애에 속한 선들 안에 있는 자들은 산들이나 언덕들에서 살기 때문에, 그리고 주님께서는 이런 선들 안에 계시기 때문에, "눈을 들어 산들을 본다"는 것은 그분에게 모든 도움이 비롯되는 주님을 우러르는 것을 뜻합니다. 복수로 언급된 "산들"이 언급되었을 때에는 산들이나 언덕들이 뜻하는 양자를 뜻합니다. 결과적으로 주님사랑에 속한 선이나 이웃을 향한 인애에 속한 선들을 뜻합니다.
[6] 이사야서의 말씀입니다.

> 큰 살육이 일어나고,
> 성의 탑들이 무너지는 날에,
> 높은 산과 솟은 언덕마다
> 개울과 시냇물이 흐를 것이다.
> (이사야 30 : 25)

여기에서 다루어진 최후심판(the Last Judgment)은 "큰 살육이 일어나고 성의 탑들이 무너지는 날"이 뜻하는데, 그것은 "큰 살육"(great slaughter)은 악한 자의 파멸을 뜻하기 때문이고, "무너지는 탑들"은 자기사랑이나 세상사랑에서 비롯된 교리에 속한 거짓들을 뜻하기 때문입니다. 이러한 것이 "탑들"이 뜻하는 것이라는 것은 영계에 있는 여러 외현들에게서 비롯됩니다. 왜냐하면 교회에 속한 이런 것들에 의하여 지배하기를 추구하는 자들은 자신들을 위하여 높은 곳에 탑들을 구축(構築)하기 때문입니다. 이러한 사실은 나의 작은 책자 ≪최후심판≫ 56・58항을 참조하십시오. 그 때 주님사랑에 속한 선이나 인애에 속한 선 안에 있는 것들은 천계로 올리워지고, 총명이나 지혜로 물들고, 강화된다는 것은 "높은 산과 솟은 언덕마다 개울과 시냇물이 흐른다"는 말씀이 뜻합니다. 그것은 "높은 산"은 주님사랑 안에 있는 자들이 있는 곳을 뜻하기 때문이고,

"솟은 언덕"은 이웃을 향한 인애 안에 있는 자들이 있는 곳을 뜻하기 때문이고, "개울"은 지혜를 뜻하고, "물이 흐르는 시냇물"은 총명을 뜻하기 때문입니다. 왜냐하면 "물"(waters)은 총명이나 지혜가 비롯된 근원인 진리들을 뜻하기 때문입니다.
[7] 요엘서의 말씀입니다.

> 그날이 오면,
> 산마다 새 포도주가 넘쳐 흐를 것이다.
> 언덕마다 젖이 흐를 것이다.
> 유다 개울마다 물이 가득 차고,
> 주의 성전에서 샘물이 흘러 나와,
> 싯딤(=아카시아) 골짜기에 물을 대어 줄 것이다.
> (요엘 3 : 18)

이 구절은 주님의 강림과 그 때의 새 하늘(=새 천계)과 새 땅에 관해서 다루고 있습니다. "산마다 새 포도주가 넘쳐 흐를 것이다"는 말씀은 모든 진리가 주님사랑에 속한 선에게서 비롯될 것이라는 것을 뜻하고, "언덕마다 젖이 흐를 것이다"는 말씀은 거기에 이웃을 향한 인애의 선으로부터 영적인 생명이 있을 것이라는 것을 뜻하고, 그리고 "유다의 개울마다 물이 가득 찬다"는 말씀은 그것을 통하여 총명이 있을 성경말씀의 개별적인 것들에서 비롯된 진리들이 있을 것이라는 것을 뜻합니다. 그러나 이러한 내용이나 뜻은 본서 376[B]에 충분하게 설명된 것을 볼 수 있겠습니다.
[8] 나훔서의 말씀입니다.

> 보아라, 좋은 소식을 전하는 사람,

평화를 알리는 사람이
산을 넘어서 달려온다.
(나훔 1 : 15)

이사야서의 말씀입니다.

놀랍고도 반가워라.
희소식을 전하려고
산을 넘어 달려오는 저 발이여!
평화가 왔다고 외치며
복된 희소식을 전하는구나.
구원이 이르렀다고 선포하면서,
시온을 보고 이르기를
"너의 하나님께서 통치하신다" 하는구나.
(이사야 52 : 7)

같은 책의 말씀입니다.

좋은 소식을 전하는 시온아,
어서 높은 산으로 올라가거라.
아름다운 소식을 전하는 예루살렘아,
너의 목소리를 힘껏 높여라.
두려워하지 말고 소리를 높여라.
유다의 성읍들에게
"여기에 너희의 하나님이 계신다"
하고 말하여라.
(이사야 40 : 9)

이 장절은 주님의 강림과 그 때 주님사랑에 속한 선 안에 있는 자들의 구원에 관해서, 그리고 그것에서 비롯된 성언에서 비롯된 교리에 속한 진리들 안에 있는 자들의 구원에 관해서 다루고 있습니다. 그리고 이들의 구원을 다루고 있기 때문에, "기쁜 소식을 가져오는, 오 시온아, 너는 높은 산에 오르라. 기쁜 소식을 가져오는, 오 예루살렘아, 힘써 네 음성을 높여라"는 말씀이 언급되었습니다. 여기서 "평화를 알린다"(=평화를 선전한다)(나훔 1 : 15)는 말씀은 주님의 강림을 설교(=설파)하는 것을 뜻하는데, 왜냐하면 최고의 뜻으로 "평화"(peace)는 주님을 뜻하고, 속뜻으로는 주님에게서 비롯된 모든 선과 진리를 뜻하기 때문입니다(본서 365항 참조). "좋은 소식을 전하는 시온"은 주님사랑에 속한 선 안에 있는 교회를 뜻하고, "아름다운 소식을 전하는 예루살렘"은 그것에서 비롯된 성경말씀에서 비롯된 교리에 속한 진리들 안에 있는 교회를 뜻합니다.
[9] 이사야서의 말씀입니다.

> 내가, 산에서 산으로 이어지는
> 큰길을 만들고,
> 내 백성이 자유스럽게 여행할
> 큰길을 닦겠다. ······
> 하늘아, 기뻐하여라(=오 하늘들아, 노래하여라).
> 산들아, 노랫소리를 높여라(=오 산들아, 노래를 터뜨려라).
> 주께서 그의 백성을 위로하셨고,
> 또한 고난을 받은 그 사람들을
> 긍휼히 여기셨다.
> (이사야 49 : 11, 13)

복수로 표기된 "산들"은 산들이나 언덕들 양쪽을 뜻하는데, 따라서 사랑에 속한 선이나, 인애에 속한 선을 뜻합니다. "산들이나 언덕들이 한 길(a way)로 만들 것이요, 나의 대로들은 높임을 받을 것이다"(=큰길은 높여질 것이다)는 말씀은 이런 선들 안에 있는 자들은 본연의 진리들(=진정한 진리들) 안에 있을 것이라는 것을 뜻합니다. "한 길을 만든다"는 것은 진리들 안에 있다는 것을 뜻하기 때문이고, "높임을 받을 큰길"은 진정한 진리들 안에 있다는 것을 뜻하기 때문입니다. 왜냐하면 "길이나 큰길"(ways and highways)은 진리들을 뜻하기 때문이고, 그리고 그것은 선에 의하여 높여질 것이라고 언급되었고, 그리고 그 선에서 비롯된 진리들은 진정한 진리들이기 때문입니다. 이것 때문에 마음에 속한 그들의 기쁨은 "하늘아, 노래하여라. 산들(=땅)아, 노랫소리를 높여라" 라는 말씀이 뜻합니다. "하늘아, 기뻐하여라"(=하늘아, 노래하여라)는 말씀은 내적인 기쁨을 뜻하고, "산들아(=땅아), 노랫소리를 높여라"는 말씀은 외적인 기쁨을 뜻합니다. 사랑에 속한 선 안에서 생겨나는 기쁨에서 비롯된 찬양들(=고백들 · confessions)은 "오! 산들아, 노래를 터뜨려라"(=산들아, 노랫소리를 높여라)는 말씀이 뜻합니다. 이것이 개혁(改革 · 바로잡음 · reformation)과 중생(重生 · 거듭남 · regeneration) 때문이라는 것은 "이는 주께서 그의 백성을 위로하셨다"는 말씀이 뜻합니다. 명확하게는 여기서 "산들"은 이 세상에 있는 산들을 뜻하지 않는다는 것입니다. 왜냐하면 산들이 한 길을 만드는 이유나, 큰길이 높임을 받아야 하는 이유 때문이고, 그리고 산들이 큰 노랫소리를 높여야 하는지 그 이유 때문입니다.
[10] 같은 책의 말씀입니다.

주께서 이 일을 하셨으니,

> 하늘아, 기쁘게 노래하여라.
> 땅의 깊은 곳들아, 함성을 울려라.
> 산들아, 숲아,
> 그리고 그 속에 있는 모든 나무들아,
> 소리를 높여 노래하여라.
> 주께서 야곱을 구원하심으로써,
> 주께서 이스라엘을 구원하심으로써,
> 위대하신 영광을 나타내셨다.
> (이사야 44 : 23)

앞서의 장절에서 "너희 하늘아, 기쁘게 노래하여라. 너희 산들아, 땅의 깊은 곳들아, 함성을 울려라"는 말씀은 바로 위에 언급한 것과 꼭같은 뜻을 가지고 있습니다. 그러나 여기서 "산들"은 인애에 속한 선들을 뜻합니다. 그러므로 "숲아, 그 속에 있는 모든 나무들아"라고 언급하였습니다. 왜냐하면 "숲"은 그것의 모든 것들에 관한 겉사람 또는 자연적인 사람을 뜻하기 때문입니다. 그리고 "모든 나무들"은 그것 안에 있는 인지(認知) 기능이나 앎의 기능을 뜻합니다. 이런 것들의 개혁(=바로잡음)은 "주께서 야곱을 구원하셨고, 이스라엘로 자신을 영화롭게 하셨다"는 말씀이 뜻합니다. 여기서 "야곱과 이스라엘"은 외적인 교회와 내적인 교회를 뜻하고, 따라서 그 교회가 있는 그들에게 있는 외적인 것이나 내적인 것을 뜻합니다.

[11] 같은 책의 말씀입니다.

> 산과 언덕이 너희 앞에서
> 소리 높여 노래하며,
> 들의 모든 나무가 손뼉을 칠 것이다.

(이사야 55 : 12)

시편서의 말씀입니다.

> 땅에서도 주님을 찬양하여라(=땅에서부터 주님을 찬양하여라).
> 바다의 괴물과 바다의 심연아,
> 불과 우박, 눈과 서리,
> 그분이 명하신대로 따르는 세찬 바람아,
> 모든 산과 언덕들,
> 모든 과일나무와 백향목들아,
> 모든 들짐승과 가축들,
> 기어다니는 것과 날아다니는 새들아, ······
> 모두 주님의 이름을 찬양하여라.
> (시편 148 : 7-9, 13)

이 구절은 사랑에 속한 선과 인애에 속한 선에서 비롯된 마음의 기쁨을 기술하고 있습니다. 그래서 "산들"·"언덕들"·"나무들"·"백향목들"이 "크게 소리 높여 노래한다"·"손뼉을 친다"(이사야 55 : 12)·"찬양한다"(시편 148 : 9)라고 언급되었습니다. 그 이유는 이런 것들이 사람 안에서 기쁨이나 즐거움을 일으키는 선들이나 진리들을 뜻하기 때문입니다. 왜냐하면 사람은 자기 자신으로 말미암아서는 기뻐하거나 즐거워하지 못하고, 다만 그 사람에게 있는 선들이나 진리들로 말미암아 그럴 수 있기 때문입니다. 그것들이 사람을 기쁘고 즐겁게 하기 때문에, 이것들은 즐겁게 합니다.
[12] 이사야서의 말씀입니다.

> 광야와 거기에 있는 성읍들아,

> 게달 사람들이 사는 부락들아,
> 소리를 높여라.
> 셀라의 주민들아, 기쁜 노래를 불러라(=바위의 주민들로 노래하게 하며, 그들로 산꼭대기에서 소리지르게 하겠다).
> (이사야 42 : 11)

여기서 "광야"는 진리의 불영명(不英明)의 상태를 뜻하고, "거기의 성읍들"은 교리적인 것들을 뜻하고, "부락들"은 자연적인 인식(認識)들이나 자연적인 지식들을 뜻하고, "아라비아"(=게달)는 자연적인 사람을 뜻합니다. 왜냐하면 "광야에 있는 아라비아 사람"은 자연적인 사람을 뜻하기 때문입니다. "바위의 주민들"(=절벽의 주민들)은 믿음에 속한 선들이나, 믿음에 속한 선들 안에 있는 자들을 뜻하고, "산꼭대기"는 주님사랑에 속한 선을 뜻합니다. 이러한 뜻이나 내용은 그것들 차례로 열거된 개별적인 것들이 뜻하는 것이 무엇인지 명확합니다. 다시 말하면 찬양(=고백)이나 거명된 것들 안에 있는 사랑에 속한 선에서 비롯된 기쁜 예배를 뜻한다는 것입니다. 왜냐하면 "산꼭대기에서 소리지른다"는 것은 사랑에 속한 선에서 예배하는 것이기 때문입니다.

405[C]. [13] 시편서의 말씀입니다.

> 거대한 바산의 산들아,
> 높이 솟은 봉우리가 많은 바산의 산들아,
> 봉우리들이 높이 솟은 바산의 산들아,
> 너희가 어찌하여
> 하나님이 머무시려고 택하신 시온 산을
> 적개심을 품고 바라보느냐?
> 그 산은 주께서 영원토록 사실 곳이다(=하나님의 산은 바산의 산 같

으니, 바산의 산처럼 높은 산이로다. 너희 높은 산들아, 어찌하여 너희가 곁눈질하느냐? 이 산은 하나님께서 거하시고자 하는 산이니, 정녕 주께서 그 안에 영원히 거하시리라)(시편 68 : 15, 16).

"바산의 산"은 자발적인 선(voluntary good)을 뜻하고, 이런 부류의 것은 교회에 속한 외적인 것들 안에 있는 자들 안에 존재합니다. 왜냐하면 바산(Bashan)은 요단 강 저쪽에 있는 지역을 가리키는데, 이 지역은 므낫세 자손의 반쪽 지파(the half tribe of Manasseh)에게 유산(遺産)으로 주어진 지역이기 때문입니다. 이러한 내용은 여호수아서 13장 29-32절에서 잘 읽을 수 있습니다. 그리고 "므낫세"는 겉사람이나 자연적인 사람의 자발적인 선(the voluntary good)을 뜻하기 때문입니다. 이 자발적인 선은 겉사람 안에 있는 사랑에 속한 선과 꼭같은 선입니다. 왜냐하면 사랑에 속한 모든 선은 의지에 속한 것이기 때문이고, 그리고 그것에서 비롯된 모든 진리는 이해에 속한 것이기 때문입니다. 그러므로 그의 형제 "에브라임"(Ephraim)은 그 선에 속한 총명적인 진리를 뜻합니다. "바산의 산"이 그 선을 뜻하기 때문에 "그 산의 봉우리들"은 행위 안에 있는 선들을 뜻합니다. 그 이유는 행동하는 것은 의지이기 때문인데, 왜냐하면 마음이나 육체의 모든 활동은 의지에서 비롯되기 때문입니다. 생각이나 언어에 속한 모든 활동적인 것은 이해에서 비롯되기 때문에, 그러므로 사랑에 속한 선에서 솟은 기쁨이 "껑충껑충 뛰는 것"(skipping)이나 그렇게 "뛰는 것"(leaping)에 기술되었고, 가리키고 있습니다. 이러한 사실은 "하나님의 산은 바산의 산이다. 봉우리들이 많이 솟은 산은 바산의 산이다. 너의 높은 산들아, 어찌하여 너희가 곁눈질 하느냐?"(=껑충껑충 뛰느냐?)는 말씀이 뜻하는 것이 무엇인지 명확하게 합니다. 그 이유는 주님께서는 행동 안에 있는 선의 근원인 사람의 자발적인 선 안에서 사람과 함께 사시기 때문입니다. 그래서 "이 산은 하나님께서 거하시고자 하는 산이니, 정녕 주께서 그 안에 영원히 거하신다"라고 언급되었습니다.
[14] 같은 책의 말씀입니다.

> 유다는 주의 성소가 되고,
> 이스라엘은 그의 영토가 되었다.
> 바다는 그들을 보고 도망 쳤고,
> 요단 강은 뒤로 물러났으며,
> 산들은 숫양처럼 뛰놀았다.
> 바다야,
> 너는 어찌하여 도망을 치고,
> 요단 강아,
> 너는 어찌하여 뒤로 물러났느냐?
> 산들아,
> 너희는 어찌하여 숫양처럼 뛰놀며,
> 언덕들아,
> 너희는 어찌하여
> 새끼양처럼 뛰놀았느냐?
> 땅아, 네 주님 앞에서 떨어라(=산고(産苦)에 빠진다)
> 야곱의 하나님 앞에서 떨어라.
> 주님은 반석을 물우덩이가 되게 하시며,
> 바위를 샘이 되게 하신다.
> (시편 114 : 2-8)

이 장절은 이집트에서 탈출한 이스라엘 자손의 출발을 기술하고 있습니다. 그러나 속뜻으로 설명이 없다면 어느 누구도 이 장절이 뜻하는 것이 무엇인지 알 수 없습니다. "숫양처럼 뛰놀고, 새끼 양처럼 뛰노는 그 때의 산들"은 마찬가지로 "바다야, 너는 그것을 보자 어찌하여 도망을 치느냐? 요단 강아, 너는 어찌하여 뒤로 물러났느냐?"는 말씀은 알 수 없기 때문에, 그러므로 이 구절을 설명하고자 합니다. 여기서 이 장절은 속뜻으로는 교회의 설시나 교회에 속한 사람들의 중생을 뜻합니다. 왜냐하면 세우시려는 교회는 이스라엘 자손이 뜻하기 때문이고, 교회의 설시는 그들의 출발(=떠남・이탈)이, 그리고 악들에 속한 쫓아 없애버리는 것(the shaking off)은 홍해바다의 통과(通過・passage)가 뜻하는데, 그래서 "도망친다"는 말이 언급되었고, 그리고 그 교회에의 안내는 요단 강의 건넘(渡江)이 뜻하는데, 그 도강은 "뒤로 물러났다"는 말로 언급되었습니다. 그러나 개별적인 것들에 대한 것입니다. "유다는 성소가 되고, 이스라엘은 영토가 되었다"는 말씀은 주님사랑에 속한 선이 천계나 교회의 지성소(至聖所)라는 것을 뜻하고, 그리고 그 선에서 비롯된 진리는 거기에 있는 그것에 의한 통치(通治・government)를 뜻합니다. 왜냐하면 "유다"는 주님사랑에 속한 선을 가리키는 천적인 선을 뜻하기 때문이고, "성소"는 천계나 교회의 지성소를 뜻하기 때문입니다. "이스라엘"은 그 선에서 비롯된 진리를 가리키는 영적인 선을 뜻하는데, 그것은 그것에 의한 거기에 있는 통치를 뜻하기 때문입니다. 왜냐하면 주님에게 속한 모든 통치(=정부)는 신령선에서 발출하는 신령진리에 속한 통치(=정부)이기 때문입니다. "바다가 그것을 보고 도망을 치고, 요단 강이 뒤로 물러났다"는 말씀은 자연적인 사람 안에 있는 악들이나 거짓들이 추방되었을 때

진리나 선에 속한 진정한 기억이나, 지식(=앎)은 그들의 자리를 취한다는 것을 뜻하기 때문입니다. "산들이 숫양처럼 뛰놀고, 언덕들이 새끼 양처럼 뛰논다"는 말씀은 사랑에 속한 선을 가리키는 천적인 선을 뜻하고, 그리고 그 선에서 비롯된 진리를 가리키는 영적인 선을 뜻하며, 그리고 선을 생산하는 것, 즉 기쁨으로 말미암아 결과에 들어오는 것을 뜻합니다. 그것은 "산들"이 사랑에 속한 선을 뜻하기 때문이고, "언덕들"은 그것들의 본질 안에 있는 그 선에서 비롯된 진리들을 가리키는 인애에 속한 선들을 뜻하기 때문이고, 그리고 "뛰논다"는 것은 그것이 이런 것들에 관해서 서술하기 때문에 기쁨에서 비롯된 선을 생산하는 것을 뜻합니다. "숫양처럼"·"새끼 양처럼"이라고 언급되었는데, 그것은 "숫양들"(rams)은 인애에 속한 선들을 뜻하기 때문이고, "새끼 양들"은 그것에서 비롯된 진리들을 뜻하기 때문입니다. 이런 것들에서 비롯된 그 교회의 설시(=세움·設始), 다시 말하면 그 교회에 속한 사람들의 중생은 "땅아, 주님 앞에서 떨어라. 야곱의 하나님 앞에서 떨어라. 그분은 반석을 물웅덩이가 되게 하시고, 바위(=부싯돌)가 샘이 되게 하신다"는 말씀이 뜻하고 있습니다. 여기서 "땅"(earth)은 교회를 뜻하기 때문이고, 그리고 이러한 내용이 "산고를 겪는다"고 언급되었는데, 그것은 교회가 설시될 때이고, 교회에 속한 사람이 새롭게 태어날 때를 가리킵니다. 그래서 "주님 앞에서"나 "야곱의 하나님 앞에" 라는 말씀이 언급되었습니다. 그 이유는 사랑에 속한 선이 성경말씀에서 다루어지는 곳에서 주님은 "주님"이라고 불리셨기 때문이고, 행위 안에 있는 선이 다루어질 때에는 그분께서 "야곱의 하나님"이라고 불리셨기 때문입니다. 선에서 비롯된 진리들에 의한 중생은 "그분께서(=주님께서) 반석을 물웅덩이가 되게 하셨다. 바위(=부싯돌)를 샘이 되게 하셨다"는 말씀이 뜻합니다. 여기서 "물웅덩이"(pool of waters)는 진리에 속한 지식들을 뜻하기 때문이고, "샘"(fountain of waters)은 이런 것들이 그것에서 비롯된 성언을 뜻하기 때문이고, "반석"(rock)은 개혁(=바로잡음) 전 진리에 관한 자연적인 사람을 뜻하고, "부싯돌"(=바위 · flint)은 중생 전 선에 관한 자연적인 사람을 뜻하기 때문입니다.

[15] 같은 책의 말씀입니다.

> 주께서는 이집트에서
> 포도나무를 뽑아 오셔서,
> 뭇 나라를 몰아내시고,
> 그것을 심으셨습니다. ······
> 산들이 그 포도나무 그늘에 덮이고,
> 울창한 백향목도
> 포도나무 가지로 덮였습니다.
> (시편 80 : 8, 10)

"이집트에서 뽑혀 온 포도나무"는 "포도나무"가 영적인 교회를 뜻하고, "이집트"가 자연적인 사람 안에 있는 아는 기능을 뜻하기 때문에 자연적인 사람 안에 있는 지식들이나 인지(認知)들에 의한 사람에게 있는 그것의 시초를 가지고 있는 영적인 교회를 뜻합니다. "뭇 나라들(=이방)을 몰아내시고, 그것을 심었다"는 말씀은 온갖 악들이나 거기에서 추방되었을 때, 교회가 설시되었다는 것을 뜻하고, 여기서 "뭇 나라들"(=이방)은 악을 뜻하고, "포도나무를 심는다"는 것은 영적인 교회를 세우는 것을 뜻하기 때문입니다. "산들이 그 포도나무의 그늘에 덮이고, 울창한 백향목이 포도나무 가지로 덮였다"는 말씀은 전 교회가 영적인 선들이나 진리들로 말미암아 존재하는 것을 뜻합니다. 그것은 "산들"이 영적인 선들을 뜻하기 때문이고, "하나님의 백향목들"(=울창한 백향목들)도 영적인 진리들을 뜻하기 때문입니다. 뭇 나라들이 그것에서 구제된 이스라엘 자손의 이집트에서의 데려옴이나, 가나안 땅으로의 그들의 안내는 명확하게 이런 말씀들이 뜻하는 것입니다. 그럼에도 불구하고 속뜻으로 그와 같은 동일한 말씀들은 이에 앞에서 설명된 내용의 것을 뜻합니다. 이스라엘 자손들이 가나안 땅으로의 인도나, 이집트에서부터 그 민족의 추방은 그 밖의 어떤 것을 뜻하지 않습니다. 왜냐하면 성경말씀의 모든 역사적인 것들은 예언적인 것들과 꼭같이 영적인 것들을 내포하고 있기 때문입니다.

[16] 이사야서의 말씀입니다.

> 괭이로 일구던 모든 산에도 찔레나무와 가시나무가 덮일 것이므로, 너는 두려워서 그리로 가지도 못할 것이며, 다만 소나 놓아 기르며, 양이나 밟고 다니는 곳이 되고 말 것이다(이사야 7 : 25).

"괭이로 일굴 산들"은 선에 속한 사랑으로 인하여 선한 것을 행하는 자들을 뜻합니다. 그 밖의 남은 것이 뜻하는 것은 그것이 설명된 본서 304[C]항을 참조하십시오. 또 같은 책의 말씀입니다.

> 내가 야곱으로부터 자손이 나오게 하며,
> 유다로부터

내 산을 유업으로 얻을 자들이
나오게 하겠다.
내가 택한 사람들이
그것을 유업으로 얻으며,
내 종들이 거기에 살 것이다.
(이사야 65 : 9)

여기서 "야곱"이나 "유다"는 교회를 뜻하는데, "야곱"은 선이나 진리의 지식들 안에 있는 외적인 교회를 뜻하고, 그리고 "유다"는 주님사랑에 속한 선 안에 있는 내적인 교회를 뜻합니다. 그러므로 "야곱에서 나온 자손"(=씨)은 선과 진리의 지식들을 뜻하고, 따라서 이런 것들 안에 존재하는 것들을 뜻하고, 그리고 "그들이 유업으로 소유할 산들"은 주님사랑에 속한 선을 뜻하고, 그것으로 인하여 그것 안에 존재하는 그런 것들을 뜻하고, "그 산을 소유할 선택된 사람들"은 선 안에 있는 자들을 뜻하고, "종들"은 그 선에서 비롯된 진리들 안에 있는 자들을 뜻합니다.

[17] 예레미야서의 말씀입니다.

"나는 그들의 조상에게 주었던 고향 땅에, 그들을 다시 데려다 놓을 것이다."
"내가 많은 어부를 보내서,
이 백성을 고기 잡듯 잡아 내겠다. ……
그런 다음에, 많은 사냥꾼을 보내서
모든 산과 모든 언덕과 바위 틈을
샅샅이 뒤져서,
그들을 사냥하듯 잡아내겠다.
(예레미야 16 : 15, 16)

이 구절은 새로운 교회의 설시를 다루고 있는데, 그것은 유대 사람들을 바빌론 땅의 포로에서 가나안 땅으로 돌아오게 한다는 말씀이 표징하고, 뜻합니다. "고기잡는다, 사냥한다"는 말이 뜻하는 것이 무엇인지, 그리고 "산"·"언덕"·"바위 틈"이 뜻하는 것을 알지 못하는 사람은 그가 이해할 수 있는 낱말들로부터는 아무것도 추측할 수 없습니다. 한 교회가 자연적인 선이나, 영적인 선 안에 있는 자들로 세워진다는 것은 "내가 많은 어부를 보내서 이 백성을 고기 잡듯 잡아내겠다. 많은 사냥꾼을 보내서 그들을 사냥하듯 잡아내겠다"는 말씀이 뜻합니다. 자연적인 선 안에 있는 자들을 모두 모은다는 것은 "이 백성을 고기 잡듯 잡아내기 위하여 어부들을 보낸다"는 말씀이 뜻하고, 그리고 "그들을 사냥할 사냥꾼을 보낸다"는 말씀이 뜻합니다. 그 이유는 그 뒤에 "모든 산과 모든 언덕과 바위 틈을 샅샅이 뒤진다"는 말씀이 부가되었기 때문입니다. 여기서 "모든 산 위에 있는 자"는 사랑에 속한 선 안에 있는 자들을 뜻하고, 그리고 "언덕 위에 있는 자"는 인애에 속한 선 안에 있는 자들을 뜻하고, "바위 틈에서 찾아낸 자"는 진리에 대한 불영명의 상태에 있는 자들을 뜻하기 때문입니다.
[18] 에스겔서의 말씀입니다.

> 너희 이스라엘의 산들아, 너희는 내 백성을 위하여 나뭇가지를 내어 뻗고, 열매를 맺어라(에스겔 36 : 8).

여기서 "이스라엘의 산들"은 인애에 속한 선들을 뜻하고, 이런 것들에게서 믿음에 속한 진리들이나 삶에 속한 선들이 비롯되었다는 것은 "너희는 내 백성을 위하여 나뭇가지를 내어 뻗고,

열매를 맺어라"는 말씀이 뜻하는데, 여기서 "가지"는 믿음에 속한 진리를 뜻하고, "열매"는 삶에 속한 선을 뜻하기 때문입니다.
[19] 아모스서의 말씀입니다.

> 주께서 하시는 말씀이다.
> "그 때가 되면,
> 농부는 곡식을 거두고서,
> 곧바로 땅을 갈아야 하고,
> 씨를 뿌리고서,
> 곧바로 포도를 밟아야 할 것이다.
> 산마다 단 포도주가 흘러나와서
> 모든 언덕에 흘러 넘칠 것이다.
> 내가,
> 사로잡힌 내 백성 이스라엘을
> 데려오겠다."
> (아모스 9 : 13, 14)

이 구절들이 뜻하는 것은 그것들이 설명된 본서 376[B]항에서 볼 수 있습니다. 여기서 "산들"은 주님사랑에 속한 선을 뜻하고, "언덕들"은 이웃을 향한 인애에 속한 선을 뜻하고, "단 포도주"(sweet wine)는 진리들을 뜻합니다. 그러므로 이런 낱말들은 그들이 이 두 선들에게서 넉넉하게 가지게 될 진리들을 뜻합니다. 왜냐하면 "사로잡힌 포로에서 내 백성을 데려오겠다"는 말씀은 새로운 교회의 설시를 뜻하기 때문입니다.
405[D]. [20] 시편서의 말씀입니다.

> 주의 의로우심은 우람한 산줄기와 같고,

6장 9—17절

> 주의 공평하심은
> 깊고 깊은 심연과도 같습니다.
> (시편 36 : 6)

성경말씀에서 "의로우심"(公義 · righteousness)은 선에 관해서 서술하고, "심판"(=공평 · judgment)은 진리에 관해서 서술하기 때문에 "여호와의 의로우심은 산줄기(=여러 산들)와 같다"고 언급되었습니다. 여기서 "하나님의 산들"(=산줄기)은 인애에 속한 선을 뜻하기 때문이고, "심연"(=깊음 · the deep)은 일반적으로 믿음의 진리들이라고 부르는 진리들을 뜻하기 때문입니다. "공의"(=의로우심)는 선에 관해서 서술한다는 것, 그리고 "공평하심"(=심판)은 진리에 관해서 서술한다는 것 등은 ≪천계비의≫ 2235 · 9857항을 참조하십시오.
[21] 같은 책의 말씀입니다.

> (주, 나의 하나님은)
> 땅의 기초를 든든히 놓으셔서,
> 땅이 영원히 흔들리지 않게 하셨습니다.
> 옷으로 몸을 감싸듯,
> 깊은 물로 땅을 덮으시더니,
> 물이 높이 솟아서 산들을 덮었습니다.
> 그러나 주께서 한 번 꾸짖으시니,
> 물이 도망치고,
> 주의 천둥소리에
> 물이 서둘러서 물러갑니다.
> 물은 산을 넘고,
> 골짜기를 타고 내려가서
> 주께서 정하여 주신 그 자리로 흘러갑니다.

주님은 경계를 정하여 놓고,
물이 거기를 넘지 못하게 하시며,
물이 되돌아와서
땅을 덮지 못하게 하십니다.
주님은,
골짜기마다 샘물이 솟아나게 하시어,
산과 산 사이로 흐르게 하시니, ……
누각 높은 곳에서 산에 물을 대주시니,
이 땅은 주께서 내신 열매로 만족합니다.
(시편 104 : 5-10, 13)

영적인 뜻으로 이해된 내용은 사람의 중생이나, 사람에게 있는 교회의 형성에 관한 진전과정이나 발전과정을 기술하고 있습니다. 그리고 "주께서 땅의 기초를 놓으셨다"는 말씀은 사람에게 있는 교회의 경계들이나, 마감들(closings)을 뜻합니다. "주님께서는 옷으로 몸을 감싸듯 깊은 물로 땅을 덮으셨다"는 말씀은 자연적인 사람 안에 있는 기억지들(=과학지들)을 가지고, 그 지식들에 의하여 교회에 속한 영적인 것들이 있는 자연적인 사람의 내면적인 것들이 그것들의 자리를 가지게 하고, 그리고 에워쌌다는 것을 뜻합니다. 여기서 깊음(=깊은 물)은 일반적으로 지식들을 뜻하고, "옷"(vesture)은 감싸고, 옷입히는 참된 지식들을 뜻합니다. "물이 산 위에 서 있다"(=물이 높이 솟아서 산들을 덮는다)는 말씀은 본질적으로 악들인 쾌락을 가리키는 자연적인 사랑들 위에 있는 거짓들을 뜻합니다. 그것은 여기서 "산"은 그런 사랑들에 속한 악들을 뜻하기 때문이고, "물"은 그것에서 비롯된 거짓들을 뜻하기 때문입니다. "주께서 한 번 꾸짖으시니, 물이 도망치고, 주의 천둥소리에

물이 서둘러서 물러간다"는 말씀은 거짓들이 진리들에 의하여 흩어지고, 분산되는 것을 뜻하고, 그리고 악들이 천계에서 비롯된 선들에 의하여 흩어지고, 분산되는 것을 뜻합니다. "물은 산을 넘고, 골짜기를 타고 내려가서 주께서 정하여 주신 그 자리로 흘러간다"는 말씀은 자연적인 사랑들의 자리에는, 그리고 그것에서 비롯된 악들의 자리에는, 그런 사랑들이나 선들에게서 비롯되는 천계적인 사랑이나 선들이 삽입(揷入)한다는 것을 뜻하고, 그리고 거짓들의 자리에는 일반적인 진리들이 내려온다는 것을 뜻합니다. "주님은 경계를 정하여 놓고, 물이 거기를 넘지 못하게 하시며, 물이 되돌아와서 땅을 덮지 못하게 하신다"는 말씀은 거짓들과 악들이 밖에 있게 하고, 그리고 진리들이나 선들에게서 분리되게 하고, 그것들이 다시 흘러들어와서 파괴하지 못하게 영역 안에 가둔다는 것을 뜻하고, 그리고 "주님은 골짜기마다 샘물이 솟아나게 하시고, 산과 산 사이로 흐르게 하신다"는 말씀은 주님께서 성언에 속한 진리들 중에서 총명을 주시고, 그리고 천적인 사랑에 속한 선에서 비롯된 모든 것들을 주신다는 것을 뜻합니다. 여기서 "샘물"(springs)은 성언에 속한 진리들을 뜻하고, "골짜기에 샘들에게 보낸다"는 말씀은 그것들에서 비롯된 총명을 뜻하고, "산들과 산들 사이에 그것들의 흐름"은 그것들이 천적인 사랑에 속한 선들에게서 비롯되었다는 것을 뜻하고, 여기서 "산들"은 그런 종류의 선들을 뜻하기 때문입니다. "주님께서 누각 높은 곳에서(=자기 방들에서부터) 산에 물을 대주신다"는 말씀은 모든 선들은 진리들에 의하여 천계에서 비롯된다는 것을 뜻합니다. 여기서 "물을 댄다"는 것은 "물"이 진리들을 뜻하기 때문에 진리들에 관해서 서술하고, "산들"은 사랑에 속한 선을 뜻합니다. "누각"(=위에 있는 방들 · upper chambers)은 그런 것들이 비롯된 근원인 천계를 뜻합니다. "이 땅은 주님께서 내신 열매로 만족한다"(=땅이 주의 일들의 열매로 인하여 만족한다)는 것은 신령역사(役事 · the Divine operation)로 말미암아 사람에게 있는 교회가 계속해서 증대하는 것을 뜻하는데, 여기서 "일들의 열매"는 주님에 관해서는 신령역사(the Divine operation)를 뜻하기 때문이고, "땅"은 사람 안에 있는 교회를 뜻하고, 여기서는 그것의 형성에 관해서 다루어지고 있기 때문입니다. 그리고 계속적인 증대에 의하여 그 교회는 "만족하다"고 언급되었습니다. 이러한 내용들이나 뜻들은 이런 낱말들 안에 숨겨져 있는 비의(秘義)입니다. 그러나 만약에 사람이 속뜻으로 그것들을 알지 못한다면, 그가 지식들 안에 있지 않다면, 이 경우에는 만약에 사람이 속사람이나 겉사람에 관한 지식 안에 있지 않다면, 어느 누구가 그것들을 알 수 있으며, 이런 것들로 교회가 형성되는 선들이나 진리들이라는 것을 알 수 있겠습니까?

[22] 스가랴서의 말씀입니다.

> 내가 또 고개를 들고 바라보니, 내 앞에 두 산 사이에서 병거 네 대가 나왔다. 두 산은 놋쇠로 된 산이다(스가랴 6 : 1)

이 장절은 이방 사람들 사이에 세워질 새로운 교회(a new church)를 다루고 있습니다. 왜냐하면 새로운 교회를 뜻하는 새 성전이 다루어지고 있기 때문입니다. "두 산들 사이에서 나오는 병거들"은 진리들에 의하여 선에서 형성된 교회를 뜻하는데, 그것은 "병거들"(=전차들 · chariots)이 교리적인 것들을 뜻하기 때문이고, "산들"은 사랑에 속한 선들을 뜻하기 때문이고, "두 산들 사이에" 라는 말은 선들에게서 비롯된 진리들을 뜻하기 때문입니다. 왜냐하면 산들 사이에 있는 "골짜기들"(valleys)은 낮은 진리들을 뜻하기 때문인데, 그것은 자연적인 사람에 속한 진리들을 가리킵니다. 이 내용을 알기 위하여 여기서 "산들"이 자연적인 사람의 선을 뜻한다는 것을 "산들은 놋쇠로 만든 산이다"는 말씀이 언급되었는데, 여기서 "놋쇠"는 자연적인 사람의 선을 뜻하기 때문입니다.
[23] 역시 스가랴서의 말씀입니다.

> 주께서 나아가셔서,
> 이방 나라들과 싸우실 것이다.
> 전쟁 때에 싸우시던 것처럼 하실 것이다.
> 그 날이 오면,
> 주께서 예루살렘 맞은편 동쪽,
> 올리브 산 위에 발을 디디고 서실 것이다.
> 그러면 올리브 산은 한가운데가 갈라져서
> 동서로 뻗은
> 깊고 넓은 골짜기가 생길 것이다.
> 산의 반쪽은 북쪽으로
> 다른 반쪽은 남쪽으로 옮겨질 것이다.
> 그 산 골짜기는 아셀까지 미칠 것이다. 너희는 유다왕 웃시야 때에, 지진을 만나 도망간 것 같이, 주의 산 골짜기로 도망할 것이다(스가랴 14 : 3-5).

이 장절은 주님께서 이 세상에 계실 때, 주님께서 단행하신 최후심판(the Last Judgment)에 관해서 언급하고 있습니다. 왜냐하면 주님께서 이 세상에 계실 때 주님께서는 천계나 지옥에 있는 모든 것들을 질서에 맞게 회복시키셨고, 그러므로 그 때 주님께서는 선한 사람이나, 악한 사람에게 심판의 일을 하였습니다. 이 심판은 구약의 성경말씀에서 "분노의 날"(the day of indignant) · "노염의 날"(the day of anger) · "복수의 날"(the day of wrath) · "여호와의 복수의 날"(the day of the vengeance of Jehovah)이나 "천벌의 해"(the year of retributions) 등등이 뜻하는 것을 가리킵니다. 이 심판에 관해서는 나의 저서 ≪최후심판≫(the Last Judgment) 46항을 참조하십시오. 그 때 일어난 주님의 강림이나 그 심판이 스가랴서 14장에서 다루어졌다는 것은 그 장의 이런 말씀에서 명확합니다. 스가랴서의 말씀입니다.

    주 나의 하나님이 오신다.
    모든 천군을 거느리시고
    너희에게로 오신다.
    그 날이 오면,
    햇빛도, 차가운 달빛도 없어진다.
    낮이 따로 없고, 밤도 없는
    대낮만이 이어 간다.
    그 때가 언제 올지는 주께서만 아신다.
    저녁때가 되어도,
    여전히 대낮처럼 밝을 것이다.
    (스가랴 14 : 5-7)

"저녁 때"(the time of evening)는 심판이 일어나는 때인, 교회의 마지막 때를 뜻합니다. 그 때 그것은 악한 사람에게는 "저녁"(evening)이고, 선한 사람에게는 "빛"(light)입니다. 이런 것들이 잘 알게 되자, 영적인 뜻을 통하여 여기서 개별적인 것들이 뜻하는 것이 무엇인지도 잘 알게 되었습니다. 다시 말하면

"주께서 나아가셔서 이방 나라들과 싸우실 것이다"는 말씀은 악한 사람에 대한 최후심판을 뜻한다는 것이고, "나아가서 싸운다"는 말씀은 심판을 결행(決行)하는 것을 뜻하고, 그리고 "이방 나라들"은 악한 사람을 뜻합니다. "주께서 예루살렘 맞은 편 동쪽, 올리브 산 위에 발을 디디고 서실 것이다"는 말씀은 이런 일은 신령사랑으로 말미암아 주님의 신령선에서 발출하는 신령진리에 의하여 실행, 완수되었다는 것을 뜻하는데, 그것은 "올리브 산"이 주님과 관련해서는 신령사랑을 뜻하기 때문이고, "예루살렘"은 진리들의 측면에서는 교회를, 그리고 그러므로 그 교회에 속한 신령진리를 뜻하기 때문이고, "동쪽"은 신령선을 뜻하기 때문입니다. "그러면 올리브 산은 한가운데가 갈라져서 동서로 뻗은 깊고 넓은 골짜기가 생길 것이다"는 말씀은 악 안에 빠져 있는 자들에게서부터 선 안에 있는 자들의 분리(分離)를 뜻합니다. 왜냐하면 "올리브 산"은, 위에서 언급한 것과 같이, 신령사랑을 뜻하고, "동쪽"은 신령선 안에 있는 자들이 있는 곳을 뜻하고, "바다"는 악한 자들이 있는 곳을 뜻하기 때문입니다. 왜냐하면 영계의 서쪽 방위(方位)에는 분리시키는 바다가 있기 때문입니다. "산의 반쪽은 북쪽으로, 다른 반쪽은 남쪽으로 옮겨질 것이다"는 말씀은 선에 속한 진리들 안에 있는 자들로부터 악에 속한 거짓들 안에 있는 자들의 분리를 뜻하는데, 그것은 "북쪽"은 그들이 암흑의 상태에 있기 때문에 악에 속한 거짓들 안에 있는 자들이 있는 곳을 뜻하기 때문이고, 남쪽은 그들이 밝은 상태에 있기 때문에 선에 속한 진리들 안에 있는 자들이 있는 곳을 뜻하기 때문입니다. "그 때 너희는 주의 산 골짜기로 도망할 것이다"는 말씀은 그 때 선에서 비롯된 진리들 안에 있느 자들이 구조, 구출

될 것이라는 것을 뜻하고, 그리고 "도망간다"는 말은 구조, 구출되는 것을, "그 산의 골짜기"는 진리에 속한 지식들 안에 있는 자들이 있는 곳, 따라서 선에서 비롯된 진리들 안에 있는 자들이 있는 곳을 뜻하는데, 왜냐하면 진리에 속한 지식들 안에 있는 자들은 골짜기들에서 살기 때문이고, 선 안에 있는 자들은 산들에서 살기 때문입니다. "그리고 그 산들의 골짜기가 아셀까지 미칠 것이다"는 말씀은 "아셀"이 분리나 자유를 뜻하기 때문에, 악에 속한 거짓들로부터의 분리를 뜻합니다.
[24] "예루살렘 맞은 편 동쪽에 있는 올리브 산"은 신령사랑을 뜻하고, "동쪽으로부터의 예루살렘"은, 위에서 언급한 것과 같이, 신령선에서 발출하는 신령진리를 뜻하고, 주님께서 그 산에 머무시는 것이 익숙하셨는데, 이런 것은 누가복음서에 잘 알 수 있습니다. 누가복음서의 말씀입니다.

> 예수께서는 낮에는 성전에서 가르치시고, 밤에는 나와서 올리브 산이라고 하는 산에서 지내셨다(누가 21:37; 22:39; 요한 8:1).

이 곳에서는 역시 주님께서 주님의 제자들과 함께 주님의 강림이나 시대의 종말에 관해서 말씀하셨는데, 다시 말하면 최후 심판에 관해서 말씀하셨습니다(마태 24:3; 마가 13:3). 그리고 또한 여기서부터 주님께서는 예루살렘으로 올라가셨고, 그리고 고통들이나 수난들을 겪으셨습니다(마태 21:1; 26:30; 마가 11:1; 14:26; 누가 19:29, 37; 21:37; 22:39 참조). 그것은 주님께서 신령사랑으로 말미암아 모든 일들을 그것에 의하여 행하셨다는 것을 뜻하기 때문입니다. 왜냐하면 "올리브 산"은 그 사랑을 뜻하기 때문이고, 그리고 주님께서 이 세상에서 행하신 것은 무엇이나 표징적인 것

(representative)이기 때문이고, 그리고 주님께서 말씀하신 것은 무엇이나 표의적인 것(significative)이기 때문입니다. 주님께서 이 세상에 계실 때 표징들이나 표의들 안에 계셨다는 것은 주님께서 천계의 궁극적인 것들이나, 교회의 궁극적인 것들 안에 계시기 위한 것이고, 그리고 동시에 그것들의 처음 것들 안에, 그리고 따라서 처음 것들로부터 궁극적인 것들을 통치하시기 위해서, 그리고 배열하시고, 섭리하시기 위해서입니다. 그리고 처음 것들로부터 궁극적인 것들을 통하여 모든 중간적인 것들을 그렇게 하시기 위한 것입니다. 그것은 표징(表徵)과 표의(表意)가 궁극적인 것들 안에 있기 때문입니다.

405[E]. [25] "산"이 사랑에 속한 선을 뜻하기 때문에, 그리고 주님과 관련해서는 신령진리가 그 선에서 발출한 신령사랑에 속한 신령선을 뜻하기 때문에, 그러므로 여호와이신 주님께서는 시내 산에 하강(下降)하셨고, 거기에서 율법(律法)을 반포(頒布)하셨습니다. 왜냐하면 이렇게 언급되었기 때문입니다. 출애굽기서의 말씀입니다.

> 주께서 시내 산, 곧 그 산 꼭대기로 내려오셨다(출애굽기 19 : 20 ; 24 : 16, 17).
> 주께서 거기에서 율법을 반포하셨다(출애굽 20 : 1).

그러므로 신령선에서 비롯된 신령진리는 성경말씀에서 "시내 산"이 뜻하고, 그리고 거기에서 반포하신 "율법"이 뜻합니다. 그래서 역시 이렇게 기록되었습니다.

> 예수께서는 베드로와 야고보와 그의 동생 요한을 데리시고, 따로 높은 산으로 가셨다. 그런데 그들이 보는 앞에서 그의 모습이 변

하였다(마태 17 : 1 ; 마가 9 : 2).

그리고 주님께서 변하셨을 때 주님께서는 신령선에서 비롯된 신령진리 안에 나타나셨습니다. 왜냐하면 "해와 같은 그분의 얼굴"은 신령선을 표징하기 때문이고, "빛과 같이 희게 된 주님의 옷"은 신령진리를 표징하기 때문이고, 모습이 나타난 "모세와 엘리야"는 신령선에서 비롯된 신령진리를 가리키는 성언(聖言)을 뜻하기 때문입니다.

[26] "산"이 사랑에 속한 선을 뜻하기 때문에, 그리고 최고의 뜻으로는 신령선을 뜻하고, 그리고 신령선에서 발출하는 신령진리를 뜻하기 때문에, 그러므로 시온 성은 예루살렘보다 높은 데 있었습니다. 그리고 성경말씀에서 "시온 산"은 주님사랑에 속한 선 안에 있는 교회를 뜻하고, 그리고 예루살렘은 그 선에서 비롯된 진리들 안에 교회를 가리키고, 또는 교리에 관해서 교회라고 부릅니다. 동일한 이유 때문에 예루살렘은 "거룩한 산"이라고 불리웠고, 그리고 또한 "거룩한 언덕"이라고 하였습니다. 왜냐하면 "거룩한 산"이나 마찬가지로 "언덕"은 그것의 본질에서는 선에서 비롯된 진리를 가리키는 영적인 선을 뜻합니다. 이러한 사실은 아래의 성경 장절에서 잘 알 수 있습니다. 이사야서의 말씀입니다.

> 마지막 때에,
> 주의 성전에 서 있는 산이
> 모든 산 가운데서 으뜸가는 산이 될 것이며,
> 모든 언덕마다 높이 솟을 것이니,
> 모든 민족이 물밀듯 그리로 모여들 것이다.
> 백성들이 오면서 이르기를

6장 9-17절

> "자, 가자.
> 우리 모두 주의 산으로 올라가자.
> 야곱의 하나님이 계신 성전으로
> 어서 올라가자.
> 주께서 우리에게
> 주의 길을 가르치실 것이니,
> 주께서 가르치시는 길을 따르자" 할 것이다.
> 율법이 시온에서 나오며,
> 주의 말씀이 예루살렘에서 나온다.
> (이사야 2 : 2, 3)

같은 책의 말씀입니다.

> 그날이 오면,
> 큰 나팔 소리가 울릴 것이니,
> 앗시리아 땅에서 망할 뻔한 사람들과
> 이집트 땅에서 쫓겨났던 사람들이 돌아온다.
> 그들이 예루살렘의 거룩한 산에서
> 주님을 경배할 것이다.
> (이사야 27 : 13)

요엘서의 말씀입니다.

> 너희는 시온에서 뿔나팔을 불어라.
> 하나님의 거룩한 산에서
> 경보를 울려라.
> (요엘 2 : 1)

다니엘서의 말씀입니다.

주님, 주께서 지난 날에 우리를 구하여 주셨으니, 이제 주의 성 예루살렘, 곧 주의 거룩한 산으로부터 주의 분노를 떠나게 해주십시오(다니엘 9 : 16).

이사야서의 말씀입니다.

"그들이 또한 모든 민족들로부터
너희의 모든 형제를
주께 바치는 선물로
말과 수레와 가마와 노새와 낙타에 태워서,
나의 거룩한 산 예루살렘으로
데려올 것이다."
(이사야 66 : 20)

같은 책의 말씀입니다.

나에게 피하여 오는 사람은(=나를 의뢰하는 자는)
땅을 차지하여 거기에서 살고,
나의 거룩한 성전에서 나를 예배할 것이다(=내 거룩한 산을 상속받을 것이다).
(이사야 57 : 13)

에스겔서의 말씀입니다.

나의 거룩한 산, 이스라엘의 그 높은 곳에서, 이스라엘 온 족속이, 그 땅에 사는 모든 사람이, 나를 섬길 것이다(에스겔 20 : 40).

6장 9-17절

미가서의 말씀입니다.

> 그날이 오면,
> 주의 성전이 서 있는 주의 산이
> 산들 가운데서 가장 높이 솟아서,
> 모든 언덕을 아래로 내려다 보며,
> 우뚝 설 것이다.
> 민족들이 구름처럼 그리로 몰려올 것이다.
> (미가 4 : 1)

이 밖에도 "거룩한 산"·"시온 산"·"여호와의 산"이 언급된 장절들은 여럿 있습니다. 예를 들면-. 거룩한 산이 언급된 장절은 이사야 11 : 9 ; 56 : 7 ; 65 : 11, 25 ; 예레미야 31 : 23 ; 에스겔 28 : 14 ; 다니엘 9 : 20 ; 11 : 45 ; 요엘 2 : 1 ; 3 : 17 ; 오바다 1 : 16 ; 스바니아 3 : 11 ; 스가랴 8 : 3 ; 시편 20 : 1 ; 43 : 3 등이 있습니다. 그리고 시온 산이 언급된 장절은 이사야 4 : 5 ; 8 : 18 ; 10 : 12 ; 18 : 7 ; 24 : 23 ; 29 : 8 ; 31 : 4 ; 37 : 32 ; 요엘 3 : 5 ; 오바다 1 : 17, 21 ; 미가 4 : 7 ; 애가 5 : 18 ; 시편 48 : 11 ; 74 : 2 ; 78 : 68 ; 125 : 1 등이 있습니다. "시온 산"이 신령선이나 신령선의 측면에서 교회를 뜻하기 때문에 이사야서에는 이렇게 언급되었습니다.

> 예루살렘의 통치자에게
> 어린 양들을 조공으로 보내라.
> 셀라에서 광야를 거쳐,
> 나의 딸 시온 산으로 조공을 보내라.
> (=너희는 그 땅의 치리자에게 어린 양을 보내 되, 셀라에서부터 광야로,

시온의 딸의 산으로 보낼지어다.)(이사야 16 : 1)

묵시록서의 말씀입니다.

> 내가 보니, 어린 양이 시온 산에 서 있었습니다. 그 어린 양과 함께 십사만 사천 명이 서 있었는데, 그들의 이마에는 어린 양의 이름과 그의 아버지의 이름이 적혀 있었습니다(묵시록 14 : 1).

[27] 이렇게 볼 때 높은 산에 건축된 성전이 있는 예루살렘이 에스겔에 의하여 보여진 이유가 무엇인지 잘 알 수 있겠습니다. 그것에 관해서는 이렇게 기술되었습니다. 에스겔서의 말씀입니다.

> 하나님께서 보여 주신 환상 속에서 나를 이스라엘 땅으로 데려다가 아주 높은 산 위에 내려놓으셨는데, 그 산의 남쪽에는 성읍 비슷한 건축물이 있었다(에스겔 40 : 2).

이것에 관해서는 아래에 이어지는 장절들에서 많이 언급되었습니다. 시편서의 말씀입니다.

> 주님은 위대하시니,
> 우리 하나님의 성에서
> 그지없이 찬양을 받으실 분이시다.
> 그의 거룩한 산아,
> 그 봉우리가 너무 아름다워서,
> 온 땅이 즐거워하는구나.
> 먼 북녘의 시온 산은,
> 위대한 왕의 도성,

6장 9-17절

하나님은 그 성의 여러 궁궐에서,
자신이 피난처이심을 스스로 알리셨다.
(시편 48 : 1-3)

이 말씀은 선에게서 비롯된 진리들로 말미암은 주님의 예배를 기술하고 있습니다. 신령진리들이나 신령선들에게서 비롯된 주님의 예배는, 결과적으로 영혼에 속한 기쁨은 "주님은 위대하시니 우리 하나님의 성에서 그지없이 찬양을 받으실 분이시다. 그의 거룩한 산아, 그 봉우리가 너무 아름답다"는 말씀이 뜻합니다. 예배가 "위대하시다"·"그지없이 찬양을 받는다"는 말씀이 뜻합니다. 신령선에서 비롯된 신령진리는 "우리 하나님의 성과 그의 거룩한 산"이 뜻합니다. 결과적으로 영혼의 기쁨은 "너무나 아름다운 봉우리"가 뜻합니다. 천적인 선들이나 천적인 진리들에게서 비롯된 주님의 예배는 "먼 북녘의 시온 산은 위대한 왕의 도성"에 의하여 기술되었습니다. 천적인 선에서 비롯된 예배는 "온 땅이 즐거워하는 시온 산"이 뜻하고, 그 선에서 비롯된 진리들은 "북녘의 위대한 왕의 도성"이 뜻하고, 여기서 "온 북녘"은 천적인 선에게서 비롯된 진리들을 뜻하기 때문이고, "위대한 왕의 도성"은 그것에서 비롯된 진리의 교리를 뜻하기 때문입니다. 천적인 선 안에 있는 자들에 관하여 기술된 것은 "하나님은 그 성의 여러 궁궐에서 자신을 알리셨다"는 말씀이 뜻합니다. "북녘의 모든 면"은 천적인 선에게서 비롯된 진리들을 뜻하는데, 그것은 주님의 천적인 왕국에 있는 자들이 천계의 동녘에서 살기 때문이고, 그 선에서 비롯된 진리들 안에 있는 자들은 거기에서 북쪽을 향해 있기 때문입니다.

[28] 이사야서의 말씀입니다.

너 루시퍼야, 네가 평소에 늘 장담하더니
"내가 가장 높은 하늘로 올라가겠다.
하나님의 별들보다 더 높은 곳에
나의 보좌를 두고,
저 멀리 북쪽 끝에 있는 산 위에,
신들이 모여 있는 그 산 위에
자리잡고 앉겠다."
(이사야 14 : 13)

여기서 "루시퍼"(=새벽별)는 바벨론을 뜻하는데, 그것은 이사야서 14장이나 그 앞서나 그 뒤에 이어지는 장에서 잘 알 수 있습니다. 천계나 교회를 지배하겠다는 그의 지배애(支配愛)는 "내가 가장 높은 하늘로 올라가겠다, 하나님의 별들보다 더 높은 곳에 나의 보좌를 두겠다"는 말씀이 뜻하는데, 그것은 주님이 영적인 왕국을 구성하는 천계들을 다스리는 통치에 대한 애씀을 뜻합니다. 왜냐하면 진리들이나 진리에 속한 지식들은 그들에게는 마치 별들처럼 보이기 때문입니다. "내가 저 멀리 북쪽 끝에 있는 산 위에 자리잡고 앉겠다"는 말씀은 주님의 천적 왕국을 구성하는 천계들에 대한 통치를 열망하는 것을 뜻합니다. "신들이 모여 있는 산"(=회중의 산)이나 "온 북녘"은, 위에서 언급한 것과 같이, 거기에 있는 선들이나 진리들을 뜻합니다. 시온 산이나 예루살렘이 천계의 형체들에 일치하여 가능한 세워졌다는 사실은 시편에서 인용한 낱말들이 "저 멀리 북쪽 끝에 있는 산 위에, 신들이 모여 있는 그 산 위에 자리잡고 앉겠다"는 말씀이 뜻하는 것이 무엇인지, 그리고 이사야서에서 인용한 "북녘의 신들이 모여 있는 산"(=회중의 산)이 뜻하는 것이 무엇인지 명확하게 합니다.
[29] 이사야서의 말씀입니다.

> (앗시리아 왕 산헤립이 말하였다.)
> 네가 종들을 보내어서
> 주님을 조롱하며 말하였다.
> "네가 수많은 병거를 몰아,
> 높은 산 이 꼭대기에서 저 꼭대기까지,
> 레바논의 막다른 곳까지 깊숙이 들어가서,
> 키 큰 백향목과
> 아름다운 잣나무를 베어 버리고,
> 울창한 숲 속 깊숙이 들어가서,
> 그 끝간 데까지 들어갔다."
> (이사야 37 : 24)

이 장절은 속뜻으로 온갖 거짓들에게서 비롯된 추론들에 의하여 교회에 속한 선들이나 진리들을 파괴하기를 열망하는 자들의 오만불손(傲慢不遜)에 대해서 기술하고 있습니다. "앗시리아 왕"은 왜곡, 타락된 합리적인 것을 뜻하고, "수많은 병거들"은 교리에 속한 거짓들에게서 비롯된 추론들을 뜻하고, "높은 산 이 꼭대기에서 저 꼭대기까지 올라가며, 레바논의 막다른 곳까지 깊숙이 들어가서, 키 큰 백향목과 아름다운 잣나무를 베어 버렸다"는 말씀은 내적으로나 외적으로나 교회에 속한 선들이나 진리들을 파괴하려는 온갖 노력을 뜻하는데, 그것은 "산들"이 교회에 속한 선들을 뜻하기 때문이고, "레바논의 깊숙한 곳"은 진리들과 결합된 선들이 있는 곳을 뜻하기 때문이데, 여기서 "레바논"은 영적인 교회를 뜻하고, "키 큰 백향목들"은 선에서 비롯된 그 교회의 내적인 진리들을 뜻하고,

"잣나무들"은 역시 선에서 비롯된 그 교회의 외적인 진리들을 뜻합니다. 이러한 내용은 영적인 뜻으로 그런 낱말들이 가리킵니다. 결과적으로 천계에 있는 영적인 뜻의 낱말들의 뜻입니다.
[30] "산"이나 "산들"(=산줄기)은 역시 아래의 장절에서는 사랑에 속한 선들이나 인애에 속한 선들을 뜻합니다. 시편서의 말씀입니다.

> 주님은 하늘을 구름으로 덮으시고,
> 땅에 내릴 비를 준비하시어,
> 산에 풀이 돋게 하신다.
> (시편 147 : 8)

주님(=여호와)께서 하늘을 덮으시는 "그 구름"은 외적인 진리들을 뜻하는데, 이런 것들은 성경말씀의 문자의 뜻 안에 있습니다. 왜냐하면 그 뜻으로 진리들은 성경말씀에서 "구름들"이라고 불리웠기 때문이고, 이에 반하여 속뜻으로 진리들은 "영광"(glory)이라고 불리웠기 때문입니다. "하늘"(=천계)은 내적인 진리들을 뜻하는데, 그것은 하늘(=천계)에 있는 자들은 그것들 안에 있기 때문입니다. "주님께서 땅에 내리시려고 준비하신 비"(=주님께서 땅을 위해 준비한 비)는 진리의 입류(入流)를 뜻하는데, 그것은 "땅"이 교회를 뜻하고, 따라서 진리를 영접, 수용한 거기에 있는 자들을 뜻하기 때문입니다. 왜냐하면 교회는 그런 것들로 이루어지기 때문입니다. "주님께서 풀이 돋게 하시는 산"은 사랑에 속한 선들이나, 그것으로 인한 사랑에 속한 선들 안에 있는 자들을 뜻합니다. 여기서 "풀"(grass)은 그런 것들이 가지고 있는 영적인 영양분을 뜻합니다. 왜냐하면 그것은 짐승들을 위한 풀이기 때문입니다. 그리고 "짐승들"은 자연적인 사람의 선에 속한 정동들을 뜻합니다.
405[F]. [31] 신명기서의 말씀입니다.

> 요셉 지파를 두고서
> 그는 이렇게 말하였다.
> "주께서 그들의 땅에 복을 내리실 것이다.
> 위에서는 하늘의 보물 이슬이 내리고,
> 아래에서는 지하의 샘물이 솟아오른다.
> 햇빛을 받아 익은 온갖 곡식과,
> 달빛을 받아 자라나는 온갖 과실이,
> 그들의 땅에 풍성할 것이다.
> 태고 적부터 있는 언덕은
> 아주 좋은 과실로 뒤덮일 것이다."
> (신명기 33 : 13-15)

이 말씀은 모세에 의한 요셉의 축복의 말씀이고, 그리고 요셉의 이름에서 명명된 요셉 지파의 축복의 말씀입니다. 이 축복은 요셉에게 선포되었는데, 그 이유는 "요셉"이 주님의 영적인 왕국을 뜻하기 때문이고, 그리고 거기의 체계는 가장 가까이 있으면서 주님의 천적인 왕국과 내통, 교류하기 때문입니다. "요셉의 땅"(the land of Joseph)은 그 천계를 뜻하고, 그리고 또한 그 천계에 장차 있을 자들로 이루어진 교회를 뜻합니다. "하늘의 보물(=귀중한 것들) 이슬"이나, "지하의 샘물"(=지하의 심연)은 천적인 근원에서 비롯된 신령 영적인 것들(Divine-spiritual things)이나 영적 자연적인 것들(spiritual-natural things)을 뜻합니다. "하늘의 귀중한 것들"(=보물)은 신령 영적인 것들을 뜻하고, "이슬"은 교류하는 영적인 것들을, "아래에 있는 깊은 것"은 영적 자연적인 것들을 뜻합니다. "햇빛을 받아 익은 온갖 과일들"(=동쪽의 산의 첫 열매들)이나, 태고 적부터 있는 언덕의 진귀한 것들(=좋은 과일)은 주님사랑이나 이웃을 향한 인애에 속한 양자의 선인 진정함을 뜻하고, "동쪽의 산들"(=햇빛에 잘 익은 과일들)은 주님사랑에 속한 선들을 뜻하고, "첫 열매들"(=잘 익은 과일)은 진정한 선을 뜻하고, 그리고 "태고 적부터 있는 언덕"은 이웃을 향한 인애에 속한 선들을 뜻하기 때문입니다. 여기서 "요셉"·"요셉 지파"·"안개"·"아래에 있는 깊음"·"동쪽의 산들"·"태고 적의 언덕들" 등이 표징하는 것을 알지 못하는 자들은 이런 낱말들이 가지고 있는 것을 거의 알지 못하고, 그리고 일반적으로 이스라엘 지파들에 관해서 신명기서 33장에서 모세에 의하여 축복된 것의 뜻도 거의 알 수 없고, 그리고 또한 창세기 49장에서 조상 이스라엘이 축복한 것에 관해서도 그것의 뜻을 역시 거의 알 수 없습니다.

[32] 마태복음서의 말씀입니다.

> 너희는 세상의 빛이다. 산 위에 있는 동네는 숨길 수 없다(마태 5 : 14).

이 말씀은 주님께서 제자들에게 하신 말씀입니다. 제자들은 선에서 비롯된 진리들 안에 있는 교회를 뜻합니다. 그러므로 "너희는 세상의 빛이다"라고 언급되었는데, 여기서 "세상의 빛"은 교회에 속한 진리를 뜻합니다. 만약에 "산 위에 있는 숨길 수 없는 동네"가 선에게서 비롯된 것이 아니라면, 그것은 진리가 아니라는 것을 뜻합니다. "산 위에 있는 동네"는 선에서 비롯된 진리를 뜻하기 때문입니다.

[33] 같은 책의 말씀입니다.

> 어떤 사람에게 양 백 마리가 있는데, 그 가운데 한 마리가 길을 잃었다면, 그는 아흔아홉 마리를 산에다 남겨 두고서, 길을 잃은 그 양을 찾아 나서지 않겠느냐?(마태 18 : 12).

그는 "아흔아홉을 산에 남겨 두고 떠나지 않았을 것이다"라고 언급되었습니다. 왜냐하면 "산들에 있는 양들"은 사랑에 속한 선이나, 인애에 속한 선 안에 있는 자들을 뜻하지만, 그러나 "길 잃은 한 마리 양"은 그 선 안에 있지 않는 자를 뜻하기 때문입니다. 그 이유는 무지(無知)에서 비롯된 거짓들 안에 있기 때문입니다. 왜냐하면 거짓이 있는 곳에는 선이 있지 못합니다. 그 이유는 선은 진리에 속한 것이기 때문입니다.
[34] 복음서들의 말씀입니다.

> "'황폐하게 하는 가증스러운 물건이 서지 못할 곳에 선 것'을 보거든(읽는 사람은 깨달아라), 그 때에는 유대에 있는 사람들은 산으로 도망하여라. 지붕 위에 있는 사람은, 내려오지 말고, 제 집 안에서 무엇을 꺼내려고 들어가지도 말아라"(마가 13 : 14, 15 ; 마태 24 : 15-17 ; 누가 21 : 21).

여기의 장절들에서 주님께서는 교회에 속한 계속적인 황폐한 상태를 기술하였습니다. 그러나 그것은 어디까지나 순수한 대응들에 의하여 기술되었습니다. "너희가 황폐하게 하는 가증스러운 물건을 볼 때"라는 말씀은 제자들이, 다시 말하면 선에서 비롯된 진리들 안에 있는 자들은 황폐하게 되는 교회를 인지하게 되는데, 이러한 일은 거기에 전혀 선이 없기 때문에 더 이상 어떤 진리도 있지 않을 때, 또는 인애가 전혀 없기 때문에 믿음이 전혀 없을 때 일어납니다. "그 때에 유대에 있는 사람들은 산으로 도망하여라"는 말씀은 주님의 교회에 속한 자들은 사랑에 속한 선 안에 남아 있어야 한다는 것을 뜻하는 데, 그것은 "유대"가 주님의 교회를 뜻하기 때문이고, 여기서 "산들"은 사랑에 속한 선들을 뜻하기 때문이고, "산으로 도망한다"는 것은 그런 선들 안에 남아 있다는 것을 뜻하기 때문입니다. "지붕 위에 있는 사람은 집 안으로 들어가지 말아라"는 말씀은 진정한 진리들 안에 있는 자들은 반드시 그것들 안에 남아 있어야 한다는 것을 뜻합니다. 여기서 "집"(house)은 그의 마음에 속한 모든 내면적인 것들의 측면에서 사람을 뜻하기 때문이고, 그리고 "집의 지붕"은, 그러므로 진정한 진리들에게서 비롯된 총명을 뜻하고, 따라서 그것을 통해서 총명이 있는 진정한 진리들을 뜻하기 때문입니다. 만약에 복음서의 여러 장절들에서 주님께서 말씀하신 개별적인 것을, 영적인 뜻에 의하여 예증되지 않는다면, 거기에 내포된 것은 거의 알 수 없을 것입니다. 따라서 "지붕 위에 있는 사람은 집 안으로 내려가지 말아라"는 말씀이나, 그리고 또한 다른 곳에서는 "들에 있는 사람은 제 겉옷을 가지러 뒤로 돌아서지 말아라"는 말씀이나, 이 밖의 많은 것들이 언급된 것들에 대해서도 거의 알 수 없을 것입니다.

405[G]. [35] 따라서 더 잘 입증된 사실은 성경말씀에서 "산들"은 사랑에 속한 선들을 뜻한다는 것이지만, 그러나 성경말씀에 있는 대부분의 것들은 역시 반대의 뜻을 가지고 있기 때문에, 그러므로 "산들"도 그러한데, 반대의 뜻에서 "산들"은 사랑에 속한 악들(=애욕에 속한 악들), 또는 자기사랑이나 세상 사랑에서 솟아나는 온갖 악들을 뜻합니다. 성경말씀의 아래

장절들에서 산들은 반대의 뜻으로 언급되었습니다. 이사야서의 말씀입니다.

> 그 날은 만군의 주께서 준비하셨다.
> 모든 교만한 자와 거만한 자,
> 모든 오만한 자들이
> 낮아지는 날이다. ……
> 모든 높은 산과
> 모든 솟아오른 언덕과 ……
> 다 낮아지는 날이다.
> (이사야 2 : 12, 14)

"만군의 주의 날"(=만군의 주께서 준비하신 그 날)은 최후심판을 뜻하는데, 그 때 영계에서 그들이 차지하고 있던 산들이나 언덕들에서 악한 자들이 쫓겨났습니다. 이러한 사실은 여기의 처음 단락에서 언급되었습니다. 그것은 최후심판 전에 그들이 산들이나 언덕들에 살고 있었기 때문인데, 여기서 "산들이나 언덕들"은 그들이 처해 있는 것에서 비롯된 사랑들(=애욕들)이나 온갖 악들을 뜻합니다. 여기서 "산들"은 자기사랑에 속한 악들을 뜻하고, "언덕들"은 세상사랑에 속한 악들을 뜻합니다. 여기서 우리가 주지하여야 할 사실은 자기사랑에 빠져 있는 모두는, 특히 지배에 속한 사랑들(=지배욕들)에 빠져 있는 자들이 영계에 오게 되면, 그들은 스스로 높은 곳들에 오르겠다는 가장 큰 열망에 빠져 있습니다. 이러한 열망은 사람 안에 있는 고유한 것입니다. 이것이 바로 "교만하고, 거만한 마음"이나 "높은 것들을 열망한다"는 것이 일상적인 어투에서 표현들이 된 이유입니다. 그 이유 자체는 지배욕에 있는 이런 열망은 그들 자신이 하나님들(gods)이 되고 싶다는 것이고, 그리고 하나님은 가장 높은 것들 안에 있다는 것입니다. "산들이나 언덕들"이 이런 사랑들(=욕망들)을 뜻한다는 것, 그리고 그것으로 인하여 이런 사랑들(=애욕들)에 속한 악들을 뜻한다는 것은 우리의 본문 "만군의 주께서 준비하신 그 날에 모든 교만한 자와 거만한 자, 모든 오만한 자들이나 모든 높은 산과 모든 솟아오른 언덕이 낮아지는 날이다"고 언급된 것에서 명백하고, "산들이나 언덕들에 오른다"는 말이 뜻하는 것이 그 밖에 무엇이겠습니까?

[36] 같은 책의 말씀입니다.

> 한 소리가 외친다.
> "광야에 주께서 오실 길을 닦아라.
> 사막에 우리의 하나님께서 오실 큰길을
> 곧게 내어라.
> 모든 계곡은 메우고,
> 산과 언덕은 깎아 내리고,
> 거친 길은 평탄하게 하고,
> 험한 곳은 평지로 만들어라."
> (이사야 40 : 3, 4)

이 구절은 역시 주님의 강림과 그 때의 최후심판에 관해서 다루고 있습니다. "광야에서 외치는 그의 소리가 있다. 주께서 오실 길을 닦아라. 우리의 하나님께서 오실 큰길을 곧게 내어라"는 말씀은 그들이 스스로 주님을 영접, 수용하는 것을 준비한다는 것을 뜻합니다. 여기서 "광야"(wilderness)는 거기에 진리가 전혀 없기 때문에, 선이 전혀 없는 곳을 뜻하고, 따라서 아직까지 교회가 없는 곳을 뜻합니다. "모든 계곡은 올리고(=메우고), 모든 산과 언덕은 깎아 내린다"(=낮춘다)는 것은 마음이 겸손한 자들 모두가, 다시 말하면 선들이나 진리들 안에 있는 자들 모두가 영접된다는 것을 뜻합니다. 왜냐하면 이런 자들은 주님에 의하여 영접되고, 천계에 올리워지기 때문입니다. 그것은 "광야"가 진리가 전혀 없기 때문에 선이 전혀 없는 곳을 말하고, 따라서 아직까지 교회가 없는 곳을 뜻하기 때문입니다. "모든 계곡은 올리고(=메우고), 산과 언덕은 깎아 내린다"는 말씀은 마음이 겸손한 자들 모두는, 다시 말하면 선들이나 진리들 안에 있는 자들은 모두 영접된다는 것을 뜻합니다. 왜냐하면 이런 부류의 사람들은 주님에 의하여 영접되고, 천계에 올리우기 때문입니다. 이에 반하여 "모든 산과 모든 언덕이 깎아내린다(=낮아지게 된다)는 말씀은 마음으로 교만한 자들, 다시 말하면 자기사랑이나 세상사랑 안에 있는 자는 모두 낮게 되는, 또는 낮아지는 것을 뜻합니다.
[37] 에스겔서의 말씀입니다.

> 내가 그 땅을 황무지나 폐허로 만들어 놓으면, 그 거만하던 권세도 끝장이 날 것이고, 이스라엘의 모든 산은 메말라서, 사람이 얼씬도 하지 않을 것이다(에스겔 33 : 28).

이 장절은 이스라엘 사람들이 표징하는 영적인 교회의 폐허와 황폐를 기술하고 있습니다. 왜냐하면 유대 사람들은 주님의 천적인 왕국, 또는 천적인 교회를 표징하지만, 이에 반하여 이스라엘 사람들은 주님의 영적인 왕국, 또는 영적인 교회를 표징하기 때문입니다. 그 교회들의 황폐나 폐허는 영적인 교회의 마지막 상태를 뜻하는데, 그 상태는 바로 거기에 선이 전혀 없기 때문에 거기에 더 이상 어떤 진리도 없는 때를 가리킵니다. 그리고 또한 인애가 없기 때문에 믿음이 전혀 없는 때를 가리킵니다. 여기서 "황폐"(=황무지)는 믿음에 속한 진리에 관해서 서술하고, "폐허"는 인애에 속한 선에 관해서 서술합니다. 그들이 진리들이라고 부르는 거짓들에게서 비롯된 마음의 자랑이나 허풍, 그리고 우쭐대는 것은 "힘의 자만"(the pride of strength)이 뜻하고, 그리고 "힘"이나 "능력"은 선에서 비롯된 진리들과 관계를 가지고 있습니다. 그 이유는 모든 힘이나 능력은 그런 부류의 진리들에게 속해 있기 때문입니다. 그러나 여기서 그것들은 거짓들과 관계를 가지고 있는데, 그 이유는 마음의 자랑이나 허풍, 우쭐대는 것이기 때문입니다. 거기에 더 이상 인애의 선도, 믿음의 선도 없다는 것은 "이스라엘의 모든 산은 메말랐다"는 말이 뜻하고, 거기에 선이 없고, 오직 악만 있다는 것은 "사람이 얼씬도 하지 않을 것이다"는 말씀이 뜻합니다.

[38] 같은 책의 말씀입니다.

> "사람"(=사람의 아들)아, 너는 이스라엘의 산들을 바라보면서, 그것들에게 내릴 심판을 예언하여라. 너는 이렇게 외쳐라. 이스라엘의 산들아, 너희는 주님의 말씀을 들어라. 산과 언덕에게 계곡(=수로)과 골짜기에게 주 하나님이 이렇게 말씀하신다. 보아라, 내가 너희에게 전쟁이 들이닥치게 하여 너희의 산당을 없애 버리겠다(에스겔 6 : 2, 3)

여기서도 역시 "이스라엘의 산들"은 영적인 교회에 있는 자들에게 존재하는 자기사랑이나 세상사랑에서 발출하는 악들을 뜻합니다. 그 때 그들은 삶에 속한 악 이외에는, 그리고 그것에서 비롯된 교회에 속한 거짓들 이외에는 삶에 속한 어떤 선도 더 이상 가지고 있지 않습니다. 여기서 "산들"·"언덕들"·"계곡들"(=수로)·"골짜기들"은 내면적인 것들이나 영적인 것들, 또는 외면적인 것들이나 자연적인 것들 양자를 가리키는 그 교회에 속한 모든 것들을 뜻합니다. "산들이나 언덕들"은 내면적인 것들이나 영적인 것들을 뜻하고, "계곡들(=수로들)이나 골짜기들"은 외면적인 것들이나 자연적인 것들을 뜻합니다. 이런 것들이 거짓들을 통해서 멸망할 것이라는 것은 "보아라, 내가 너희에게 전쟁(=칼)이 들이닥치게 하겠다"는 말씀이 뜻하는데, 그것은 "칼"은 진리들에 의하여 거짓의 파괴를 뜻하지만, 그러나 여기서 그것은 거짓들에 의한 진리의 파괴를 뜻하기 때문입니다.

[39] 역시 같은 책의 말씀입니다.

"곡이 이스라엘 땅을 쳐들어오는 그날에는, 내가 분노와 격분과 울화를 참지 못할 것이다. …… 바다의 물고기와 공중의 새와 들의 짐승과, 땅에 기어 다니는 모든 벌레와, 땅 위에 있는 모든 사람이 내 앞에서 떨 것이며, 산이 무너지고, 절벽이 무너지고, 모든 성벽이 허물어질 것이다. 그리고 내가 곡을 칠 칼을 내 모든 산으로 불러들이겠다(에스겔 38 : 18, 20).

이 장절이 뜻하는 것이 무엇인지는 그것이 거기에 설명된 본서 400[C]항을 참조하십시오. 다시 말하면 "곡"(Gog)이 무엇을 뜻하는지, "바다의 물고기"·"공중의 새"·"들의 짐승"·"땅에 기어 다니는 모든 벌레"가 뜻하는 것이 무엇인지 그것을 참조하십시오. 그리고 "이스라엘의 산들"이 영적인 사랑에 속한 선들을 뜻한다는 것, 그러나 여기서는 이런 선들에 정반대가 되는 사랑에 속한 악을 뜻한다는 것도 참조하십시오.
[40] 미가서의 말씀입니다.

> "너는 일어나서 산 앞에서
> 소송 내용을 샅샅이 밝혀라.
> 산과 언덕이 네 말을 듣게 하여라.
> 너희 산들아,
> 땅을 받치고 있는 견고한 기둥들아,
> 나 주가 상세히 밝히는 고발을 들어 보아라.
> 나 주의 고소에 귀를 기울여라.
> 나 주가 내 백성을 상대하여서,
> 고소를 제기하였다.
> 내가 내 백성을 고발하고자 한다."
> (미가 6 : 1, 2)

이 구절 역시 영적인 교회에 관해서 언급하고 있는데, 그 교회는 이스라엘 민족이 유대 민족에게서 분리되었을 때 이스라엘 민족이 표징합니다. 그리고 "산들"은 인애에 속한 선들을 뜻하고, "언덕"은 믿음에 속한 선을 뜻합니다. 그러나 여기서 그것은 이들 선들에 정반대가 되는 악들이나 거짓들을 뜻합니다. 그래서 "너는 산들에게 항변하여라. 그리하여 작은 산들(=언덕들)로 네 음성을 듣게 하여라"는 말씀이 언급되었습니다. "땅의 튼튼한 기초들"은 그 교회 안에 있는 거짓에 속한 원칙들을 뜻하고, 그리고 여기서 "땅"은 교회를 뜻하고, "기초들"은 다른 것들이 그것 위에 세워진 원칙들을 뜻하기 때문입니다. 그래서 "주께서 자기 백성"과, 그리고 "이스라엘"과 논쟁하고, 변론하겠다(=고소하고, 고발하겠다)고 언급되었는데, 그 이유는 "백성"(people)은 진리들 안에 있는 자들이나, 또는 거짓들 안에 있는 자들을 뜻하기 때문이고, "이스라엘"은 선들 안에 있는 자들이나 악들 안에 있는 자들을 뜻하기 때문입니다. [41] 예레미야서의 말씀입니다.

> 온 세상을 파괴한 멸망의 산아,
> 보아라, 이제 내가 너를 치겠다. ……
> 내가 너에게 손을 뻗쳐서
> 너를 바위 꼭대기에서(=바위들로부터) 굴려 내리고,
> 너를 불탄 산으로 만들어 버리겠다.
> (예레미야 51 : 25)

이 말씀은 바빌론에 관해서 언급하고 있는데, 바빌론은 악에 속한 거짓들 안에 있는 자들을, 그리고 자기사랑에서 비롯된 거짓에 속한 악들 안에 있는 자들을 뜻합니다. 왜냐하면 이런 부류는 교회에 속한 거룩한 것들을 지배의 수단으로 오용(誤用)하기 때문입니다. 그런 일은 그 사랑(=애욕)에서, 그리고 그것에서 비롯된 거짓들과, 그것에서 비롯된 악들에게서 비롯되는데, 그것이 바로 "온 세상을 파괴하는 멸망의 산"이라고 한 바빌론이기 때문입니다. 그것은 "세상"(earth)이 교회를 뜻하기 때문입니다. 악에 속한 거짓들에 의한 이런 것들의 파괴나 파멸(=천벌)이 "내가 너를 바위들(=낭떠러지들)로부터 굴려 내리겠다"는 말씀이 뜻하는데, 여기서 "바위 틈들"(=낭떠러지들 · 절벽들)은 믿음에 속한 진리들이 있는 곳을 뜻하지만, 여기서는 악에 속한 거짓들이 있는 곳을 뜻하기 때문입니다. 이에 반하여 거짓에 속한 악들에 의한 이런 것들의 파괴나 파멸(=천벌)은 "내가 너를 불타는 산으로 만들어 버리겠다"는 말씀이 뜻하는데, 그것은 "불탄다"(burning)는 것은 불이 그런 사랑(=

애욕)을 뜻하기 때문에 자기사랑과 관계를 가지고 있기 때문입니다(≪천계와 지옥≫ 566-573항 참조). 이러한 내용은 바빌론이 "온 세상을 파괴하는 멸망의 산"이라 불리우고, 그리고 "불타는 산"이라고 하기 때문에 자기사랑이나 세상사랑에 속한 악들을 뜻한다는 것을 명확하게 합니다. 나훔서의 말씀입니다.

> 주 앞에서 산들은 진동하고,
> 언덕들은 녹아내린다.
> 그의 앞에서 땅은 뒤집히고,
> 세상과 그 안에 있는 모든 것은
> 곤두박질한다.
> 주께서 진노하실 때에
> 누가 감히 버틸 수 있으며,
> 주께서 분노를 터뜨리실 때에
> 누가 감히 견딜 수 있으랴?
> 주의 진노가 불같이 쏟아지면,
> 바위가 주 앞에서 산산조각 난다.
> (나훔 1 : 5, 6)

여기서 시리즈로 이것이 뜻하는 것이 무엇인지는 본서 400[B]항에서 볼 수 있는데, 거기에는 이런 것들의 개별적인 것이 설명되었습니다. 여기서 "산들이나 언덕들에 대한 표기"는 자기사랑이나 세상사랑에 속한 악들을 뜻합니다.

405[H]. [42] 미가서의 말씀입니다.

> 주께서 그 거처에서 나오시어
> 땅의 높은 곳을 짓밟으시니,

6장 9-17절

뭇 산이 그 발밑에서 녹고,
평지(=골짜기)가 갈라진다.
불 앞의 밀초처럼 녹아내리고,
비탈길로 쏟아져 내리는 급류 같구나.
이 모든 일이 일어나는 것은
야곱의 죄 때문이며,
이스라엘 집의 범죄 때문이다.
(미가 1 : 3-5)

이 구절들 역시 최후심판에 관해서, 그리고 앞에서 여러 곳에서 언급한 것과 같이, 그 때 산들이나 언덕 위에 있는 천계의 겉모양(=가상적인 천계 · a semblance of heaven)을 자신들을 위해서 만든 그들에 관해서 언급하고 있습니다. 최후심판은 "주께서 그 거처에서 나오시어 땅의 높은 곳을 짓밟으셨다"는 말씀이 뜻합니다. 여기서 "땅의 높은 곳"은 높은 곳에 있던 자들에 대해서 뜻하는데, 다시 말하면 최후심판이 단행된 그들을 뜻하기 때문입니다. 왜냐하면 영계에서는 마치 이 세상에서와 꼭같이 뭍들(lands) · 산들 · 언덕들 · 계곡들이 있기 때문입니다. 이런 자들은 자기사랑이나 세상사랑에서 비롯된 것 안에, 그리고 그것에서 비롯된 거짓들 안에 있는 자들인데, 산들이나 언덕들 위에 있었던 자들의 멸망은 "그 발밑에서 녹는 뭇 산들이나 불 앞의 밀초처럼 녹아내리고, 급류같이 쏟아져 내리는 골짜기(=평지)"가 뜻합니다. 여기서 "산들"은 자기사랑이나 세상사랑에 속한 악들을 뜻하고, "골짜기"(=평지)는 그것에서 비롯된 거짓들을 뜻하기 때문입니다. "산들"이 뜻하는 것이 자기사랑이나 세상사랑에 속한 악들에 관해서 "그것들이 불 앞에 있는 밀초처럼 녹아내린다"고 언급되었는데, 그 이유는

"불"이 이런 사랑들을 뜻하기 때문입니다. 그리고 "골짜기들"(=평지)이 거짓들에 관해서 "물이 비탈길로 쏟아져 내리는 급류같다"고 언급되었는데, 그 이유는 "물"이 거짓들을 뜻하기 때문입니다. 이런 내용이 명확한 것은 악들이나 거짓들 때문입니다. 왜냐하면 "이 모든 일이 일어난 것은 야곱의 죄 때문이다. 이스라엘 집의 범죄 때문이다"고 언급되었기 때문입니다.

[43] 예레미야서의 말씀입니다.

> 땅을 바라보니,
> 온 땅이 혼돈하고 공허합니다.
> 하늘에도 전혀 빛이 보이지 않습니다.
> 산들을 바라보니,
> 모든 산이 진동하고,
> 모든 언덕이 요동합니다.
> 아무리 둘러보아도 사람 하나 없으며,
> 하늘을 나는 새도 날아가고 없습니다.
> (예레미야 4 : 23-25)

"모든 산이 진동한다"는 말은 자기사랑에 속한 악들 안에 빠져 있는 자들의 파멸을 뜻하고, "모든 언덕이 요동한다"는 말은 세상사랑에 속한 악들이나, 거짓들 안에 빠져 있는 자들의 파멸을 뜻합니다. 이 밖의 나머지 내용은 본서 280[B] · 304[B]의 설명을 참조하십시오. 이사야서의 말씀입니다.

> 주께서, 하늘을 가르시고 내려오시면,
> 산들이 주님 앞에서 떨 것입니다.
> (이사야 64 : 1)

이 장절도 위에 이미 설명된 미가서에 있는 내용들과 비슷한 뜻을 가지고 있습니다(미가 1 : 3-5).
[44] 시편서의 말씀입니다.

    주님, 하늘을 낮게 드리우시고,
    내려오시며,
    산들을 만지시어
    산마다 연기를 뿜어 내게 하십시오.
    번개를 번쩍여서 원수들을 흩으시고,
    화살을 쏘셔서
    그들을 혼란에 빠뜨려 주십시오.
    (시편 144 : 5, 6)

"하늘을 낮게 드리우시고(=구부리고 · to bow) 내려오신다"는 말씀은 "하늘을 가르고 내려온다"는 말과 같은 뜻입니다. 그리고 위에 인용된 "주께서 그 거처에서 나오시어 땅의 높은 곳을 짓밟으셨다"(미가 1 : 3)는 말씀의 뜻, 다시 말하면 방문하고, 심판하는 것을 뜻한다는 것과 비슷한 뜻입니다. "산들을 만지시니 산마다 연기를 뿜어낸다"는 말은 자기사랑이나 세상사랑에 속한 악들이나, 그것에서 비롯된 거짓들 안에 빠져 있는 자들이 주님의 임재(=현존 · 臨在 · 現存 · His presence)에 의하여 파멸되는 것을 뜻하고, 여기서 "연기를 뿜는다"는 것은 그들의 애욕(=사랑)에 속한 악들이나 그들의 거짓에 빠지게 하는 것을 뜻합니다. 왜냐하면 "불"(fire)은 이런 사랑들(=애욕들)을 뜻하고, "연기"는 그것들의 거짓들을 뜻하기 때문입니다. "번개를 번쩍여서 원수들(=그것들)을 흩으신다"는 말은 그들이 그것에 의하여 사라지게 하는 신령진리를 뜻하는데, 그 이유는 그런 일이 악들이나 거짓들이 그것에 의하여 폭로되고, 들추어 내는 신령진리의 현존에 의한 것이기 때문입니다. 그리고 그 때 거기에 번개들과 같은 외현들의 충돌이나 대립에서 비롯된 것을 뜻합니다.
[45] 신명기서의 말씀입니다.

> 나의 분노에서 나오는 불꽃이
> 저 아래 스올까지 타들어 가며,
> 땅 위에 있는 모든 것들을 삼켜 버리고,
> 멧부리까지 살라 버릴 것이다.
> (신명기 32 : 22)

"저 아래 스올(=가장 낮은 지옥)에까지 타들어 가는 여호와의 분노에서 솟아나는 불꽃"은 비록 결코 여호와께서 분노의 불꽃(fire of anger)을 가지고 계시지 않으시지만, 가장 낮은 지옥을 태울 만큼 그 분노가 적지 않다는 것을 뜻합니다. 왜냐하면 주님이신 여호와께서는 어느 누구에게 분노하지 않으시며, 어느 누구에게 악을 행하지 않으며, 뿐만 아니라 주님께서는 어느 누구도 지옥으로 보내시지 않으시는데, 이러한 내용은 ≪천계와 지옥≫ 545-550항에서 잘 볼 수 있습니다. 그러나 성경말씀의 문자적인 뜻으로 그와 같이 언급되었습니다. 그 이유는 악한 사람에게는 그와 같이 나타나 보이기 때문이고, 그리고 또한 단순한 사람(a simple man)에게도 역시 그와 같이 보이기 때문입니다. 왜냐하면 문자로 표현된 성언(聖言)은 외현(外現)에 일치하기 때문인데, 그것은 자연적인 사람들의 판단이나 견해에 일치하기 때문입니다. 그러나 영적인 존재인 천사들은 겉보기에는 사람의 판단이나 견해에 일치하지 않고, 오히려 영적으로 일치하는 성언의 진리들 자체를 보기 때문에, 그러므로 천사들에게서 이런 표현의 뜻은 좋은 뜻으로 바뀌어지는데, 이것이 바로 성경말씀의 속뜻이고 영적인 뜻입니다. 다시 말하면 사람에게서 지옥적인 사랑은 그런 부류의 불꽃이고, 심지어 그 불꽃은 가장 낮은 지옥(=스올)까지 불살라버립니다. 그 불꽃이 그런 것이기 때문에, 다시 말하면 그 사랑(=애욕)은 기초 자체로부터 사람에게 있는 교회에 속한 모든 것들을 파괴, 파멸합니다. 그러므로 "그 불꽃이 땅을 삼켜버리고, 그리고 그것의 소산(所産)이나 멧부리(=산들의 기초)에도 불을 놓을 것이다"라고 언급되었습니다. 여기서 "땅"은 교회를 뜻하기 때문이고, "땅의 소산"은 교회에 속한 모든 것을 뜻하고, "산들의 기초들"(=멧부리)은 사랑에 속한 선들이 그것 위에 세워진 진리들을 뜻하기 때문입니다. 이런 것들에 "불을 놓으리라"고 언급되었는데, 그것은 자기사랑이나 세상사랑에 속한 불꽃에 의한 것입니다. 시편서의 말씀입니다.

주께서 크게 노하시니
땅이 꿈틀거리고 흔들리며,
산의 뿌리(=산의 기초들)가 떨면서 뒤틀렸다.
(시편 18:7)

이 구절의 뜻도 앞서의 뜻과 비슷하지만, 그러나 그것의 개별적인 것들의 뜻은 본서 400[B]항을 참조하십시오. 역시 같은 책의 말씀입니다.

하나님은 우리의 피난처이시며,

우리의 힘이시며,
재난이 있을 때에는
우리 곁에 계시는 구원자이시니,
땅이 흔들리고 산이 무너져
바다 속으로 빠져 들어도,
우리는 두려워하지 않는다.
물이 소리를 내면서 거품을 내뿜고
산들이 노하여서 뒤흔들려도,
우리는 두려워하지 않는다.
(시편 46 : 1-3)

이 장절의 말씀도 역시 본서 304[C]항에 설명되었습니다. 거기에서는 "바다 속으로 빠져 든다"는 말이 뜻하는 것이 무엇인지, 그리고 "바닷물이 불어나서 산들이 흔들린다"는 말이 뜻하는 것이 무엇인지, 다시 말하면 그것들의 증대에 따라서 재난이나 고통 따위를 야기시키는 자기사랑이나 세상사랑에 속한 악들을 뜻한다는 것이 설명되었습니다.
[46] 이사야서의 말씀입니다.

주께서 모든 민족에게 진노하시고,
그들의 모든 군대에게 분노하셔서
그들을 진멸시키려고 하신다.
그들이 살해당하도록
버려 두시기로 작정하셨다.
죽은 자들이 내동댕이쳐져서
그 시체에서는 악취가 솟아오르며,
홍수처럼 흐르는 피에
산들이 무너져 내릴 것이다.

(이사야 34 : 2, 3)

이 장절은 최후심판에 관해서 언급하고 있습니다. 그리고 "주(=여호와)께서 모든 민족에게 진노하시고 그들의 모든 군대에게 분노하신다"는 말씀은 목적에서, 그리고 마음(=심령)에게 비롯된 악들이나 그것들의 거짓들 안에 빠져 있는 자들의 파괴나 저주(=영벌)를 뜻합니다. 여기서 "민족들"은 이런 악들을 뜻하고, "군대"는 그것에서 비롯된 거짓들을 뜻하기 때문입니다. 이런 것들이 저주를 받는다는 것이나 그들이 멸망할 것이라는 것 등등은 "그가 그들을 완전히 멸하시며 그가 그들을 살육되도록 넘겨 주었다"(=주께서 그들을 진멸시키려 하고, 그들이 살해당하도록 버려 두기로 작정하였다)는 말씀이 뜻합니다. 온갖 거짓들을 통하여 멸망할 자들의 저주(=영벌)는 "그가 그들을 살육되도록 넘겨 주었다"는 말씀이 뜻하는데, 성경말씀에서 거짓들을 통하여 멸망할 자들은 "살해된다"고 언급되었습니다. 그리고 "버려진다"(to be cast forth)는 것은 저주(=영벌)를 받는 것을 뜻합니다. 악들에 의하여 멸망될 자들의 저주(=영벌)는 "그들의 시체에서 악취가 솟아오른다"는 말씀이 뜻합니다. 성경말씀에서 악들에 의하여 멸망한 자들은 "시체들"(=송장들)이라고 불리웠고, "악취"(惡臭 · stink)는 그들의 저주(=영벌)를 뜻합니다. "그들의 피에 무너져 내리는 산들"은 거짓들이 충만한 그런 부류의 인물들의 애욕들에 속한 악들을 뜻하고, 여기서 "산들"은 자기사랑이나 세상사랑에 속한 악들을 뜻하고, "피"는 거짓을 뜻하기 때문입니다.
[47] 같은 책의 말씀입니다.

　　내가 큰 산과 작은 산을 황폐하게 하고,

그 초목들을 모두 시들게 하겠다.
강들을 사막으로 만들겠고,
호수를 말리겠다.
(이사야 42 : 15)

"큰 산과 작은 산을 황폐하게 만든다"는 것은 주님사랑에 속한 모든 선과 이웃을 향한 인애에 속한 모든 선을 파괴하는 것을 뜻하고, "초목(=풀)들을 모두 시들게 한다"는 것은 결과적으로 모든 진리의 파괴를 뜻하는데, 그것은 "초목"(=풀·herb)이 선에게서 솟아나는 진리들을 뜻하기 때문입니다. "강들을 사막(=섬)으로 만들고, 호수를 말린다"는 것은 "강"이 진리에 속한 총명을 뜻하고, "섬"(island)은 거기에 총명이 전혀 없는 것을, "호수"(pools)가 진리의 지각을 뜻하기 때문에 진리의 모든 이해나 지각을 전멸시키고, 파기시키는 것을 뜻합니다. 진리의 이해는 진리의 빛(光)에서 비롯되지만, 그러나 진리의 지각은 별(熱), 즉 진리에 속한 사랑에서 비롯됩니다.
[48] 역시 같은 책의 말씀입니다.

(너 야곱아, 보아라.)
"내가 너를
날이 날카로운 새 타작기로 만들 터이니,
네가 산을 쳐서 부스러기를 만들 것이며
언덕을 겨로 만들 것이다.
네가 산들을 까불면,
바람이 그 가루를 날려 버릴 것이며,
회오리바람이 그것들을 흩을 것이다.
그러나 너만은
나 주와 더불어 기뻐할 것이며,

나 이스라엘의 거룩한 하나님을
찬양할 것이다."
(이사야 41 : 15, 16)

여기서 "야곱"은 선과 진리에 관한 외적인 교회를 뜻하고, 그리고 그것으로 인하여 외적인 선과 진리를 뜻하는데, 그것은 성경말씀의 문자적인 뜻에서 비롯된 선과 진리를 가리킵니다. 외적인 교회에 속한 자들은 이런 부류의 선이나 진리 안에 있습니다. 이들이 "날이 예리한(=날카로운) 새 타작기"에 비유되었는데, 그것은 타작기가 밀이나 보리, 그리고 이삭들에게서 비롯된 다른 곡식들을 두들겨서 타작하는 것을 뜻하기 때문이고, 그리고 이런 것들이 교회에 속한 선들이나 진리들을 뜻하기 때문입니다(본서 374 · 375[A · B]항 참조). 그러므로 여기서는 그것들이 으깨지고, 부서진 악들이나 거짓들이기 때문에 "날(=이빨)이 날카로운 타작기"가 언급되었고, 그리고 "네가 산을 쳐서 부스러기를 만들 것이고, 언덕을 겨로 만들 것이다"고 언급되었습니다. 이러한 것은 자기사랑이나 세상사랑에서 솟아나는 온갖 악들이나 거기에서 비롯된 온갖 거짓들의 파괴를 뜻합니다. 그리고 여기에 "너는 바람이 그 가루를 날려 버리듯이, 회오리바람이 그것들을 흩으듯이 그것들을 흩으리고, 날려 버릴 것이다"는 말이 부가되었습니다. 그 말은 그것들이 전혀 가치(價値)나 이익이 없다는 것을 뜻합니다. 그리고 여기서 "바람"이나 "사나운 바람"(=회오리바람) 양자는 그것들이 악들이나 거짓들을 뜻하기 때문에 언급되었습니다. "바람"은 좋은 뜻으로는 진리들과 관계를 가지고 있고, 나쁜 뜻으로는 거짓들과 관계를 가지고 있고 "사나운 바람"(=폭풍우설)은 거짓에 속한 악들과 관계를 가지고 있습니다.

[49] 또 같은 책의 말씀입니다.

(나는)
비록 산들이 옮겨지고
언덕이 흔들린다 하여도
나의 은총(=자비)이 너에게서 떠나지 않으며,
평화의 언약을 파기하지 않겠다.
(이사야 54 : 10)

"산들이 옮겨지고 언덕이 흔들린다"는 말씀은 땅 위에 있는 산들이나 언덕들이 옮겨지고 흔들린다는 것을 뜻하지 않고, 오히려 악한 사랑들(=애욕들)이나 그것에서 비롯된 거짓들 안에 있는 자들을 뜻합니다. 왜냐하면 이사야서 54장은 새로운 교회가 그것으로 형성될 민족을 다루고 있기 때문에, 그러므로 여기서 "산들이나 언덕들"은 개별적으로는 옛 교회에 속한 자들을 뜻하고 결과적으로는 그 옛 교회를 형성한 오직 거짓에 속한 악들이나 악에 속한 거짓들이 그들에게 있는 유대 민족을 뜻하는데, 그 이유는 그들이 자기사랑이나 세상사랑에 빠져 있기 때문입니다.

[50] 예레미야서의 말씀입니다

나는 산들을 보고 울며 탄식합니다.
광야의 초원을 바라보고
슬픈 노래를 읊겠습니다.
그처럼 무성하던 곳들이
모두 황무지가 되었고,
지나다니는 사람이 하나도 없습니다.
가축 떼의 울음소리도 들려 오지 않습니다.

6장 9-17절

> 공중의 새에서부터
> 들의 짐승에 이르기까지,
> 다 다른 곳으로 도망하여 사라졌습니다.
> (예레미야 9 : 10)

그것을 위한 울음과 탄식이 있기 때문에 여기서 "산들"은 바로 위에서 언급된 두 사랑들(=자기사랑과 세상사랑)에서 솟아나는 온갖 종류의 악들을 뜻하고, "광야의 거처"(=광야의 초원)는 그것에서 비롯된 거짓들을 뜻합니다. 왜냐하면 "광야"는 진리가 전혀 없기 때문에 선이 전혀 없는 곳을 뜻하고, 그리고 "거처"(=초원)는 거짓들이 있는 곳을 뜻하기 때문입니다. 그러므로 여기서 "광야의 초원"(=광야의 거처)은 위에서 기술한 것과 같이 악들에게서 비롯된 거짓들을 뜻합니다. "황무지가 되고, 다니는 사람이 하나도 없다"는 것이 뜻하는 것은 거기에 전혀 선도 진리도 없다는 것을 뜻합니다. 성경말씀에서 "황폐"(=황무지·vastation)가 다루어지는 곳에서는 하나의 관습적인 어투가 있는데, 그것이 "지나다니는 사람이 하나도 없다"는 것입니다. 이 말씀은 거기에 더 이상 어떤 진리도 없다는 것을, 따라서 결코 총명도 없다는 것을 뜻합니다. 따라서 광야에 산들도 존재하지 않고, 초원(=처소)도 존재하지 않는 것은 아주 명확한데 그 이유는 그것 때문에 울고 탄식하였기 때문입니다.
[51] 또 같은 책의 말씀입니다.

> 나의 백성은 길 잃은 양 떼였다. 목자들이 그들을 그릇된 길로 인도하여, 그들이 산 속에서 헤맸다. 양 떼가 산과 언덕에서 방황하며, 쉬던 곳을 잊어버렸다(예레미야 50 : 6).

그리고 에스겔서의 말씀입니다.

> 내 양 떼가 모든 산과 모든 높은 언덕에서 헤매고, 세계 각처에까지 흩어지게 되었는데도, 그 양 떼를 찾으려고 물어 보는 목자가 하나도 없었다(에스겔 34 : 6).

"양 떼가 산에서 언덕으로 헤맨다"(=가버렸다)는 말씀이나, 그리고 "양 떼가 길을 잃고 모든 산들과 높은 언덕에서 헤맨다"는 말씀은 그들이 선들이나 진리들을 추구, 찾지만, 그러나 그것들을 찾지 못하였다는 것을 뜻하고, 오히려 그것 대신에 악들이나 거짓들이 사로잡았다는 것을 뜻합니다. "산들이 그들을 외면하였다"(=떠나버렸다)는 말씀은 선들 대신에 거기에 악들이 있다는 것을 뜻합니다.

[52] 예레미야서의 말씀입니다.

> 너희는
> 주께서 날을 어두워지게 하시기 전에,
> 너희가 어두운 산 속에서 실족하기 전에,
> 주 너희 하나님께 영광을 돌려라.
> (예레미야 13 : 16)

이 말씀은 신령진리는 반드시 시인되어야 한다는 것, 그리고 거짓들이나 그것에서 비롯된 악들은 자연적인 사람으로 말미암아 깨어져야 한다는 것 등을 뜻합니다. "하나님에게 영광을 돌린다"는 것은 성경말씀에서 "영광"이 신령진리를 뜻하기 때문에, 신령진리를 시인하는 것을 뜻하고, 그리고 그것을 시인하고 그것에 일치하여 사는 것은 주님께서 열망하시는 영광을 가리키고, 그리고 그것을 주님에게 드리는 것을 뜻합니다.
"주께서 날을 어두워지게 하기 전에" 라는 말씀은 여기서 어
둠은 거짓들을 뜻하기 때문에, 거짓들이 소유하지 않도록 하여
라는 것을 뜻합니다. "너희가 어두운 산 속에서(=여명의 산들
에서) 실족하기 전"이라는 말씀은 "어두운 산들"(=여명의 산들)
이 거짓에 속한 악들을 뜻하기 때문에, 자연적인 사람에게서
비롯된 악들이 소유하지 못하게 막는다는 것을 뜻합니다. 왜
냐하면 여기서 "산들"은 악들을 뜻학고, 그리고 진리가 보이지
않고, 대신에 거짓이 보일 때가 "어둠"(=여명·twilight)을 뜻하
기 때문입니다. 그리고 "발"(足·feet)은 자연적인 사람을 뜻
합니다. 왜냐하면 모든 악들이나 그것에서 비롯된 거짓들은
자연적인 사람 안에 있기 때문인데, 그 이유는 유전에 의하여
자연적인 사람은 하나님에 비하여 보다 더 자기 자신을 사랑
하는 것에로 움직이고 감동되기 때문이고, 주님나라보다는 이
세상에게로 움직이고, 부모에게서 물려받은 그런 사랑들에 밀
착된 악들을 사랑하는 것에로 움직이고, 감동되기 때문입니다.
이런 악들이나 그것에서 비롯된 거짓들은 신령진리에 의해서,
그리고 그것에 일치하는 삶에 의한 것을 제외하고서는 결코
제거되지 않습니다. 이런 것들에 의하여 천계의 빛으로 보는
보다 높은 사람, 즉 사람의 내면적인 마음은 열린다는 것, 그
리고 이 빛에 의하여 주님께서는 자연적인 사람 안에 똬리를
틀고 있는 악들이나, 그것에서 비롯된 거짓들을 해산시키시고
내쫓습니다. "발"(足·feet)이 자연적인 사람을 뜻한다는 것은
본서 65·69항을 참조하시고, ≪천계비의≫ 2162·3147·
3761·3986·4280·4938-4952항을 참조하십시오.

405[I]. [53] 복음서의 말씀입니다.

예수께서는 그들(=제자들)에게 말씀하셨다. "하나님을 믿어라. 내가 진정으로 너희에게 말한다. 누구든지 이 산더러 '벌떡 일어나서 바다에 빠져라' 하고 말하고, 마음에 의심하지 않고 말한 대로 될 것을 믿으면, 그대로 이루어질 것이다"(마가 11 : 22, 23 : 마태 17 : 20).

천계의 비의(秘義 · arcana)나 성경말씀의 영적인 뜻에 무지(無知)한 사람은 주님께서는 구원하는 믿음을 말씀하신 것이 아니고, 역사적인 것이나 기적적인 것이라고 하는 다른 믿음을 말씀하신 것이라고 믿겠지만, 주님께서는 구원하는 믿음을 가리키는 믿음은 인애와 하나를 이루고, 그리고 그것은 전적으로 주님에게서 비롯된다는 것을 말씀하셨습니다. 그러므로 주님께서는 이 믿음을 "하나님의 믿음"(the faith of God)이라고 부르셨습니다. 그리고 주님에게서 비롯된 인애의 믿음(the faith of charity)을 가리키는 이 믿음에 의하여 자기사랑이나 세상사랑에서 유입하는 모든 악들을 제거하시고, 그리고 그것들을 그것들이 온 근원인 지옥으로 내쫓으십니다. 그래서 주님께서는 "누구든지 이 산더러 일어나서 바다에 빠져라" 하고 말하고, 그리고 "말한 대로 될 것을 믿으면 그대로 이루어질 것이다"고 말씀하셨습니다. 왜냐하면 여기서 "산"은 그런 사랑들(=애욕들)에 속한 악들을 뜻하기 때문이고, "바다"는 지옥을 뜻하기 때문입니다. 그러므로 "산에서 벌떡 일어나라"고 말한다는 것은 그런 악들의 제거를 뜻합니다. 그리고 "바다에 빠진다"는 것은 그것들이 비롯된 근원인 지옥에 던져진다는 것을 뜻합니다. "산"이나 "바다"의 뜻이 이러하기 때문에, 믿음의 능력이 대화의 주제가 되었을 때 고대 사람들에게는 이런 표현은 일반적인 것이 되었습니다. 그러나 이와 같은 표현은 그 믿음의 능력이 땅에 있는 산들이 바다에 빠지게 한다는 것은 아니고, 오히려 지옥에서 비롯된 악들을 추방, 축출(逐出)하는 것을 뜻합니다. 더욱이 영계에서 악한 자가 살고 있는 산들은 주님에게서 온 믿음에 의하여 자주 뒤집어업혀지고 쫓겨납니다. 이러한 내용은 앞에서 수차례에 걸쳐 언급되었습니다. 그리고 이런 일은 내가 자주 목격하기도 하였습니다. 주님에게 비롯되는 믿음은 인애에 속한 믿음 이외의 다른 것이 없다는 것을 가리킨다는 것은 마가복음서에서 주님의 아래 말씀에서 잘 알 수 있습니다. 거기에는 이렇게 언급되었습니다.

> 그러므로 나는 너희에게 말한다. 너희가 기도하면서 구하는 것은 무엇이든지 이미 그것을 받은 줄로 믿어라. 그리하면, 너희에게 그대로 이루어질 것이다. 너희가 서서 기도할 때에, 어떤 사람과 서로 등진 일이 있다면 용서하여라. 그래야, 하늘에 계신 너희 아버지께서도 너희의 잘못을 용서해 주실 것이다. 그러나 만일 너희가 용서하지 아니하면 하늘에 계신 너희 아버지께서도 너희의 죄들을 용서하지 아니할 것이다(마가 11 : 24-26).

이 장절은 여기서 주님께서 말씀하신 "하나님의 믿음"(the faith of God)이 인애의 믿음(the faith of charity)을 가리킨다는 것, 다시 말하면 인애와 하나를 이루는 믿음을 가리킨다는 것은 아주 명료하게 합니다. 그러므로 그 믿음은 전적으로 주님에게서 옵니다. 더욱이 주님께서 제자들에게 이런 사실들을 말씀하셨을 때, 그 때 제자들은 그들 자신의 믿음으로 말미암아, 따라서 자기 자신들로부터 여러 기적들을 행할 수 있다고 생각하였습니다. 그럼에도 불구하고 이런 기적들은 주님에게서 비롯된 믿음에 의하여, 따라서 주님에 의하여 행해집니다. 이러한 사실은 동일한 일이 언급된 마태복음 17장 19, 20절에서 잘 알 수 있습니다.

[54] "산들"이 천적인 사랑에 속한 선들을 뜻하기 때문에, 그리고 "언덕들"이 영적인 사랑에 속한 선들을 뜻하기 때문에, 그 교회를 표징하는 고대 사람은 산들이나 언덕들 위에서 자신들의 신령예배를 드렸습니다. 그리고 시온은 산 위에 있었고, 예루살렘은 그 아래에 있는 산간지역에 있었습니다. 그러나 우상숭배에 빠진 유대 사람이나 이스라엘 사람이 신령예배를 우상숭배적인 예배로 바꾸지 못하게 하기 위하여 그들에게 엄명된 것은 그들이 그들의 예배를 오직 예루살렘에서만 드리려 하지, 다른 곳에서 드리는 것은 허락되지 않았다는 것입니다. 그러나 그들은 마음에서는 우상숭배적이었기 때문에 그들은 예루살렘에서 그들의 예배를 드리는 것에 만족하지 않았고, 그러나 고대에서 유래된 그 민족의 관습(=전통)이 시간이 지나면서 그들은 산이나 언덕 어디에서나 예배를 드렸고, 그리고 거기에서 희생제물을 바쳤고, 향기를 올렸습니다. 이런 것이 그들에게는 우상숭배적인 것이었기 때문에 악들이나 거짓에서 비롯된 예배는 그 밖의 다른 산들이나 언덕에서의 그들의 예배가 의미되었습니다. 그와 같이 변질된 예배는 아래의 장절들에게서 잘 알 수 있습니다. 이사야서의 말씀입니다.

> 너는 또 저 우뚝 솟은
> 높은 산 위에 올라가서
> 거기에다 자리를 깔았다.
> 거기에서 제사를 지냈다.
> (이사야 57 : 7)

호세아서의 말씀입니다.

> 산꼭대기에서 희생제물을 잡아서 바친다.
> 언덕 위에서 분향한다.
> (호세아 4 : 13)

예레미야서의 말씀입니다.

> 너는 저 배신한 이스라엘이 한 일을 보았느냐? 그가 높은 산마다 올라가서 음행을 하였고, 또 푸른 나무가 있는 곳마다 그 밑에서 음행을 하였다(예레미야 3 : 6).

"음행을 하였다"(=창녀 짓을 하였다)는 말은 예배를 위화하였다는 것을 뜻하고, 이것이 바로 우상숭배를 가리킨다는 것은 모세의 여러 글에서 명확합니다. 신명기서의 말씀입니다.

> 너희는 너희가 쫓아낼 민족들이 뭇 신을 섬기는 곳은, 높은 산이든지 낮은 언덕이든지 무성한 나무 아래든지 어느 곳이든지 다 허물어야 한다(신명기 12 : 2).

그러므로 이 장절들에서 산들이나 언덕 위에서의 예배는 온갖 악이나 거짓들에게서 비롯된 예배를 뜻합니다. 이상에서 볼 때, 그리고 또한 이와 같은 우상숭배는 높은 산 헤리콘(Helicon)이나, 그리고 그 산 아래 언덕 패내서스(Panassus)가 자리잡고 있는 그리스에 있는 민족들에게서 왔고, 그리고 그들의 신(神)이나 여신(女神)을 믿었던 거기에 살고 있었던 민족들에게서 비롯되었는데, 이것은 아시아에 있었던 고대 사람들에게서, 특히 거기에서 멀지 않은 가나안 땅에 있었던 민족들에게서 유래되었습니다. 그들에게 있었던 모든 예배(=제사)는 표징적인 것으로 구성되었었습니다.

[55] 복음서에 언급된 말씀입니다.

> 또다시 악마는 예수를 매우 높은 산으로 데리고 가서, 세상의 모든 나라와 그 영광을 보여 주었다(마태 4 : 8 ; 누가 4 : 5).

이 구절은 악마가 자기사랑을 통하여 주님을 시험하였다는 것을 뜻하는데, 자기사랑은 바로 "높은 산"이 뜻하는 것이기 때문입니다. 왜냐하면 여기의 여러 장절들에 기술된 세 번의 시험들은 주님께서 이 세상에 계실 때 겪으신 모든 시험들을 뜻하고 있기 때문입니다. 왜냐하면 주님께서는 당신 자신에 허용하신 지옥에서 비롯된 시험들이나, 그리고 그 때 그 시험들의 승리들에 의하여 지옥에 있는 것들을 질서에 맞게 회복시키셨고, 당신의 신령인성을 영화시키셨습니다. 다시 말하면 인성을 신령하게 이루셨습니다. 주님이 겪으신 모든 시험들이 그와 같이 간략하게 기술되었는데, 그것은 주님께서 다른 방법으로는 그것들을 계시할 수 없었기 때문입니다. 그럼에도 불구하고 그 시험들은 성경말씀의 영적인 뜻으로는 충분하게 기술되었습니다. 주님의 시험에 관해서는 ≪새 예루살렘의 교리≫에서 인용된 것을 참조하십시오(같은 책 201 · 293 · 302항 참조).
406[A]. 따라서 "산"이 뜻하는 것이 무엇인지 더 상세하게 입증하고자 합니다. 그것은 "섬"(island)이 뜻하는 것을 입증하는 것입니다. 왜냐하면 우리의 본문은 "그대로 남아 있는 산이나 섬은 하나도 없었다"고 언급되었기 때문이고, 묵시록서의

다른 곳의 말씀입니다.

　　모든 섬들이 사라지고, 산들이 자취를 감추었습니다(묵시록 16 : 20).

성경말씀에서 "섬들"은 바다의 섬들이나, 섬들에 사는 사람들을 뜻하지 않고 오히려 그것이 뜻하는 것 안에 있는 진리들에 관한 자연적인 사람을, 따라서 추상적인 뜻으로는 자연적인 사람에 속한 진리들을 뜻합니다. 자연적인 사람에 속한 진리들은 진정한 지식들(=과학지들)을 뜻하는데, 그것은 합리적인 사람의 직관력(直觀力·intuition) 하에 있고, 그리고 영적인 사람의 직관력 하에 있는 진리에 속한 인식(認識)들입니다. 진리에 속한 인식들은 자연적인 사람이 성경말씀에서 배운 그런 것들과 같습니다. 이에 반하여 참된 지식들(=과학지들)은 자연적인 사람이 합리적인 것으로 말미암아 보는 것과 같은 것이고, 그리고 그 사람은 그것에 의하여 교회에 속한 진리들을 확증하는데 익숙하게 됩니다. 사람에게 두 마음(two minds)이 있는데 하나는 보다 높은 마음, 또는 내면적인 마음으로, 그것은 영적인 마음이라고 불리우고, 다른 하나는 보다 낮은 마음, 또는 외면적인 마음인데, 그것은 자연적인 마음이라고 불리웁니다. 사람들에게 있는 자연적인 마음은 먼저 열리고, 계발(啓發), 교화(敎化)되는데, 그 이유는 이것이 이 세상에서 가장 가깝게 나타나기 때문입니다. 그리고 그 뒤에 영적인 마음이 열리고, 계발, 교화되는데, 그러나 그 사람이 삶 안에 성경말씀에서 비롯된 진리의 인식들을 영접, 수용하는 것에까지 확대되고, 그리고 또한 성경말씀에서 비롯된 교리에서 비롯된 진리의 인식들을 삶에 영접, 수용하는 것에게 확장됩니다. 결과적으로는 지식들을 삶에 적용하지 않는 자들에게서는 그것은 열리지 않습니다. 그러나 영적인 마음이 열릴 때 천계의 빛은 그 마음을 통해서 자연적인 마음에 유입하고, 그것을 계발(啓發)하고, 그것에 의하여 자연적인 마음은 영적-자연적(spiritual-natural)이 됩니다. 왜냐하면 그 때 영적인 마음은, 마치 사람이 거울에서 자신의 얼굴을 보는 것과 같이, 자연적인 마음에 있는 것들을 보기 때문이고, 그리고 그것 자체와 일치하는 것들을 시인하기 때문입니다. 그러나 영적인 마음이 열리지 않으면 이런 경우는 성경말씀에 있는 진리나 선의 인식들을 그들의 삶에 적용하지 않는 자들에게 있는 것이지만, 그럼에도 불구하고 사람 안에는 자연적인 것에 속한 내면적인 영역에 찬 마음을 형성합니다. 그러나 이 마음은 그저 단순한 악들이나 거짓들로 이루어집니다. 영적인 마음은 그것에 의하여 천계의 빛을 자연적인 마음에 들어오게 하기 때문에, 영적인 마음은 직접적인 방법에 의하여 열리지는 않습니다. 그러나 빛은 오직 틈새들을 통하여 주위에 있게 됩니다. 이것으로 말미암아 사람은 생각하고 추론, 판단하고, 말하는 능력(能力·faculty)을 소유하고, 그리고 또한 진리들을 이해하는 능력을 갖습니다. 그러나 그것들을 사랑하거나 정동으로 말미암아 그것들을 행하는 능력은 갖지 못합니다. 왜냐하면 그것들이 진리들이기 때문에 진리들을 사랑하는 능력은 영적인 마음을 통하여 천계의 빛의 입류를 통해서 주어지기 때문입니다. 왜냐하면 영적인 마음을 통해서 천계의 빛은 사랑을 가리키는 천계의 볕(熱·the heat of heaven)과 결합하기 때문입니다. 그것은 비교해서 말하면 봄철의 이 세상의 빛과 같다고 하겠습니다. 그러나 틈새들을 통해서 자연적인 마음에 유입하는 천계의 빛은 사랑을 가리키는 천계의 별에서 분리된 빛과 같고, 그리고 이 빛은, 예를 들면, 겨울철의 이 세상의 빛과 같습니다. 이러한 사실은 열려 있는 영적인 마음이 내재한 사람은 정원이나 낙원과 같지만, 그러나 열려 있지 않는 영적인 마음이 내재한 사람은 마치 황야나 사막과 같고, 그리고 눈으로 덮힌 땅과 같다는 것을 명확하게 합니다. 이해나 의지로 이루어진 마음은 그 사람을 만들기 때문에, 그것은 마치 여러분이 그 마음이나, 그 사람이라고 말하든 동일한 것이고, 따라서 영적인 마음과 자연적인 마음을 말하든, 또는 영적인 사람이나 자연적인 사람이라고 말하든 동일합니다.

406[B]. 그것의 진리들이나 그것의 거짓들에 대해서 자연적인 마음이나 자연적인 사람은 성경말씀에서 "섬들"(islands)이 뜻합니다. 진리들에 대해서 영적인 마음이 내재한 사랑은 열려 있고, 거짓들에 대해서 영적인 마음이 내재한 사람은 닫혀 있습니다.

[2] "섬들"이 이런 것들을 뜻한다는 것은 아래의 성경말씀의 장절에서 잘 알 수 있겠습니다. 에스겔서의 말씀입니다.

> 나 주 하나님이 두로를 두고 말한다. "네가 쓰러지는 소리가 들리고, 네 한가운데서 부상 당한 자들이 신음하고, 놀라운 살육이 저질러질 때에, 섬들이 진동하지 않을 수 있겠느냐? 그 때에는 해변 주민의 왕들이 그들의 왕좌에서 내려오고, 그들의 왕복을 벗고, 수놓은 옷들도 벗어 버릴 것이다. 그들은 두려움에 사로잡혀 땅바닥에 앉아서 때도 없이 떨며, 너 때문에 놀랄 것이다. ……
> 오늘 네가 쓰러지니,
> 섬들이 떨고 있다.
> 바다에 있는 섬들이

네 종말을 지켜 보며, 놀라고 있다."
(에스겔 26 : 15, 16, 18 ; 27 : 35)

우리의 본문 두 장(에스겔 26 · 27장)은 진리와 선의 지식들에 대한 교회를 뜻하는, 그리고 추상적인 뜻으로는 진리와 선의 지식들을 뜻하는 두로에 관해서 다루고 있습니다. 처음 장에서는 성경말씀에서 비롯된 진리와 선의 지식들을 통하여 들어온 교회에 속한 사람들의 총명과 지혜가 다루어졌고, 그 뒤에는 어떤 것에 대한 황폐하게 된 교회가 다루어졌습니다. 이런 것들에 대한 황폐하게 된 교회, 또는 진리와 선의 지식들이 멸망된 곳이 이들 장절들의 예언에 의하여 언급된 것에 의하여 기술되었습니다. 진리와 선에 속한 지식들의 황폐는 "네 한가운데서 부상 당한 자들이 신음하고, 놀라운 살육이 저질러질 때"라는 말씀이 뜻하는데, 여기서 "부상 당한 자"는 그들 안의 진리들이 깡그리 소멸되었다는 것을 뜻하고, "살육"(slaughter)은 선과 진리의 진정한 멸절을 뜻합니다. 그의 유아기부터 그 사람이 성경말씀으로부터 흡수, 섭취한 모든 지식들이나, 또는 그것에 의하여 그가 그것들을 확증한 모든 참된 지식들(=과학지들)이 그 때 혼란스럽게 되고, 그들의 자리에서 옮겨졌고, 퇴각하였다는 것은 "섬들이 떨고 있고, 해변 주민의 왕들이 그들의 왕좌에서 내려온다"는 말씀이 뜻하고, 그리고 또한 "너의 무너지는 날에 그 섬들이 떨 것이요, 바다에 있는 섬들이 네가 떠나는 것에 불안해 할 것이다"는 말씀이 뜻합니다. 여기서 "섬들"은 자연적인 사람 안에 있는 이런 앎이나 지식들을 뜻하고, "해변 주민의 왕들"(=바다의 통치자들)은 그것 안에 있는 중요한 것들을 뜻하고, 여기서 "바다"는 자연적인 사람이나, 일반적으로 그것 안에 있는 모든 것들을 뜻합니다. 진리에 속한 지식이 황폐하게 되었기 때문에 자연적인 사람의 진리에 속한 모든 선들이 그들의 상태에 관해서 변할 것이라는 것은 "그 섬들의 모든 주민들이 너 때문에 놀랄 것이다. 그들의 왕들이 벌벌 떨고(戰慄), 그들의 얼굴(에스겔 27 : 35)에 수심이 찼다"(=괴로움이 있다)는 말씀이 뜻합니다. 여기서 "섬들의 주민들"은 자연적인 사람의 진리에 속한 선들을 뜻합니다. 왜냐하면 성경말씀에서 "산다"(=주거한다 · to inhabit)는 것은 사는 것(to live)을 뜻하고, 그리고 "주민들"은 삶에 속한 선을 뜻하기 때문입니다. "왕들"은 선에서 비롯된 모든 진리들을 뜻하고, "얼굴들"은 내면적인 것들이나 정동들을 뜻하고, "놀란다"는 것이나 "두려워한다" · "수심이 찼다"(=괴로움이 있다)는 것은 상태에 관해서 전적으로 변화된 것을 뜻합니다. 이러한 내용은 이런 것들이 속뜻으로 뜻하는 것이 무엇인지를 명확하게 합니다. 다시 말하면 진리와 선에 속한 모든 앎이나 사람이 유아기부터 성경말씀에서, 또는 선생님들에게서 흡수한 확증하는 지식들(=과학지들), 그들의 자리들을 바꿀 것이고, 그리고 거짓들이 들어오면 자연적인 사람 안에 있는 그들의 상태를 바꿀 것이고, 시야에서 사라질 것이라는 것을 명확하게 합니다.

[3] 이사야서의 말씀입니다.

"앗시리아 왕이
이집트에서 잡은 포로와
에티오피아에서 잡은 포로를,
젊은이나 늙은이 할 것 없이,
모두 벗은 몸과 맨발로 끌고 갈 것이니,
이집트 사람이 수치스럽게도

그들의 엉덩이까지 드러낸 채로
끌려갈 것이다."
그리하여 에티오피아를 의지하던 자들과,
이집트를 그들의 자랑으로 여기던 자들이,
두려워하고 부끄러워할 것이다.
그 날이 오면
이 해변에 사는 백성이 이렇게 말 할 것이다.
"우리가 의지하던 나라,
앗시리아 왕에게서 구해 달라고,
우리를 살려 달라고,
도움을 청한 나라가 이렇게 되었으니
이제 우리가 어디로 피해야 한단 말이냐?"
(이사야 20 : 4-6)

이 말씀에서 어느 누구도 교회에 관한 것은 아무것도 깨달을 수 없고, 다만 생각이 떠오르기는 하지만 알지 못하는 희기한 역사적인 어떤 것에 지나지 않을 것입니다. 예를 들면 앗시리아 왕이 이집트나 구스(=에티오피아)에서 포로로 끌고 올 것이라는 것, 그리고 어떤 섬의 주민들은 마음 속으로 그것의 지배를 슬퍼할 것이라는 것 등입니다. 그럼에도 불구하고 여기서는 다른 곳에서와 같이 교회에 속한 어떤 사안을 다루고 있습니다. 그리고 이 사안(=주제)은 "앗시리아 왕"이 왜곡된 합리적인 것이나, 그것에서 기인한 자연적인 사랑들(=애욕들)의 쾌락을 선호하는 잘못된 지식들(=과학지들)에서 비롯된 추론을 뜻한다는 것을 알게 될 때 명확하게 됩니다. 자연적인 사람은 그것의 지배를 슬퍼하는데, 그 이유는 그것에 의하여 왜곡되기 때문입니다. 왜냐하면 "앗시리아 왕은 이집트의 포로를 끌고 가고, 에티오피아의 무리를 끌고 갈 것이다"는 말씀이 왜곡(=

타락)된 합리적인 것이 자연적인 사람의 지식들(=과학지들) 자체에게 요구할 것이기 때문이고, 그리고 이런 것들이 선호하는 그것의 쾌락들에 의하여 스스로 확증하기 때문입니다. 그것은 여기서 "앗시리아 왕"은 왜곡된(=타락한) 합리적인 것을 뜻하고, "포로를 끌고 간다" 또는 "무리를 휩쓸어간다"는 말은 자체를 위해 요구하는 것이나, 추론들에 의하여 스스로 확증하는 것을 뜻하기 때문이고, 그리고 "이집트"는 자연적인 사람의 아는 능력(=기능 · the knowing faculty)을 뜻하고, "구스"는 그것이 선호하는 기쁨(=쾌락)을 뜻합니다. 자연적인 사람의 진리에 속한 선들이 이것 때문에 슬퍼하고 괴로워한다는 것, 또는 진리에 속한 선들 안에 있는 자연적인 사람이 슬퍼하고, 괴로워한다는 것은 뒤에 이어지는 것들이 뜻합니다. 다시 말하면 "그들은 그들의 소망인 에티오피아(=에티오피아를 의지한다)와 그들의 영광인 이집트(=이집트를 그들의 자랑으로 여긴다) 때문에 두려워하고, 부끄러워할 것이다"는 말씀이나, "그 날이 오면 이 해변에 사는 백성이 이렇게 말할 것이다"는 말씀이 뜻합니다. 여기서 "섬의 주민들"(=이 해변에 사는 백성)은 자연적인 사람의 진리에 속한 선을 뜻하고, 또는 진리에 속한 선이 그 사람 안에 있는 자연적인 사람을 뜻하기 때문이고, "주민"(=백성)은 자연적인 사람 안에 있는 선을 뜻하고, "섬"은 그 사람 안에 있는 진리를 뜻합니다. 이 구절의 낱말들 안에 이런 뜻이 있다는 것은 거의 믿기 힘든 일이지만 그럼에도 불구하고 그것은 그런 것들을 가리킵니다.
[4] 같은 책의 말씀입니다.

    살아 남은 사람들은 소리를 높이고,
    기뻐서 외칠 것이다.

> 서쪽에서는 사람들이
> 주의 크신 위엄을 말하고,
> 동쪽에서는 사람들이(=우림에서는 사람들이)
> 주께 영광을 돌릴 것이다.
> 바다의 모든 섬에서는 사람들이
> 주 이스라엘의 하나님의 이름을
> 찬양할 것이다.
> (이사야 24 : 14, 15)

이 장은 교회의 황폐에 관해서 다루고 있고, 그리고 이 장절들에는 이방 사람들 가운데 세워질 새로운 교회의 설시(the establishment of a new church)를 가리키고 있습니다. 이런 것들의 기쁨이나 즐거움은 "살아 남은 사람들은 소리를 높이고, 기뻐서 외칠 것이다. 서쪽에서는 사람들이 주의 크신 위엄을 말하고 동쪽에서는 사람들이 주께 영광을 돌릴 것이다. 바다의 모든 섬에서는 사람들이 하나님의 이름을 찬양할 것이다"는 말씀이 뜻합니다. 여기서 "바다"는, 서쪽이 자연적인 것을 뜻하기 때문에, 자연적인 것을 뜻합니다. 그 이유는 영계에서 서쪽 영역(=방위)에 사는 자들은 자연적인 선 안에 있는 자들이기 때문이지만, 이에 반하여 동쪽 영역(=방위)에 사는 자들은 천적인 선 안에 있습니다. 교회를 형성하는 이방 사람들은 자연적인 선 안에 있기 때문에, 그들에 관해서 "동쪽에서는 사람들이 주께 영광을 돌릴 것이다"(=우림에서 여호와께 영광을 돌릴 것이다), 그리고 "바다의 모든 섬에서는 사람들이 주 이스라엘의 하나님의 이름을 찬양할 것이다"라고 언급되었습니다. 이 말씀은 그들이 자연적인 사람 안에 있는 선들이나 진리들로 말미암아 주님을 예배할 것이라는 것을 뜻합니다.

왜냐하면 "우림"(Urim)은 불(fire)이나 화덕(hearth)을 뜻하고, 그리고 이런 것들은 자연적인 사람의 사랑에 속한 선을 뜻하기 때문입니다. 그리고 "영광을 돌린다"는 것은 예배하는 것이나 경배(敬拜)하는 것을 뜻하고, "여호와"(=주 · Jehovah)나, "이스라엘의 하나님"(God of Israel)은 주님을 뜻하는데, 주님께서는 선이 다루어지는 곳에서는 "여호와"라고 불리셨고, 진리가 다루어지는 곳에서는 "이스라엘의 하나님" 또는 "하나님"(God)이라고 불리셨습니다. 그러므로 "우림에서(=동쪽에서) 주(=여호와)께 영광을 돌린다"는 말씀은 그 예배나 경배가 선에서 비롯되었다는 것을 언급합니다. 그리고 "바다의 모든 섬에서는 사람들이 주 이스라엘의 하나님의 이름을 찬양할 것이다"는 말씀은 진리들로 말미암아 예배하고 경배하는 것을 뜻합니다. 이러한 내용은 "바다의 섬들"이 자연적인 사람의 진리들을 뜻한다는 사실을 더 명확하게 합니다.
[5] 또 같은 책의 말씀입니다.

> 그는 쇠하지 않으며,
> 끝내 세상에 공의를 세울 것이니,
> 먼 나라에서도 그의 가르침을 받기를
> 간절히 기다릴 것이다. ……
> 새 노래로 주를 찬송하여라.
> 땅 끝에서부터 그를 찬송하여라.
> 항해하는 자들아,
> 바다 속에 사는 피조물들아,
> 섬들아, 거기에 사는 주민들아,
> 광야와 거기에 있는 성읍들아,
> 게달 사람들이 사는 부락들아,
> 소리를 높여라.

셀라의 주민들아, 기쁜 노래를 불러라.
산 꼭대기에서 크게 외쳐라.
주께 영광을 돌려라.
주를 찬양하는 소리가
섬에까지 울려 퍼지게 하여라.
(이사야 42 : 4, 10-12)

이 장절들 역시 주님과 주님에 의하여 세워질 새로운 교회에 관해서 다루고 있습니다. 그리고 여기서 "섬들" 역시 자연적인 사람으로 말미암아 전적으로 진리들 안에 있는 자들을 뜻합니다. 그러므로 그들은 아직까지는 참된 예배에서 멀리 떨어져 있습니다. 그래서 "그는 쇠하지 않으며, 끝내 세상에 공의를 세울 것이며, 먼 나라(=섬들)에서도 그의 가르침 받기를 간절히 기다릴 것이다"는 말씀은 그분께서 교회에 속한 자들에게 총명을 주실 때까지, 그리고 교회에서 아주 멀리 떨어진 자들에게 진리의 지식들을 주실 때까지를 뜻합니다. 여기서 "공의를 세운다"(=심판을 세운다)는 말씀은 총명을 주는 것을 뜻하고, "그의 가르침 받기를 기다린다"(=그의 율법을 기다린다)는 말씀은 진리에 속한 지식들을 주는 것을 뜻합니다. 왜냐하면 "땅"(=세상 · earth)은 교회에 속한 자들을 뜻하고, 추상적인 뜻으로는 영적인 진리들에서 비롯된 총명의 측면에서 교회 자체를 뜻하기 때문입니다. 그리고 "섬들"은 그 교회에서 멀리 떨어진 자들을 뜻하고, 추상적인 뜻으로는 진리와 선에 속한 지식들에 관한 교회를, 또는 영적인 진리들에 대응하는 자연적인 사람의 진리에 관한 교회를 뜻합니다. "새 노래로 주를 찬송하여라. 땅 끝에서부터 주를 찬송하여라. 바다로 내려가는 너희들과 그 안에 있는 모든 것들과 섬들과 그 주민들아, 주를 찬양하여라"(=항해하는 자들과 바다 속에 사는 피조물들과 섬들과 거기에 사는 주민들아 주를 찬양하여라)는 말씀은 교회에서 멀리 떨어져 있는 자들에 의한 주님의 예배를 뜻하고, 추상적인 뜻으로는 진리들이나 선들에게서 비롯된 자연적인 사람의 예배를 뜻합니다. "노래를 부른다"나 "찬양한다"는 것은 기쁜 마음에서 비롯된 예배를 뜻하고, "땅 끝"(the end of the earth)은 교회의 궁극적인 것들 안에 있는 자들을 뜻하고, 추상적인 뜻으로는 교회의 궁극적인 것들을 뜻합니다. "바다와 그 안에 있는 모든 것"은 자연적인 사람과 그것 안에 있는 모든 것들을 뜻하고, "섬들과 그 주민"은 자연적인 사람의 진리들이나 선들을 뜻하고, "섬들"은 그것의 진리들을, 그리고 "주민들"은, 위에서 언급한 것과 같이, 그것의 선들을 뜻합니다. "광야와 거기에 사는 성읍들과 게달 사람들이 사는 부락들이 소리를 높인다"라는 말씀은 이러한 말씀들이 설명된 곳인 본서 405[B]항을 참조하십시오. "그들이 주께 영광을 돌리며, 섬들 안에서 그의 찬양을 선포하게 한다"(=주께 영광을 돌려라. 주를 찬양하는 소리가 섬에까지 울려 퍼지게 한다)는 말씀은 내적인 것들이나 외적인 것들에게서 비롯된 예배를 뜻하고, 여기서 "영광을 돌린다"는 것은 내적인 것에서 비롯된 예배를 뜻하고, "찬양을 선포한다"는 것은 외적인 것에서 비롯된 예배를 뜻합니다. 왜냐하면 외적인 것들이 선포하기 때문입니다. 그리고 "섬들"은 그것에서 예배가 비롯된 자연적인 사람에 속한 진리들을 뜻합니다.

[6] 같은 책의 말씀입니다.

    나의 백성아, 나에게 귀를 기울여라.
    나의 백성아, 내 말을 귀담아 들어라.

법은 나에게로부터 비롯될 것이며,
나의 공의는 만백성의 빛이 될 것이다.
나의 공기가 빠르게 다가오고 있고,
나의 구원이 이미 나타났으니,
내가 능력으로 뭇 백성을 재판하겠다.
섬들이 나를 우러러 바라보며,
나의 능력을 의지할 것이다.
(이사야 51 : 4, 5)

이 장절은 주님에 관해서 언급하고 있습니다. "내 백성아, 귀를 기울여라(=경청하여라), 내 백성아, 내 말을 귀담아 들어라"(=내 민족아, 내게 귀를 귀울여라)는 말씀은 "백성"이 진리들 안에 있는 자들을, 그리고 "민족"이 선들 안에 있는 자들을 뜻하기 때문에 진리들이나 선들 안에 있는 교회에 속한 모두를 뜻합니다. 복수로 "경청한다", "귀를 기울인다"(=귀담아 듣는다)고 언급되었는데, 그 이유는 모든 것들을 뜻하기 때문입니다. "한 율법이 내게서 나갈 것이고, 내가 내 심판을 백성의 빛으로 남게 한다"(=법은 나에게로부터 비롯될 것이며, 나의 공의는 만백성의 빛이 될 것이다)는 말씀은 여기서 "법"은 성언에 속한 신령선을 뜻하고, "공의"(=심판)는 성언에 속한 신령진리를 뜻하기 때문에 주님에게서 신령선과 신령진리가 비롯된다는 것을 뜻하고, 그리고 "나의 공의는 만백성의 빛이 될 것이다"는 말씀은 그것에서 비롯된 실례나 실증을 뜻하기 때문입니다. "나의 공의가 빠르게 다가오고, 나의 구원이 이미 나타났다"(=나의 의는 가깝고, 내 구원이 나왔다)는 말씀은 심판을 뜻하고, 그리고 사랑에 속한 선들이나 그것에서 비롯된 진리들 안에 있는 자들이 그 심판 때에 구원받는다는 것을 뜻합니다. 그것은

"의"(=공의)는 심판의 날에 선 안에 있는 자들의 구원과 관계를 가지고 있기 때문이고, 그리고 "구원"은 진리 안에 있는 자들과 관계를 가지고 있기 때문입니다. "내가 능력으로 뭇 백성을 재판하겠다"(=내 팔이 백성을 심판하겠다)는 말씀은 여기서 "백성"은 반대의 뜻을 가지고 있기 때문에, 거짓들 안에 있는 교회에 속한 자들에게 있을 심판을 뜻합니다. "섬들이 나를 우러러 바라보며, 나의 능력을 의지할 것이다"(=섬들이 나를 앙망하여 그들이 내 팔에 의지한다)는 말씀은 교회에 속한 진리들에게서 멀리 떨어진 자들의 교회에 가까이 오는 것(近接)을 뜻하고, 그리고 주님에 대한 그들의 신뢰를 뜻합니다. 그것은 "섬들"이 자연적인 빛 안에는 있지만 아직 영적인 빛 안에 있지 않기 때문에, 교회에 속한 진리들에게서 멀리 떨어져 있는 자들을 뜻하기 때문입니다. 그리고 "주님의 팔에 의지한다"(=나의 능력을 의지한다)는 말씀은 "팔"(arm)이, 주님과의 관계에서는 전능(全能)을 뜻하기 때문에, 모든 능력을 가지신 주님을 의지하는 신뢰를 뜻합니다.

[7] 같은 책의 말씀입니다.

 너희 섬들아,
 내가 하는 말을 들어라.
 너희 먼 곳에 사는 민족들아(=먼 곳에 있는 백성들아),
 귀를 귀울여라(=경청하여라).
 (이사야 49 : 1)

여기서 "섬들"은 진리들 안에 있는 자들을 뜻하고, "먼 곳에 있는 민족"(=백성들)은 선들 안에 있는 자들을 뜻하고 추상적인 뜻으로는 자연적인 사람 안에 있는 진리들이나 선들을 뜻합니다. "멀리 떨어졌다"(from far)는 말은 자연적인 사람 안에 있는 선들에 관해서 서술하고, 이에 반하여 "가까이 있다"(near)는 말은 영적인 사람 안에 있는 선들에 관해서 서술합니다. 여기서 "백성"은 선들을 뜻하는데 어원에서는 진리들을 뜻하는 것과 다르게 다른 낱말을 사용하고 있기 때문입니다. 왜냐하면 이 낱말(=선)은 민족들에게 적용되었고, 민족은 선을 뜻하기 때문입니다. 이러한 사실은 창세기서 25장 23절에서 동일한 낱말에서 명확합니다.

406[C]. [8] 예레미야서의 말씀입니다.

> "뭇 민족들아, 너희는 나 주의 말을 듣고,
> 먼 해안지역(=섬들) 사람들에게 이 말을 전하여라."
> (예레미야 31 : 10)

여기서 "뭇 민족들"은 선들 안에 있는 자들을 뜻하고, 추상적인 뜻으로는 선들을 뜻합니다. 그리고 "섬들"은 진리들 안에 있는 자들을 뜻하고, 추상적인 뜻으로는 자연적인 사람 안에 있는 진리들을 뜻하고, "멀리 떨어졌다"는 말씀은 영적인 것을 가리키는 교회에 속한 진리들에게서 멀리 떨어진 것을 뜻합니다. 여기서 "멀리 떨어졌다"(=먼·afar off)는 말이 이런 뜻을 가지고 있다는 것은 ≪천계비의≫ 8918항을 참조하십시오. 그러나 이런 낱말들이 순수한 영적인 뜻으로는 속사람이 겉사람을 가르칠 성경말씀의 진리들을 뜻한다는 것, 또는 온전한 자연적인 사람을 가르칠 성경말씀의 진리들을 뜻합니다. 왜냐하면 우리의 본문 말씀이 "먼 섬들에서 이 말을 선포하여라"(=먼 해안지역 사람들에게 이 말을 전하여라)라고 하였기 때문입니다. 그러나 순수한 뜻으로 그것이 천사들을 위한 것이라는 것은 사람들에 의해서는 어렵게 지각됩니다. 왜냐하면 사람들이 인물(人物)들이나 장소(場所)들에게서 추상적으로 생각할 수 있다는 것은 매우 어려운 것이기 때문입니다. 이런 이유 때문에 사람들의 생각은 자연적인 것이고, 그리고 장소들이나 인물들에 꼭 묶여 있는 자연적인 생각은 영적인 생각에서 많이 떨어져 있는 것입니다. 결과적으로 영적인 생각에 비하여 자연적인 생각은 매우 제한적입니다. 그리고 이것은 지금까지 설명된 수많은 것들이, 아마도 이런 낱말들의 뜻에 마음에 속한 시각을 고정시키고 있는 것을 계속해서 간직하고 있는 사람들의 생각의 개념들에 매우 힘들게 빠져 있는 이유입니다.

[9] 시편서의 말씀입니다.

> 스페인(=다시스)의 왕들과 섬 나라의 왕들이
> 그에게 예물을 가져 오게 해주시고,
> 아라비아(=시바)와 에티오피아(=스바)의 왕들이
> 조공을 바치게 해주십시오.
> (시편 72 : 10)

이 말씀은 주님에 관해서 언급하고 있습니다. 그리고 "조공(=선물)을 가지고 오고, 바친다"는 것은 예배하는 것을 뜻합니다. "스페인(=다시스)의 왕들이나 섬 나라의 왕들"은 자연적인 사람에 속한 내면적인 진리들이나, 외면적인 진리들을, 다시 말하면 "다시스(=스페인)의 왕들"은 내면적인 진리들을 뜻하고, "섬 나라의 왕들"은 외면적인 진리들을 뜻합니다. 그리고 "시바와 스바의 왕들"(=아라비아와 에티오피아의 왕들)은 자연적인 사람에 속한 내면적인 선들이나 외면적인 선들을, 다시 말하면 "시바"(=아라비아)는 그것의 내면적인 선들을, 그리고 "스바"(=에티오피아)는 그것의 외면적인 선들을 뜻합니다. 자연적인 사람의 진리들은 진리의 지식들을 뜻하고, 자연적인 사람의 선들은 선의 지식들을 뜻합니다. 그리고 "시바와 스바"가 이런 뜻을 뜻한다는 것은 ≪천계비의≫ 1171 · 3240항을 참조하시고, "다시스"가 자연적인 사람의 내면적인 진리들을 뜻한다는 것은 바로 아래의 설명을 참조하십시오. 그리고 이런 것들이 뜻하는 것이 이런 뜻이기 때문에 진리에 속한 지식들이나 선에 속한 지식들 안에 있는 자들을 뜻합니다.

[10] 이사야서의 말씀입니다.

저기, 구름 떼처럼 몰려오는
저 사람들이 누구냐?
제 보금자리로 돌아오는 비둘기처럼 날아오는
저 사람들이 누구냐?
너의 자녀들이 온다.
섬들이 나를 사모하며,
다시스의 배들이 맨 먼저
먼 곳에 있는 너의 자녀들을 데리고 온다.
그들이,
너의 주 하나님의 이름
곧 이스라엘의 거룩하신 하나님께 드리려고,
은과 금을 함께 싣고 온다.
(이사야 60 : 8, 9)

이 장절 역시 주님에 관해서 언급하고 있는데, 그것은 그들이 순수한 진리나 선(in simple truth and good) 안에 계신 그분을 영접하고, 시인할 것이라는 것을 뜻합니다. 그들은 곧 자연적인 방법(in a natural way)으로, 다시 말하면 문자적인 뜻에 일 치하는 성경말씀의 진리들을 지각하는 자들입니다. "처음의 다시스의 배들"은 그들이 폭로하고, 행한 선들을 뜻하는데, 왜 냐하면 여기서 "다시스"는 지식들에 관해서 자연적인 사랑을 뜻하기 때문입니다. 그리고 "처음의 다시스의 배들"은 "다시 스"가 금과 은으로 풍부하기 때문에 선에 속한 지식들에 관해 서 자연적인 사람을 뜻합니다. 그리고 그 배들이 거기에서 이 런 것들을 실어왔습니다(열왕기 상 10 : 22). 처음에 언급된 금 (金)은 선을 뜻하고, 그리고 진리들이 금에서 비롯되기 때문에 역시 "먼 곳에 있는 너의 자녀들을 데리고 온다"고 언급되었 습니다. 그리고 "섬들"이나 "다시스의 배들"이 자연적인 사람 의 진리나 선에 속한 지식들을 뜻하기 때문에 "구름 떼처럼 몰려오는 저 사람들이 누구냐? 제 보금자리로 날아오는 자들 은 누구냐?" 라고 언급되었습니다. 그것은 여기서 "구름"은 성경말씀의 문자적인 뜻에 속한 진리들을 뜻하기 때문이고, "비둘기들"은 거기에 있는 선들을 뜻하고, "창들"(=보금자리)은 빛 가운데 있는 선에서 비롯된 진리들을 뜻합니다. "배 들"(ships)이 성경말씀에서 비롯된 진리와 선의 지식들을 뜻한 다는 것은 《천계비의》 1977 · 6385항을 참조하십시오. "창 문들"(=보금자리들 · windows)이 빛 가운데 있는 진리들을 뜻하 고, 그러므로 총명을 뜻한다는 것은 같은 책 655 · 658 · 3391항을 참조하십시오.
[11] 역시 같은 책의 말씀입니다.

다시스의 배들아, 너희는 슬피 울어라.
두로가 파멸되었으니,
들어갈 집도 없고,

닻을 내릴 항구도 없다.
깃딤(=키프로스)에서
너희가 이 소식을 들었다.
항해자들이 부유하게 만들어 준
너희 섬 백성들아,
시돈의 상인들아, 잠잠하여라. ……
그러나 너 시돈아,
너 바다의 요새야,
네가 수치를 당하였다.
너의 어미인 바다가 너를 버리고
이렇게 말한다.
"나는 산고를 겪지도 못하였고,
아이를 낳지도 못하였다.
아들들을 기른 일도 없고,
딸들을 키운 일도 없다."
두로가 파멸되었다는 소식이
이집트에 전해지면,
이집트마저도 충격을 받고 낙심할 것이다.
베니게의 주민아,
다시스로 건너가거라.
섬 나라 백성아,
슬피 울어라.
(이사야 23 : 1, 2, 4-6)

이 장절들은 교회 안에 있는 진리의 황폐(the desolation of truth)를 기술하고 있습니다. 왜냐하면 "다시스의 배들"은 성경말씀에서 비롯된 지식들을 뜻하기 때문이고, "두로"는 그것에서 비롯된 진리의 지식들을 뜻하기 때문입니다. 진리들이 전혀 없기 때문에 거기에 선이 전혀 없다는 것은 "다시스의 배들아, 너희는 슬피 울어라. 그것은 두로가 파멸되었으니 들어갈 집도 없고, 닻을 내릴 항구도 없다"는 말씀이 뜻하고, 그리고 그 때 자연적인 사람 안에 더 이상 진리에 속한 것들이나 선에 속한 진리들이 없을 때까지 온갖 거짓들이 들어갈 것이라는 것을 뜻한다는 것은 "깃딤(=키프로스)에서 너희가 이 소식을 들었다. 너희 섬의 주민들아, 잠잠하여라. 시돈의 상인들아, 바다를 건너라(=잠잠하여라). 항해자들(=바다를 건너는 시돈의 상인들)이 다시 부유하게 만들어 준다"(=다시 채워졌다)는 말씀이 뜻하는데, 여기서 "깃딤의 땅"은 거짓들을 뜻하고, "섬들의 주민들"은 위에서 언급한 것과 같이 자연적인 사람 안에 있는 진리에 속한 선들을 뜻하고, "시돈의 상인들"은 성경말씀에서 비롯된 지식들을 뜻하고, "바다를 건넌다"는 것은 자연적인 사람 안에 있는 그것들을 뜻하고, "그들이 너희를 채운다"는 것은 그들이 그것들에 의하여 너를 부유하게 한다는 것을 뜻합니다. 자연적인 사람 안에 있는 진리나 선의 황폐가 "오, 시돈아, 너는 부끄러워하여라. 이는 바다, 곧 바다의 힘이 고하며 말하기를 '나는 진통하지 않았고, 아이들을 낳지 못하였고, 청년들을 양육하지도 못하였고, 처녀들을 길러 내지도 못하였다'"(=너 시돈아, 너 바다의 요새야, 네가 수차를 당하였다. 너의 어미인 바다가 너를 버리고 이렇게 말한다. "나는 산고를 겪지도 못하였고, 아이를 낳지도 못하였다. 아들들을 기른 일도 없고, 딸들을 키운 일도 없다")는 말씀에 의하여 더 상세하게 기술되었습니다. "시돈"은, "두로"와 마찬가지로, 교회 안에 있는 진리나 선에 속한 지식들을 뜻하고, "바다, 바다의 요새"는 온전한 자연적인 사람을 뜻하고, "나는 산고를 겪지 않았고, 아이를 낳지도 못하였다"는 말씀은 거기에 잉태하고, 출생한 교회에 속한 것이 전혀 없다는 것을 뜻하고, "청년들"(=아들들)은 진리에 속한 정동들을 뜻하고, "처녀들"(=딸들)은 선에 속한 정동들을 뜻합니다. 이와 같은 일은 성경말씀에서 비롯된 앎들(=인식·cognitions)이나 확증하는 지식들(=과학지들)이 "이집트에 관한 소식을 들었던 때와 같이 두로의 소식에도 그들은 몹시 아픔을 당할 것이다"(=두로가 파멸되었다는 소식이 이집트에 전해지면 이집트마저도 충격을 받고 낙심할 것이다)는 말씀이 뜻하는 온갖 거짓들이나 악들에 적용하였기 때문에 일어납니다. 여기서 "이집트"는 지식들(=과학지들)을 뜻하고, "두로"는 성경말씀에서 비롯된 앎(=인식)을 뜻하기 때문에 여기서는 그들이 그것에 적용된 거짓들이나 악에 의하여 황폐하게 된 것을 뜻합니다. 이것으로 인한 애도(哀悼)가 있기 때문에 "그들이 산고(産苦)에 있을 것이다" 라고 언급되었습니다. 자연적인 사람 안에 있는 모든 선과 거기에 있는 모든 진리가 이와 같이 멸망할 것이라는 것은 "너희가 다시스로 건너가거라. 섬나라 백성아, 슬피 울어라"는 말씀이 뜻하는데, 그것은 "다시스"가 자연적인 사람 안에 있는 내면적인 선들이나 진리들을 뜻하기 때문이고, "섬나라의 백성들"(=주민들)은, 위에서 언급한 것과 같이, 그것 안에 있는 외면적인 선들이나 진리들을 뜻하기 때문이고, "슬퍼한다"는 것은 폐허로 인한 슬픔을 뜻하기 때문입니다.

406[D]. [12] 예레미야서의 말씀입니다.

> 내가 주의 손에서 그 잔을 받아 가지고, 주께서 나를 보내신 모든 민족에게 마시게 하였다. …… 두로의 모든 왕과, 시돈의 모든 왕과, 지중해 건너편 해안지방의 왕들에게 주어서 마시게 하였다 (예레미야 25 : 17, 22).

여기에는 인용되지 않았지만 우리의 본문장(=예레미야 25장)에는 수많은 민족들이 열거되었습니다. 열거된 민족들 모두는 일반적으로는 교회에 속한 선들이나 진리들을 뜻하고, 개별적으로, 황폐하게 된 그것들을 뜻합니다. 그리고 "두로나 시돈의 왕들"은 자연적인 사람 안에 있는 성경말씀에서 비롯된 진리나 선에 속한 지식들을 뜻합니다. 왜냐하면 진리나 선에 속한 모든 지식들은 그것들이 지식들인 것에 비례하여 자연적인 사람 안에 있기 때문입니다. 그리고 사람들이 그것들에 일치하여 살 때 그것들은 진리들이 되고 선들이 됩니다. 그 이유는 그것들이 영적인 사람 안에 영접, 수용된 것을 가리키는 삶(=생명)에 속한 것에 의한 것이기 때문입니다. "지중해 건너편 해안지방(=섬들) 왕들"은 자연적인 사람의 궁극적인 것 안에 있는 지식들을 뜻하는데, 그것을 자연적 감관적인 것(the natural-sensual)이라고 합니다. 그 이유는 이것을 통하여 자연적인 사람의 내면적인 것들에 들어가는 건넘(渡海)이 있기 때문입니다. 여기서 "바다"는 위에서 언급한 것과 같이, 일반적으로 자연적인 사람을 뜻합니다(본서 275 · 342항 참조). 이런 것들의 파괴나 폐허가 "그 예언자가 민족들이 마시게 한 여호와(=주)의 컵"이 뜻합니다.

[13] 같은 책의 말씀입니다.

> 블레셋 사람들을 모두 파멸시키고,
> 두로와 시돈에서 올 수 있는
> 최후의 지원군들을 모두 멸절시킬
> 그 날이 왔다.
> 크레타 섬(=갑돌)에서 살아 남은 블레셋 사람들을
> 나 주가 멸망시키겠다.
> (예레미야 47 : 4)

"블레셋 사람들"은 오직 믿음 안에만 있는 자들을 뜻하고, 또한 인애에서 분리된 믿음 안에 있는 자들을 뜻하는데, 그러므로 그들은 그들이 전혀 인애를 가지고 있지 않다는 것을 뜻하는 "비할례자"(=이방인 · 非割禮者)라고 불리웠습니다(≪천계비의≫ 2049 · 3412 · 3413 · 8093 · 8313항 참조). "두로와 시돈에서 올 수 있는 최후의 지원군들을 모두 멸절시킨다"는 것은 그들이 진리나 선에 속한 지식을 전혀 가지고 있지 않다는 것을 뜻하고, "남아 있는 돕는 자들"(=최후의 지원군들)은 그들이 더 이상 화합하지 않는다는 것을 뜻하고, "크레타 섬(=갑돌)에서 살아 남은 자"는 역시 같은 뜻을 가지고 있습니다.

[14] 역시 같은 책의 말씀입니다.

    너희는 한 번 키프로스 섬들(=깃딤)로
    건너가서 보고,
    게달(=아라비아)에도 사람을 보내어서,
    일찍이 그런 일이 일어났던가를
    잘 살피고 알아 보아라.
    비록 신이라도 할 수 없는
    그런 신을 섬겨도,
    한 번 섬긴 신을 다른 신으로 바꾸는 민족은
    그리 흔하지 않다.
    그런데도 내 백성은
    그들의 영광을
    전혀 쓸데 없는 것들과 바꾸어 버렸다.
    (예레미야 2 : 10, 11)

"키프로스 섬들(=깃딤)로 건너가서 보고 게달(=아라비아)에도 사람을 보낸다"는 것은, 이들 장소에 사람을 보내는 것을 뜻하지 않고, 오히려 그들의 종교적인 원칙에 일치하는 진리들이나 선들 안에서 자연스럽게 사는 자들에게 보내는 것을 뜻합니다. 여기서 "키프로스 섬들"(=깃딤의 섬들)은 진리들 안에서 자연스럽게 사는 자들이 있는 곳을 뜻하고, "아라비아"(=게달)는 선들 안에서 자연스럽게 사는 자들, 다시 말하면 그들의 종교적인 원칙에 일치하여 사는 자들이 있는 곳을 뜻합니다. "깃딤"(the Kittim)이나 "아라비아"(Arabia)는 이런 부류의 인물들이나 사물들을 뜻합니다. 왜냐하면 성언(聖言 · 성경말씀 · the Word)을 가지고 있지 못하거나, 또는 천계로부터의 계시를 가지고 있지 못한 자들은, 그리고 그들의 종교적인 원칙(religious principle)에 일치하여 사는 자들은 모두가 자연스럽게 삽니다. 왜냐하면 영적으로 산다는 것은 성언에서 비롯된 진리들이나 선들에 오직 일치하여 사는 것을 가리키고, 그리고 천계에서 나온 계시에서 비롯된 진리들이나 선들에 일치하여 사는 것이기 때문입니다.

[15] 스바냐서의 말씀입니다.

> 주께서 땅의 모든 신을 파멸하실 때에, 사람들은 주님이 무서운 분이심을 알게 될 것이다. 이방의 모든 섬 사람이 저마다 제 고장에서 주를 섬길 것이다.
> "에티오피아 사람아,
> 너희도 나의 칼에 맞아서 죽을 것이다."
> (스바냐 2 : 11, 12)

이 장절은, 속뜻으로 악에 속한 거짓들이 해산, 흩어질 것을 뜻하고, 그리고 악에 속한 거짓들 안에 있는 자들이 아니고,

사실은 거짓들 안에 있는 자들에게 주어진 진리들이나 선들이 흩어질 것을 뜻합니다. "주님께서 굶겨 죽일 그 민족들의 신들"(gods)은, "신들"(gods)이 거짓들을 뜻하기 때문에, "민족들"이 악들을 뜻하기 때문에, 악에 속한 거짓들을 뜻합니다. 그리고 "굶겨 죽인다"는 것은 거짓들에게서 비롯된 악들을 제거하는 것을 뜻합니다. "그 민족의 섬들"이나 "구스 사람들"은, 사실은 거짓들 안에 있지만, 그러나 악에 속한 거짓들 안에 있지 않는 자들을 뜻하고, 그리고 추상적인 뜻으로는 그들은 악에 속한 거짓들은 아니지만, 거짓들을 뜻합니다. 악에 속한 것이 아닌 거짓들이 자연적인 사람 안에 있기 때문에, 그러므로 "그 민족들의 섬들"은 그런 부류의 거짓들에 대해서 자연적인 사람을 뜻하고, 또한 자연적인 사람 안에 있는 거짓들에 대한 자연적인 사람을 뜻합니다. 이런 거짓들은 "나의 칼에 살해된다"는 말씀이 뜻합니다. 악에 속한 거짓들이나, 악에 속한 것은 아닌 거짓들에 관해서는 ≪새 예루살렘의 교리≫ 21항을 참조하십시오.

[16] 시편서의 말씀입니다.

　왕이
　이 바다에서 저 바다에 이르기까지,
　이 강에서 저 땅 맨 끝에 이르기까지,
　다 다스리게 해주십시오.
　광야의 원주민도
　그 앞에 무릎을 꿇게 해주시고,
　원수들도
　땅바닥의 먼지를 핥게 해주십시오.
　(시편 72 : 8, 9)

이 장절은 주님에 관해서 언급하고 있습니다. "이 바다에서 저 바다에 이르기까지 다 다스린다. 이 강에서 저 땅 맨 끝에 이르기까지 다 다스린다"(=통치권을 갖다)는 것은 천계와 교회에 속한 모든 것들을 다스리는 주님의 통치를 뜻합니다. 왜냐하면 영계의 경계들은 바다들이고, 그리고 그 중간 지역들은 땅들(lands)인데, 거기에는 천사들이나 영들을 위한 주거들이 있기 때문입니다. 그러므로 "이 바다에서 저 바다에 이르기까지"라는 말은 천계에 속한 모든 것들을 뜻하고, 그리고 천계의 모든 것들을 뜻하기 때문에, 그것은 역시 교회에 속한 모든 것들을 뜻합니다. 왜냐하면 사랑에 속한 선들이나 그것에서 비롯된 진리들은 천계와 교회 양자를 구성하는 것입니다. 그러므로 "이 바다에서 저 바다에 이르기까지"는 말은 교회에 속한 모든 것들을 뜻합니다. 천계에 속한 모든 것들이나 교회에 속한 모든 것들은 역시 "이 강에서 저 땅 먼 끝에 이르기까지"라는 말씀이 뜻하지만, 그러나 이 뜻은 진리들에 대해서 천계나 교회에 속한 모든 것들을 뜻하고, 이에 반하여 "이 바다에서 저 바다에 이르기까지"라는 말씀은 선에 대해서 천계나 교회에 속한 모든 것들을 뜻합니다. 왜냐하면 영계에서 바다들은 동쪽 땅과 서쪽 땅의 경계들이기 때문이고, 그리고 동쪽에서 서쪽에 이르는 땅에는 사랑에 속한 선 안에 있는 자들이 살기 때문이고, 이에 반하여 "강"은 첫 번째 경계를 뜻하고, "저 땅 맨 끝"은 남쪽에서 북쪽에 이르기까지의 마지막 경계들을 뜻하는데, 거기에는 선에서 비롯된 진리들 안에 있는 자들이 삽니다. 이 영역 안은 요단 강에서 유프라테스에 의한 가나안 땅에 관해서 표징, 의미되고 있습니다. 그러나 "섬들"

이 마지막 경계들에 관한 장소를 뜻하기 때문에 "섬들"은 최후의 것들 안에 있는 진리들을 뜻하고, 그리고 비록 이것들이 진리들이 아니라고 해도 이것들은 진리들로서 수용됩니다. 왜냐하면 본연의 진리들은 중심에서부터 변두리를 향해서 점차적으로 감소, 축소되기 때문입니다. 그것은 변두리 주위에 있는 자들은 대부분 영적인 빛에 있지 않고, 자연적인 빛 가운데 있기 때문입니다. 여기서 "원수들"은 악들을 뜻하는데, 그들에 관해서 "그들은 땅바닥의 먼지를 핥게 될 것이다"라고 언급되었는데, 다시 말하면 그들은 영벌, 저주를 받는다는 것입니다.

[17] 같은 책의 말씀입니다.

> 주께서 다스리시니,
> 땅아, 기뻐하면서 뛰어라.
> 많은 섬아, 즐거워하여라.
> (시편 97 : 1)

이 장절은 성언이 있는 교회와 성언이 없는 교회를 뜻하는데, 결과적으로는 영적인 진리들 안에 있는 자들과 영적인 것이 아닌 진리들 안에 있는 자들은 주님의 나라 때문에 기뻐하고, 즐거워한다는 것을 뜻합니다. "땅"은 성언이 있는 교회를 뜻하고, "섬들"은 성언이 존재하지 않는 교회, 결과적으로는 영적인 진리들에게서 멀리 떨어져 있는 자들을 뜻합니다. 왜냐하면 성언에 속한 진리들만이 영적인 것이고, 이에 반하여 마치 성언의 진리들을 가지고 있지 않는 자들과 같이, 교회 밖에 있는 자들은 오직 자연적인 진리들을 가지고 있기 때문입니다. 이것이 그들이 "섬들"이라고 불리운 이유입니다.

[18] 성경말씀에서 "섬들"이, 바다의 그 어떤 섬들을 뜻하지 않고, 오히려 성경말씀 안에 있는 진리나 선의 앎이나 인식에 어느 정도 일치하는 앎이나 인식의 자연적인 지식을 가지고 있는 자들이 차지하고 있는 영계에 있는 장소들을 뜻합니다. 그리고 이런 장소들은 가끔 바다에 있는 섬들처럼 거기에 나타납니다. 그러므로 추상적인 뜻으로 "섬들"은 자연적인 사람의 진리들을 뜻합니다. 이것이 섬들이 거기에 있는 바다에 이르기까지라고 언급된 것입니다. 왜냐하면 "바다"는 진리에 속한 일반적인 것들을, 또는 일반적으로 자연적인 사람의 진리들을 뜻하기 때문입니다. 이것이 창세기서의 "섬들"의 뜻을 가리킵니다. 창세기서의 말씀입니다.

> 야완의 자손은, 엘리사와 달시스와 깃딤과 도다님이다. 이들에게서 바닷가 백성들이 지역과 언어와 종족과 부족을 따라서 저마다 갈라져 나갔다(창세기 10 : 4, 5).

그리고 이사야서의 말씀입니다.

> "내가 그들의 일과 생각을 알기에,
> 언어가 다른 민족을
> 모을 때가 올 것이니,
> 그들이 와서 나의 영광을 볼 것이다.
> 그리고 내가 그들 가운데 징표를 두어서,
> 살아 남은 자들은
> 다시스, 뿔, 활을 잘 쏘는 룻,
> 두발, 야완 민족들과
> 나의 명성을 들은 적도 없고,
> 나의 영광을 본 적도 없는 먼 섬들에게

보낼 것이며,
그들이 나의 영광을
모든 민족에게 알릴 것이다."
(이사야 66 : 18, 19 : 11 : 10, 11)

406[E]. [19] 성경말씀 안에 있는 대부분의 것들은 반대의 뜻을 가지고 있기 때문에, 따라서 섬들 역시 그 뜻을 가지고 있는데, 그 뜻으로 "섬들"은 자연적인 사람 안에 있는 진리들에 정반대되는 거짓들을 뜻합니다. 이 뜻으로 아래의 장절에 있는 섬들은 언급되었습니다. 이사야서의 말씀입니다.

내가 큰 산과 작은 산(=언덕)을 황폐하게 하고,
그 초목들은 모두 시들게 하겠다.
강들을 사막으로 만들고,
호수를 말리겠다.
무지몽매한 나의 백성을
내가 인도할 것인데,
그들이 한 번도 다니지 못한 길로
인도하겠다.
내가 그들 앞에 서서,
암흑을 광명으로 바꾸고,
거친 곳을 평탄하게 만들겠다.
(이사야 42 : 15, 16)

이 장절말씀은 앞서의 단원에 설명된 것을 참조하십시오(본서 405[H]항 참조). 에스겔서의 말씀입니다.

내가 또 마곡과 여러 섬에서 평안히 사는 사람들에게 불을 보내겠다(에스겔 39 : 6).

이사야서의 말씀입니다.

> 그들이 한 대로 갚으신다.
> 적들에게 진노하시며,
> 원수들에게 보복하신다.
> 섬들에게도 보복하신다.
> (이사야 59 : 18)

같은 책의 말씀입니다.

> 그에게는 뭇 나라가,
> 고작해야,
> 두레박에서 떨어지는 한 방울 물이나,
> 저울 위의 티끌과 같을 뿐이다.
> 섬들도 먼지를 들어 올리듯
> 가볍게 들어 올리신다.
> (이사야 40 : 15)

여기서 "뭇 나라들"은 악들을 뜻하고, "섬들"은 거짓들을 뜻합니다. 또 같은 책의 말씀입니다.

> "섬들아, 나의 앞에서 잠잠하여라.
> 백성들아, 송사를 가져 오너라.
> 가까이 와서 말하여 보아라.
> 와서 함께 판가름하여 보자." ……
> 섬들이, 주께서 하신 일을 보고 두려워한다.

저 멀리 땅 끝에 있는 나라들이
무서워서 떤다.
(이사야 41 : 1, 5)

407. 15-17절. 그러자 땅의 왕들과 고관들과 장군들과 부자들과 세도가들과 노예와 자유인과, 모두가 동굴과 산의 바위들 틈에 숨어서, 산과 바위를 바라보고 말하였습니다. "우리 위에 무너져 내려서, 보좌에 앉으신 분의 얼굴과 어린 양의 진노에서 우리를 숨겨다오. 그들의 큰 진노의 날이 이르렀다. 누가 이것을 버티어 낼 수 있겠느냐?"

[15절] :
"땅의 왕들과 고관들과 장군들과 부자들과 세도가들"은 그것에 의하여 거기에 지혜나 총명이 있는 모든 내적인 선들이나 진리들을, 그리고 모든 외적인 선들과 진리들을 뜻합니다(본서 408항 참조). "모든 노예와 자유인"은 자연적인 사람과 영적인 사람을 뜻합니다(본서 409항 참조). "모두가 동굴과 산의 바위들 틈에 숨었다"는 말씀은 삶에 속한 악들에 의하여, 그리고 그것에서 비롯된 거짓들에 의하여, 파괴된 진리들이나 선들을 뜻합니다(본서 410항 참조).

[16절] :
"그들이 산과 바위를 바라보고 말하였습니다. '우리 위에 무너져 내려라'"는 말씀은 악들이나 그것에서 비롯된 거짓들에 의하여 가리워지는 것을 뜻합니다(본서 411항 참조). "우리 위에 무너져 내려서 보좌에 앉으신 분의 얼굴과 어린 양의 진노에서 우리를 숨겨다오" 라는 말씀은 주님에게서 발출하는 신령진리에 합일(合一)된 신령선의 입류(入流)에서 비롯된 매우 처참한 것들을 그들이 감당할 수 없다는 것을 뜻합니다(본서

412항 참조).

[17절] :

"그들의 큰 진노의 날이 이르렀다"는 말씀은 악한 사람에게 임한 최후심판을 뜻합니다(본서 413항 참조). "누가 이것을 버티어 낼 수 있겠느냐?"는 말씀은 누구가 살 수 있고, 그것을 감당할 수 있는가?를 뜻합니다(본서 414항 참조).

408. 15절. **그러자 땅의 왕들과 고관들과 장군들과 부자들과 세도가들이**(바위들 틈에 숨어서 말하였다).

이 말씀은 그것에 의하여 거기에 지혜와 총명이 있는 모든 내적인 선들과 진리들, 그리고 모든 외적인 선들과 진리들을 뜻합니다. 이러한 뜻은 그것의 복합체 안에 있는 선에서 비롯된 진리들을 가리키는 "왕들"의 뜻에서(본서 31항 참조), 그리고 이것에 관해서는 곧 언급될 것이지만, 내적인 선들이나 진리들을 가리키는 "고관들과 부자들"의 뜻에서, 그리고 외적인 선들과 진리들을 가리키는 "장군들과 세도가들"의 뜻에서 잘 알 수 있습니다. 그것은 "장군들"(=수천의 장군들)이 그런 부류의 선들을 뜻하고, "세도가들"이 그런 부류의 진리들을 뜻하기 때문입니다. "그것에 의하여 거기에 지혜와 총명이 있다"고 부연되었는데, 그 이유는 영적인 선들이나 진리들을 가리키는 내적인 선들이나 진리들로 말미암아 지혜가 있고, 영적인 것에서 비롯된 자연적인 선들이나 진리들을 가리키는 외적인 선들이나 진리들로 말미암아서는 거기에 총명이 있기 때문입니다. 이런 것에서도 지혜는 총명과 차이가 있습니다. 그것은 지혜는 천계의 빛에서 비롯되고, 그리고 이 세상의 빛에서 비롯된 총명은 천계의 빛에 의하여 조요(照耀)됩니다. 이것이 지혜는 영적인 선들이나 진리들을 서술하는 이유이고, 그리고 총명은 자연적인 선들이나 진리들을 서술하는 이유입니다. 왜냐하면 영적인 선들이나 진리들은 천계의 빛에서 비롯되기 때문입니다. 그 이유는 영적인 마음이나 내적인 마음은 천계의 빛 안에 있기 때문입니다. 그리고 자연적인 선들이나 진리들은 이 세상의 빛에서 비롯되는데, 그 이유는 자연적인 마음이나 겉마음(external mind)은 이 세상의 빛 안에 있기 때문입니다. 그러나 이 마음이 영적인 마음을 통해서 천계의 빛을 받는 것에 비례하여 그것은 총명 안에 있습니다. 총명이 이른바 자연적인 빛에서만 온다고 믿는 사람은, 아주 많이 속고 있습니다. 총명은 자신으로 말미암아 진리들이나 선들이 시민법적인지, 도덕적인지, 또는 영적인지를 보는 것을 뜻하지만, 이에 반하여 그것들을 다른 것에서 보는 것은 총명이 아니고, 오히려 지식(=과학지)입니다. 그럼에도 불구하고 이런 것들이 어떻게 이해될 수 있는지는 앞서의 단락에(본서 406[A]) 언급된 내용에서 잘 알 수 있겠습니다. 다시 말하면 사람은 두 마음을 가지고 있고, 하나는 영적인 마음, 또는 속마음이라고 하고, 다른 하나는 자연적인 마음, 또는 겉마음이라고 합니다. 그리고 영적인 마음 또는 속마음은 성언에 속한 선들이나 진리들을 삶에 적용하는 사람들에게서 열립니다. 이에 반하여 성언에 속한 선들이나 진리들을 삶에 적용하지 않는 자들 안에 있는 그 마음은 열리지 않고, 오히려 다만 자연적인 마음, 즉 겉마음만 열립니다. 이런 것으로 말미암아 그런 부류의 사람들을 자연적인 사람들이라고 하고, 전자의 사람들을 영적인 사람들이라고 합니다. 여기에 아래의 내용을 부가하겠습니다. 영적인 마음이나 속마음이 열리는 것에 비례하여 천계의 빛을 가리키는 영적인 빛은 주님으로부터 그것을 통하여 자연적인 마음,

즉 겉마음에 입류하고, 그리고 그 마음에 빛을 비추고(照耀), 총명을 줍니다. 영적인 마음이나 속마음을 구성하는 선들이나 진리들은 곧 "고관들과 부자들"이 뜻합니다. "고관들"은 선들을 뜻하고, "부자들"은 진리를 뜻합니다. 그리고 자연적인 마음, 즉 겉마음을 구성하는 선들이나 진리들은 "장군들(=수천의 장군들)이나 세도가들"이 뜻하는데, 여기서 이런 선들은 "장군들"이 뜻하고, 이런 진리들은 "세도가들"이 뜻합니다. 속뜻으로 이런 낱말들이 사람에게 있는 모든 것들을 포함한다는 것이 이런 뜻을 명료하게 합니다. 왜냐하면 이런 모든 것들의 소멸이 아래에 이어지는 것에서 다루어지고 있기 때문입니다. 우주에 있는 모든 것들과 꼭같이 사람에게 있는 모든 것들도 선이나 진리와 관계를 가지고 있습니다. 그와 같은 사실은 사람이 모든 지혜와 총명을 가지고 있다는 것들에게서, 그리고 사람이 가지고 있는 그것들에 일치합니다.

[2] 문자적인 뜻만을 주의, 주시하는 사람은 여기서 그들이 그들의 나라에 있는 임금들이나 중요 인물을 뜻한다는 것 이외에는 다른 것을 볼 수 없습니다. 그러므로 그 뜻을 강화, 높이기 위하여 많은 것들이 언급되었다고 여깁니다. 그러나 성경말씀에서 뜻이 없는 낱말은 아무것도 없습니다. 왜냐하면 신령존재는 성언에 속한 모든 것들 안에 존재하시고, 그리고 모든 것 안에 계시기 때문입니다. 그러므로 여기의 낱말들은 천계나 교회에 속한 것들인 신령한 것들을 뜻하고, 그리고 일반적으로는 천적인 것이나 영적인 것이라고 부르고, 그리고 이런 것들로 말미암아 성언은 천적으로 신령하고 영적으로 신령합니다. 더욱이 성언은 그것에 의하여 교회와 천계의 결합을 위하여 주어졌고, 그리고 교회에 속한 사람들과 천계에 속한

천사들과의 결합을 위해 주어졌습니다. 이러한 내용은 나의 저서 ≪천계와 지옥≫ 303-310항을 참조하십시오. 이러한 결합은 만약에 문자적인 뜻이 나타내는 것 이외에 이런 낱말들이 뜻하는 것이 없다면 불가능합니다. 다시 말하면 땅 위 왕들, 고관들, 장군들, 부자들, 세도가들, 모든 노예나 자유인 모두가 동굴과 산의 바위들 틈에 숨어 있다는 말이 문자적인 뜻 이외의 뜻을 가지고 있기 때문입니다. 왜냐하면 이런 것들은 문자적인 뜻으로는 자연적인 것들이지만, 그것들이 영적인 것들로 동시에 이해될 때 그것들에 의하여 거기에는 결합이 있습니다. 그 밖의 다른 방법으로는 천사들은 사람들과 결합될 수 없습니다. 왜냐하면 천사들은 그들이 영계에 있고, 그리고 따라서 영적으로 생각하고 영적으로 말하기 때문에, 영적인 존재이기 때문입니다. 이에 반하여 사람들은 자연적인 존재입니다. 그 이유는 그들은 자연계 안에 있고, 따라서 자연적으로 생각하고, 자연적으로 말하기 때문입니다. 이와 같이 언급, 설명한 것은 "땅의 임금들, 고관들, 장군들, 부자들, 세도가들"이 역시 영적인 것들을 뜻한다는 것을 알게 하기 위한 것입니다. 이런 것들이 영적인 것들을 뜻한다는 것, 다시 말하면 "고관들과 부자들"은 내적인 선들이나 진리를 뜻한다는 것, "장군들이나 세도가들"은 외적인 선들이나 진리들을 뜻한다는 것 등등은 그것들이 성경말씀에 언급, 거명된 곳의 그것들의 뜻에서 잘 알 수 있습니다.

[3] 성경말씀에서 "고관들"(=위대한 자들)은 속사람이나 영적인 사람에 속한 선들을 가리키는 내적인 선들을 뜻하는데, 그 이유는 성경말씀에서 "크다"(=위대하다 · great)는 말이나 "위대함"(=탁월 · greatness)은 선에 관해서 서술하기 때문이고, "많

다"(many)나 "다수"(=군중·multitude)는 진리에 관해서 서술하기 때문입니다(본서 336[A]·337항 참조). "고관들"(=위대한 자들)이 내적인 선들(internal goods)을 뜻하는데, 그 이유는 여기서 이들은 넷을 가리키기 때문입니다. 다시 말하면 "고관들"·"부자들"·"수천의 장군들"·"세도가들"(=힘 있는 자들)은 사람에게 있는 모든 선들과 진리들을 뜻하기 때문이고, 따라서 속사람이나 영적인 사람이나 겉사람이나 자연적인 사람, 양자의 모든 선들이나 진리들을 뜻하기 때문입니다. 그것은 "고관들"(=위대한 자들)이나 "부자들"은 속사람이나 영적인 사람의 선들이나 진리들을 뜻하기 때문이고, "수천의 장군들"이나 "세도가들"(=힘 있는 자들)은 겉사람이나 자연적인 사람의 선들이나 진리들을 뜻하기 때문입니다. 그래서 뒤이어 "모든 종과 모든 자유인"이라는 낱말이 부가되었습니다. 여기서 "종"(servant)은 자연적인 사람이라고 불리우는 사람의 외적인 것을 뜻하기 때문이고, "자유인"(freeman)은 영적인 사람이라고 불리우는 사람의 내적인 것을 뜻하기 때문입니다. 성경말씀 어디에서나 "고관들"(=위대한 사람들)은 동일한 것들을 뜻하는데, 예를 들면 예레미야 5:5, 나훔 3:10, 요나 3:7의 "고관들"이 되겠습니다. "부자들"이 영적인 진리들을 가리키는, 또는 이런 부류의 진리들 안에 있는 자들을 가리키는, 내적인 진리들을 뜻한다는 것은 앞에서 증명된 것에서 확실합니다(본서 118·236항 참조). "수천의 장군들"이 자연적인 사람의 선들을 가리키는 외적인 선들을 뜻한다는 것은 앞에서 입증되었습니다(본서 336항 참조). 그러므로 이것들에 관해서 더 이상 언급, 설명할 필요는 없겠습니다. 그러나 "세도가들"(=힘 있는 자들·the mighty ones)이 외적인 진리들을 뜻한다는 것, 또는 자연적인 사람의 진리들을 뜻한다는 것은 "힘 있는 자" · "강한 자"(the strong)와 함께 "능력"(power) · "힘"(strength) 등이 거명된 성경말씀의 수많은 장절들에서 잘 알 수 있습니다. 이런 사실은 진리들이 선에게서 비롯되기 때문이고, 그리고 사실은 자연적인 사람 안에 있는 진리들이 모든 능력이나 힘을 가지고 있기 때문입니다. 모든 능력을 쥐고 있는 것이 선에게서 비롯된 진리들이라고 하였는데, 그 이유는 선은 그것 자체는 행동이나 활동을 하지 못하고, 오히려 진리들이 활동하고 역사(役事)하기 때문입니다. 왜냐하면 선은 진리들 안에서 자체를 형성하고, 그리고 진리들을 가지고 자체를 옷 입히기 때문입니다. 그것은 마치 영혼(the soul)이 신체(the body)와 함께 하는 것과 같고, 따라서 활동하는 것과 같습니다. 선은 자연적인 사람 안에 있는 진리들에 의하여 활동하는데, 그 이유는 거기에 있는 모든 내면적인 것들은 서로 협력하기 때문이고, 그리고 그것들의 충만함 가운데 있기 때문입니다. 선에서 비롯된 진리들이, 또는 진리들에 의하여 선이 모든 능력이나 힘을 갖는다는 것은 앞서의 설명에서(본서 209 · 333항 참조) 잘 알 수 있고, ≪천계와 지옥≫ 231 · 232 · 539항에서 잘 알 수 있습니다. 모든 힘이나 능력은 궁극적인 것들 안에 있는데, 그것은 신령존재가 그것의 충만함으로 거기에 존재하시기 때문입니다(본서 346항이나 ≪천계비의≫ 9836 · 10044항 참조). 이렇게 볼 때 "세도가들"(=힘 있는 자들)이 외적인 진리들이나, 자연적인 사람의 진리들을 뜻한다는 것은 밝히 알 수 있겠습니다.

409[A]. 노예와 자유인(=모든 종과 모든 자유인)
이 말씀은 자연적인 사람(the natural man)과 영적인 사람(the

spiritual man)을 뜻합니다. 이러한 뜻은, 이것에 관해서는 곧 설명하겠지만, 자연적인 사람을 가리키는 "노예"(=종·servant)의 뜻에서, 그리고 영적인 사람을 가리키는 "자유인"(freeman)의 뜻에서 잘 알 수 있습니다. "자유인"이 영적인 사람을 뜻하고, "종"(=노예)이 자연적인 사람을 뜻하는데, 그 이유는 영적인 사람은 천계로 말미암아 주님에 의하여 인도되고, 그리고 주님에 의하여 인도되는 것이 자유(自由·freedom)이기 때문입니다. 반면에 자연적인 사람은 복종하고, 그리고 영적인 것을 섬기기 때문입니다. 왜냐하면 자연적인 사람은, 영적인 사람이 원하고, 생각한 것을 수행(隨行), 실천하기 때문입니다. "종"(=노예)은 성경말씀의 수많은 장절에 언급, 거명되었습니다. 이런 수많은 장절에서 "종"은 영적인 사람이 원하고, 생각한 것을 섬기고 이룬다는 것을 뜻한다는 것을 알지 못하는 사람은 거기서 "종"은 노예의 상태에 있는 자를 뜻하고, 따라서 그것의 평범한 일상적인 뜻으로 그 낱말을 이해할 수 있겠습니다. 그러나 여기서 그것이 섬기는 일이나 그 임무를 수행하는 것을 뜻한다는 종의 진정한 뜻은 바로 인용할 성경말씀의 여러 장절들에게서 잘 알 수 있겠습니다. 이런 뜻으로 성경말씀에서 "종"이 언급, 거명되었을 때 그것은 자연적인 사람을 뜻하고, 그리고 그 뜻으로 "종"은 마치 육체가 그것의 영혼을 섬기듯이, 영적인 사람을 뜻합니다. 섬기는 일을 하고, 임무를 수행하는 것이 "종"이 뜻하는 것이기 때문에, 그러므로 "종"은 영적인 것과의 관계에 있는 자연적인 사람에 관해서 서술할 뿐만 아니라, 다른 자들을 위해 섬기는 일을 수행하는, 그리고 하나님의 명령들을 수행하는 천사들, 진실로 주님께서 이 세상에 계실 때 주님의 신령인성을 가리키는, 주님 당신의 명령들을 수행하는 존재들에 관해서 서술합니다. 그리고 그것은 선에서 비롯된 진리들을 서술하는데, 그 이유는 선이 진리들에 의하여 행동하고, 결과를 생산하기 때문이고, 그리고 진리들은 선이 원하고, 사랑하는 것, 등등 선에 대한 섬김을 수행하기 때문입니다. 더욱이 "종"은, 비록 자연적인 사람이 영적인 사람처럼 중생한 사람은 자유스럽지만, 복종이나 결과에 관해서는 자연적인 사람을 서술합니다. 왜냐하면 그것들은 마치 문법에서 주격(主格)과 조격(助格)과 같이 하나(一體)로서 행동하기 때문입니다. 그럼에도 불구하고 영적인 것과 관계해서 자연적인 사람은 "종"이라고 부릅니다. 그 이유는, 앞에서 언급한 것과 같이, 자연적인 사람은 결과를 생산하는 상태에서 영적인 사람에 대한 섬김에 종사하기 때문입니다. 그러나 그들에게서 영적인 사람은 닫혀지게 되고, 일반적인 뜻으로 온전한 사람(the whole man)은 비록 겉보기에는 자유인 같지만 하나의 종입니다. 왜냐하면 외면적인 자연적인 사람(the exterior natural man)은 내면적인 것들이 원하고 생각하는 온갖 악들이나 거짓들에게, 따라서 지옥에 의하여 인도되는 온갖 악들이나 거짓들에게 도움이 되고, 추종하기 때문입니다. 그리고 지옥에 의하여 인도된다는 것은 전적으로 종이 된다는 것입니다. 그리고 사후(死後) 이런 부류의 사람은 전적으로 종이나 노예가 되고, 아주 비참한 노예로 지옥에 갇혀 있습니다. 왜냐하면 사후 모든 사람의 삶의 기쁨들이나 쾌락들은 대응되는 것들로 바뀌기 때문이고, 그리고 악에 속한 쾌락들은 노예의 쾌락들로 바뀌고, 또한 역겨운 것들로 바뀌기 때문입니다. 이러한 내용은 나의 저서 ≪천계와 지옥≫ 485-490항을 참조하십시오. 성경말씀에는 이런 뜻으로 "종"(=노예)이 언급,

거명되었습니다. 그러나 여기서는 "종"이 섬김에 관한 것을 뜻한다는 것이나, 자신의 임무를 수행하는 것, 그리고 이것은 모든 점에서 그러하다는 것을 특별하게 설명, 입증되겠습니다.

409[B]. [2] "종"이 섬김에 속한 것이나 임무의 수행에 속한 것을 뜻한다는 것은 이런 내용에서, 다시 말하면 아래의 장절에서 볼 수 있듯이, 주님의 신령인간(His Divine Human)과의 관계에서 주님이 "종"(servant)이나 "섬기는 자"(minister)라고 불리웠다는 것에서 잘 알 수 있습니다. 이사야서의 말씀입니다.

> "나의 종을 보아라.
> 그는 내가 붙들어 주는 사람이다.
> 내가 택한 사람,
> 내가 마음으로 기뻐하는 사람이다.
> 내가 그에게 나의 영을 주었으니,
> 그가 뭇 민족에게 공의를 베풀 것이다. ……
> 누가 눈이 먼 자냐?
> 나의 종이 아니냐!
> 누가 귀가 먹은 자냐?
> 내가 보낸 나의 사자가 아니냐!"
> 누가 눈이 먼 자냐?
> 주님과 언약을 맺은 자가 아니냐!
> 누가 눈이 먼 자냐?
> 주의 종이 아니냐!
> (이사야 42 : 1, 19)

이 장절은 주님에 관해서 언급하고 있는데, 주님은 이 장 전체에서 다루어졌습니다. 그리고 주님의 신령인간에 관해서 주님께서는 "종"(servant)이라고 불리웠는데, 그 이유는 그분께서 그분의 뜻을 행하는 것에 의하여 그분의 아버지(His Father)를 섬기셨기 때문입니다. 이러한 사실은 주님께서 자주 선언하신 것입니다. 그리고 이것은 그분께서 영계에 있는 모든 것들을 질서에 맞게 회복하셨다는 것, 그리고 동시에 사람들에게 천계에 가는 길을 가르치셨다는 것 등을 뜻합니다. 그러므로 "내가 의지하는 나의 종"이나 "나의 택한 자, 그 안에서 내 영혼이 기뻐한다"(=내가 마음으로 기뻐하는 사람)은 곧 신령인성(=신령인간·the Divine Human)을 뜻하고, 그리고 신령인간(=신령인성)은 그것에 의하여 임무들을 완성하는 신령진리로 말미암아 "종"(a servant)이라고 불리웠고, 신령선으로 말미암아 "택한 사람"(the chosen)이라고 불리웠습니다. 그것이 주님에게 속한 신령진리에 의하여 주님께서 임무를 수행, 완수하였다는 것은 "내가 그에게 영을 주었으니, 그가 뭇 민족에게 공의를 베풀 것이다"는 말씀이 뜻합니다. 여기서 "여호와(=주)의 영"(the spirit of Jehovah)은 신령진리를 뜻하고, "뭇 민족에게 공의를 베푼다"는 것은 가르치는 것을 뜻합니다. 그분께서 "눈이 먼 자"(=장님)나 "귀가 먹은 자"(=농자·deaf)라고 불리웠는데, 그 이유는 마치 주님께서는 사람들의 죄악들을 보지도 못하고, 깨닫지도 못하시는 것과 같기 때문입니다. 왜냐하면 주님은 사람들을 부드럽고, 얌전하게 인도하시지, 꾸부리시거나 결코 꺾지 않으시기 때문입니다 따라서 죄악들로부터 딴 길로 끌어가시고, 그리고 종국에 선으로 인도하시기 때문입니다. 그러므로 주님께서는 질책하시지 않으시고, 벌주시지 않는데 그분은 마치 잘 보시고, 잘 아시는 분과 같습니다. 이러한 내용이 "누가 눈이 먼 자냐? 나의 종이 아니냐!"(=내 종 이외에 누가 눈이 멀었느냐?) "누가 귀가 먹은 자냐? 내가 보낸 나의 사자가 아니냐!"(=누가 나의 보낸 내 사자처럼 귀 먹었겠느냐?)는 말씀이 뜻합니다. 그분께서는 신령진리로 말미암아 "장님"이라고 불리셨고, 그것으로 인하여 "종"이라고 불리셨고, 그리고 그분께서는 "귀머거리"(=농아)라고 불리셨고, 그것으로 인하여 "사자"(使者 · 천사)라고 불리셨습니다. 왜냐하면 "눈이 멀었다"(=맹목 · blindness)는 것은 이해와 관계를 가지고 있고, 그러므로 지각(知覺 · perception)과 관계를 가지고 있기 때문이고, "귀가 먹었다"(=무관심 · deafness)는 것은 지각과 관계를 가지고 있고, 그러므로 의지와 관계를 가지고 있습니다. 그러므로 여기서 비록 그분이 그것으로 말미암아 모든 것들을 이해하는 신령진리를 가지고 있다고 해도, 그분은 말하자면 전혀 보지 못한다(=알지 못한다)는 것을 뜻하고, 그리고 비록 그분께서 그것으로 모든 것들을 완수하실 수 있는 신령선을 가지고 계신다고 해도, 그분께서 지각하시는 것에 따라서 원하시지 않는다는 것을 뜻합니다.

[3] 같은 책의 말씀입니다.

> 고난을 당하고 난 뒤에,
> 그는 생명의 빛을 보고 만족할 것이다(=그는 고난의 결과를 보고 만족할 것이다).
> 나의 의로운 종이 자기의 지식으로
> 많은 사람을 의롭게 할 것이다.
> 그는 다른 사람들이 받아야 할 형벌을
> 자기가 짊어질 것이다.
> (이사야 53 : 11)

이 장절도 역시 주님에 관해서 언급하고 있는데, 이사야서 53장 전장은 분명하게 주님에 관해서 다루고 있습니다. 사실은 그분의 신령인간(=신령인성 · His Divine Human)을 다루고 있습니다. 지옥과 싸우는 주님의 싸움들이나 그것의 주님의 정복은 "그분의 영혼의 애씀"(=그분의 영혼의 고난 · the labor of His soul)과 "다른 사람들의 형벌을 그가 짊어질 것이다"(=그가 그들의 죄악을 담당할 것이다)는 말씀이 뜻하는데, 그것은 "그들의 죄악을 담당한다"는 말씀이 그분께서 그분 자신에게 그것들(=죄악들)을 옮겼다(轉嫁)는 것을 뜻하지 않고, 오히려 그분께서 지옥을 정복하시기 위하여 그분께서는 지옥으로부터 악들을 그분 자시에게 허용하셨다는 것을 뜻합니다. 따라서 이것이 "죄악들을 담당한다"는 말씀이 뜻하는 것입니다. 결과적으로 인애에 속한 믿음을 가리키는 영적인 믿음 가운데 있는 자들의 구원을 뜻한다는 것은 "나의 의로운 종, 자기의 지식으로 많은 사람을 의롭게 할 것이다"는 말씀이 뜻합니다. 여기서 "지식"(knowledge)은 신령진리를 뜻하고, 따라서 신령지혜나 신령총명을 뜻하고, "많은 사람들"은 그것을 영접, 수용한 모두를 뜻합니다. 왜냐하면 성경말씀에서 "많다"(many)는 진리들에 관해서 서술하고 "크다"(great)는 선에 관해서 서술하고, 그러므로 여기서 "많은 사람"(=많다)은 주님으로 말미암아 선에서 비롯된 진리들 안에 있는 모두를 뜻하기 때문입니다. "그분께서 이들을 의롭게 할 것이다"는 말씀이 언급되었는데, 그 이유는 "의롭게 한다"(to justify)는 것은 신령선에 의하여 구원하는 것을 뜻하고, 그리고 신령선으로 말미암아 그분은 역시 "의로운 분"이라고 불리셨기 때문입니다. 주님께서는 이런 일들을 주님의 신령인성(=주님의 신령인간)에 의하여 완수하시고, 성취하셨기 때문에 주님께서는 "여호와의 종"(the servant of Jehovah)이라고 불리셨습니다. 이런 내용은 여호와께서 그분의 신령인간을 "그분의 종"(His servant)이라고 부르신 것을 아주 명료하게 합니다. 그 이유는 그것의 섬김과 성취에 관해서 언급하고 있기 때문입니다.
[4] 같은 책의 말씀입니다.

> "나의 종이 매사에 형통할 것이니(=슬기롭게 행동할 것이니)
> 그가 받들어 높임을 받고,
> 크게 존경을 받게 될 것이다."
> (이사야 52 : 13)

이 말씀도 역시 그분의 신령인성이 "종"이라고 불리운 주님에 관해서 언급하고 있습니다. 왜냐하면 바로 위에서 언급한 것과 같이 동일한 이유 때문입니다. 주님의 인성(=신령인간)의 영광(=영광화)이 "그가 높임을 받고 격찬을 받아 지극히 높게 될 것이다"(=크게 존경을 받게 될 것이다)는 말씀이 뜻합니다. 또 같은 책의 말씀입니다.

> 주께서 말씀하신다.
> "너희는 나의 증인이며,
> 내가 택한 나의 종이다.
> 이렇게 한 것은
> 너희가 나를 알고 믿게 하려는 것이고,
> 오직 나만이 하나님임을
> 깨달아 알게 하려는 것이다.
> 나보다 먼저 지음을 받은 신(=하나님)이
> 있을 수 없고,

나 이후에도 있을 수 없다."
(이사야 43 : 10)

여기서도 "종"은 그분의 신령인간의 측면에서 주님을 뜻합니다. 주님께서는 당신 자신을 섬김으로 말미암아 "섬기는 사람"(a minister)이라고 부르셨다는 것은 복음서들의 말씀에서 명확합니다. 복음서의 말씀입니다.

> 너희 사이에서 위대하게 되고자 하는 사람은 누구든지 너희를 섬기는 사람이 되어야 하고, 너희 가운데 으뜸이 되고자 하는 사람은 너희의 종이 되어야 한다. 인자는 섬김을 받으러 온 것이 아니라 섬기러 왔으며, 많은 사람을 위하여 자기 목숨을 대속물로 내주로 왔다(마태 20 : 26-28 ; 마가 10 : 42-44 ; 누가 22 : 27).

이 말씀의 뜻도 ≪천계와 지옥≫ 218항의 설명에서 볼 수 있겠습니다. 누가복음서의 말씀입니다.

> 주인이 와서 종들이 깨어 있는 것을 보면, 그 종들은 복 되다. 내가 진정으로 너희에게 말한다. 그 주인이 허리를 동이고, 그들을 식탁에 앉히고, 곁에 와서 시중을 들 것이다(누가 12 : 37).

409[C]. [5] 성경말씀에서 "다윗"이 신령진리에 관해서 주님을 뜻하고, 그리고 신령진리가 섬기기 때문에, 그러므로 다윗도 역시 주님을 뜻한다는 것은 성경말씀의 여러 곳에서 "종"(servant)이라고 불리운 것에서 잘 알 수 있습니다. 에스겔서의 말씀입니다.

> 그 때에는 나 주가 그들의 하나님이 되고, 내 종 다윗은 그들의

왕이 될 것이다(에스겔 34 : 24).

역시 같은 책의 말씀입니다.

> 내 종 다윗이 그들을 다스리는 왕이 되어 그들 모두를 거느리는 한 목자가 될 것이다(에스겔 37 : 24).

이 장절 역시 그의 생애 뒤의 다윗에 관해서 언급하고 있습니다. 그 때 다윗은 결코 그들을 다스리는 왕이나 통치자가 되기 위하여 결코 다시 살 수는 없습니다. 이사야서의 말씀입니다.

> 나는 나의 명성을 지키려 하여서라도(=나 자신을 위하여)
> 이 도성을 보호하고,
> 나의 종 다윗을 보아서라도(=내 종 다윗을 위하여)
> 이 도성을 구원하겠다.
> (이사야 37 : 35)

시편서의 말씀입니다.

> (주께서도 말씀하셨다.)
> "나는 내가 선택한 사람과 언약을 맺으며
> 내 종 다윗에게 맹세하기를
> '내가 네 자손을 영원히 견고히 세우며,
> 네 왕위를 대대로 잇겠다' 하였다." ……
> 나는 내 종 다윗을 찾아서,
> 내 거룩한 기름을 부어 주었다.
> (시편 89 : 3, 4, 20)

시편서 전체는 "다윗"이 뜻하는 주님을 다루고 있습니다. 또 같은 책의 말씀입니다.

> 주님의 종 다윗을 선택하시되,
> 양의 우리에서 일하는 그를 뽑으셨다.
> 암양을 돌보는 그를 데려다가,
> 그의 백성 야곱과
> 그의 유산 이스라엘의 목자가 되게 하셨다.
> 그래서 그는
> 한결같은 마음으로 그들을 기르고,
> 슬기로운 손으로 그들을 인도하였다.
> (시편 78 : 70-72)

그 밖의 여러 곳도 마찬가지입니다. 성경말씀에서 "다윗"이 신령진리에 관해서 주님을 뜻한다는 것은 본서 205항을 참조하시고, 거기에 인용된 장절들을 보십시오. 어디에서나 성경말씀에서 주님께서는 "종"이라고 불리셨는데 "이스라엘"은 그 분을 뜻합니다. 이사야서의 말씀입니다.

> 주께서 내게 말씀하셨다.
> "이스라엘아, 너는 내 종이다.
> 네가 내 영광을 나타낼 것이다." ……
> 주께서 이렇게 말씀하신다.
> "네가 내 종이 되어서,
> 야곱의 지파를 일으키고
> 이스라엘 가운데 살아 남은 자들을
> 돌아오게 하는 것은,

네게 오히려 가벼운 일이다.
땅 끝까지 나의 구원이 미치게 하려고,
내가 너를 '뭇 민족의 빛'으로 삼았다."
(이사야 49 : 3, 6)

여기서 "이스라엘"은 최고의 뜻으로는 주님을 뜻한다는 것은 ≪천계비의≫ 4286항을 참조하시고, "이스라엘의 반석"(the stone of Israel)은 신령진리에 관해서 주님을 뜻한다는 것은 같은 책 6426항을 참조하십시오.
[6] 성경말씀에서 주님께서는 신령진리에 관해서 섬긴다는 것으로 말미암아 "종"이라고 불리셨기 때문에, 그러므로 주님에게서 비롯된 신령진리 가운데 있는 자들이나, 그리고 그것에 의하여 다른 자들을 섬기는 자들을 "종들"이라고 불리웠습니다. 이러한 뜻도 예언서들의 장절에서 잘 알 수 있습니다. 예레미야서의 말씀입니다.

> 주님께서는 여러분에게 주님의 종 예언자들을 보내시되, 꾸준히 보내셨습니다(예레미야 25 : 4).

아모스서의 말씀입니다.

> 참으로 주 하나님은, 당신의 비밀을
> 그 종 예언자들에게 미리 알리지 않고서는,
> 어떤 일도 하지 않으신다.
> (아모스 3 : 7)

다니엘서의 말씀입니다.

우리가 우리 주 하나님께 순종하지도 않고, 하나님의 종 예언자들을 시키셔서 우리에게 말씀하여 주신 율법도 따르지 않았습니다 (다니엘 9 : 10).

역시 이런 말씀도 있습니다. "모세는 여호와의 종"이라고 불리웠습니다(말라기 4 : 4). 그리고 이사야도 그분의 종이라고 불리웠습니다(이사야 20 : 3 ; 50 : 10). 왜냐하면 성경말씀에서 "예언자들"은 신령진리에 속한 교리를 뜻하기 때문이고, 따라서 교리에 관하여 신령진리를 뜻하기 때문입니다(≪천계비의≫ 2534 · 7269항 참조). 그러므로 아래 장절에서와 같이 다윗도 자신을 "여호와의 종"(=주의 종 · a servant of Jehovah)이라고 불렀습니다. 시편서의 말씀입니다.

주의 율례를 기뻐하며,
주의 말씀을 잊지 않겠습니다.
주의 종에게 은혜를 베풀어 주십시오.
그래야 내가 살아서,
주의 말씀을 지킬 수 있습니다. ……
그러나 주의 종은 오직
주의 율례를 묵상하겠습니다. ……
주님, 주께서 약속하신대로,
주께서는 그의 종인 나를
잘 대해 주셨습니다. ……
주의 인자하심을 따라 나를 맞아 주시고,
주의 율례를 내게 가르쳐 주십시오.
나는 주의 종이오니,
주의 경고를 알아차릴 수 있는

6장 9-17절

총명을 주십시오. ……
주의 종에게
주의 밝은 얼굴을 보여 주시고,
주의 율례를 내게 가르쳐 주십시오. ……
나는 길을 잃은 양처럼 방황하고 있습니다.
오셔서, 주의 종을 찾아 주십시오.
나는 주의 계명을 잊은 적이 없습니다.
(시편 119 : 16, 17, 23, 65, 124, 125, 135, 176)

역시 같은 책의 말씀입니다.

나는 신실하오니,
목숨을 건져 주십시오.
주님은 나의 하나님,
주님을 신뢰하는 주의 종을
구원하여 주십시오. ……
주님, 내가 진심으로 주님을 우러러보니,
주의 종의 삶을 기쁨으로 채워 주십시오. ……
내게로 얼굴을 돌려 주시고,
내게 은혜를 베풀어 주십시오.
주의 종에게 힘을 주시고,
주께서 거느리신 여종의 아들에게
구원을 베풀어 주십시오.
(시편 86 : 2, 4, 16 ; 27 : 9 ; 31 : 16 ; 35 : 27 ; 116 : 16 ; 누가 1 : 69)

위에 인용된 장절에서 "다윗"이 신령진리의 측면에서 주님을 뜻하기 때문에, 그리고 따라서 "다윗"은 예언서들에서와 같이 신령진리를 뜻하기 때문에, 그러므로 이 장절들에서 "종"은 영적인 뜻으로 섬김에 속한 것을 뜻합니다. 성경말씀의 영적인 뜻을 알지 못하는 무지한 사람은 다윗 뿐만 아니라 성경말씀에 언급된 다른 자들도 "종들"이라고 불리웠다고 믿을 수 있습니다. 이런 이유 때문에 모두가 다 하나님의 종들입니다. 그러나 그럼에도 불구하고 성경말씀에 언급, 거명된 "종들"은 어디에서나 영적인 뜻으로 섬김에 속한 것이나 임무수행을 뜻한다. 이런 이유 때문에 불리워진 예레미야서의 말씀입니다.

> 내가 나의 종 바빌로니아 왕 느부갓네살을 시켜서 북녘의 모든 민족을 데려오겠다. …… 내가 이렇게 그들을 데려다가 이 땅과 그 주민을 함께 치도록 하며, 그 주위의 모든 민족을 치도록 하겠다. 내가 그들을 완전히 진멸시켜, 영원히 놀라움과 빈정거림과 조롱거리가 되게 하고, 이 땅을 영원히 폐허 더미로 만들겠다(예레미야 25 : 9 ; 43 : 10).

그러나 개별적인 뜻으로 성경말씀에서 "종"이나 "종들"은 신령진리를 영접, 수용한 자들이나, 그것을 가르치는 자들을 뜻합니다. 그 이유는 신령진리를 섬기는 것을 뜻하고, 그리고 그것에 의하여 신령선이 결과(=임무수행)들을 생산하기 때문입니다. 이런 이유 때문에 "종들"이나 "선택된 자"는 자주 함께 언급, 거명되는데, 그것은 "종들"이 신령진리를 수용하고, 그리고 그것을 가르치는 자들을 뜻하기 때문이고, "선택된 자"(the chosen)는 신령선을 영접, 수용하고 인도하는 자를 뜻하기 때문입니다. 예를 들면 이사야서의 말씀입니다.

> 내가 야곱으로부터 자손(=씨)이 나오게 하며,
> 유다로부터

> 내 산을 유업으로 얻을 자들이
> 나오게 하겠다.
> 내가 택한 사람들이
> 그것을 유업으로 얻으며,
> 내 종들이 거기에 살 것이다.
> (이사야 65 : 9)

같은 책의 말씀입니다.

> "나의 종 너 이스라엘아,
> 내가 선택한 야곱아,
> 나의 친구 이브라함의 자손아!"
> (이사야 41 : 8)

또 같은 책의 말씀입니다.

> "나의 종 야곱아,
> 내가 택한 이스라엘아,
> 이제 너는 들어라."
> 너를 지으신 분
> 네가 태어날 때부터
> '내가 너를 도와주마' 하신 주께서
> 말씀하신다.
> "나의 종, 야곱아,
> 내가 택한 여수룬아, 두려워하지 말아라."
> (이사야 44 : 1, 2)

여기서 "택한 자"는 인애의 삶(the life of charity) 안에 있는 자가 그렇게 불리웠다는 것은 ≪천계비의≫ 3755 · 3900항을 참조하십시오.

409[D]. [7] 지금 여기서 "종들"은 성경말씀에서 섬기는 것이나 임무수행하는 것과 관계를 가지고 있기 때문에, 그리고 결과적으로는 섬기는 것이나 임무수행을 생산하는 것과 관계를 가지고 있기 때문에, 그러므로 자연적인 사람은 이것이 원하는 것을 이루는 영적인 것을 섬기기 때문에, "종"이라고 불리웠습니다. 그리고 이런 이유 때문에 영적인 사람은 "자유인"(a freeman)이나 "주인"(master)이라고 불리웠습니다. 누가복음서의 "종"이나 "주인"도 역시 이런 내용을 뜻합니다. 누가복음서의 말씀입니다.

> 한 종이 두 주인을 섬기지 못한다. 그가 한쪽을 미워하고, 다른 쪽을 사랑하거나, 한쪽을 떠받들고, 다른 쪽을 업신여길 것이다. 너희는 하나님과 재물(=맘몬 · mammon)을 함께 섬길 수 없다(누가 16 : 13).

이 말씀은 이 세상에 있는 종들과 관계되지 않는 것으로 필히 이해되어야 합니다. 왜냐하면 그런 부류의 사람은 두 주인을 섬길 수 있고, 그리고 그럼에도 불구하고 그들 중 하나는 싫어하지 않고, 그리고 하나는 경멸(輕蔑)할 수 있습니다. 그러나 영적인 뜻으로 종들은 주님사랑하기를 열망하고, 그와 꼭같이 자신들을 애지중지하는 자들이고, 또는 주님나라와 이 세상을 꼭같이 사랑하는 자들입니다. 이런 부류의 인물들은 한쪽 눈으로는 위를 우러르고, 다른 한쪽 눈으로는 아래를 우러르는, 다시 말하면 한 눈으로는 주님나라를 우러르고, 다른 한 눈으로는 지옥을 우러르기를 열망하는 그런 부류들과 같습니다.

따라서 둘 사이에 매달려 있는 꼴입니다. 그럼에도 불구하고 거기에는 반드시 다른 쪽 하나를 더 치중하는 우세한 사랑이 있습니다. 그리고 우세함이 있는 곳에는, 다시 말하면 반대쪽 은 미움을 받을 것이고, 그것이 반대를 야기시킬 때, 다른 쪽 은 경멸을 겪을 것입니다. 왜냐하면 자기사랑이나 세상사랑은 주님사랑이나 이웃사랑에 정반대이기 때문입니다. 이런 이유 때문에 천계적인 사랑 안에 있는 자들은 주님이나 주님의 나 라(=천계)에서 그것들에 의하여 멀리 떨어지는 것 보다는 이 세상의 명예나 재물을 빼앗기는 것이 더 낫고, 심지어 죽는 것 이 낫다고 생각합니다. 왜냐하면 그들은 이것을 전부로 여기 고, 주시, 주목하기 때문이고, 그리고 그것이 변함없는 영원한 것으로 여기기 때문입니다. 그러나 전자는 상대적으로 무가치 한 것으로 여기는데, 그 이유는 이 세상의 삶으로서의 목적으 로 인식되기 때문입니다. 그러나 다른 한편 다른 모든 것들에 비하여 자신들이나 세상을 애지중지하는 자들은 주님이나 주 님나라를 상대적으로 무가치한 것으로 여기고, 심지어 그들은 주님이나 주님나라를 부인합니다. 그리고 그것들이 자기 자아 나 세상에 정반대되는 것이라는 것을 밝히 아는 것에 비례하 여 그들은 그런 것들을 싫어합니다. 이러한 사실은 저 세상에 있는 자들에게는 매우 명확합니다. 모든 것에 비하여 주님이 나 천계(=주님나라)를 사랑하는 자들에게서 속사람이나 영적인 사람은 개방되고, 겉사람이나 자연적인 사람은 그것을 섬깁니 다. 그 때 후자(=겉사람·자연적인 사람)는 그것이 섬기는 것이 기 때문에 하나의 종이지만, 전자는 그것이 그것의 의지(=뜻) 를 실천하기 때문에 주인입니다. 그러나 모든 것들에 비하여 자기 자신이나 세상을 사랑하는 자들에게서 속사람, 즉 영적인 사람은 폐쇄되고 대신 겉사람, 즉 자연적인 사람은 개방됩니다. 후자가 열리고 전자가 닫힐 때 사람은 주인으로서 앞서의 것을 주인으로 사랑합니다. 다시 말하면 자신이나 세상을 주인으로 사랑합니다. 그리고 그 사람도 다른 것을 미워합니다. 다시 말하면 주님이나 천계를 미워하고 증오(憎惡)합니다. 나는 이런 것에 대하여 나의 경험으로 증거할 수 있습니다. 왜냐하면 자기 자신이나 이 세상을 목적으로 삼고 산 사람 모두는, 그리고 주님이나 천계를 목적으로 살지 않은 사람 모두는 저 세상에서 주님을 미워하고, 주님에게 속한 자들을 박해(迫害)합니다. 그러나 이 세상에서 그들은 천계에 관해서, 그리고 주님에 관해서 능히 말할 수는 있습니다. 이런 것에서 두 주인을 섬긴다는 것이 그 얼마나 불가능한 것인지는 밝히 알 수 있습니다. 주님의 말씀들이 반드시 영적으로 이해되어야 한다는 것은 주님께서 친히 하신 말씀들에게서 아주 명확합니다. 왜냐하면 주님께서 "너희는 하나님과 재물을 함께 섬길 수 없다"고 말씀하셨기 때문입니다.

[8] 마태복음서의 말씀입니다.

> 제자는 스승보다 높지 않고, 종은 주인보다 높지 않다. 제자가 제 스승만큼 되고, 종이 제 주인만큼 되면 만족스럽다(마태 10 : 24, 25).

가장 일반적인 뜻으로 이 말씀은 사람은 결코 자기 자신을 주님과 동일하게 만들 수 없다는 것, 그리고 자기 자신을 위해 만족스러운 것은 그가 가지고 있는 것은 주님으로 말미암아 가지고 있다는 것, 그리고 그 때 제자는 스승과 같고, 종은 주인과 같다는 것 등을 뜻합니다. 왜냐하면 그 때 주님은 그 사람 안에 계시고, 그리고 그 사람으로 하여금 선을 원하고, 진리를 생각하게 하시기 때문입니다. 여기서 낱말 "제자"는 선과 관계를 가지고 사용되었고, 그리고 "종"은 진리와 관계를 가지고 사용되었습니다. 이러한 내용은 개별적인 뜻에서도 비슷합니다. 다시 말하면 각자 각자 개인들은 주님에 의하여 인도되는데 그 사람에게서 겉사람이나 자연적인 사람은 "제자"나 "종"을 가리키고, 그 사람에게서 속사람이나 영적인 사람은 "스승"이나 "주인"을 가리킵니다. 겉사람이나 자연적인 사람이 복종과 임무수행에 의하여 속사람이나 영적인 사람을 섬길 때, 그 때 그것은 "그의 스승만큼" 또는 "그의 주인만큼" 된 것입니다. 왜냐하면 그들은 한 몸처럼 행하기 때문인데, 그것은 주요 원인과 쓸모 있는 수단에 관해서 언급하기 때문입니다. 그리고 그것들은 마치 하나의 원인처럼 행동합니다. 개별적인 뜻은 이것이 가장 일반적인 것은 마치 영적인 사람과 자연적인 사람이 한 몸처럼 행동하는 것처럼, 다시 말하면 주님 당신이 행동하는 것처럼 동시에 일어납니다. 왜냐하면 영적인 사람은 자신에 속한 것을 아무것도 행할 수 없고, 다만 그것이 행한 것은 오직 주님에게서 비롯된 것뿐이기 때문입니다. 사실 영적인 사람은 열린 것에 비례하여―왜냐하면 이것은 천계를 향해 열리기 때문에―사람은 자기 자신의 것을 행하는 것이 아니고, 주님으로 말미암아 이 때의 이 영적인 사람은 그것의 본연의 뜻으로 진정한 영적인 사람입니다.

[9] 요한복음서의 말씀입니다.

"너희가 진리를 알게 될 것이고, 진리가 너희를 자유롭게 할 것이다." 그들(=유대 사람들)은 예수께 말하였다. "우리는 아브라함의 자손이라 아무에게도 종노릇한 일이 없는데, 당신은 어찌하여 우리가 자유롭게 될 것이라고 합니까?" 예수께서 대답하셨다. "내가 진정으로 진정으로 너희에게 말한다. 죄를 짓는 사람은 다 죄의 종이다. 종은 언제까지나 집에 머물러 있지 못하지만, 아들은 언제까지나 머물러 있다. 그러므로 아들이 너희를 자유롭게 하면 너희는 참으로 자유롭게 될 것이다"(요한 8 : 32-36).

이 말씀은 주님께서 인도하시는 것이 자유이다는 것을 뜻하고, 지옥이 인도하는 것은 종의 상태(=노예의 상태)를 뜻한다는 것입니다. "자유롭게 하는 진리"는 주님에게서 비롯된 신령진리를 뜻합니다. 왜냐하면 이것을 영접, 수용한 사람은 교리나 삶 안에서 자유스럽기 때문입니다. 그 이유는 사람은 주님에 의하여 영적인 것으로 완성되었고, 그리고 주님에 의하여 인도되기 때문입니다. 그러므로 여기에 "아들(the Son)은 언제까지나 집에 머물러 있다(=산다). 그러므로 아들이 너희를 자유롭게 하면 너희는 참으로 자유롭게 될 것이다"는 말씀이 부가되었습니다. 여기서 "아들"은 주님을 뜻하고, 따라서 진리를 뜻합니다(본서 63 : 151 · 166항 참조). 그리고 "집에서 산다"는 말씀은 천계에 사는 것을 뜻합니다. 지옥에 의하여 인도되는 것이 노예의 상태라는 것은 바로 이런 말씀, 즉 "죄를 짓는 사람은 다 죄의 종이다"는 말씀이 가르칩니다. "죄"는 그것이 지옥에서 비롯되기 때문에 지옥을 가리킵니다.

[10] 주님에게서 교리나 삶 가운데 신령진리를 영접, 수용하는 것이 주님께서 요한복음서에서 가르치신 자유롭게 되는 것입니다. 요한복음서의 말씀입니다.

내가 너희에게 명한 것을 다 행하면 너희는 내 친구다. 이제부터는 내가 너희를 종이라고 부르지 않겠다. 종은 주인이 무엇을 하는지 알지 못한다. 나는 너희를 친구라고 불렀다. 내가 아버지에게서 들은 모든 것을 너희에게 알려 주었기 때문입니다. 너희가 나를 택한 것이 아니라, 내가 너희를 택하여 세운 것이다. 그것은 너희가 가서 열매를 맺어, 그 열매가 언제나 남아 있게 하려는 것이다(요한 15 : 14-16).

여기서 "친구"는, "친구"가 "종"과 대조되기 때문에, 자유인을 뜻합니다. 주님으로부터 교리나 삶 가운데 신령진리를 영접, 수용한 사람은 "종"(=노예)이 아니고, "친구들"이고 "자유인들"이라는 것은 곧 이런 말씀이 가르칩니다. "내가 너희에게 명한 것을 다 행하면 너희는 내 친구다. 이제부터는 내가 너희를 종이라고 부르지 않고, 친구라고 부르겠다"는 말씀이 뜻하고, 그리고 또한 "내가 아버지에게서 들은 모든 것을 너희에게 알려 주었다. 너희가 가서 열매를 맺어라"는 말씀이 뜻합니다. 여기서 "명한다"(=명령한다 · to command)나 "알게 한다"(to make known)는 말은 교리에 속한 것을 뜻하고, "열매를 맺는다"(to bring forth fruit)는 말씀은 삶에 속한 것을 뜻합니다. 즉 "너희가 나를 택한 것이 아니라, 내가 너희를 택하여 세운 것이다"는 말씀이 가르칩니다. 이와 비슷한 것은 "여섯 해 동안 종살이를 하고, 일곱 해에는, 또는 안식년에 자유의 몸이 되는 히브리 종들"이 표징합니다. 그들에 관해서는 출애굽기 21장 2, 3절, 레위기 25장 39-41절, 신명기 15장 12절, 예레미야서 24장 9절에 다루어졌습니다. 이들에 관한 상세한 내용은 ≪천계비의≫ 8973-9005항을 참조하십시오. 이와 같이 길게 설명된 것에서 밝히 알 수 있는 것은 성경말씀에서 "종들"이라고 불리운 자들은 섬기는 자이고, 임무수행에 불려온 자를 뜻한다는 것입니다. 그러므로 "종"은 자연적인 사람을 뜻하는데, 그 이유는 자연적인 사람은 자신의 영적인 사람을 그것이 원하고 생각한 것을 결과에 이르게 하는 것에 의하여 섬기기 때문입니다. 그리고 "자유인들"(freemen)이라고 불리우는 자들은 진리에 속한 사랑이나 선에 속한 사랑으로 말미암아 행동하는 자들을 뜻하고, 따라서 주님으로 말미암아, 그리고 주님에게서 비롯된 진리에 속한 사랑이나 선에 속한 사랑으로 말미암아 행하는 자들을 뜻합니다. 더욱이 성경말씀에서 "종들"은 자기사랑이나 세상사랑에 의하여 인도되는 자들을 뜻하고, 그리고 거기에서 비롯된 악들이나 거짓들에 의하여 인도되는 자들을 뜻합니다. 결과적으로는 자연적인 사람에 의하여 인도되고, 동시에 영적인 사람에 의하여 인도되지 않는 자들을 뜻합니다. 그러나 주님께서 원하시는 이런 종들에 관해서는 적절한 곳에서 언급되겠습니다.

410[A]. 모두가 동굴과 산의 바위들 틈에 숨었다.
이 말씀은 삶에 속한 악들이나 거기에서 비롯된 거짓들에 의하여 파괴된 진리들이나 선들을 뜻합니다. 이러한 뜻은 잃어버린 것들을 뜻하는, 다시 말하면 내적인 선들과 진리들이나 외적인 선들과 진리들, 또는 자연적인 사람이나 영적인 사람 안에 있는 그것들을 뜻하는 "자신을 숨긴다"는 말의 뜻에서 잘 알 수 있습니다. 여기서 내·외적인 선들이나 진리들, 또는 자연적인 사람이나 영적인 사람 안에 있는 그것들은, 위에서 언급한 것과 같이, "땅의 왕들"·"고관들"·"장군들"·"부자들"·"수천의 장군들"·"세도가들"·"모든 노예와 자유인"이 뜻합니다. 이러한 것으로 말미암아 "그들은 자신들을 숨겼다"는 말이 이런 것들을 잃어버렸다는 것, 다시 말하면 숨겨진 장소에 있는 잃어버린 것들을 뜻한다는 말씀이 뒤이어지고 있습니다. 이러한 내용은 이것에 관해서는 곧 언급하겠지만, 삶에 속한 악들을 뜻하는 "동굴들"(caves)의 뜻에서, 그리고 그것에서 비롯된 거짓들을 뜻하는데, 여기서는 악들에게서 비롯된 거짓들을 뜻하기 때문입니다. 그리고 "산들"은 바로 위에서 언급한 것과 같이(본서 405[G-I]항 참조), 자기사랑이나 세상사랑에서 솟아나는 악들을 뜻하기 때문입니다. 그러나 "바위들"의 뜻에 관해서는 즉시 이어지는 단락에서 볼 수 있는데 여기서는 "동굴"의 뜻에 관해서 언급하겠습니다.

[2] 위에서 언급하였듯이 영계에는 우리의 지상에서와 같이 산들·언덕들·바위들·골짜기들·평지들이 있고, 그리고 그런 것들에 천사들이나 영들이 살고 있습니다. 그럼에도 불구하고 영계에서 그런 것들은 서로 상이한 모습을 가지고 있습니다. 가장 큰 빛 가운데 있는 자들은 산들에서 살고 있고, 그리고 동일한 산의 좀 아래에는 약간 적은 빛 가운데 있는 자들이 있고, 이것들에 비하여 더 아래에 있는 자들은 그보다 더 적은 빛 가운데 있고, 그리고 가장 낮은 곳에서는, 보다 높은 곳에 있는 자들이 가지고 있는 빛에 비교하면, 어둠이나, 짙은 흑암 가운데 살고 있습니다. 따라서 천계는 산들의 높은 지역에 있고, 그리고 언덕들은 낮은 지역에 있는데, 이와 같이 산들에 속한 넓디 넓은 공간은 마치 지층(地層·stratum)들처럼 서로서로 잇대어 있습니다. 이러한 것은 주님께서 높은 것을 통하여 낮은 것들을 다스리시기를 위한 것입니다. 왜냐하면 주님께서는 당신 자신으로부터 영계에 있는 모든 것들에 직접적으로 입류하기 때문이고, 그리고 보다 높은 천계를 통하여 간접적으로 낮은 천계에 입류하시기 때문이고, 그리고 이런 것들을 통하여 지옥에 유입하시기 때문입니다. 이와 같은 배

열은 입류에 의하여 모든 것들이 상호관계의 상태에 있게 하기 위한 것입니다. 이와 같은 조정적인 배열(co-ordinate arrangement)이나 종속인 배열(subordinate arrangement)은 온 영계를 통하여 존재합니다. 산들이나 바위들 아래에 있는 지옥으로 들어가는 입구는 계곡들로부터 동굴들을 통하여, 또는 산들이나 바위들 양쪽의 가장 낮은 지역에 열려 있습니다. 양쪽의 낮은 지역에 있는 입구들은 비록 전적으로 어두운 것을 제외하면 마치 야생 짐승들이 들고나는 동굴의 입구들과 같이 보입니다. 이런 입구들은 지옥적인 영들이 안으로 들어갈 때에는 활짝 열리지만, 그러나 그들이 그 안에 들어갔을 때에는 닫힙니다. 이런 입구들은 성경말씀에서 "지옥의 문들"(the gates of hell)이라고 불리웠습니다. 그러나 바위들 가운데 있는 이런 입구들은 마치 절벽에 있는 갈라진 틈들처럼 보이고, 어떤 곳에서는 여러 종류의 모양으로 열려 있는 구멍들(holes)처럼 보입니다. 이런 출입구들(=대문들)이나 문들(doors)에 있는 흑암은 선한 영들이나 천사들에게는 매우 짙은 악흑처럼 보이고, 그러나 악한 영들에게는 마치 빛을 내는 것(luminous)처럼 보이는데, 그 이유는 거기에는 천계의 빛은 전혀 없고, 다만 영적인 것에서 멀리 떨어져 있는 자연적인 밝음(natural lumen)을 가리키는 소위 도깨비 불빛(a fatuous lumen) 같은 것만 있기 때문입니다. 거기에 있는 이런 부류의 빛은 이 세상의 한낮의 빛과는 전혀 다르고, 오히려 그것은 한낮의 빛 가운데서는 아무것도 보지 못하는 올빼미들·두더지들·밤새들·박쥐들 따위에 아주 적합한 한밤의 빛(the nocturnal light)과 같습니다. 그러므로 한낮의 빛은 그들에게는 짙은 흑암과 같고, 이에 반하여 한밤의 흑암은 그들에게는 마치 그것들의 빛과 같습니다. 그들의 시각이 이런 것은 본질적으로 어둠이나 흑암을 가리키는 거짓들이나 악들로 형성되었기 때문입니다. 이런 이유 때문에 성경말씀에서 "어둠"(darkness)은 온갖 종류의 거짓들을 뜻하고, "흑암"(thick darkness)은 악에 속한 거짓들을 뜻합니다. 이런 것에서 볼 때 "그들이 자신들을 동굴들 속에 숨긴다"는 말이 뜻하는 것이 무엇인지, 다시 말하면 삶에 속한 악들 안에 있다는 것을 뜻한다는 것을 잘 알 수 있겠고, 그리고 그것들 안에 있는 선들은 파괴된다는 것도 잘 알 수 있겠습니다. 삶에 속한 악들(=악한 삶)은 "동굴들"(caves)이 뜻하는데, 동일한 이유 때문에 "산들"은 삶에 속한 선들(=선한 삶들)을 뜻합니다. 다시 말하면 그것은 그것들 안에 있는 자들은 이런 부류이기 때문입니다. 왜냐하면 영적인 뜻은 장소들이나 인물들에게서 떠나 고려(考慮)되는 오로지 악들이나 선들과 관계되기 때문입니다. 다시 말하면 앞에서 수차 언급된 것과 같이 여러 장소들이나 인물들 안에 있는 온갖 종류의 악들이나 선들에 관계되는 것입니다.

410[B]. [3] 이렇게 볼 때 성경말씀에서 "굴들"·"동굴들"·"공동들"(空洞·hallows)·"구멍"(=틈·holes)·"틈들"(clefts)이나 아래의 장절들에서와 같이 "바위들"이나 "산들의 틈새들"(chinks) 따위들이 뜻하는 것이 무엇인지 잘 알 수 있겠습니다. 이사야서의 말씀입니다.

너희는 바위 틈으로 들어가고,
티끌 속에 숨어서,
주님의 그 두렵고 찬란한 영광 앞에서 피하여라.
그 날에는,
인간의 거만한 눈초리가 풀이 죽고,

사람의 거드름이 꺾이고,
오직 주님만 홀로 높임을 받을 것이다.
그 날은 만군의 주께서 준비하셨다.
모든 교만한 자와 거만한 자,
모든 오만한 자들이
낮아지는 날이다.
또 그 날은
높이 치솟은 레바논의 모든 백향목과
바산의 모든 상수리나무와,
모든 높은 산과
모든 솟아오른 언덕과,
모든 높은 망대와
모든 튼튼한 성벽과,
다시스의 모든 배(=무역선)와,
탐스러운 모든 조각물이
다 낮아지는 날이다.
그 날에는,
인간의 거만이 꺾이고
사람의 거드름은 풀이 죽을 것이다.
오직 주님만 홀로 높임을 받으시고,
우상들은 다 사라질 것이다.
그 때에 사람들이,
땅을 뒤흔들며 일어나시는 주님의
그 두렵고 찬란한 영광 앞에서 피하여,
바위 동굴과 땅굴로 들어갈 것이다.
그 날이 오면, 사람들은,
자기들이 경배하려고 만든
은 우상과 금 우상을
두더지와 박쥐에게 던져 버릴 것이다.

땅을 뒤흔들며 일어나시는 주님의
그 두렵고 찬란한 영광 앞에서 피하여,
바위 구멍과 바위 틈으로 들어갈 것이다.
(이사야 2 : 10-21)

속뜻을 제외하면 여기에 기술된 것들은 어느 누구도 결코 이해할 수 없고, 그리고 영계에 있는 것들의 외현(=겉모습)이 무엇인지 알지 못하면, 역시 그것들이 뜻하는 것을 어느 누구도 이해할 수 없습니다. 왜냐하면 속뜻이 없으면 어느 누구가 여기의 말씀, "여호와의 날(a day of Jehovah)에 높이 치솟는 레바논의 백향목, 바산의 모든 상수리나무, 모든 높은 산, 모든 솟아오른 언덕, 높은 망대, 모든 튼튼한 성벽, 다시스의 모든 배(=무역선), 탐스러운 모든 조각물이 있을 것이다"는 말씀이 뜻하는 것을 누가 알 수 있겠습니까? 그리고 "두더지와 박쥐에게 은 우상과 금 우상이 던져질 것이다"는 말씀이 뜻하는 것을 누가 알 수 있겠습니까? 만약에 사물들의 외현(外現)이 있다는 것을 알지 못한다면 "그들의 바위 틈에 들어감"이나 "티끌에 숨는다"는 말이 뜻하는 것을 어느 누구가 알 수 있겠습니까? 그리고 "바위 동굴과 땅굴로 들어갈 것이다"·"바위 구멍과 바위 틈으로 들어갈 것이다"는 말씀이 뜻하는 것을 어느 누구가 알 수 있겠습니까? 그러나 그 말씀의 속뜻에서 볼 때 이런 모든 것들은 자기사랑이나 세상사랑 안에 빠져 있는 자들의 상태를 기술하고 있다는 것, 그리고 따라서 최후심판의 때에 온갖 악들이나 거짓들 안에 빠져 있는 자들의 상태를 기술하고 있다는 것을 잘 알 수 있습니다. 그러므로 "여호와의 날에 모든 교만한 자와 거만한 자, 모든 오만한 자들이 꺾이고, 그리고 다 낮아지는 날이다"는 말씀이 언급되었습니다. 여기서 "여호와의 날"(day of Jehovah)은 최후심판을 뜻하고, "모든 교만한 자와 거만한 자"는 자기사랑이나 세상사 랑에 빠져 있는 자들을 뜻하고, "모든 오만한 자들이 낮아진 다"는 말씀은 자기 총명에 속한 사랑 안에 있는 자들을 뜻합 니다. 이러한 내용의 더 상세한 기술은 "여호와의 날은 높이 치솟은 레바논의 모든 백향목과 바산의 모든 상수리나무와 모 든 높은 산과 모든 솟아오른 언덕과 모든 높은 망대와 모든 튼튼한 성벽과 다시스의 모든 무역선과 탐스러운 모든 조각물 이 다 낮아지는 날이다"는 말씀이 뜻합니다. 여기서 "레바논 의 백향목"이나 "바산의 상수리나무"는 자기 총명의 자만을 뜻하며, 그리고 전자는 내면적인 자만을, 후자는 외면적인 자 만을 뜻하고, "산들과 언덕들"은 자기사랑과 세상사랑을 뜻하 고, 그리고 그것들에게서 솟아나는 악들이나 거짓들을 뜻합니 다(본서 405[G-I]항 참조). "망대"(=탑)와 "성벽"은 확증된 교 리에 속한 거짓들을 뜻하고, "다시스의 배들"(=무역선들)이나 "탐스러운 조각물들"은 악에서 비롯된 거짓에 속한 지식들이 나 지각들을 뜻하고, 그리고 악들이나 거짓들에서 비롯된 그들 의 예배는 "자기들이 경배하려고 만든 우상들은 두더지와 박 쥐에게 던져 버려질 것이다"는 말씀이 뜻합니다. 그리고 이런 것들에게서 비롯된 예배가 자기 총명에서 비롯된 것이라는 것 은 "거만이 꺾이고 거드름은 풀이 죽을 것이다"는 말씀이 뜻 합니다. 이런 예배가 비롯된 근원을 가리키는 교리에 속한 악 들이나 거짓들은 "두더지들과 박쥐들"이 뜻하는데, 그것은 이 런 것들은 어둠에서 보는 시각을 가지고 있기 때문이고, 그리 고 빛을 보지 못하는 시각을 가지고 있기 때문입니다. 이런 것에 대한 심판이 "바위 동굴과 땅굴로 들어갈 것이다"는 말씀이 뜻하고, "바위 구멍과 바위 틈으로 들어간다"는 말씀은 자기사랑이나 세상사랑에서 비롯된 악들이나 거짓들 안에 있는 자들의 영벌을 뜻하고, 그리고 자기 총명의 거만(=자만)에서 비롯된 악들이나 거짓들 안에 있는 자들의 영벌을 뜻합니다. 왜냐하면 이런 부류의 지옥들은 바위 구멍처럼 보이고, 그리고 그것에 들어가는 입구는 바위 틈이나 벼랑들의 틈들처럼 보이기 때문이고, 여기서 "바위들"이나 "벼랑"(clift)은 믿음이나 교리에 속한 거짓들을 뜻하기 때문이고, "먼지"(=땅·dust)는 영벌을 뜻하기 때문입니다.

[4] 예레미야서의 말씀입니다.

> 네가 바위 틈 속에 자리 잡고 살며,
> 산꼭대기를 차지하고 산다고,
> 누구나 너를 무서워한다고
> 생각하지 말아라.
> 그러한 너의 교만은
> 너 스스로를 속일 뿐이다.
> 네가 아무리 독수리처럼 높은 곳에
> 네 보금자리를 만들어 놓아도
> 내가 너를 거기에서 끌어내리겠다.
> (예레미야 49 : 16)

이 장절은 에서와 에돔에 관한 언급입니다. 여기서 "에서"는 자기사랑과 거기에서 비롯되는 교회를 파괴하는 악을 뜻하고, "에돔"은 자기 총명의 거만(=교만·倨慢)과 거기에서 비롯되는 교회를 파괴하는 거짓을 뜻합니다. 자기사랑과 이런 부류의 거만이나 교만 따위를 뜻한다는 것은 "너의 교만은 너 스스로를 속일 뿐이다. 독수리처럼 아무리 높은 곳에 네 보금자리를 만들어도 내가 너를 거기에서 끌어내리겠다"고 언급된 것에서 잘 알 수 있습니다. 자기 자만에서 비롯된 거짓들 안에 빠져 있는 자들은 바위들 아래에서 살고, 그리고 그들에게는 가까이 가는 길이 거기에 있는 틈들 같이 보입니다. 이런 자들이 내 눈에 띄었습니다. 그러나 그것 안에는 빈 방들이 여럿 있고, 그들의 환상에는 그들이 아치 모양의 방들에 앉아 있는 것 같았습니다. 그러나 그들이 쫓겨나기 전에는 그들은 높은 산들이나 솟은 언덕에 있는 것 같이 보였습니다. 왜냐하면 그들은 거짓들에 의하여 자기 자신들을 높은 곳에 올리려고 하였기 때문입니다. 그리고 그들이 진리들 안에 있지 않기 때문에 그들은 그들이 육체적으로 거기에 있다고 생각하였지만, 그럼에도 불구하고 그들은 육신적으로는 바위들의 틈들 속에 있었습니다. 그러므로 이러한 모습이 "네가 바위 틈 속에 자리잡고 살며, 산꼭대기(=높은 언덕)를 차지하고 산다"는 말씀이 뜻하는 것입니다. 이러한 사실은 성경말씀의 성질(=내용)을 명료하게 합니다. 다시 말하면 성경말씀의 수많은 곳에서 성경말씀의 성질은 영계 안에 있는 외관(外觀)들이나 겉모습들에 일치하는데, 이러한 것은 영들이나 천사들을 제외하면 사람에게는 알려져 있지 않습니다. 이런 내용에서 볼 때 성경말씀은 역시 그들을 위해서 기술되었다는 것은 명료합니다.
[5] 오바댜서의 말씀입니다.

    네가 바위 틈에 둥지를 틀고,
    높은 곳에 집을 지어 놓고는,
    "누가 나를 땅바닥으로 끌어내릴 수 있으랴"
    하고 마음 속으로 말하지만,

> 너의 교만이 너를 속이고 있다.
> 네가 독수리처럼
> 높은 곳에 보금자리를 꾸민다 하여도,
> 네가 별들 사이에 둥지를 튼다 하여도,
> 내가 너를 거기에서 끌어내리고야 말겠다.
> (오바댜 1 : 3, 4)

이 장절 역시 에돔에 관해서 언급하고 있습니다. 여기서 에돔은 자기 총명에서 비롯된 학문(=학식)의 교만(the pride of learning)을 뜻하고, 그리고 교회를 파괴하는 그것에서 비롯된 거짓을 뜻합니다. 여기에는 앞에서와 같이 거의 비슷한 것들이 언급되었기 때문에 역시 그 뜻도 비슷합니다. "둥지를 튼 바위의 틈들"은 믿음의 거짓들이나 교리의 거짓들을 뜻하는데, 그 이유는 그런 부류의 거짓들 안에 있는 자들이 영계에서 그런 곳에 살기 때문입니다. 이런 부류의 무리들이 독수리에 비유되었는데, 그것은 독수리의 뛰어난 높이 나는 것으로 말미암아 독수리는 자기 총명에 속한 거만이나 자만을 뜻하기 때문입니다. 그러므로 역시 "보금자리"(=주거를 위한 둥지)가 언급되었고, 그리고 "별들 사이에 둥지를 튼다"는 것은 높은 곳에는 진리의 지식들 안에 있는 자들이 산다는 것을 뜻하는데, 그 이유는 진리의 지식들은 "별들"이 뜻하기 때문입니다. 욥기서의 말씀입니다.

> 그들은,
> 급류에 패여 벼랑진 골짜기(=골짜기의 틈)에서 지내고,
> 땅굴이나 동굴에서 산다.
> (욥 30 : 6)

여기서 역시 "골짜기의 틈들"이나 "땅의 굴"(=땅굴)이나 "바위들"은 악에 속한 거짓들을 뜻하는데, 그 이유는 여기서는 악에 속한 거짓들이 다루어졌기 때문입니다.

410[C]. [6] 이사야서의 말씀입니다.

> 그 날에, 주께서 휘파람을 불어, 이집트의 나일 강 끝에 있는 파리 떼를 부르시며, 앗시리아 땅에 있는 벌 떼를 부르실 것이다. 그러면 그것들이 모두 몰려와서, 거친 골짜기와 바위 틈 및 모든 가시덤불과 모든 풀밭에 내려앉을 것이다(이사야 7 : 18, 19).

이 장절은 거짓되게 적용된 지식들(=과학지들)에 의하여, 그리고 그것에서 비롯된 추론들에 의하여, 폐허가 된 교회를 기술하고 있는데, 그것에 의하여 성경말씀에서 비롯된 진리에 속한 진정한 지식들이 왜곡(歪曲), 타락(墮落)되었습니다. "이집트의 나일 강 끝에 있는 파리 떼"는 자연적인 사람의 극외적인 영역에 있는 거짓을 뜻하고, "자연적인 사람의 극외적인 영역"은 감관적인 것들이라고 부르는 것들을 가리킵니다. 왜냐하면 자연적인 사람에게는 내면적인 것, 중간적인 것, 외면적인 것이 있고, 그리고 내면적인 것은 합리적인 것을 통하여 영적인 사람과 교류, 내통하고, 외면적인 것은 육체적인 감관들을 통하여 이 세상과 교류, 내통하고, 그리고 중간적인 것은 이 양자를 결합시키기 때문입니다. 외면적인 것이 감관적인 것이라고 부르는 이유는, 그것이 육체적인 감관들에 의존되어 있고, 그리고 그것에 속한 것에서 비롯되기 때문입니다. 이것 안에 있는 거짓들이나 그것에서 비롯된 거짓들은 "이집트의 나일 강 끝에 있는 파리 떼"가 뜻하고, 그러나 "앗시리아 땅에 있는 벌 떼"는 그것에서 비롯된 거짓된 추론을 뜻합니다. 왜냐하면 "앗시리아"는 합리적인 것을 뜻하고, "이집트"는 자연적인 사람의 아는 기능(the knowing faculty)을 뜻하기 때문입니다. 그 이유는 합리적인 것은 그것이 가지고 있는 모든 것을 자연적인 사람에 속한 지식들(=과학지들)에게서 취하기 때문인데, 여기서 "벌 떼"는 자연적인 사람의 추론을 뜻합니다. 왜냐하면 벌들은 자기들의 저장물(=꿀)을 꽃들에게서 빨아서 취하듯이 합리적인 것은 자연적인 사람의 지식들(=과학지들)에게서 그렇게 하기 때문입니다. 그러나 여기서 "벌들"(=벌 떼)은 거짓된 추론들을 뜻하는데, 그 이유는 합리적인 것이 그것에 속한 것을 거짓스럽게 적용된 지식들(=과학지들)에게서 수집, 모으기 때문입니다. 이와 같은 내용은 파리들이나 벌들에 비유되는 대응(對應)들에게서 비롯됩니다. 왜냐하면 영계에서 온갖 종류의 나는 것들이 보이지만, 그러나 그것들은 영들의 생각(思想)들에 속한 개념들에게서 비롯된 외현들이고, 겉모양들이기 때문입니다. 그리고 그것들 가운데 있는 불쾌하거나, 해로운 나는 것들은 그런 종류의 파리들이나 벌들이 되겠습니다. "이집트 강 끝에 있는 파리 떼"는 그 강의 불결한 것에서 솟아 나오는 그들의 대응을 가지고 있습니다. "그것들이 몰려와서 거친 골짜기와 바위 틈 및 모든 가시덤불과 모든 풀밭에 내려앉을 것이다"고 언급되었는데, 그것은 지식들(=과학지들)에 속한 거짓들이나, 그리고 진리들이 결코 없고 거짓에 속한 믿음이 있는 곳인 그것들의 자리들에게서 비롯된 추론들에 속한 거짓들을 뜻합니다. 그리고 그것은 "황폐한 골짜기들"(=거친 골짜기들)은 진리들이 전혀 없는 곳을 뜻하고, "바위 틈들"은 거짓에 속한 믿음이 있는 곳을 뜻하기 때문이고, 그것들이 내려앉을 "가시덤불과 모든 풀밭"은 그것들에 의하여 위화된 진리에 속한 지식들이나 지각들을 뜻합니다. 여기서 "가시덤불"은 진리에 속한 지식들을 뜻하고, "풀밭"(=모든 수풀)은 그것의 지각들을 뜻하고, 거기에 유입된 그것들은 위에서 언급한 거짓들에 의하여 위화되었습니다. 이 말씀에 내포된 비의(秘義)는 속뜻에서, 그리고 동시에서 영계에서 비롯된 것을 제외하면 아무도 알 수 없습니다.

[7] 같은 책의 말씀입니다.

> 요새는 파괴되고,
> 붐비던 도성은 텅 비고,
> 망대와 탑이 영원히 돌무더기가 되어서,
> 들나귀들이 즐거이 뛰노는 곳,
> 양 떼가 풀을 뜯는 곳이 될 것이다.
> (이사야 32 : 14)

이 장절은 삶에 속한 선이나 교리에 속한 진리가 더 이상 존재하지 않는 곳인 교회의 전적인 폐허에 관해서 기술하고 있습니다. 그럼에도 불구하고 영계에 있는 것들의 상태를 알지 못한다면, 그리고 동시에 속뜻을 알지 못한다면 그것에 포함된 것이 무엇인지 아무도 알지 못할 것입니다. 전 교회의 황폐는 "요새는 파괴되고, 붐비던 도성은 텅 빈다"(=궁들이 버려지고, 성읍의 무리들이 내버려진다)는 말씀이 뜻하는데, 여기서 "궁전"(=요새)은 선에서 비롯된 진리에 관한 교회를 뜻하고, "버려진다"는 것은 진리가 없기 때문에 선이 없는 곳을 뜻하고, 그러므로 "궁들이 버려질 것이다"는 말씀은 폐허가 된 교회를 뜻합니다. "성읍의 무리"(=붐비던 도성)는 교리에 속한 진리들을 뜻합니다. 왜냐하면 "성읍"(=도성 · city)은 교리를 뜻하고, "군중"(=붐빈다 · multitude)은 진리들을 서술하고, 그것들이 소멸되었을 때 "돌보지 않고 버려진다"(forsaken)고 언급되었습니다. "망대와 탑이 영원히 돌무더기가 될 것이다"(=보루와 망대들이 영원한 토굴이 될 것이다)는 말씀은 교회가 그들에게 더 이상 존재하지 않을 것이라는 것을 뜻하는데, 그 이유는 삶에 속한 악이나 교리에 속한 거짓을 제외하면 아무것도 없기 때문입니다. 여기서 "토굴"(=돌무더기 · caves)은 위에서 언급한 것과 같이, 그 굴들 속에는 그런 인물들이 살기 때문에, 그런 부류의 것들을 뜻합니다. 그리고 그런 인물들이 영계에서는 더 깊숙한 곳에 살기 때문에, 그리고 높은 곳(=망대)이나 탑들에 의하여 보살펴지고, 따라서 그런 무리들은 거기에 있는 땅에 사는 자들에게서 숨겨져 있기 때문에, 그러므로 "보루(=높은 곳)와 망대들이 토굴이 될 것이다"라고 언급되었을 뿐만 아니라, "들나귀들이 즐거워하는 곳과 양 떼들의 초장이 될 것이다"라고 언급되었습니다. 더욱이 영계에는 땅들, 바위들, 높은 언덕들, 양 떼들의 초장과 같은 곳에 있는 보루들이나 망대들에 의하여 숨겨진 깊은 곳들에는 수많은 지옥들이 있습니다. 이런 이유들 때문에 그 땅에 사는 자들에게는 알려지지 않은 지옥들이 있습니다. "들나귀들의 즐거운 곳"은 정동 즉 거짓에 속한 애욕을 뜻하고, "양 떼의 초장"(=가축 떼의 초장)은 온갖 거짓들에게서 비롯된 악들에 속한 자양분을 뜻하고, 그리고 이런 양자들은 거짓들에 의한 진리의 폐허를 뜻합니다. 이상에서 우리의 본문들 안에 숨겨진 비의(秘義)가 무엇인지 잘 알 수 있겠습니다.

[8] 예레미야서의 말씀입니다.

그래, 내 이름으로 불리는 이 성전이, 너희 눈에는 도둑들이 숨는 곳으로 보이느냐?(예레미야 7 : 11).

여기서 "도둑들의 굴"은 교리에 속한 거짓들에게서 비롯된 삶에 속한 악(=악한 삶)을 뜻하고, "내 이름으로 불리는 이 성전"(=집)은 교리에 속한 진리들에 의하여 삶에 속한 선들에게서 비롯된 예배가 있는 교회를 뜻하는데, 여기서 "집"은 교회를 뜻하고, "여호와의 이름"은 그분께서 그것들에 의하여 예배되는 모든 것, 따라서 선과 진리를 뜻하는데, 여기서는 교리에 속한 진리와 삶에 속한 선을 뜻합니다. 교리에 속한 거짓들에게서 비롯된 삶에 속한 악이 있는 교회가 "도둑들이 숨는 곳"(=도둑들의 소굴 · a den of robbers)이라고 불리웠는데, 그 이유는 "소굴"은 그 악을 뜻하고, 성경말씀에서 진리들을 훔치고, 그것들을 왜곡하는 자들이 "도둑들"이라고 불리웠기 때문이고, 그리고 그런 왜곡된 진리들을 거짓들이나 악들에 적용하고, 따라서 진리들을 소멸시키는 자들이 "도둑들"이라고 불리웠습니다. 이러한 일련의 내용은 복음서의 주님의 말씀이 뜻하는 것이 명료하게 합니다.

(예수께서 그들에게 말씀하셨다.) "기록된 바
'내 집은
기도하는 집이라고 불릴 것이다' 하였다. 그런데 너희는 그 곳을 '강도들의 소굴'로 만들어 버렸다"(마태 21 : 13 ; 마가 11 : 17 ; 누가 19 : 46).

여기서 "집"(house)은 보편적인 뜻으로 교회를 뜻하고, 그리고 예배가 예루살렘에 있는 성전에서 행해졌기 때문에 그것이 "기도하는 집"(=기도자들에 속한 집)이라고 불리웠습니다. 성전이 교회를 뜻한다는 것은 ≪천계비의≫ 3720항을 참조하시고, "기도하는 자들"이 예배를 뜻한다는 것은 본서 325항을 참조하시고, "불리운다"(to be called)는 말이 "그들 위에 나의 이름을 명명한다"는 말이 뜻하는 동일한 뜻을 갖는다는 것은 ≪천계비의≫ 3421항을 참조하십시오.

[9] 이사야서의 말씀입니다.

> 젖먹는 아이가
> 독사의 구멍 곁에서 장난하고,
> 젖 뗀 아이가 살무사의 굴에 손을 넣는다.
> (이사야 11 : 8)

만약에 영계에서 보이는 것들에게서 "독사의 구멍"이나 "살무사의 굴"이 뜻하는 것을 알지 못한다면 어느 누구도 이 말씀을 역시 이해하지 못할 것입니다. 앞에서 지옥으로 통하는 입구들이 바위들 가운데 있는 구멍들과 같이 보이고, 굴들을 향해 열려 있는 틈새들과 같이 보이고, 이런 것들을 숲 속에 있는 들짐승들이 차지하고 있는 것으로 보인다는 것을 언급하였습니다. 이런 것들에 살고 있는 자들은 그들이 천계의 빛 가운데서 조사될 때, 마치 온갖 종류의 괴물들이나 들짐승들처럼 보입니다. 이노센스에 정반대로 교활(狡猾), 잔악(殘惡)하게 행동하는 자들이 사는 지옥들 안에 있는 자들은 독사들과 같이 보이고, 그리고 사랑에 속한 선에 정반대로 교활, 잔악하게 행동하는 자들은 마치 살무사들처럼 보입니다. "젖먹는 아이"나 "젖 뗀 아이"가 이노센스에 속한 선(the good of innocence)을 뜻하기 때문에 "젖먹는 아이가 독사의 구멍 곁에서 장난한다"고 언급되었습니다. 그리고 "젖 뗀 아이" 또는 젖을 뗀 유아(幼兒)가 사랑에 속한 선을 뜻하기 때문에 "젖 뗀 아이가 살무사의 굴에 손을 넣는다"고 언급되었는데, 이 말은 이노센스에 속한 선이나 주님사랑에 속한 선 안에 있는 자들은 지옥에서 비롯된 악들이나 거짓들의 그 어떤 것에도 결코 두려움을 갖지 않는다는 것을 뜻하는데, 그 이유는 주님께서 그들을 지키시고, 보호하시기 때문입니다. 성경말씀에서 "유아들"이나 "젖먹이들"이 이노센스에 속한 선(the good of innocence)을 뜻한다는 것은 A.C. 430 · 3183항을 참조하시고, "독사들"이나 그 밖의 독이 있는 뱀들이 뜻하는 것이 무엇인지는 A.C. 9013항을 참조하십시오.

[10] 예레미야서의 말씀입니다.

> "네가 사서 허리에 띤 그 띠를 들고 일어나, 유프라테스 강 가로 가서, 그 곳의 바위 틈에 그 띠를 숨겨 두어라." 그래서 나는 주께서 명하신 대로 가서 유프라테스 강 가에 그것을 숨겨 두었다. 또 여러 날이 지난 다음에 주께서 나에게 말씀하셨다. "너는 일어나서 유프라테스 강 가로 가서, 내가 그 곳에 숨겨 두라고 너에게 명한 그 띠를, 그 곳에서 가져 오너라." 그래서 내가 유프라테스 강 가로 가서 띠를 숨겨 둔 곳을 파고, 거기에서 그 띠를 꺼내 보니, 그 띠는 썩어서 전혀 쓸모가 없게 되었다(예레미야 13 : 4-7).

이 말씀은 유대교회의 성품을 표징합니다. 다시 말하면 그 교회가 모든 삶에 속한 선이나 교리에 속한 진리들이 없다는 것(缺乏)을 뜻합니다. 왜냐하면 여기서 예언자의 허리에 있는

"띠"(the girdle)는 성언에 의한 교회와 주님과의 결합을 뜻하기 때문이고, "유프라테스"는 선에 대해서, 여기서는 악에 관해서 교회에 속한 모든 것을 뜻하기 때문이고, "바위 틈"은 진리에 대한, 여기서는 거짓에 대한 교회에 속한 모든 것을 뜻하기 때문입니다. 왜냐하면 "바위들의 틈"(=벼랑의 틈)이 언급되었기 때문이고, "거기에 숨겨 두었던 그 띠는 썩어서 전혀 쓸모가 없게 되었다"는 말씀은 주님과 교회의 결합에 속한 것은 그 어떤 것도 없다는 것을 뜻하기 때문입니다. 결과적으로 거기에는 교회가 전혀 없다는 것을 뜻합니다.

[11] "굴"이나 "동굴" 따위는 성경말씀의 예언서들에서와 같이 역사서들에서도 동일한 뜻을 갖습니다. 왜냐하면 성경말씀의 역사서들은 성경말씀의 예언서들과 꼭같이 속뜻을 가지고 있기 때문입니다. 소돔과 고모라가 불타버린 뒤 롯에 관해서 언급된 것입니다.

> 롯은 소알에 사는 것이 두려워서, 두 딸을 데리고 소알을 떠나, 산으로 들어가 숨어서 살았다. 롯은 두 딸과 함께 같은 굴에 살았다. …… "아무리 보아도 이 땅에는 세상 풍속대로, 우리가 결혼할 남자가 없다. 그러니 우리가 아버지께 술을 대접하여 취하시게 한 뒤에, 아버지 자리에 들어가서 아버지에게서, 씨를 받도록 하자." 그날 밤에 두 딸은 아버지에게 술을 대접하여 취하게 하였다. …… 롯의 두 딸이 아버지의 아이를 가지게 되었는데, …… 큰 딸의 아이 이름은 모압이고, 작은 딸의 아들 이름은 벤암미 곧 암몬 사람의 조상이다(창세기 19 : 30-38).

이 사건의 표징(表徵)이나 표의(表意)는 성경말씀의 모압이나 암몬의 그것과 비슷합니다. 왜냐하면 "모압"은 교회에 속한 선의 섞음질(adulteration)을 뜻하기 때문이고, "암몬"은 교회에 속한 진리의 위화(僞化)를 뜻하기 때문입니다(A.C. 2468 · 8315항 참조). "간통들"(姦通 · adulteries)이나 "매춘들"(賣春 · whoredoms)은 일반적으로 선의 섞음질이나 진리의 위화를 뜻합니다(본서 141 · 161항 참조). 레위기서 18장 6-30절에 열거된 온갖 종류의 간통들이나 매춘들은 온갖 종류의 선과 진리의 섞음질들이나 위화를 뜻합니다. 이것은 롯이 "굴에서 살았다"고 언급된 이유인데, 여기서 "산의 굴"(the cave of the mountain)은 이런 부류의 혐오(嫌惡)를 뜻합니다. 사사기서에는 이런 말씀이 언급되었습니다.

> 이스라엘 자손이 주께서 보시는 앞에서 악한 일을 저질렀다. 그래서 주께서는 일곱 해 동안 그들을 미디안의 손에 넘겨 주셨다. 미디안 사람의 세력이 이스라엘을 억누르니, 이스라엘 자손은 미디안 사람들 때문에 산에 있는 동굴과 요새에 도피처를 마련하였다(사사기 6:1, 2).

여기서 이스라엘 자손이 저지른 "악"은, 누구나 그 뒤에 이어지는 것에서 알 수 있듯이, 선이나 진리의 악용이나 곡해 따위를 뜻하고, 그리고 "미디안" 사람의 뜻에서도 그러한 것을 뜻합니다(A.C. 3242항 참조). 그들 때문에 이스라엘 자손들은 산에 있는 굴이나 동굴 따위를 자신들을 위하여 장만하였습니다. 왜냐하면 이스라엘의 자손들은 "미디안"사람이 뜻하는 악에 사로잡혔기 때문입니다. "미디안 사람 때문이다"는 말은 그 악 때문이라는 것을 뜻합니다. 이스라엘 자손들이 블레셋 사람들 때문에 바위 틈이나 구덩이에 들어가 숨었을 때에도(사무엘 상 13:6), 같은 뜻을 가리킵니다.

411[A]. 16절. (그들이) **산과 바위를 바라보고 말하였습니다. "우리 위에 무너져 내려라."**
이 말씀은 악들이나 그것에서 비롯된 거짓들에 의하여 가리워지는 것을 뜻합니다.   이러한 내용이나 뜻은 자기사랑이나 세상사랑에서 유입된 악들을 가리키는 "산"의 뜻에서(본서 405[G-I]항 참조), 그리고 이것에 관해서는 아래에서 설명되겠지만, 악에서 비롯된 거짓들을 가리키는 "바위들"(rocks)의 뜻에서, 그리고 그것들에 의하여 가리워지는 것을 가리키는 "우리 위에 무너져 내려라"는 말의 뜻에서 잘 알 수 있습니다. 역시 이러한 것들은 최후심판이 일어날 때 영계에서 일어나는 것들에 의하여 예증(例證)될 수 있겠습니다.   왜냐하면 그것들이 최후심판에 관해서 언급되었기 때문인데, 그러한 사실은 뒤이어지는 장절에서 잘 알 수 있기 때문입니다.   이 장절에는 "그들의 큰 진노의 날이 이르렀다.   누가 이것을 버티어 낼 수 있겠느냐?"는 말씀이 언급되었습니다.   여기서 "그 날"은 최후심판의 때와 상태를 뜻합니다.   그 때 악한 자의 상태는 그들이 그들의 주거를 만든 산들이나 바위들로부터 그들은 자신들을 지옥으로 내던지는 그런 것이고, 더욱이 심하게, 또는 덜 심하게는 그들에게 있는 악들이나 거짓들의 잔학무도(殘虐無道)한 것에 일치합니다.   이것은 그들 스스로 행한 것인데, 그 이유는 그들이 신령선이나 신령진리를 참고 견딜 수가 없기 때문이고, 그리고 그 때 보다 높은 천계(the higher heaven)는 열리기 때문에 그것에서부터 천계의 빛이 유입하는데, 그것은 신령선에 신령진리가 합일하기 위한 것이고, 그들의 꾸며진 선들이나 진리들은 그 빛에 의하여 압축(壓縮)되고, 그리고 그들의 악들이나 거짓들을 압축한 그런 것들은 느슨하게 풀립니다.

그리고 악들이나 거짓들은 천계의 빛을 참고 견딜 수 없기 때문에, 그것은 그들이 그것에 의하여 고통을 받고 괴롭힘을 겪기 때문인데, 이런 영들은 자신들은 산들이나 바위들에게서 지옥으로 내던지는데, 그것의 심하고, 덜 심하게는 그들의 악이나 거짓의 됨됨이에 일치합니다. 어떤 자들은 그 때 자신들 앞에 열려 있는 틈새들이나 굴들에 내던지고, 어떤 자들은 구멍들이나 바위들에 내던졌습니다. 그러나 그들이 자신들을 내던지는 순간마다 열린 구멍들은 닫혔습니다. 이런 식으로 산들이나 언덕들로부터 악령들의 내던짐에 의한 그들의 점유(占有)는 이루어졌습니다(본서 391[A] · 392[A] · 394항 참조). 그들이 굴들이나 바위들 가운데 있을 때 천계의 빛의 유입으로 인해서 그들이 겪는 고통이나 심한 괴롭힘 따위는 사라졌습니다. 왜냐하면 그들은 자신들의 악들에서, 그리고 그것에서 비롯된 거짓들 안에서 쉼(安息)을 찾았기 때문인데, 그 이유는 이런 것들이 그들의 기쁨이나 쾌락들이기 때문입니다. 왜냐하면 그의 삶에 속한 기쁨들이나 쾌락들은 사후(死後) 모두에게 남아 있기 때문이고, 그리고 삶에 속한 기쁨들이나 쾌락들은 그들의 사랑들에 속한 기쁨들이고 쾌락들이기 때문입니다. 왜냐하면 삶에 속한 모든 기쁨이나 쾌락은 사랑에서 비롯되기 때문입니다.

[2] 이렇게 볼 때 "산들이나 바위들을 향하여 우리 위에 무너져 내려라"는 그들의 외침의 뜻은 잘 알 수 있겠습니다. 호세아서의 말씀도 마찬가지의 뜻입니다. 호세아서의 말씀입니다.

    그 때에 백성들은 산들을 보고
  "우리를 숨겨 다오!"
  또 언덕들을 보고

"우리를 덮어 다오!"
하고 호소할 것이다.
(호세아 10 : 8)

누가복음서의 말씀입니다.

그 때에
사람들이 산에다 대고
"우리 위에 무너져 내려라" 하며,
언덕에다 대고
"우리를 덮어 버려라"
하고 말할 것이다.
(누가 23 : 30)

이 장절도 역시 최후심판에 관해서 다루고 있습니다. 신령선에 합일(合一)한 신령진리를 가리키는 천계의 빛은 자신들을 아래로 내던지는 악한 사람에 속한 유입(=접신・接神・influx)이나 임재(=현존・presence)에 의하여 고통을 받고 괴로움을 겪는다는 것은 우리의 본문절에 즉시 언급된 낱말들이 뜻하고 있는데, 그 말씀은 곧 "보좌에 앉으신 분의 얼굴과 어린 양의 진노에서 우리를 숨겨다오"라는 말씀입니다. "어린 양의 진노"라는 말씀이 언급되었는데, 그것은 그들이 고통의 상태에 있기 때문이지만, 그러나 그들의 고통은 어린 양의 진노에서 비롯된 것이 아니고, 오히려 그들의 사랑들(=애욕들)에 속한 온갖 악들에게서 비롯된 것이고, 그리고 이런 악들이나 거짓들은 그들의 마음의 모든 내면적인 것들을 형성합니다. 왜냐하면 각자의 마음은 자신의 사랑과 그것의 믿음에 의하여 형성되기 때문이고, 그리고 심지어 모양으로는 이런 것들의 닮음을 위해서 입니다. 그리고 온갖 악들이나 그것에서 비롯된 거짓들 안에 빠져 있는 자들의 마음의 내면적인 것들은 정반대 방향으로 외면(外面)하기 때문에, 또는 신령선들이나 진리들의 정반대 방위로 돌리기 때문에, 그러므로 신령진리가 입류할 때, 마음의 내면적인 것은 그들의 마음의 내면적인 것들의 행위를 뒤바꾸려고 애를 쓰고, 그리고 그것에 의하여 그것들을 천계에게로 인도하려고 무척 노력을 합니다. 왜냐하면 이런 일은 주님에게서 발출하는 신령진리는 그것이 입류하는 모든 곳에서 이렇게 행하기 때문입니다. 그리고 그들이 그들의 사랑들(=애욕들)에 속한 기쁨이나 쾌락을 단념(斷念)하기를 원하지 않는데, 그 때 그들은 괴로움이나 고통을 겪습니다 그러나 이런 고통이나 괴로움 따위는 동일한 쾌락들이나 애욕들(=사랑들)이 지배하는 지옥에 들어가면 씻은 듯이 사라집니다.

411[B]. [3] 앞에서(본서 405항 참조) "산들이나 언덕들"이 뜻하는 것이 무엇인지 증명하였기 때문에 지금 여기서는 "바위들"(rocks)이 뜻하는 것이 무엇인지 입증하려고 합니다. 다시 말하면 그것들(=바위들)은 좋은 뜻으로는 영적인 선에서 비롯된 진리들을 뜻하고, 또한 믿음에 속한 진리나 선을 뜻하지만, 나쁜 뜻으로는 믿음에 속한 거짓(the falsity of faith)을 뜻합니다. "바위들"의 뜻이 이러한 것은 영계에서 드러나는 외현들(appearances)에게서 비롯됩니다. 왜냐하면 바위들이나 험준한 바위산들(crags)은, 위에서 입증한 것과 같이, 산들이나 언덕들이 보이는 것과 꼭같이 거기에서 보이기 때문입니다. 그리고 거기에 있는 바위들 위에는 영적인 선에서 비롯된 진리들 안에 있는 자들이 살고 있고, 그리고 믿음에 속한 진리나

선 안에 있는 자들이 거기에서 살기 때문입니다. 그리고 이 땅에 속한 전자의 산들이나 언덕들, 그리고 바위들이나 험준한 바위산들이나, 돌들에 속한 전자의 산들이나 언덕들, 바위들이나 바위산들 사이에는 큰 차이가 있습니다. 여기서 "흙"(soil)은 사랑에 속한 선을 뜻하고, 그리고 그것에 대응하지만 "돌"(stone)은 믿음에 속한 진리를 뜻하고, 그것에 대응합니다. 성경말씀의 대부분의 것들은 반대적인 뜻(=나쁜 뜻)을 가지고 있기 때문에, 따라서 "바위들"도 그러합니다. 나쁜 뜻에서 "바위들"은 믿음에 속한 거짓을 뜻하고, 그리고 이러한 뜻은 역시 대응에서 비롯합니다. 왜냐하면 믿음에 속한 거짓들 안에 있는 자들은 동굴들 안에 있는 바위들에서 살기 때문입니다.

[4] "바위"(=반석·rock)가 선에서 비롯된 진리나, 믿음에 속한 진리를 뜻한다는 것, 그리고 최고의 뜻으로는 이런 것들에 대한 주님을 뜻한다는 것은 아래의 장절들에게서 잘 알 수 있겠습니다. 다니엘서의 말씀입니다.

> 임금님이 보고 계시는 동안에, 아무도 돌을 떠내지 않았는데, 돌 하나가 난데없이 날아들어 와서, 쇠와 진흙으로 된 그 신상(=형상)의 발을 쳐서 부서뜨렸습니다. 그 때에 쇠와 진흙과 놋쇠와 은과 금이 다 부서졌으며, 여름 타작마당의 겨와 같이 바람에 날려 가서 흔적도 찾아 볼 수 없게 되었습니다. 그러나 그 신상(=형상)을 친 돌은 큰 산(=태산)이 되어, 온 땅에 가득 찼습니다(다니엘 2:34, 35).

이 구절은 느부갓네살이 그의 꿈에서 본 신상에 관해서 언급하고 있습니다. "큰 바위(=큰 산)가 된 돌"은 주님을 뜻하는데 이러한 뜻은 거기의 개별적인 것들에서 명확합니다. 그러나 앞서의 것의 뜻을 먼저 설명하겠습니다. 금(金)인 "신상의 머리"는 태고교회(太古敎會 · the Most Ancient Church)를 뜻하는데, 그 교회는 천적인 교회(a celestial church), 또는 주님사랑에 속한 선이 다스리는 교회를 가리킵니다. 이 선은 성경말씀에서 "금"(金 · gold)이 뜻하고, 그리고 "머리"(the head)가 뜻합니다. 은(銀 · silver)인 "가슴"과 "팔들"은 고대교회(古代敎會 · the Ancient Church)를 뜻하는데, 이 교회는 태고교회에 이어지는 교회로, 영적인 교회(a spiritual church)를 가리키고, 이 교회는 이웃을 향한 인애에 속한 선이나, 그 선에서 비롯된 진리가 다스립니다. 그리고 이 진리와 선은 "은"(銀 · silver)이 뜻하고, "가슴"과 "팔"이 뜻합니다. "놋쇠인 배와 넓적다리"는 고대 영적 교회(the ancient spiritual church)에 이어진 교회를 뜻하는데, 이 교회는 영적 자연적(spiritual-natural)이라고 할 수 있겠습니다. 이 교회에서는 믿음에 속한 선과 그 선에서 비롯된 진리가 통치합니다. 이 선은 성경말씀에서 "놋쇠"(brass)가 뜻하고, 그리고 또한 "배"와 "넓적다리"가 뜻하는데, 그러나 "일부는 쇠이고, 일부는 진흙인 다리와 발"은 이스라엘 교회와 유대교회를 뜻하고, 그 교회는 내적인 것이 결여된 외적인 교회를 가리키고, 그러므로 그 교회는 진리와 선을 전혀 가지고 있지 않고, 다만 본질적으로 거짓을 가리키는 위화된 진리를 가지고 있고, 본질적으로 악을 가리키는 섞임질된 선을 가지고 있습니다. 그러므로 그 교회에 관해서 다니엘서에는 이렇게 언급되었습니다. 다니엘서의 말씀입니다.

임금님께서 진흙과 쇠가 함께 있는 것을 보신 것 같이, 그들이 다른 인종과 함께 살 것이지만, 쇠와 진흙이 서로 결합하지 못하는 것처럼, 그들이 결합하지 못할 것입니다(다니엘 2 : 43).

"쇠"는 자연적인 진리를 뜻하고, "진흙"은 자연적인 선을 뜻하고, "발과 다리"는 같은 뜻을 가지고 있습니다. 그러나 여기서 "진흙"(clay)은 섞음질된 선을 뜻하고, "쇠"(iron)는 성경말씀의 외적인 뜻 안에 있는 그런 부류의 진리를 뜻합니다. 왜냐하면 "인종"(=사람의 씨·the seed of man)은 선들이나 진리들이 있는 곳 성언(聖言)을 뜻하기 때문이고, 그것의 섞음질이나 위화가 "서로 결합하지 못하는 것처럼 쇠와 진흙이 서로 결합하지 못할 것이다"는 말씀에 의하여 기술되었습니다. 하나가 다른 것에 뒤이어져서 네 교회들(four churches)이 있었다는 것은 ≪새 예루살렘의 교리≫ 247·248항에서 잘 볼 수 있습니다. 그 신상을 부수어 버린 "돌"은 주님에게서 비롯된 신령진리를 뜻하고, 그리고 "그것이 큰 산(=큰 바위)이 되어 온 땅에 가득 찼다"는 말씀은 주님께서 신령진리에 의하여 천계와 교회를 다스릴 것이라는 것을 뜻합니다. 여기서 "땅"(the earth)은 교회와 천계를 뜻하기 때문에, 그러므로 그 장의 44절에는 "그 나라는 영원히 망하지 않을 것이다"는 말씀이 부가되었습니다. 그것은 "나라"(=왕국·kingdom)가 교회와 천계를 뜻하기 때문입니다. 왜냐하면 거기에 하나님의 나라(the kingdom of God)가 있기 때문입니다. 여기서 "돌"이 신령진리를 뜻한다는 것, 그리고 "바위"(=반석)가 신령진리의 측면에서 주님을 뜻한다는 것 등은 주님에 관해서 언급될 때 성경말씀의 "돌"의 뜻에서 잘 알 수 있습니다. 예를 들면 창세기 49 : 24 ; 시편 118 : 22, 23 ; 이사야 28 : 16 ; 마태 21 : 42, 44 ; 마가 12 : 10, 11 ; 누가 20 : 17, 18 등의 장절이 되겠습니다. 여러분이 주님에 관해서 말하든 신령진리에 관해서 말하든, 그것은 마찬가지인데, 그것은 모든 신령진리가 그분에게서 비롯되기 때문이고, 따라서 그분께서는 그것 안에 계시기 때문입니다. 이것으로 말미암아 주님께서는 "성언"(聖言 · 말씀 · the Word)이라고 불리셨습니다. 왜냐하면 성언은 신령진리이기 때문입니다. 최고의 뜻으로 "돌"(=반석 · stone)이 신령진리에 대하여 주님을 뜻한다는 것, 그리고 그것으로 인하여 낮은 뜻으로는 선에서 비롯된 진리를 뜻한다는 것은 A.C. 643 · 1298 · 3720 · 6426 · 8609 · 10376항을 참조하십시오.
411[C]. [5] "바위"(=반석 · rock)가 신령진리에 대하여 주님을 뜻한다는 것은 아래의 장절들에게서 명확합니다. 출애굽기서의 말씀입니다.

> 주께서 모세에게 말씀하셨다. "너는 이스라엘의 장로들을 데리고, 이 백성보다 앞서서 가거라. 그리고 나일 강을 친 그 지팡이를 손에 들고 가거라. 이제 내가 저기 호렙 산 바위 위에서 너의 앞에 서겠으니 너는 그 바위를 쳐라. 그러면 거기에서 이 백성이 마실 물이 터져 나올 것이다." 모세가, 이스라엘 장로들이 보는 앞에서, 하나님이 시키는 대로 하였다(출애굽기 17 : 5, 6).

그리고 이렇게 명령되기도 하였습니다. 민수기서의 말씀입니다.

> (그 때에 주께서 모세에게 말씀하셨다.) "너는 지팡이를 잡아라. 너와 너의 형 아론은 회중을 불러모아라. 그들이 보는 앞에서 저 바위에게 명령하여라. 그러면 그 바위가 그 속에 있는 물을 밖으로 흘릴 것이다. 너는 바위에서 물을내어, 회중과 그들의 가축 떼가 마시게 하여라." …… 모세는 팔을 높이 들고, 그의 지팡이로 바위를 두 번 쳤다. 그랬더니 많은 물이 솟아나왔고, 회중과 그들

의 가축 떼가 마셨다. 주께서 모세와 아론에게 말씀하셨다. "너희는 이스라엘 자손이 보는 앞에서 나의 거룩함을 나타낼 만큼 나를 신뢰하지 않았다. 그러므로 너희는 내가 이 총회에 주기로 한 그 땅으로 그들을 데리고 가지 못할 것이다"(민수기 20 : 8-12).

그 교회에서는 "이 바위"가 주님을 뜻한다는 것은 잘 알려져 있었습니다. 그러나 성경말씀에서 "바위"가 주님에게서 발출하는 신령진리를 뜻하기 때문에 그것이 이런 뜻을 지닌다는 것을 알지 못하였습니다. 이것이 모세와 아론이 그것에서 말할 것을 명령되었다는 이유이고, 그리고 따라서 이스라엘 자손들이 보는 앞에서 여호와를 숭배하고, 신성하게 하기 위하여 명령받은 이유입니다. 또한 흘러나온 "물"(waters)은 신령진리를 뜻하고, 그리고 "백성이 그것을 마셨다"는 것은 영적으로 살찌게 한다는 것을 뜻합니다. 그런 일은 교육하고 가르치는 것에 의하여 행해집니다. "물"이 진리들을 뜻한다는 것은 본서 71항을 참조하시고, "마신다"(to drink)는 말이나 "마실 것을 준다"는 말은 교육 받고, 가르침을 받는 것을 뜻한다는 것은 A.C. 3069 · 3772 · 4017 · 4018 · 8562 · 9412항을 참조하십시오. 이사야서의 "바위"도 같은 뜻입니다. 이사야서의 말씀입니다.

주께서 그들을 사막으로 인도하셨으나,
그들이 전혀 목마르지 않았다.
주께서는 바위에서 물을 내셔서
그들도 마시게 하셨고,
바위를 쪼개셔서 물이 솟아나게 하셨다.
(이사야 48 : 21)

시편서의 말씀입니다.

> 광야에서 바위를 쪼개셔서,
> 깊은 샘에서 솟아오르는 것같이,
> 물을 흡족하게 마시게 하셨다.
> 반석에서 시냇물이 흘러나오게 하시며,
> 강처럼 물이 흘러내리게 하셨다. ……
> 그제서야 그들은
> 하나님이 그들의 반석이심과,
> 가장 높으신 하나님이 그들의 구원자이심을
> 기억하였다.
> (시편 48 : 15, 16, 35)

같은 책의 말씀입니다.

> 반석을 갈라서 물이 흐르게 하셨고,
> 마른 땅에 강물이 흐르게 하셨다.
> (시편 105 : 41)

역시 같은 책의 말씀입니다.

> 땅아, 네 주님 앞에서 떨어라.
> 야곱의 하나님 앞에서 떨어라.
> 주님은 반석을 물웅덩이가 되게 하시며,
> 바위를 샘이 되게 하신다.
> (시편 114 : 7, 8)

이 장절들에서 "바위"(=반석 · rock)는 신령진리에 대한 주님을 뜻하고, 또는 동일한 뜻이지만, 주님에게서 비롯된 신령진리를 뜻한다는 것은 앞에서 언급한 내용에서, 또는 시편서의 두 절이 교회에 속한 사람들의 구속(救贖 · redemption)과 중생(重生 · regeneration)을 다루고 있다는 사실에서 잘 알 수 있습니다. 그리고 이러한 것은 주님에게서 비롯된 신령진리에 의하여 이루어집니다. 구속은 이런 말씀, 즉 "그들은 하나님이 그들의 반석이심과 가장 높으신 하나님이 그들의 구원자이심을 기억하였다"는 말씀에서 다루고 있습니다. 그리고 중생은 "땅아, 네 주님 앞에서 떨어라"는 말씀에서 다루고 있습니다. 여기서 "떠는 상태에 있다"(=산고(産苦)의 상태에 있다)는 것은 그것이 교회에 관해서 서술하는 경우, 개혁(=바로잡음 · 改革)되고, 중생(=거듭남 · 重生)되는 것을 뜻합니다.

[6] 이사야서의 말씀입니다.

> 구원을 받고자 하는 사람들아,
> 내가 하는 말에 귀를 기울여라.
> 도움을 받으려고 나 주를 찾는 사람들아,
> 내가 하는 말을 들어라.
> 저 바위를 보아라.
> 너희가 거기에서 떨어져 나왔다.
> 저 구덩이를 보아라.
> 너희가 거기에서 나왔다.
> (이사야 51 : 1)

여기서 "바위"(rock)는 신령진리에 대해서 주님을 뜻하고, 그리고 "구멍"(pit)은 성언(聖言)을 뜻합니다. 이러한 것은 다른 곳에서도 마찬가지입니다. "바위에서 잘려져 나왔다"(=너희가 바위에서 떨어져 나왔다)는 말씀이나 "구멍에서 캐내졌다"(=너희가 구덩이에서 나왔다)는 말씀은 신령진리들이나 신령선들에 의하여 중생되었다는 것을 뜻하고, 따라서 주님에게서 비롯된 선에서 비롯된 진리들에 의하여 중생되었다는 것을 뜻합니다. 왜냐하면 바위에서 잘려나온 "돌들"(stones)은 주님에게서 비롯된 진리들을 뜻하기 때문이고, 구덩이에서 파낸 "흙"(=토질·soil)은 주님에게서 비롯된 선을 뜻하기 때문에, 그러므로 "구덩이에서 캐내어졌다"(the digging out of the pit)라고 언급되었습니다.

[7] 신명기서의 말씀입니다.

>내가 주의 이름을 선포할 때에,
>너희는
>'우리의 하나님 위대하시다'
>하고 응답하여라.
>하나님은 반석, 하시는 일마다 완전하고,
>그의 모든 길은 올곧다.
>그는 거짓이 없고, 진실하신 하나님이시다.
>의로우시고 곧기만 하시다. ……
>주께서 그 백성에게,
>고원지대를 차지하게 하시며,
>밭에서 나온 열매를 먹게 하시며,
>바위에서 흘러내리는 꿀을 먹게 하시며,
>단단한 바위에서 흘러내리는
>기름을 먹게 하셨다. ……
>너희는 너희를 낳은 바위를 버리고,
>너희를 낳은 하나님을 잊었다. ……

주께서 당신의 백성을 포기하지 않으셨다면,
그들의 반석께서 당신의 백성을
원수에게 팔아 넘기지 않으셨다면,
어떻게 원수 하나가
이스라엘 사람 천 명을 물리치고
둘이서
만 명을 도망치게 할 수 있었겠는가?
우리의 원수까지도
자기들의 반석이
우리의 반석보다 약함을 안다.
(신명기 32 : 3, 4, 13, 18, 30, 31)

이 장절은 선에서 비롯된 진리들 안에 있었던 교회를 가리키는 고대교회(古代敎會 · the Ancient Church)에 관해서 언급하고 있습니다. 그러므로 선에서 비롯된 진리들은 대응(對應)되는 다양한 것들에 의하여 기술되었습니다. 예를 들면, "주께서 그 백성에게 고원지대를 차지하게 하시며, 밭에서 나온 열매를 먹게 하시며 바위에서 흘러내리는 꿀을 먹게 하시며, 단단한 바위에서 흘러내리는 기름을 먹게 하셨다"는 말씀들이 되겠습니다. 이 교회의 영적인 것들 안에 있는 총명(intelligence)은 "주께서 그로 하여금 땅의 높은 곳들을 타고 다니게 하셨다"(=고원지대를 차지하게 하셨다)는 말씀이 뜻하는데, "타고 다닌다"(to ride)는 말은 이해하는 것을 뜻하기 때문이고, "땅의 높은 곳들"(=고원지대)은 그 교회에 속한 영적인 것들을 뜻하기 때문이고, 그리고 그것에서 비롯된 영적인 영양분은 "밭에서 나온 열매를 먹게 하셨다"는 말씀이 뜻하는데, "먹게 한다"(=먹인다 · to feed)는 말은 기른다, 또는 자양분을 준다는 것을 뜻하고, "밭에서 나온 열매"(=들의 소산)는 그 교회에 속한 모든 것들을 뜻합니다. 그들이 주님에게서 비롯된 신령진리를 통하여 자연적인 선이나 영적인 선을 차지하였다는 것은 "주께서 바위(=절벽 · cliff)에서 흘러내리는 꿀을 먹게 하였다"(=빨아 먹게 하셨다) 그리고 "단단한 바위에서 흘러내리는 기름을 먹게 하셨다"(=기름을 빨게 하셨다)는 말씀이 뜻합니다. 여기서 "꿀"(honey)은 자연적인 선을 뜻하고, "기름"(oil)은 영적인 선을 뜻하고, "절벽"(=바위 · cliff)은 자연적인 사람을 위한 주님에게서 비롯된 외적인 신령진리(external Divine truth)를 뜻하고, "단단한 바위"(flint of the rock)는 영적인 사람을 위한 주님에게서 비롯된 내적인 신령진리(internal Divine truth)를 뜻합니다. 그 다음에는 어떤 신령진리 안에도 있지 않은 유대 교회가 다루어졌는데, 이 교회에 관해서는 "너희는 너희를 낳은 바위를 버리고 너희를 낳은(=너를 지으신) 하나님을 잊었다"고 언급되었는데, 이 말씀은 주님과 그것에 의하여 교회가 개혁되는 주님에게서 비롯된 신령진리를 배척하였다는 것을 뜻합니다. 여기서 "바위"는 신령진리에 관해서 주님을 뜻하고, "너희를 낳았다" 그리고 "지으신 하나님"(God the Former)은 주님께서 신령진리에 의하여 바로잡으신다(=개혁한다)는 것을 뜻합니다. 그들이 전적으로 진리와 선을 박탈(剝奪)되었다는 것은 "그들의 반석이 그들을 팔았다, 주께서 그들을 닫아 버렸다"는 말씀이 뜻합니다. 여기서 "바위"는 진리와 관계를 가지고 있고, "주"(=여호와)는 선과 관계를 가지고 있고, "판다"(to sell)는 말이나 "닫는다"(to shut up)는 말은 빼앗기는 것(剝奪)을 뜻합니다. 그들이 악에서 비롯된 거짓 안에 빠져 있을 것이라는 것은 "그들의 반석이 우리의 반석과 같지 않다"(=약하다) 또는 "우리의 원수들까지도 스스로 판단한다"(=원수도 자기들의 반석이 약함을 안다)는 말씀이 뜻합니다. 여기서 "그들의 반석"은 거짓을 뜻하고, "우리의 원수"는 악들을 뜻하고, "판단하지 못한다"는 말은 진리들이 아니고, 선들이 아니라는 것을 뜻합니다. 이렇게 볼 때 "반석"이 신령진리에 대하여 주님을 뜻한다는 것을, 그리고 나쁜 뜻으로는 거짓을 뜻한다는 것을 잘 알 수 있겠습니다.
[8] 사무엘 하서의 말씀입니다.

주의 영이 나를 통하여 말씀하시니,
그의 말씀이 나의 혀에 담겼다.
이스라엘의 하나님이 말씀하셨다.
이스라엘의 반석께서 나에게 이르셨다.
모든 사람을 공의로 다스리는 왕은,
하나님을 두려워하면서 다스리는 왕(=사람을 다스리는 자는 공의로워야 하며, 하나님을 두려워함으로 다스려야 한다)(사무엘 하 23 : 2, 3).

여기서 "반석"(=바위 · rock)은 명확하게 주님을 뜻합니다. 왜냐하면 성경말씀에서 "이스라엘의 하나님"은 주님을 뜻하기 때문입니다. 그러므로 "주의 영이 나를 통하여 말씀하시니 그의 말씀(=언어)이 나의 혀에 담겼다"는 말씀이 언급되었습니다. 그리고 또한 "이스라엘의 하나님이 말씀하셨다, 이스라엘의 반석께서 나에게 이르셨다"는 말씀이 언급되었습니다. "주"(=여호와의 영 · the spirit of Jehovah)나 "그분의 언어"(=말씀 · His speech)는 신령진리를 뜻하고, 그리고 주님께서는 예배로 말미암아 "이스라엘의 하나님"(the God of Israel)이라 불리셨고, 주님께서는 그 예배의 근원인 신령진리로 말미암아 "이스라엘의 반석"이라고 불리셨습니다. 그것은 "이스라엘의 반석이 말씀하셨다"는 것이 주님을 뜻하기 때문입니다. 선 안에 있는 자들이나 진리 안에 있는 자들에 대한 그분의 통치(統治 · His dominion)는 "모든 사람을 공의로 다스리는 왕, 하나님을 두려워하면서 다스리는 왕"이라는 말씀이 뜻하는데, "공의"(公義 · righteousness)는 선에 관해서 서술하고 "하나님의 두려움"은 진리에 관해서 서술합니다. 왜냐하면 다윗의 시편서는 주님에 관해서 다루고 있고, 그리고 "이스라엘의 하나님" · "이스라엘의 반석"이 주님을 뜻한다는 것을 그 책은 아주 명료하게 하기 때문입니다.

[9] 시편서의 말씀입니다.

  나의 백성 이스라엘이
  내 말을 듣기만 했어도,
  내가 가라는 길로 가기만 했어도, ……
  나는
  기름진 밀 곡식으로 너희를 먹였을 것이고,
  바위에서 따 낸 꿀로
  너희를 배부르게 하였을 것이다.
  그러나 너희는 내 말을 듣지 않았다!
  (시편 81 : 13, 16)

여기서 "바위"(=반석 · rock)는, 역시 위에서 그것이 설명된 본서 374[C]항에서 볼 수 있듯이, 신령진리에 대한 주님을 뜻합니다. 또 같은 책의 말씀입니다.

  주님은
  나의 반석, 나의 요새, 나를 건지시는 분,
  나의 하나님은

> 나의 반석, 내가 피할 바위,
> 나의 방패, 나의 구원의 뿔,
> 나의 산성이십니다. ……
> 주님 밖에 그 어느 누가 하나님이며,
> 우리 하나님 밖에
> 그 어느 누가 구원의 반석인가? ……
> 주님은 살아 계신다!
> 나의 반석이신 주님을 찬양하여라.
> 나를 구원하신 하나님을 높여라.
> (시편 18 : 2, 31, 46 ; 사무엘 하 22 : 2, 3, 32, 47)

"주님 밖에 그 어느 누가 하나님이며 우리 하나님 밖에 그 어느 누가 구원의 반석인가?"라고 언급하고 있는데, 그 이유는 신령선이 다루어진 곳에서는 주님이 "여호와"(=주)라고 하였고, 신령진리가 다루어진 곳에서는 주님이 "하나님"이라고 불리셨기 때문입니다. 그리고 또한 여기에서처럼 "반석"(Rock)이라고 하였습니다. 그래서 그 뒤에 가서는 "주님은 살아 계신다, 나의 반석이신 주님을 찬양하여라"라고 하였습니다. "나를 구원하신 하나님을 높여라"라는 말씀은 주님께서 구원이 그것에서 비롯되는 선에서 비롯된 진리들에 의하여 반드시 예배 받으셔야 한다는 것을 뜻합니다. "하나님"과의 관계에서 "높인다"는 것은 진리들에 의하여 선에서 비롯된 예배에 관해서 서술합니다.

[10] 역시 같은 책의 말씀입니다.

> 나의 반석이시오 구원자이신 주님,
> 나의 말과 나의 생각이(=내 입의 말과 내 마음의 묵상이)
> 언제나 주의 마음에 들기를 바랍니다(=주의 목전에 받아 들여지게 하

소서).
(시편 19 : 14)

이 장절에서 "여호와는 반석"이라는 말씀은, "여호와는 하나님"이라는 말씀과, 동일한 뜻을 가지고 있습니다. 다시 말하면 신령선과 신령진리의 측면에서 주님이시고, 그리고 그분께서는 신령진리에 의하여 이루어진 중생으로 말미암아 "구원자"(=구속주 · the Redeemer)라고 불리셨고, "내 입의 말"(=나의 말)은 진리의 이해를 뜻하고, "마음의 묵상"(=나의 생각)은 선의 지각(知覺)을 뜻합니다. 역시 같은 책의 말씀입니다.

  나의 반석이신 하나님께 호소한다.
  "어찌하여 하나님께서는
  나를 잊으셨습니까?"
  (시편 42 : 9)

"나의 반석이신 하나님"은, 신령진리의 측면에서, 여기서는 방어(防禦 · to defence)에 관해서 주님을 뜻합니다. 역시 같은 책의 말씀입니다.

  반석이신 나의 주님(=여호와),
  내가 주님을 바라보며 부르짖으니,
  입을 다무신 채
  나를 외면하지 마십시오.
  주께서 입을 다무시면,
  내가 무덤으로 내려가는 사람같이 될까
  두렵기만 합니다.
  (시편 28 : 1)

여기서도 역시 "주님"(=주·여호와)과 "반석"(the Rock)이 함께 거명되었는데, 그 이유는 "여호와"(=주)는 신령선의 측면에서 주님을 뜻하기 때문이고, "반석"(盤石·the Rock)은 신령진리의 측면에서 주님을 뜻하기 때문입니다. 그리고 이 양자를 뜻하기 때문에 "내게 잠잠하지 마소서"·"주께서 내게 잠잠하신다" 라고 두 번 언급하였는데, 하나는 신령선과 관계를 가지고 있고, 다른 하나는 신령진리와 관계를 가지고 있기 때문입니다. 왜냐하면 성경말씀에 있는 모든 개별적인 것에는 천계적인 혼인(a heavenly marriage)이 있는데, 그 혼인은 바로 선과 진리의 혼인(=결합)입니다. 하박국서의 말씀입니다.

> 주님, 주께서는 우리를 심판하시려고
> 그(=바빌로니아)를 일으키셨습니다(=정해 두셨습니다).
> 반석이신 주께서는 우리를 벌하시려고
> 그를 채찍으로 삼으셨습니다(=주께서는 그들을 바로잡으시려고 세우셨습니다).
> (하박국 1 : 12)

이사야서의 말씀입니다.

> 너희는 영원토록 주님을 의지하여라.
> 주 하나님(Jah Jehovah)만이
> 너희를 보호하는 영원한 반석이시다.
> (이사야 26 : 4)

같은 책의 말씀입니다.

> 너희는
> 거룩한 절기를 지키는 밤처럼
> 노래를 부르며 피리를 불며,
> 주의 산으로,
> 이스라엘의 반석이신 분에게로
> 나아가는 사람과 같이,
> 마음이 기쁠 것이다.
> (이사야 30 : 29)

역시 같은 책의 말씀입니다.

> 나 밖에 다른 신이 또 있느냐?
> 다른 반석은 없다.
> 내가 전혀 아는 바 없다.
> (이사야 44 : 8)

시편서의 말씀입니다.

> 오너라, 우리가 주님께 즐거이 노래하자.
> 우리를 구원하시는 반석을 보고,
> 소리 높여 외치자.
> 찬송을 부르며 그의 앞으로 나아가서,
> 노래 가락에 맞추어,
> 그분께 즐겁게 소리 높여 외치자.
> (시편 95 : 1, 2)

사무엘 상서의 말씀입니다.

> 주님과 같으신 분은 없습니다.
> 주님처럼 거룩하신 분은 없습니다.
> 우리 하나님 같은 반석은 없습니다.
> (사무엘 상 2 : 2)

시편서의 말씀입니다.

> 주님은 올곧으시다.
> 그는 나의 반석이시오,
> 그에게는 불의가 없으시다.
> (시편 92 : 15)

같은 책의 말씀입니다.

> 그는 나를 일컬어
> '내 아버지, 내 하나님,
> 내 구원의 반석'이라고 할 것이다.
> 나도 그를 맏아들로 삼아서
> 세상의 왕들 가운데서
> 가장 높은 왕으로 삼겠다.
> (시편 89 : 26, 27)

[11] 여기의 장절들에서 "반석"(=바위)은 다른 장절들에서와 꼭같이 주님에게서 비롯된 신령진리를 뜻하고, 주님 당신을 뜻합니다. 복음서들의 말씀입니다.

> 그러므로 내 말을 듣고 그대로 하는 사람은, 반석 위에다 자기 집

을 지은, 슬기로운 사람과 같다고 할 것이다. 비가 내리고, 홍수가 나고, 바람이 불어서, 그 집에 들이치지만, 무너지지 않는다. 그 집을 반석 위에 세웠기 때문이다(마태 7 : 24, 25 ; 누가 6 : 48).

"반석 위에 세운 집"은 교회를 뜻하고, 그리고 주님에게서 비롯된 신령진리 위에, 따라서 성경말씀에 있는 것들 위에 그의 교리나 삶(=생명)을 세운 교회에 속한 사람을 뜻하고, 결과적으로는 주님에게서 비롯된 선에서 비롯된 진리들 안에 있는 자를 뜻합니다. "선에서 비롯된 진리들 안에 있는 자"라고 언급하였는데, 그것은 신령진리가 선 안에 있지 않는 어느 누구에 의해서도 영접, 수용되지 않기 때문입니다. 선 안에 있다는 것은 인애를 가리키는 삶에 속한 선, 즉 선한 삶 안에 있다는 것인데, 그러므로 "내 말을 듣고, 그대로 하는 사람"이라고 언급되었습니다. "주님의 말씀들을 행한다"는 것은 삶의 속한 선(=선한 삶)을 뜻합니다. 왜냐하면 사람이 그것을 행할 때 진리는 선이 되는데, 그 이유는 그 때 그것은 의지에 들어오고, 사랑에 들어오기 때문입니다. 의지나 사랑 안에 들어온 것은 무엇이나 선이라고 불리웁니다. 교회에 속한 사람이 그것에 빠지지 않고, 오히려 정복(=승리)한 시험들은 "비가 내리고, 홍수가 나고, 바람이 불어서 그 집에 들이치지만, 그럼에도 불구하고 넘어지지 않는다. 그 집을 반석 위에 세웠기 때문이다"는 말씀이 뜻합니다. 왜냐하면 성경말씀에서 "물의 홍수"나 "비"나 "사나운 비바람"등은 온갖 시험들을 뜻하기 때문입니다. 확실한 것은 이것이 비유이지만, 그러나 반드시 주지하여야 할 것은 성경말씀의 모든 비유들은 그것들이 비교해서 언급한 것이 아니고, 대응에 일치한 것들이라는 사실입니다(본서

69항이나 《천계비의》 3579 · 8989항 참조).

411[D]. 성경말씀에서 "반석"(=바위 · rock)이 신령진리의 측면에서 주님을 뜻하고, 그리고 또한 주님에게서 비롯된 신령진리를 뜻한다는 것은 아주 명료합니다.
[12] 이렇게 볼 때 주님께서 베드로에게 하신 말씀이 뜻하는 것이 무엇인지 잘 알 수 있겠습니다. 마태복음서의 말씀입니다.

> 예수께서 제자들에게 말씀하셨다. "그러면 너희는 나를 누구라고 하느냐?" 시몬 베드로가 대답하였다. "선생님은 살아 계신 하나님의 아들 그리스도입니다." 예수께서 그에게 말씀하셨다. "시몬 바요나야, 너는 복이 있다. 너에게 이것을 알려 주신 분은 사람(=혈육)이 아니라, 하늘에 계신 나의 아버지시다. 나도 너에게 말한다. 너는 베드로(=페트로스)다. 나는 이 반석(=페트라) 위에다가 내 교회를 세우겠다. 죽음의 세력이 그것을 이기지 못할 것이다. 내가 너에게 하늘 나라의 열쇠를 주겠다. 네가 무엇이든지 땅에서 매면 하늘에서도 매일 것이요, 땅에서 풀면 하늘에서도 풀릴 것이다"(마태 16 : 15-19).

여기서 "베드로"(Peter)는 베드로를 뜻하지 않고, 앞서 인용된 장절들에서와 같이, 주님에게서 비롯된 신령진리를 뜻합니다. 왜냐하면 주님의 모든 제자들은 함께 교회를 표징(表徵)하고, 그들 중의 각자 각자는 교회에 속한 그 어떤 구성요소를 표징합니다. 예를 들면 "베드로"는 교회에 속한 진리를 표징하고, "야고보"(James)는 교회의 선을, 그리고 "요한"(John)은 행위 안에 있는 선, 다시 말하면 선행(善行 · works)을 표징합니다. 그 밖의 남은 제자들은 이런 것들에서 시작, 파생된 진리들이나 선들을 표징합니다. 그것은 바로 이스라엘의 열두 지파와 꼭 같습니다. 이러한 내용이 사실이라는 것은 아래에서 제자들이나 지파들이 다루어지는 곳에서 잘 알게 될 것입니다. 그리고 이것은 성경말씀에서 다른 제자들에 비하여 세 제자들―베드로·야고보·요한―이 더 많이 거명, 언급된 이유입니다.
[13] 주님께서는 베드로가 그 때 이렇게 고백하였기 때문에 베드로에게 이런 말씀을 천명(闡明)하셨습니다. 베드로는 "선생님은 살아 계신 하나님의 아들 그리스도십니다"라고 고백하였습니다. 이 말씀은 영적인 뜻으로 그분은 신령진리이시라는 것입니다. 이것은 "그리스도"가 뜻하고, 또한 "하나님의 아들"(the Son of God)이 뜻합니다. "그리스도"가 이것을 뜻한다는 것은 A.C. 3004·3005·3009항을 참조하시고, "하나님의 아들"이 이것을 뜻한다는 것은 본서 63·151·166항을 참조하십시오. 이 고백의 미덕으로 "베드로"는 교회에서 주님에게서 비롯된 신령진리를 표징합니다. 그리고 이런 이유 때문에 그는 "반석"(a rock·petra)이라고 불리웠고, 그리고 "너는 베드로(=페트로스·반석)다. 나는 이 반석 위에다가 내 교회를 세우겠다"고 언급되었는데, 이 말씀은 주님에게서 비롯된 신령진리 위에 교회를 세운다는 것, 또는 같은 뜻이지만, 선에게서 비롯된 진리들 위에 교회를 세운다는 것을 뜻합니다. 왜냐하면 교회는 이런 것들 위에 세운다는 것을 뜻하기 때문입니다. 베드로가 교회에서 이런 것을 표징하기 위하여 주님께서는 그를 "반석"(Petra)이라고 부르셨는데, 이러한 것은 요한복음서에서 아주 명확합니다.

예수께서 그(=시몬)를 보시고, "너는 요한(=요나)의 아들 시몬이로구나. 앞으로는 너를 게바(Cephas)라고 부르겠다" 하고 말씀하셨다. '게바'(=바위 · 반석)는 베드로라는 말이다(요한 1 : 42).

"게바"(Cephas)는 시리아말로 바위를 뜻하고, 그러므로 이 구절에서 "베드로"는 "게바"라고 불리웠습니다. 더욱이 히브리어의 동일한 낱말도 바위를 뜻하는데, 이러한 것은 예레미야 4 : 29 ; 욥 30 : 6에서는 복수로 "바위들"(rocks)로 언급되었습니다. 그러나 베드로는 그리스어나 라틴어로는 반석(a rock · petra)이라고 불리우지 않았는데, 그 이유는 그 이름이 개인적인 이름으로 그에게 주어졌기 때문입니다.

[14] 주님께서는 "요나의 아들 시몬"이라고 부르셨고, 그리고 그 뒤에는 그를 반석(a rock · *Petra* · 게바)이라고 불렀습니다. 그 이유는 "요나의 아들 시몬"(Simon son of Jonah)은 선에서 비롯된 진리, 또는 인애에서 비롯된 믿음을 뜻하기 때문입니다. 그리고 선에서 비롯된 진리나, 인애에서 비롯된 믿음은 오직 주님에게서 비롯된 신령진리 안에 있는 자들에게만 부여(附與)되기 때문에, 그리고 그 때 베드로는 주님을 고백하였기 때문에, 그러므로 그는 한 사람으로서 그 자신을 "반석"이라고 불리운 것이 아니고, 오히려 그의 고백 안에 그에게 있는 주님에게서 신령진리를 부르신 것입니다. 이것이 주님에게서 비롯된 것이라는 것은 주님의 말씀, "혈육이 그것을 너에게 나타낸 것이 아니고, 하늘에 계신 나의 아버지이시다"라는 말씀이 뜻합니다. 여기서 "하늘에 계신 아버지"는 아버지께서 그분 안에(in Him) 계시기 때문에, 그리고 그분께서 아버지 안에, 그리고 그들이 한 분이시기 때문에(요한 14 : 7-11 ; 10 : 30, 38), 주님 안에 계신 신령존재(神靈存在 · the Divine)를 뜻하기 때문입니다. "시몬"(Simon)이 의지 안에 있는 진리를 뜻한다는 것은 ≪천계비의≫ 870 · 1826 · 1827항을 참조하십시오. 결

과적으로 "요나의 아들 시몬"은 선에 속한 진리나, 선에게서 비롯된 진리를 뜻합니다. 지옥은 주님에게서 발출하는 신령진리에 대해서는 전혀 힘이나 능력을 지니지 못하기 때문에, 또는 주님에게서 비롯된 신령진리가 사람 안에 있는 자들에게는 전혀 힘이나 능력이 없기 때문에, 그러므로 주님께서는 "지옥의 문들(=죽음의 세력)이 그것을 이기지 못할 것이다"라고 말씀하셨습니다.

[15] 더욱이 주님께서는 "내가 너에게 하늘 나라의 열쇠를 주겠다. 네가 무엇이든지 땅에서 매면 하늘에서도 매일 것이요, 땅에서 풀면 하늘에서도 풀릴 것이다"라고 말씀하셨는데, 이 말씀은 모든 것들이 주님에게서 비롯된 선에서 온 진리들 안에 있는 자들에게 가능할 것이라는 것을 뜻합니다. 이것은 이런 말씀에도 충분하게 일치합니다. 마가복음서의 말씀입니다.

> 너희가 기도하면서 구하는 것은 무엇이든지, 이미 그것을 받은 줄로 믿어라. 그리하면, 너희에게 그대로 이루어질 것이다(마가 11 : 24 ; 마태 7 : 8 ; 누가 11 : 9).

이 장절의 말씀을 어떻게 이해해야 할 것인지는 본서 405[I]항을 참조하십시오. 다시 말하면 인애에 속한 믿음으로 구한다는 것은, 자기 자신으로 말미암아서는 결코 구하지 않고, 주님으로 말미암아서만 구하는 것을 뜻합니다. 왜냐하면 자기 자신이 아니고, 오직 주님으로 말미암아서 구하는 것은 무엇이나 그는 수용하기 때문입니다. 이 말씀의 뜻이 이러하다는 것, 다시 말하면 "네가 무엇이든지 땅에서 매면 하늘에서도 매일 것이요, 땅에서 풀면 하늘에서도 풀릴 것이다"는 말씀의 뜻은 주님께서 제자들에게 하신 주님의 말씀이나, 주님으로 말미암아 선에서 비롯된 진리들 안에 있는 자들 모두에게 하신 마태복음서의 말씀에서 명료합니다. 마태복음서의 말씀입니다.

"내가 진정으로 너희에게 말한다. 무엇이든지, 너희가 땅에서 매면 하늘에서도 매일 것이요, 땅에서 풀면 하늘에서도 풀릴 것이다"(마태 18 : 18).

[16] 베드로에게만 하신 것이 아니고 모두에게 하신 말씀은, 주님께서는 마태복음 18장에서 이런 말씀으로 직접적으로 선포하셨습니다.

내가 진정으로 거듭 너희에게 말한다. 너희 가운데 두 사람이 땅에서 합심하여 무슨 일이든지 구하면, 하늘에 계신 내 아버지께서 그들에게 이루어 주실 것이다. 두세 사람이 내 이름으로 모이는 자리에는, 내가 그들과 함께 있다(마태 18 : 19, 20).

여기서 "주님의 이름"은 주님께서 그것에 의하여 예배받으시는 모든 것을 뜻합니다. 그리고 주님께서는 그분에게서 비롯된 것을 가리키는 선에서 비롯된 진리들에 의하여 예배를 받으시기 때문에, 따라서 "주님의 이름"(His name)은 이런 내용을 뜻합니다. "주님의 이름"이 뜻하는 것이 이것이라는 것은 본서 102 · 135항을 참조하십시오. 그러므로 "그들이 땅에서 구한 모든 것은 하늘에 계신 내 아버지께서 그들에게 이루어 주실 것이다"는 말씀은 "너희가 땅에서 맨 것이나, 푼 것은 하늘에서도 매고, 풀릴 것이다"는 말씀과 동일한 뜻을 가지고 있습니다. 왜냐하면 주님께서 후자의 것에 의하여 전자의 것을 설명하셨기 때문입니다. 성경말씀의 영적인 뜻을 아는 사람은

"둘이 합심하면……"이라고 언급된 이유를 또한 알 수 있습니다. 그리고 그 뒤에 가서 "두세 사람이 있는 자리" 라는 말씀도 알 수 있을 것입니다. 다시 말하면 "둘"(2)은 선에 관해서 서술하고, "셋"(3)은 진리에 관해서 서술하기 때문에, 결과적으로 "둘과 셋"(two and three)은 선에게서 비롯된 진리들 안에 있는 모두에 관해서 서술합니다. 주님에게서 비롯된 신령진리는 하늘과 땅에서 모든 권세와 능력을 가지고 있다는 것은 본서 209 · 333항과 ≪천계와 지옥≫ 230 · 231 · 539항을, 그리고 ≪천계비의≫ 3091 · 3563 · 6344 · 6423 · 6948 · 8200 · 8304 · 9643 · 10019 · 10182항을 참조하십시오. "둘"(two)은 선에 관해서 서술하는데, 그 이유는 그것이 사랑에 의한 결합을 뜻하기 때문이라는 것은 A.C. 1686 · 5194 · 8423항을 참조하시고, "셋"(three)이 진리들을 뜻하기 때문이고, 그리고 "열둘"(twelve)도 마찬가지 뜻을 가리킨다는 것 등은 A.C. 577 · 2089 · 2129 · 2130 · 3272 · 3858 · 3913항을 참조하십시오. 그러므로 "둘"과 "셋"이 영계에서 거명될 때 둘과 셋은, 그 숫자 둘과 셋을 뜻하지 않고, 선에서 비롯된 진리들 안에 있는 모든 자를 뜻합니다. "베드로"가 주님에게서 비롯된 것을 가리키는 선에서 비롯된 진리를 뜻한다는 것은 나의 저서 ≪최후심판≫ 57항을 참조하십시오.

411[E]. [17] 따라서 이 뜻으로 "반석"이 뜻하는 것이 무엇인지 더 상세하게 입증하겠습니다. 그것은 반대적인 뜻으로 "반석"이 뜻하는 것이 무엇인지 지금 입증하는 것입니다. 반대적인 뜻으로 "반석"(=바위)은 신뢰(信賴)하는 지옥적인 거짓을 뜻합니다. 이러한 것은 아래의 장절들에서 잘 드러나고 있습니다. 이사야서의 말씀입니다.

> 높은 곳에 무덤을 파는 자야,
> 바위에 누울 자리를 쪼아 내는 자야!(=누가 여기에 있기에 마치 높은 곳에 자기를 위하여 무덤을 파고, 바위에 자신을 위하여 처소를 파내는 자와 같이 네가 여기서 너를 위하여 무덤을 파느냐?
> (이사야 22 : 16).

이사야서 22장은 "환상의 골짜기"에 관해서 다루고 있는데, 그 골짜기는 성경말씀의 문자적인 뜻에 의하여 확증한 교리에 속한 거짓을 뜻합니다. 거짓에 속한 사랑(=거짓된 애욕)은 "높은 곳의 무덤"이 뜻하고, 그리고 거짓에 속한 신념이나 확신은 "절벽의 처소"(=바위의 처소)가 뜻하고, 자신들을 위하여 그들이 이런 것들을 만든다는 것은 "바위를 판다" 그리고 "자신들을 위하여 무덤을 판다"는 말이 뜻합니다.

[18] 같은 책의 말씀입니다.

> 너희 각 사람이 너희 손으로 직접
> 은 우상과 금 우상을 만들어 죄를 지었으나,
> 그 날이 오면,
> 그 우상을 다 내던져야 할 것이다.
> "앗시리아가 칼에 쓰러지겠으나,
> 사람의 칼에 쓰러지는 것이 아니고,
> 칼에 멸망하겠으나,
> 인간의 칼에 멸망하는 것이 아니다.
> 그가 칼 앞에서 도망할 것이요,
> 그 장정들이
> 강제노동하는 신세가 될 것이다.
> 그의 왕은 두려워서 달아나고,

겁에 질린 그의 지휘관들은
부대기를 버리고 도망할 것이다."
(이사야 31 : 7-9)

이 장절은 신령한 것들에 대해서 자기 총명(self-intelligence)으로 말미암아 자신이 현명하다고 믿는 자들에게 단행될 심판을 다루고 있습니다. 이런 부류의 인물들은 자기사랑이나 세상사랑에 빠져 있고, 그리고 자신을 위하여 학문의 명성(名聲)을 추구하는 자들입니다. 그들이 진리를 볼 수 없기 때문에, 이들은 온갖 거짓들을 움켜잡고, 그것들이 마치 진리들인 것처럼 그것들을 널리 공포하고 있습니다. 그들의 원칙들이나 그들의 사랑들(=애욕들)을 지지하고, 선호(選好)하는 거짓들은 여기서는 "은 우상들이나 금 우상들"이 뜻합니다. 그리고 이런 것들이 자기 총명에서 비롯되었다는 것은 "너희의 손이 너희를 위하여 만들었다"는 말씀이 뜻하고, 그것들이 그들 자신의 거짓들에 의하여 소멸할 것이라는 것은 "그 때 앗시리아는 용사의 칼이 아닌 칼에 쓰러질 것이고, 보통 사람의 것이 아닌 칼이 그를 삼킬 것이다"는 말씀이 뜻합니다. 여기서 "앗시리아"는 왜곡, 타락된 합리적인 것을 뜻하고, 그리고 그것에서 비롯된 자기 총명에서 비롯된 거짓들 안에 빠진 자들을 뜻합니다. "칼들에 의하여 쓰러지고, 삼켜진다"는 것은 멸망, 소멸하는 것을 뜻합니다. 이러한 일련의 내용은 그의 아들들에 의하여 살해된 앗시리아의 왕이 표징합니다(이사야 37 : 38). "그의 아들들"은 그가 그것에 의하여 멸망한 그의 자신의 거짓들을 뜻합니다. 두려움 때문에 지나쳐 버릴 그의 "요새"(=절벽)는 이런 부류가 전적으로 신뢰했던 일반적인 모든 거짓을 뜻하고, "겁에 질려 부대기를 버리고 도망할 지휘관들"(=고관들)은 중요하고 근본적인 거짓들을 뜻합니다. "부대기 발"(the banner)이 언급되었는데, 그 이유는 이런 부류의 거짓들은, 진리들과의 그 어떤 싸움에 의하여 흩어지고, 소멸되는 것이 아니고, 그 깃발이 가리키는 싸움의 철저한 증표(a mere sign of combat)에 의하여 소멸되기 때문입니다. 나는 이런 부류의 무리들이 깃발들의 물결에 의하여 그들이 있었던 바위들에서 굴러 떨어지는 것을 보았습니다.
[19] 예레미야서의 말씀입니다.

> 기병들과 활 쏘는 군인들의 함성에,
> 성읍마다 사람들이 도망하여 숲 속에 숨고,
> 바위 위로 기어올라간다.
> 이렇게 모두 성읍을 버리고 떠나니,
> 성읍에는 주민이 한 사람도 없다.
>
> (예레미야 4 : 29)

이 말씀은 진리들에 대하여 황폐하게 된 교회를 기술하고 있습니다. 그릇된 추론에 의한 교리에 속한 모든 진리의 황폐화와 그것에서 비롯된 거짓된 교리적인 것들은 "기병들과 활 쏘는 군인들의 함성에 전 성읍이 숲 속으로 도망한다"는 말씀이 뜻합니다. 여기서 "기병들의 함성"은 그릇된 추론을 뜻하고, "활 쏘는 군인들의 함성"은 그릇된 교리적인 것들이 뜻합니다. "온 성읍이 도망한다"(=성읍마다 도망한다)는 말은 교리에 속한 모든 진리의 황폐화를 뜻합니다. 여기서 "성읍"(=도시·city)은 교리를 뜻합니다. 시인되는 진리는 전혀 없고, 오직 거짓만 남아 있다는 것은 "사람들이 숲 속으로 도망한다(=구름에 들어간다), 바위 위로 기어올라간다"는 말씀이 뜻합니다. "구름에 들어간다"(=숲 속으로 숨는다)는 말은 진리에 대한 비시인 (非是認) 속에 들어가는 것을 뜻하고, "바위 위로 기어올라간 다"는 말은 철저한 거짓 속에 빠지는 것을 뜻합니다.

[20] 나는 돌맹이들로 쌓아 올린 바위들(=돌무더기)을 목격하였는데, 그것은 푸릇푸릇한 잡초가 자란 평지가 전혀 없는 그런 돌무더기였습니다. 이런 돌무더기 위에는 사람으로서 이 세상에서 사는 동안 오직 믿음만이라고 부르는 인애에서 분리된 믿음에서 산 영들이 있었습니다. 이들은 교리나 삶으로, 다시 말하면 의유신득의(依唯信得義)의 신앙으로 자신들을 확증한 영들입니다. 이러한 내용이 에스겔서에서 "맨바위"(the dryness of the rock)가 뜻합니다. 에스겔서의 말씀입니다.

> 죄 없는 사람을 죽인 피가
> 그 성읍 한가운데 그대로 남아 있다.
> 피가 흙으로 덮이지도 못하였다.
> 그 피가 흙 위에 쏟아지지 않고,
> 맨바위 위에 쏟아졌기 때문이다.
> (에스겔 24 : 7)

같은 책의 말씀입니다.

> 나 주 하나님이 말한다.
> "두로야, 내가 너를 쳐서,
> 바다가 물결을 치며 파도를 일으키듯이,
> 여러 민족이 밀려와서
> 너를 치도록 하겠다.
> 그들이 두로의 성벽을 무너뜨리고,
> 그 곳의 망대들을 허물어뜨릴 것이다.

> 내가 그 곳에서 먼지를 말끔히 씻어내고,
> 맨바위만 드러나도록 하겠다. ……
> 내가 너를 맨바위로 만들겠고,
> 너는 그물이나 말리는 곳이 되고,
> 다시는 아무도 너를 새로 짓지 못할 것이다."
> (에스겔 26 : 3, 4, 14)

이 두 장절에서 "먼지"(dust)는 교회에 속한 선을 뜻하는 "흙"(土壤·the soil)을 뜻합니다. 바위들(=반석들) 위에 흙이 전혀 없고, 다만 반석이 바싹 말라 있을 때, 다시 말하면 위에서 언급한 것과 같이 철저하게 돌들의 무더기로 이루어졌을 때, 그것은 거기에 선이 전혀 없다는 증표(證票)이고, 그리고 선이 전혀 없는 곳에는 역시 철저하게 거짓만 있다는 증표입니다. 그러므로 이것은 여기서 "맨바위가 뜻하는 것"이고, 피가 그것을 덮기 위하여 "피(=그녀)가 흙 위에 쏟아지지 않다", 그리고 "내가 너를 맨바위로 만들겠다"는 등등의 말씀이 뜻하는 것입니다. 이러한 뜻은 복음서에서 주님의 말씀이 뜻하는 것이 무엇인지 명확하게 합니다. 복음서의 말씀입니다.

> 더러는 흙이 많지 않은 돌짝밭에 떨어지니, 흙이 깊지 않아서 싹은 곧 났지만, 해가 뜨자 타 버리고, 뿌리가 없어서 말라 버렸다
> (마태 13 : 5, 6 ; 마가 4 : 5, 6 ; 누가 8 : 6).

이 장절은 이미 위에서 설명된 것을 참조하십시오(본서 401[G] 참조).
[21] 영계에서 달에서 비롯된 그들의 빛을 취하고 있는 자들 대부분은 바위들(=반석들) 위에 살고 있습니다. 영적 자연적인

사람들은 이 두꺼운 흙이 지면을 덮고 있는 바위들 위에 살고 있는데, 결과적으로 이런 곳에는 평지, 푸른 초목, 관목 숲이 있지만, 그러나 천계의 태양에서 비롯된 빛을 받는 자들이 사는 산들이나 언덕에서 살지는 못합니다. 이에 반하여 영적-자연적인 존재는 아니고, 오직 자연적인 존재는 오늘날은 바위들 위에 있지 않고, 거기에 있는 바위들 안에 있는 동굴들 안에서 살고, 그리고 악에서 비롯된 거짓들 안에 있는 자들은 거기의 돌더미에서 살고 있습니다. 이런 모든 것들은 대응들을 가리킵니다.

[22] 예레미야서의 말씀입니다.

> 온 세상을 파괴한 멸망의 산아,
> 보아라, 이제 내가 너를 치겠다. ……
> 내가 너에게 손을 뻗쳐서
> 너를 바위 꼭대기에서 굴려 내리고,
> 너를 불탄 산으로 만들어 버리겠다.
> (예레미야 51 : 25)

이 말씀은 바빌론에 관해서 언급하고 있는데, 거짓들을 통한 그의 천벌(天罰·damnation)은 "내가 너를 바위(=절벽) 꼭대기에서 굴려 내린다"는 말씀이 뜻하고, 그리고 악들을 통한 그의 천벌은 "너를 불탄 산으로 만들겠다"는 말씀이 뜻합니다. 이것의 충분한 설명도 본서 405[G]항을 참조하십시오.

[23] 같은 책의 말씀입니다.

> 모압 백성아(=모압에 사는 자들아),
> 너희는 성읍을 떠나서,

> 바위 틈 속에서 자리를 잡고 살아라.
> 깊은 협곡의 어귀에
> 불안정하게 둥지를 틀고 사는
> 비둘기처럼 되어라.
> (예레미야 48 : 28)

이 장절은 선과 진리의 섞음질과 위화를 뜻하는 모압에 관해서 언급하고 있습니다. 따라서 성경말씀의 선과 진리들 왜곡시키는 자들을 뜻합니다. "성읍을 떠난다"(=포기한다)는 말씀은 교리에 속한 진리들을 떠나는 것을 뜻하고, "바위 틈 속에서 산다"는 것은 온갖 거짓들 안에, 그리고 거짓들의 교리 안에 있다는 것을 뜻하고, "깊은 협곡의 어귀에 둥지를 틀고 사는 비둘기처럼 되어라"는 말씀은 밖으로는 진리를 주시는 하지만, 안으로부터는 주시하지 않는 것을 뜻하고, "둥지를 튼다"(=만든다)는 것은 산다는 것과 동일한 뜻을 갖는데, 다시 말하면 삶을 산다는 것인데 "둥지를 세운다"(=만든다)는 것은 새에 관해서 서술하고, "산다"(to dwell)는 것은 사람에 관해서 서술합니다. 내부로부터가 아니고, 외부로부터 성경말씀을 주시, 중시한다는 것이 무엇인지는 ≪천계비의≫ 10549-10551항에서 잘 볼 수 있겠습니다. 다시 말하면 교리로 말미암아 그것을 중시하는 것이 아니고, 철저한 문자에서 그것을 중시하는 것을 뜻합니다. 이것의 결과로 이런 사람들은 그들을 인도하는 성질 · 생각 · 정동의 모든 면에서 유리(流離) 방황(彷徨)합니다. 그들은 아무것도 확신하지 않으며, 그것으로 말미암아 "모압"이 뜻하는 영구불변(永久不變)의 섞음질에 도달합니다. 이와 같은 경우는 자신의 광영(光榮)이나 영예를 위하여 성경말씀을 연구하는 경우입니다. 이런 부류의 인물들은 성경말씀을 배우고 연구할 때, 모든 것에서 자기 자신을 우러르기 때문에 그들은 성경말씀 밖(outside)에 머물러 있습니다. 이에 반하여 성경말씀으로 말미암아 진리와 선을 사랑하는 자들은 성경말씀 안에(within) 있습니다. 왜냐하면 그들은 자기 자신으로 말미암아 그것을 중시, 존중하는 것이 아니고, 오직 주님으로 말미암아 그것을 중시, 존중하기 때문입니다. 이러한 내용은 "모압 백성아(=모압에 사는 자들아), 성읍을 떠나서 바위 틈에 자리를 잡고 살아라, 깊은 협곡의 어귀에 둥지를 틀고 사는 비둘기처럼 되어라"는 말씀이 뜻하는 것이 무엇인지 아주 명료하게 합니다.

[24] 같은 책의 말씀입니다.

> 내 말이 불과 같지 않으냐? 바위를 부수는 망치와 같지 않으냐? (예레미야 23 : 29).

성경말씀(=성언)이 "불과 같고, 망치와 같다"고 언급하고 있는데, 그 이유는 "불"이 사랑에 속한 선을 뜻하기 때문이고, "망치"가 믿음에 속한 진리를 뜻하기 때문입니다. 왜냐하면 "망치"(the hammer)는 "철"(iron)이 갖는 동일한 뜻을 가지고 있는데, "철"은 궁극적인 것들 안에 있는 진리를 뜻하고, 그리고 믿음에 속한 진리를 뜻하기 때문입니다. 양자들은, 다시 말하면 "불"과 "망치"는, 그러므로 선과 진리는, 성경말씀의 모든 개별적인 것 안에 있는 선과 진리의 혼인(=결합) 때문에 언급, 거명되었습니다. "부수어질 바위"(=절벽)는 온전한 복합체 안에 있는 거짓을 뜻하고, 거짓에 속한 교리를 뜻합니다. 그리고 이런 것들의 부서지는 것이나 멸망하는 것은 그런 것들이 존재해 있는 사람이 심판받을 때입니다.

6장 9-17절

[25] 나훔서의 말씀입니다.

> 주께서 진노하실 때에
> 누가 감히 버틸 수 있으며,
> 주께서 분노를 터뜨리실 때에
> 누가 감히 견딜 수 있으랴?
> 주의 진노가 불같이 쏟아지면
> 바위가 주 앞에서 산산조각 난다.
> (나훔 1 : 6)

여기서 주(=여호와)의 "분노"(indignation)・"진노"(wrath)나 "성냄"(anger)이 최후심판을 뜻한다는 것, 그리고 온갖 악들이나 그것에서 비롯된 거짓들 안에 빠져 있는 자들의 영벌의 상태를 뜻한다는 것은 아래 이어지는 단락들에서 잘 볼 수 있겠습니다. 악들에 속한 영벌(=천벌・damnation)은 불같이 쏟아지는 "그분의 진노"(His wrath)가 뜻하고, 온갖 악들에게서 비롯된 거짓들에 속한 "그분의 성냄"(His anger)이나, "주 앞에서 산산조각이 날 바위"가 뜻합니다. 여기서 "불"은 자기사랑이나 세상사랑에 속한 사람들의 온갖 악들을 뜻하고, "바위들"(rocks)은 그것에서 비롯된 거짓들을 뜻하기 때문입니다. 그리고 "산산조각이 난다"(=붕괴된다・to be overturned)는 것은 멸망하는 것을 뜻합니다. 더욱이 거짓에 속한 원칙들이나, 따라서 온갖 종류의 거짓들 안에 있는 자들이 그 위에 있는 바위들은 가시적으로 붕괴, 깨지고, 그리고 그것들 위에 있는 자들은 그와 같이 지옥으로 내던져졌습니다. 그러나 이런 일은 모두가 그들의 외적인 것들에 대응하는 그들의 내면적인 성품에 일치한 그들의 사는 장소들을 취하는 영계에서 일어남니다.
411[F]. [26] 이샤아서의 말씀입니다.

> 너희는 상수리나무 사이에서(=우상으로 더불어),
> 모든 푸른 나무 아래에서,
> 정욕에 불타 바람을 피우며(=너희 스스로를 불태우며),
> 골짜기 가운데서,
> 갈라진 바위 밑에서,
> 자식들을 죽여 제물로 바쳤다.
> (이사야 57 : 5)

"너희는 푸른 나무 아래서 우상들과 더불어 너희 스스로를 불태우고, 골짜기들 속 바위 틈 아래에서 자녀들을 죽였다"(=제물로 바쳤다)는 말씀이 뜻하는 것이 무엇인지 속뜻에서 비롯된 것을 제외하면 어느 누구도 알 수 없습니다. 속뜻에서 "모든 푸른 나무 아래서 우상들과 더불어 스스로를 불태운다"는 것은 그런 일을 일으킨 모든 거짓에서 비롯된 하나님을 예배하는 것을 뜻합니다. 여기서 "우상들과 더불어 스스로를 불태운다"는 것은 열렬한 예배를 뜻하고, "모든 푸른 나무"는 그것을 일으키는 모든 거짓을 뜻합니다. 왜냐하면 "나무"(tree)는 지식들이나 지각들을 뜻하고, 여기서는 거짓에 속한 지식들이나 지각들을 뜻하기 때문입니다. 그리고 "절벽 아래 개울에서(=갈라진 바위 밑에서) 자식들을 죽인다"(=자식들을 죽여 제물로 바친다)는 것은 자기 총명에서 비롯된 거짓들에 의하여 진리들을 소멸시키는 것을 뜻하는데, 여기서 "자식들"은 진리들을 뜻하고, "개울들"(=개천들 · brooks)은 자기 총명을 뜻하고, "절벽의 턱진 곳들"(shelves of the cliffs)은 거짓들을 뜻하고, "갈라진 바위 밑"(=절벽의 턱진 곳들 밑)은 자연적인 것에서 비롯된 궁극적인 자연적인 빛에서 비롯되었다는 것을 뜻합니다. 왜냐하면 오직 그런 빛 안에 있는 자들은 험한 바위들 아래에 서 있고, 그리고 어떤 진리도 보지 못하기 때문입니다. 그리고 그들에게 무슨 진리라도 일러지면 그들은 그것을 깨닫지 못하기 때문입니다. 나는 영계에서 이런 성품의 사람들을 보았습니다. 이러한 사실이나 내용은 우리의 본문에서 "자녀들을 살해한다"(=죽인다)는 말이, 어린 것들을 죽이는 것을 뜻하지 않고, 진리들을 소멸시키는 것을 뜻합니다.

[27] 역시 시편서의 말씀입니다.

> 네 어린 아이들을
> 바위에다가 메어치는 사람에게
> 복이 있을 것이다(=네 어린 것들을 집어서 돌에 메어치는 자는 행복하리로다)(시편 137 : 9).

여기서 "어린 아이들"(babes)은, 어린 아들을 뜻하지 않고, 솟아나는 거짓들을 뜻합니다. 왜냐하면 우리의 본문(시편 137편)은 바빌론에 관해서 다루고 있는데, 그것은 교회의 선에 속한 진리들을 파괴하는 악에 속한 거짓들을 뜻하기 때문입니다. 이런 것들의 파괴나 파멸은 "절벽에다가 어린 것들을 집어서 메어진다"(=패대기 친다)는 말이 뜻하는데, 여기서 "절벽"(=바위)은 악에 속한 지배적인 거짓(the ruling falsity of evil)을 뜻하고, "살해한다"(to shatter)는 파괴하는 것을 뜻하기 때문입니다. 성경말씀의 문자적인 뜻에 오직 머물러 있고, 그 너머를 생각하지 못하는 사람은 자신의 원수들의 어린 것들에게 이런 짓을 하는 자가 "행복하다"고 불리운 자라고 믿는 것에 쉽게 빠지겠지만, 그리고 그럼에도 불구하고 그 때 그것은 매우 악질적인 범죄가 될 것이라고 여기겠지만, 그러나 여기서는 "바빌론의 어린 것들"(the babes of Babylon)이 뜻하는, 교회 안에서 치솟는 악에 속한 거짓들을 소멸시키는 자가 행복하다고 불리운 자입니다.
[28] 예레미야서의 말씀입니다.

> 그러므로 나 주가 말한다.
> 누가 이와 같은 말을 들어 보았는지,
> 세상 만민에게 물어 보아라.
> 처녀 이스라엘은
> 너무 역겨운 일을 저질렀다.
> 레바논 산의 험준한 바위 봉우리에
> 눈이 없는 때가 있더냐?
> 거기에서 흘러내리는 이상한 시원한 물줄기가
> 나의 밭에 마르는 일이 있더냐?
> 그러나 내 백성은 나를 잊어버리고,
> 헛된 우상들에게 분향을 한다.
> 옛부터 걸어온 바른길을 벗어나서
> 이정표도 없는 길로 들어섰다.
> (예레미야 18 : 13-15)

"이스라엘의 처녀"는, 여기에서든 또는 다른 곳에서든, 영적인 교회(the spiritual church)를 뜻합니다. 이런 이유 때문에 이스라엘 자손은 그 교회를 표징합니다. "그들이 저지른 잔학한 일들"은 그들이 교회에 속한 선들을 악들로 바꾼 것을 뜻하고, 그리고 교회에 속한 진리들을 거짓들로 변질시킨 것을 뜻하고, 그리고 이런 악들이나 거짓들로부터 여호와를 예배한 것을 뜻합니다. 이런 예배가 비롯된 온갖 악들은 "내 백성은 나를 잊어버렸다"는 말씀이 뜻합니다. 왜냐하면 하나님을 잊은 사람은 온갖 악들 안에 있기 때문이고, 그리고 그런 예배가 비롯된 근원인 거짓들은 "그들이 헛된 우상들에게 분향한다"는 말씀이 뜻합니다. 여기서 "헛된 것"(=헛된 우상 · vanity)은 거짓을 뜻하고, "분향한다"(=향을 피운다)는 것은 예배를 뜻합니다. "레바논 산의 험준한 바위 봉우리에 눈이 없는 때가 있더냐?"(=어떤 사람이 나의 들의 바위에서 나오는 레바논의 눈을 떠났느냐?)는 말씀은 그들이 성경말씀(=성언)에서 비롯된 교회에 속한 진리들을 가지고 있지 않느냐? 라는 것을 뜻합니다. 여기서 "바위"는 성언(聖言 · the Word)을 뜻하는데, 그 이유는 그것이, 위에서 언급한 것과 같이, 신령진리를 뜻하기 때문입니다. "레바논 산의 눈"은 그것에서 비롯된 교회에 속한 진리들을 뜻합니다. 여기서 "눈"(snow)은 물과 동일한 뜻을 갖는데, 다시 말하면 진리들을 뜻하지만, 그러나 "눈"은 차가운 진리들을 뜻하는데, 그 이유는 여기서 차가운 교회(a cold church)가 다루어지고 있기 때문입니다. "레바논"은 이런 것들이 비롯된 근원인 교회를 뜻하고, 여기서 "나의 밭"(My fields)은 그 교회에 속한 모든 선들이나 진리들을 뜻하고, "거기에서 흘러내리는 시원한 물줄기"는 거기에 선이 결코 있지 않는 거짓들을 뜻하고, "이상한 물줄기"(strange waters)는 거짓들을 뜻하고 "시원하다"(=차다 · cold)는 것은 그것 안에 선이 전혀 없다는 것을 뜻합니다. 왜냐하면 진리들은 사랑의 선으로 말미암아 자신들의 모든 열(=별 · heat)을 취하기 때문입니다.

[29] 같은 책의 말씀입니다.

"골짜기로 둘러싸인

우뚝 솟은 바위 산에서 사는 자들아,
'우리를 습격할 자가 누구며,
우리가 숨은 곳에까지
쳐들어올 자가 누구냐?' 한다마는,
이제 내가 너희를 치겠다."
(예레미야 21 : 13)

"골짜기에 사는 자들"이나 "평지의 바위에 사는 자들"(=우뚝 솟은 바위 산에서 사는 자들)은 성경말씀의 궁극적인 것들 안에 있는 자들을 뜻하고, 그리고 내면적인 것들에서 예증(例證)된 것을 자신에게 허락하지 않는 자들을 뜻하는데, 이런 부류는 진리들을 보지 못하고, 그 대신 거짓들만을 봅니다. 왜냐하면 진리에 속한 모든 빛은 주님으로 말미암아 천계에서 나오기 때문에 진리에 속한 모든 빛은 내면적인 것에서 나오고, 그리고 그것에서 내려오기 때문입니다. 이런 부류가 "골짜기에 사는 자들"이나 "평지의 바위에 사는 자들"이 뜻하는데, 여기서 "골짜기"(valley)나 "평지"(plain)는 그들이 처해 있는 성경말씀의 궁극적인 것을 뜻하고, 그리고 "사는 사람들"(住民)이나 "바위"는 교리에 속한 거짓을 뜻하기 때문입니다. 철저하게 뒤섞여진 것에 있는 거짓이나 악을 믿는 신념은 거짓이나 악을 마치 진리들이나 선들이라고 믿는다는 것이 그들이 하는 말, 즉 "누가 우리를 대적하여 내려오리요? 누가 우리의 처소에 들어오리요?"(=우리를 습격할 자가 누구며, 우리가 숨은 곳에까지 쳐들어 올 자가 누구냐?)라는 말이 뜻합니다.

[30] 이사야서의 말씀입니다.

너희는 바위 틈으로 들어가고,

> 티끌 속에 숨어서,
> 주님의
> 그 두렵고 찬란한 영광 앞에서 피하여라.
> (이사야 2 : 10)

"바위 틈으로 들어간다'는 것은 거짓 속에 들어가는 것을 뜻하고, "티끌 속에 자신을 숨긴다"는 것은 악 안에 있다는 것을 뜻합니다. 이 장절은 최후심판을 다루고 있는데, 그 때 악에 속한 거짓들이나, 거짓에 속한 악들 안에 빠져 있는 자들은 자기 자신들을 영계에 있는 바위들이나 땅들 아래에 있는 지옥으로 내동댕이 칩니다. 그러나 이런 것들은 앞서의 단락에서 분명히 밝히고, 설명된 것에서 충분하게 볼 수 있겠습니다. 욥기서의 말씀입니다.

> 산이 무너져 내리고,
> 큰 바위조차 제자리에서 밀려났다(=실로 산은 무너져 아무것도 아닌 것이 되고, 바위도 제자리에서 옮겨졌다).
> (욥 14 : 18)

여기서 "산"은 악에 속한 사랑(=애욕)을 뜻하고, "바위"는 거짓에 속한 신념(the belief of falsity)을 뜻하고, "서서히 사라진다"(to melt)는 말이나 "제자리에서 밀려났다"는 말은 멸망, 소멸하는 것을 뜻합니다.
[31] 시편서의 말씀입니다.

> 그들의 통치자들이
> 돌부리에 걸려서 넘어질 때(=그들의 재판관들이 돌무더기에 내쳐질 때)(시편 141 : 6).

여기서 "통치자들"(=재판관들 · judges)은 거짓들 안에 빠져 있는 자들을 뜻하고, 추상적인 뜻으로는 생각(=사상)에 속한 거짓들이나 교리에 속한 거짓들을 뜻합니다. 성경말씀에서 "재판관들"(=통치자들)은 "심판들"(=공평들 · judgments)과 동일한 뜻을 가지고 있고, 그리고 "심판들"(=공평들)은 그 심판들(=공평들)이 비롯된 근원인 진리들을 뜻하고, 반대의 뜻으로는 거짓들을 뜻합니다. 거짓들 안에 있는 자들이 영계에서는 절벽들 틈에서 살고 있기 때문에, "그들의 재판들이 돌무더기에 내쳤다"고 언급되었는데, 이 말씀은 그들이 그들의 거짓들에 내쳐질 것이고, 그리고 그들의 거짓들에 대응하는 지옥에서 산다는 것을 뜻합니다. 욥기서의 말씀입니다.

> 그들은,
> 급류에 패여 벼랑진 골짜기에서 지내고,
> 땅굴이나 동굴에서 산다.
> (욥 30 : 6)

이 장절은 지옥에 있는 자들에 관해서 다루고 있는데, 그 이유는 그들이 악들이나 그것에서 비롯된 거짓들 안에 빠져 있기 때문입니다. 삶의 측면에서 악들 안에 있는 자들의 지옥은 골짜기들 아래에 있고, 거기에 있는 동굴들 안에 있고, 그리고 악에서 비롯된 거짓들 안에 있는 자들의 지옥은 바위들 사이에 있습니다. 이러한 사실은 "벼랑진 골짜기에서 지내고, 땅굴이나 동굴이나 바위들 사이에 산다"는 말씀이 뜻하는 것이 무엇인지 명료하게 합니다. 그러나 지옥에 있는 자들이 거기에서 사는 동굴이나 굴들에 관해서 이들이 그것들에 의하여

들어가는 틈새들이나 구멍들에 관해서는 앞서의 단락 본서 410[A]항을 참조하십시오.

[32] 이런 일련의 것들은 나쁜 뜻으로 "바위들"이 일반적으로 거짓을 뜻한다는 것을 주지(周知)시키기 위하여 첨가(添加), 부연(敷衍) 되었습니다. 바위에 속한 이 뜻은 대응에서 비롯되었는데, 이런 사실은 그들의 마음이나 생명(=삶)에 속한 내면적인 것들의 대응에 일치하며, 모두가 사는 영계에 있는 외면들이나 현상들에서 잘 볼 수 있습니다. 결과적으로 그들이 주님 사랑이나 이웃을 향한 인애에 있기 때문에, 그리고 그것으로 인하여 진리에 속한 영적인 정동 안에 있는 자들은 그 땅의 산들이나 언덕들 위에 사는데, 거기에는 낙원들, 정원들, 장미 꽃밭, 잔디밭이 있습니다. 그러나 어느 정도는 인애 안에 있고, 그리고 그들의 교회에 속한 교리들 안에 있는 신념이나 신앙 안에 있는 자들은 숲이나, 나무들이나, 풀이 무성한 초지(草地)의 평지에 있는 바위들에서 삽니다. 이에 반하여 오직 믿음만의 교리에 있는 자들은 교리나 삶에 관해서, 그리고 그것으로 인하여 믿음에 속한 거짓들이나 삶에 속한 악들 안에 빠져 있는 자들은 거기에 있는 동굴들이나 움푹 파인 것들 안에 있는 바위들 안에서 삽니다.

[33] "바위"의 이와 같은 뜻은 이미 언급한 대응에서 비롯되었습니다. 그러나 아래의 장절들에서와 같이 "바위"의 뜻은 그것의 견고함(硬度)에서 비롯되었습니다. 예레미야서의 말씀입니다.

> 그들은 얼굴을 바윗돌보다도 더 굳게 하고,
> 주께로 돌아오기를 거절합니다(=그들은 그들의 얼굴들을 바위보다도 더 굳게 하여 돌아오기를 거부하였습니다)(예레미야 5 : 3).

에스겔서의 말씀입니다.

> 내가 네 이마를 바윗돌보다 더 굳게 하여, 금강석처럼 만들어 놓았다. 그들은 반항하는 족속이니, 너는 그들을 두려워하지 말고, 그들의 얼굴 앞에서 떨지도 말아라(에스겔 3：9).

욥기서의 말씀입니다.

> 내 말들이 철필과 납으로 바위에 영원히 새겨진다면!(=누가 있어 내가 한 말이 영원히 남도록 바위에 글을 새겨 주었으면!)(욥기 19：24).

이사야서의 말씀입니다.

> 달리는 말발굽은 부싯돌처럼 보인다.
> (이사야 5：28)

견고함(堅固・hardness)이 선에서 비롯된 진리에서 있는 바위의 대응으로 말미암아 "바위"(rock)에 의하여 표현되었습니다. 왜냐하면 선에서 비롯된 진리는, 위에서 언급한 것과 같이, 모든 능력(=힘・power)을 가지고 있기 때문입니다. 그러나 진리가 악에서 비롯된 거짓에 대항하여 활동할 때, 그 때 선은 예리(銳利)하지 못하고 무디게 됩니다. 그리고 그 때 남아 있는 진리는, 위에 인용한 에스겔서의 말씀 "내가 네 이마를 바윗돌보다 더 굳게 하여, 금강석처럼 만들어 놓았다"는 말씀처럼 매우 견고함으로 활동할 것입니다. 선이 없는 진리도 역시 단단합니다. 그러나 그것은 쉽게 깨지기 쉽습니다. 그러나 바윗

돌에 관해서 여기서 부가, 추가하여 언급된 것은 돌들의 뜻에 관하여 이후 언급될 것에 의하여 보다 충분하게 설명, 밝히기 위한 것입니다.

412[A]. 보좌에 앉으신 분의 얼굴과 어린 양의 진노에서 우리를 숨겨다오.

이 말씀은 그들이 주님에게서 발출하는 신령진리에 합일된 신령선의 입류(入流)에서 비롯된 매우 비참한 일들을 겪지 않게 한다는 것을 뜻합니다. 이러한 내용은 교회에 속한 선들이나 진리들이 그들 안에 있는 자들이 삶에 속한 악들이나 그것에서 비롯된 거짓들에 의하여 멸망할 때 그들이 하는 말은, 이것에 관해서는 곧 설명하겠지만, 그와 같은 매우 비참한 일들을 겪지 않게 한다는 것을 가리키는 "우리를 숨겨다오"(hide us)라는 말씀의 뜻에서 잘 알 수 있겠습니다. 그리고 또한 천계에서 신령진리에 관하여 주님을 가리키는 "보좌에 앉으신 분의 얼굴에서 숨겨다오"라는 말씀의 뜻에서 잘 알 수 있겠습니다. 주님과 관련해서 "그 얼굴"이 천계에서 신령선이 비롯된 근원을 가리키는 신령사랑을 뜻한다는 것은 곧 인용하게 될 성경말씀의 장절들에게서 잘 알 수 있겠습니다. "보좌에 앉으신 분"이 천계에서 신령사랑의 측면에서 주님을 뜻한다는 것은 앞에서 언급, 설명한 내용에서 잘 알 수 있겠습니다(본서 297 · 343항 참조). 그리고 또한 주님에게서 발출하는 신령진리의 입류에 의하여 지옥으로 내쫓기는 것을 가리키는 "어린 양의 진노"의 뜻에서도 잘 알 수 있겠습니다. "여호와의 진노"(the anger of Jehovah)나 주님의 진노(the anger of the Lord)가 이런 내용을 뜻한다는 것은 아래의 단락에서 인용하게 될 성경말씀의 여러 장절들에게서 잘 알게 되겠습니다. 더욱이 앞에서의 설명에서도 잘 알 수 있는데(본서 297 · 343항 참조), 거기에는 "보좌에 앉으신 분"이 오직 주님만을 뜻하고, "어린 양"이 뜻합니다. 신령선의 측면에서의 주님은 "보좌에 앉으신 분"이 뜻하고, 신령진리의 측면에서의 주님은 "어린 양"(the Lamb)이 뜻합니다. "어린 양의 진노" 라는 표현은 "보좌에 앉으신 분"이나 "어린 양"이 뜻하는 주님께서 진노하신다는 것을 뜻하지 않습니다. 왜냐하면 그분은 신령선 자체이시고, 진노할 수 없는 분이기 때문입니다. 왜냐하면 진노는 선 자체가 할 수 있는 것은 아무것도 가지고 있지 않기 때문입니다. 그러나 성경말씀의 문자적인 뜻에서 그와 같이 표현되었습니다. 여기서 필히 숙지(熟知)하여야 할 것은 여호와의 "얼굴"이나 주님의 "얼굴"은 신령사랑을 뜻하고, 천계나 교회에서는 그것에서 비롯된 신령선을 뜻한다는 것이고, 그리고 나쁜 뜻으로 "누구를 향하여 그분의 얼굴에 돌린다"는 것이나, "그분의 얼굴에서 숨긴다, 또는 감춘다"는 말은 "격노"(激怒 · wrath)나 "노염"(=노여움 · 성 · anger)이 같은 뜻과 비슷한 뜻을 가리킵니다. 역시 사람과 관련해서 "얼굴"은 양자의 뜻에서는 그의 마음이나 정동에 속한 내면적인 것들을 뜻합니다.

[2] 여호와, 또는 주님과 관련해서 "얼굴"(the face)이 신령사랑을 뜻하고, 그리고 그것에서 비롯된 신령선을 뜻한다는 것은 아래의 장절들에서 잘 알 수 있습니다. 시편서의 말씀입니다.

주의 얼굴을 주의 종에게로 돌리시고,
빛을 비추어 주십시오.
주의 한결같은 사랑으로
나를 구원하여 주십시오.
(시편 31 : 16)

"얼굴로 빛을 비추게 한다"는 것은 신령사랑에서 비롯된 신령진리로 가르치고, 계몽(啓蒙)한다(to enlighten)는 것을 뜻합니다. 이러한 뜻이 "얼굴로 빛을 비추게 한다"는 말씀이 뜻한다는 것인데, 그것은 마치 천사적인 천계에서 태양과 같으신 주님에게서 발출하는 신령진리는 거기에 있는 모두에게 빛을 주기 때문이고, 그리고 또한 천사들의 마음을 가르치고 계몽하기 때문이고, 그리고 지혜로서 그들을 채우기 때문입니다. 결과적으로 주님의 얼굴은 그 본연의 뜻으로는 천사적 천계(the angelic heaven)의 태양이십니다. 왜냐하면 주님께서는 내면적인 천계(the interior heaven)의 천사들에게는 태양과 같이 나타나시기 때문인데, 이런 일은 주님의 신령사랑 때문입니다. 왜냐하면 천계에서 목전(目前)에 나타날 때 사랑은 불처럼 보이지만, 그러나 신령사랑은 태양과 같이 보이기 때문입니다. 그 태양에서는 별(熱 · heat)과 빛(光 · light) 양자가 발출하는데, 그 별은 신령선을 가리키고, 그 빛은 신령진리를 가리킵니다. 이렇게 볼 때 우리의 본문인 "주의 얼굴을 주의 종에게 돌리시고, 빛을 비추어 주십시오" 라는 말씀이 신령선에서 비롯된 신령진리를 가지고 가르치고 계몽한다는 것을 뜻하는 것을 잘 알 수 있겠습니다. 그러므로 "주의 한결 같은 사랑(=주의 자비하심)으로 나를 구원하여 주십시오" 라는 말씀이 부연되었습니다. 여기서 "자비"(mercy)는 신령선에 속한 것입니다. 그러나 천사적인 천계의 태양이나, 그것에서 비롯된 별과 빛에 관해서는 ≪천계와 지옥≫의 태양에 관한 116-125항을 참조하시고, 그 태양에서 비롯된 별과 빛에 관해서는 같은 책 126-140항을 참조하십시오.

[3] 같은 책의 말씀입니다.

　　수많은 사람이 기도할 때마다
　　"주님, 우리에게 큰 복을 내려 주십시오.
　　주님, 주의 환한 얼굴을
　　우리에게 보여 주십시오" 하고 빕니다.
　　(시편 4 : 6)

또 같은 책의 말씀입니다.

　　축제의 함성을 외칠 줄 아는 백성은
　　복이 있는 사람입니다.
　　주님, 그런 사람들은
　　주의 빛나는 얼굴을 보면서
　　살아갈 것입니다.
　　(시편 89 : 15)

역시 같은 책의 말씀입니다.

　　하나님, 우리를 회복시켜 주십시오.
　　우리가 구원받도록
　　주님의 빛나는 얼굴을 보여 주십시오.
　　(시편 80 : 3, 7, 19)

또 같은 책의 말씀입니다.

　　하나님, 우리에게 은혜를 베풀어 주시고,
　　우리에게 복을 내려 주십시오.

6장 9-17절

> 주님의 얼굴을 환하게
> 우리에게 비추어 주십시오.
> (시편 67 : 1)

여호와의 "얼굴의 빛"이나 주님의 "얼굴의 빛"은, 위에서 언급한 것과 같이, 신령사랑에서 비롯된 신령진리를 뜻하고, 그리고 그것에서 비롯된 총명과 지혜(intelligence and wisdom)를 뜻합니다. 왜냐하면 천사들이나 사람들 양자는 그들의 총명이나 지혜를 신령진리로 말미암아, 또는 천계에 있는 신령 빛에서 취하기 때문입니다. 그러므로 앞서의 장절들에서 "주의 얼굴을 우리에게 보여 주십시오" "주님의 빛나는 얼굴을 보여 주십시오" "주님의 얼굴을 환하게 우리에게 비추어 주십시오"라는 말씀은 신령진리로 가르치고, 계몽하는 것을 뜻하고, 총명과 지혜를 내려 주시는 것을 뜻합니다.

[4] 민수기서의 이스라엘 자손의 축복의 말씀에서의 얼굴은 같은 뜻을 가리킵니다. 민수기서의 말씀입니다.

> 주께서 너에게 복을 주시고,
> 너를 지켜 주시며,
> 주께서 너를 밝은 얼굴로 대하시고,
> 너에게 은혜를 베푸시며,
> 주께서 너를 고이 보시어서,
> 너에게 평화를 주시기를 빈다.
> (민수기 6 : 24-26)

이 말씀에서 "주께서 그의 얼굴을 네게 비추시고, 네게 은혜로우시기를 원한다"는 말씀은 신령진리로 가르치고 계몽하는 것을 뜻하고, 그리고 총명과 지혜를 주신다는 것을 뜻하고, "주께서 그의 얼굴을 네게 드시고 네게 평화를 주시기를 원한다"는 말씀은 신령선으로 채우고, 사랑을 베푸시는 것을 뜻합니다. 양자는 사람을 지혜롭게 하는데 필수적입니다. 왜냐하면 영계에 있는 자는 모두 태양이신 주님에게서 비롯되는 빛(光)에 의하여 가르침을 받고 계몽되어야 하기 때문입니다. 그럼에도 불구하고 이들은 동시에 사랑 가운데 총명스럽고, 지혜롭게 되어야 하기 때문입니다. 그 이유는 사랑에 속한 선이 진리를 영접, 수용한 것이기 때문입니다. 왜냐하면 그들이 서로서로 동의하고, 사랑하기 때문에, 그들은 결합하기 때문입니다. 그러므로 사랑을 가진 자들만이 천계에서 그 태양을 보고, 나머지 자들은 오직 빛만을 봅니다. 얼굴에 빛을 비추게 한다고 언급하면서 "은혜롭게 한다"는 것은 성경말씀에서는 진리에 관해서 서술하고, 얼굴을 든다고 언급한 "평화"(=화평)는 선에 관해서 서술합니다.

412[B]. [5] 천계에서 주님의 신령사랑이 마치 태양처럼 보이기 때문에, 그리고 거기에 있는 빛이 그것으로 말미암아 존재하기 때문에 이렇게 언급되었습니다. 마태복음서의 말씀입니다.

> 그런데 그들(=베드로 · 야고보 · 요한)이 보는 앞에서 그의 모습이 변하였다. 그의 얼굴은 해와 같이 빛나고, 옷은 빛과 같이 희게 되었다(마태 17 : 2).

그리고 또한 요한이 그분을 보았을 때, 묵시록의 말씀입니다.

> 얼굴은 해가 세차게 비치는 것과 같았습니다(묵시록 1 : 16).

"빛과 같이 희게 된 옷"은 신령진리를 뜻합니다. 왜냐하면 성경말씀에서 "옷"(garments)은 진리를 뜻하기 때문이고, 그리고 이와 같이 뜻하는 것은 모든 천사들은 주님에 의하여 수용한 그들의 신령진리에 일치하여 옷 입혀지기 때문입니다. 그리고 그들의 옷들은 천계의 빛으로 말미암아 더욱더 밝게 빛나고, 그것으로 말미암아 찬란하게 빛납니다. 천계의 빛은, 위에서 언급한 것과 같이, 신령진리입니다. 이러한 내용이나 사실은 그분께서 변화하셨을 때 주님의 옷이 "빛과 같이 희게 되었다"는 이유를 명확하게 합니다. 이런 것에 관해서는 ≪천계와 지옥≫ 177-182항과 본서 64 · 195 · 271 · 395항에서 더 충분한 것을 볼 수 있겠습니다.

[6] 마태복음서의 말씀입니다.

> (예수께서 제자들 가운데 어린 아이 하나를 세우시고 말씀하셨다.) "너희는 이 작은 사람들 가운데서 하나라도 업신여기지 않도록 조심하여라. 내가 너희에게 말한다. 하늘에서 그들의 천사들이 하늘에 계신 내 아버지의 얼굴을 늘 보고 있다(마태 18 : 10).

"그들의 천사들을 조심하여라" 라고 언급하였는데, 그 이유는 모든 사람에게 영들이나 천사들이 있고, 그리고 그 영들이나 천사들은 그 사람과 함께 하는 그런 존재이기 때문입니다. 유아기의 어린 아이들에게는 극내적인 천계에서 온 천사들이 있는데, 이들은 주님을 태양으로 보고 있습니다. 왜냐하면 그들은 주님사랑 가운데 있기 때문이고, 그리고 이노센스 상태에서 보기 때문입니다. 이러한 내용이 우리의 본문 "그들의 천사들은 하늘에 계신 내 아버지의 얼굴을 늘 보고 있다"는 말씀이 가장 가까운 뜻으로 뜻합니다. 여기서 "아버지의 얼굴"은 주님 안에 있는 신령사랑을 뜻하기 때문인데, 결과적으로는 여호와께서는 본질적으로 신령하시기 때문입니다. 왜냐하면 아버지(the Father · 聖父)께서는 그분 안에 계시고, 그리고 그분께서는 아버지(聖父) 안에 계시고, 그리고 그것을 그분 자신이 가르치셨습니다. 그러나 순결한 영적인 뜻으로 이와 같은 동일한 낱말들은 주님께서는 그분의 신령선에 관해서는 이노센스의 선(the good of innocence) 안에 계신다는 것을 뜻합니다. 왜냐하면 영적인 뜻으로 "젖먹이 어린 아이"(=유아기 어린 것 · infant child)가 이런 내용을 뜻하기 때문이고, 그리고 "아버지의 얼굴"(the face of the Father)은 주님의 신령선을 뜻하기 때문입니다. "주님의 종들"(the servant of the Lord)에 관해서 언급하면, 주님의 종들은 신령진리들 안에 있는 자들을 뜻하는데, 그 이유는 그들이 사랑에 속한 선이나, 인애 안에 있기 때문입니다. 묵시록서에서도 동일하게 언급되었습니다. 그 책의 말씀입니다.

> 하나님과 어린 양의 보좌가 도시(=새 예루살렘) 안에 있고, 그분의 종들이 그분을 예배하며, 하나님의 얼굴을 뵐 것입니다(묵시록 22 : 3, 4).

이 말씀에 관한 것은 아래의 설명을 참조하십시오.
[7] 이사야서의 말씀입니다.

> 주께서는, 그들이 고난을 받을 때에
> 사자나 천사를 보내셔서
> 그들을 구하게 하시지 않고,

> 주께서 친히 사랑과 긍휼로
> 그들을 구하여 주시고,
> 옛적 오랜 세월 동안
> 그들을 치켜들고 안아 주셨습니다.
> (이사야 63 : 9)

이 장절은 주님에 관해서 다루고 있는데, 그분께서는 그분의 신령사랑에서 비롯된 신령진리로 말미암아 여호와의 "얼굴의 천사"(=그의 면전에 있는 천사 · the angel of faces of Jehovah)라고 불리웠습니다. 왜냐하면 성경말씀에서 "천사"는 신령진리를 뜻하기 때문인데, 이것은 곧 천사들이 "하나님들"(=신들 · gods)이라고 불리운 이유입니다(본서 130 · 200 · 302항 참조). 그리고 "주의 얼굴"(=여호와의 얼굴 · the faces Jehovah)은 주님 안에 존재하는 신령사랑을 뜻하고, 그러므로 "주께서는 친히 사랑과 긍휼(=자비)로 그들을 구하여 주셨고(=구속하셨다), 옛적 오랜 세월 동안 그들을 치켜들고 안아 주셨습니다"라고 언급되었습니다. 이러한 모든 사실은 신령사랑에 속한 것입니다. 그분의 인성의 측면에서 주님은 신령진리이시고, 그리고 이것으로 말미암아 그분께서는 지옥과 싸우셨고, 그리고 그것에 의하여 지옥을 정복하셨습니다. 이런 이유 때문에 그분께서는, 다시 말하면 그분의 신령인성(=신령인간)에 관하여 "천사"(=사자)라고 불리셨습니다. 우리의 본문장(=이사야 63장)은 확실히 주님에 관해서 다루고 있고, 그리고 주님의 지옥과의 싸움들과 그것의 정복에 관해서 다루고 있습니다.

[8] 시편서의 말씀입니다.

> 주님은 그들을

주님 앞 그윽한 곳에 숨기시어
헐뜯는 무리에게서 그들을 지켜 주시고,
그들을 안전한 곳에 감추시어
말다툼하는 자들에게서 건져 주셨습니다.
(시편 31 : 20)

"주님 앞, 그윽한 곳(=주의 면전의 은밀한 곳)에 그들을 숨기신 다"는 말씀은 다른 자들 앞에 나타나 보이지 않는 신령선 안에 있다는 것을 뜻합니다. "안전한 곳에 감춘다"(=장막의 은밀하게 감춘다)는 것은 신령진리 안에 있다는 것을 뜻하고, "사람의 의기양양"(=헐뜯는 무리 · the elations of man)이나 "말다툼하는 자"(=말다툼 · 언쟁 · the strife of tongue)는 거짓에 속한 악들이나 악에 속한 거짓들을 뜻합니다. 왜냐하면 "의기양양"(意氣揚揚 · 헐뜯는다 · elations)은 그것들이 자기사랑에 속한 것이기 때문에, 악들에 관해서 서술하기 때문입니다. 그리고 "사람"은 진리나 거짓을 뜻하고, "말다툼"(=언쟁)은 악에 속한 거짓을 뜻합니다. 거짓에 속한 악이나 악에 속한 거짓이 무엇인지는 《새 예루살렘의 교리》 21항을 참조하십시오.
[9] 같은 책의 말씀입니다.

주께서 우리 죄를
주님 앞에 내놓으시니,
우리의 숨은 죄가 주님 앞에
환히 드러납니다.
(시편 90 : 8)

"주님의 얼굴빛"(=주님 앞에 · the light of Thy faces)은 거기에서 태양이신 주님에게서 비롯된 천계의 빛을 뜻합니다. 이 빛이 신령진리 자체이기 때문에, 모든 총명이나 지혜 따위는 그 것에서 비롯되고, 이 빛에 들어온 것은 무엇이나 쾌청한 날에 드러나는 것과 같이 그것의 성질이 명료하게 드러납니다. 이 런 이유 때문에 악이 이 빛에 들어오게 되면, 그것들은 마치 그것들과 꼭같이, 그들에게 감추어진 악들에 일치하여 기형(畸 形)적인 것이나, 괴물적인 것으로 보입니다. 이러한 사실은 "우리의 숨은 죄가 주님 앞에 환히 드러납니다"는 말씀이 뜻 하는 것이 무엇인지 명료하게 합니다.
[10] 예레미야서의 말씀입니다.

> 너는 북쪽으로 가서, 이 모든 말을 선포하여라. "배신한 이스라 엘아, 돌아오너라! …… 내가 다시는 노한 얼굴로 너를 대하지 않겠다. 나는 자비로운 하나님이다. …… 내가 노를 영원히 품 지는 않겠다(예레미야 3 : 12).

여기서도 역시 "나의 얼굴"(My face)은 신령사랑을 뜻하고, 그 리고 사랑에 속한 모든 선을 뜻합니다. 그리고 "얼굴을 떨구 지 않겠다"(=노한 얼굴로 너를 대하지 않겠다)는 말씀은 얼굴을 못마땅하게 찌푸리지 않는다, 또는 멸망하지 않는다는 것을 뜻 합니다. 왜냐하면 얼굴 모습이 침울 해질 때 그것은 관찰, 응 시하는 것을 멈추는 것인데, 그러한 것은 "나는 다시는 노한 얼굴로 너를 대하지 않겠다"(=내가 나의 분노를 너희에게 내리지 않겠다)는 말씀이 밝히 뜻하는 것인데, 그러므로 "나는 자비로 운 하나님이다"라고 언급되었는데, 그 말씀은 비참한 사람을 향한 신령사랑을 가리키는 자비를 뜻합니다. "북쪽을 향해 선 포하여라"는 말씀은 거짓들 안에 있고, 그리고 그것에서 비롯 된 거짓들 안에 있는 자들을 향한다는 것을 뜻합니다. 그러므로 "배신한 이스라엘아, 돌아오너라" 라는 말씀이 언급되었습니다. 여기서 "북쪽"(the north)은 이런 내용을 뜻하는데, 거짓들 안에 있고, 그것에서 비롯된 악들 안에 있는 자들은 영계에서 북녘(=북쪽 영역)에 살고 있기 때문입니다. 거짓들이나 그것에서 비롯된 악들에 관해서는 ≪새 예루살렘의 교리≫ 21항을 참조하십시오. 성막(聖幕)에서 진설대 위에 놓인 빵은 "거룩한 빵"(陳設餠 · the bread of faces)이라고 불리웠고, 식탁 자체는 "진설대"(the table of faces)라고 불리웠습니다(출애굽 25 : 30 ; 민수기 4 : 7). 거기에서 "그 빵"은 "여호와의 얼굴"(the faces of Jehovah)과 꼭같이 신령사랑에 속한 신령선을 뜻하기 때문입니다(≪새 예루살렘의 교리≫ 212 · 213 · 218항 참조).

412[C]. [11] "여호와의 얼굴"이나 또는 주님의 얼굴이 주님의 신령사랑에서 발출한 신령진리에 합일(合一)한 신령선을 뜻하기 때문에, 그러므로 "여호와의 얼굴"은 교회에 속한 내견적인 것들이나, 성언이나, 예배에 속한 내면적인 것들을 뜻합니다. 왜냐하면 신령선은 이런 것들의 내면적인 것 안에 있기 때문입니다. 교회 · 성언 · 예배에 속한 외면적인 것들은 오직 그것에서 비롯된 결과들(effects)이나 일들(works)일 뿐입니다. 교회 · 성언 · 예배에 속한 내면적인 것들은 성경말씀에서 "본다"(seeing) · "찾는다"(seeking) · "여호와의 얼굴을 간청한다"(=주의 은혜를 구한다) 등등의 말씀이 뜻합니다. 이사야서의 말씀입니다.

> 무엇하러 나에게
> 이 많은 제물을 바치느냐?
> 나는 이제 숫양의 번제물과

살찐 짐승의 기름기가 지겹고,
나는 이제 수송아지와
어린 양과 숫염소의 피가 싫다.
너희가 나의 앞에 보이러 오지만(come to see the faces of Jehovah)……
나의 뜰만 밟을 뿐이다!
(이사야 1 : 11, 12)

스가랴서의 말씀입니다.

한 성읍의 주민이
다른 성읍의 주민에게 가서
'어서 가서 만군의 주께 기도하고,
주의 은혜를 구하자' 하면
다른 성읍의 주민들도 저마다
'나도 하겠다' 할 것이다.
수많은 민족과 강대국이,
나 만군의 주께서 기도하여
주의 은혜를 구하려고
예루살렘으로 올 것이다.
(스가랴 8 : 21, 22)

시편서의 말씀입니다.

주께서 말씀하시기를 "너희는 내 얼굴을 찾으라" 하셨을 때에 내 마음이 주께 말씀드리기를 "주여, 내가 주의 얼굴을 찾으리이다" 하였나이다(시편 27 : 8).

같은 책의 말씀입니다.

우리를 구원하시는 반석을 보고,
소리 높여 외치자.
찬송을 부르며 그의 앞으로 나아가서,
노래 가락에 맞추어,
그분께 즐겁게 소리 높여 외치자.
(시편 95 : 1, 2)

말라기서의 말씀입니다.

제사장들아,
이제 너희가 하나님께
'우리에게 베풀어 주십시오'
하고 간구하여 보아라.
(말라기 1 : 9)

시편서의 말씀입니다.

내 영혼이
하나님, 곧 생명의 하나님을 갈망하니,
언제 내가 나아가서
하나님을 뵈올 수 있을까? ……
너는 하나님을 기다려라.
이제 내가,
나의 구원자, 나의 하나님을,
또다시 찬양하련다.
(시편 42 : 2, 5)

이런 장절들에서 "여호와(=주)의 얼굴"·"하나님의 얼굴" 또는 "주님의 얼굴"은 교회의 내면적인 것들이나 성언이나 예배의 내면적인 것들을 뜻합니다. 그 이유는 신령선이나 신령진리, 따라서 주님 당신은 이런 내면적인 것들 안에 있기 때문이고, 그리고 그것들에게서 비롯된 외적인 것들 안에 있기 때문입니다. 그러나 다시 말하면 이런 것들에게서 멀리 떨어진 교회·성언·예배에 속한 외적인 것들 안에는 있지 않습니다.
[12] 예루살렘으로 예배에 속한 것들을 가지고 잔치(=축제일)에 가는 자들의 의무이기 때문에, 그리고 모든 예배는 마음에 속하고, 믿음에 속한 내면적인 것들에게서 비롯되기 때문에, 그리고 이런 내면적인 것들은 주님에게 드리는 예물이 뜻하기 때문에, 그러므로 어느 누구나 반드시 주님에게 예물 드리는 것이 엄명되었습니다. 그것은 이런 말씀들이 뜻합니다. 출애굽기서의 말씀입니다.

> 너희는 무교절을 지켜야 한다. …… 너희는 빈손으로 내 앞에 나와서는 안 된다(출애굽기 23 : 15).

교회·성언·예배에 속한 내면적인 것들은 모세의 글에서 이런 말씀들이 뜻합니다. 출애굽기서의 말씀입니다.

> 주께서 대답하셨다. "내가 친히 너와 함께 가겠다. 그리하여 네가 안전하게 하겠다." 모세가 주께 아뢰었다. "주께서 친히 우리와 함께 가지 않으시려면 우리를 이 곳에서 떠나 올려 보내지 마십시오"(출애굽 33 : 14, 15).

이 장절은 모세에게 한 말씀인데, 그 이유는 그 민족에게는 기술된 성언을 가지고 있고, 그리고 또한 성경말씀의 역사서들에는 그 민족이 다루어졌기 때문입니다. 왜냐하면 그 민족에게는 내적인 것들에 대응하는 외적인 것들로 이루어진 표징적 교회를 제정하는 교회가 있었기 때문입니다. 이런 이유 때문에 "나의 얼굴이 갈 것이다"(=내가 친히 너와 함께 가겠다)고 언급되었습니다. 이것에 관한 자세한 내용은 그것에 관해 설명된 A.C. 10567 · 10568항을 참조하십시오.

[13] 그러나 그 민족이 오직 성언 · 교회 · 예배에 속한 외적인 것 안에만 있을 뿐, 내적인 것 안에는 있지 않았기 때문에, 그러므로 모세에게는 주님의 얼굴을 뵙는 것이 허락되지 않았고, 다만 출애굽기서이 말씀에 따라서 주님의 등만 보는 것이 허락되었습니다. 출애굽기서의 말씀입니다.

> 그 때에 모세가 "저에게 주의 영광을 보여 주십시오" 하고 간청하였다. 주께서 대답하셨다. "내가 나의 모든 영광을 네 앞으로 지나가게 하고, 나의 거룩한 이름을 선포할 것이다. 나는 주다. 은혜를 베풀고 싶은 사람에게 은혜를 베풀고, 불쌍히 여기고 싶은 사람을 불쌍히 여긴다." 주께서 다시 말씀하셨다. "그러나 내가 너에게 나의 얼굴을 보이지 않겠다. 나를 본 사람은 아무도 살 수 없기 때문이다." 주께서 말씀을 계속하셨다. "너는 나의 옆에 있는 한 곳, 그 바위에 서 있어라. 나의 영광이 지나갈 때에, 내가 너를 바위 틈에 집어 넣고, 내가 다 지나갈 때까지 너를 나의 손바닥으로 가리워 주겠다. 그 뒤에 내가 나의 손바닥을 거두리니, 네가 나의 등을 보게 될 것이다. 그러나 나의 얼굴을 볼 수 없을 것이다"(출애굽 33 : 18-23).

여기서 모세는 그 민족을 표징하고, 그 민족의 성품은 성언의 이해에 관한 것이고, 그리고 거기에서 비롯된 교회와 예배에 관한 것입니다. 다시 말하면 그것은 내적인 것이 결여(缺如)된 외적인 것들 안에 있습니다. 이런 것들은 모세에게 보여진 "여호와의 등"(=가리운 부분 · the hinder parts)이 표징하고, 표의하는 것들입니다. 그리고 "앞부분"이나 얼굴은 내적인 것들을 표징, 표의합니다. 성언 · 교회 · 예배에 속한 외적인 것 안에 있는 내적인 것들을 그 민족은 볼 수 없고, 보여주지 않았다는 것은 모세를 바위 틈에 집어 넣고, 그분께서 지나갈 때까지 여호와의 손바닥으로 가리운다는 것이 표징하고 표의합니다. 이러한 내용은 A.C. 10573-10584항에 충분하게 설명된 것을 참조하십시오.

412[D]. [14] 더욱이 "여호와의 얼굴"(the faces of Jehovah)이나 주님의 얼굴은 성언 · 교회 · 예배의 내적인 것들을 뜻하기 때문에, 그것들은 특히 내적인 것들이 그것들 안에 있는 외적인 것들을 뜻합니다. 내적인 것들은 자신들을 외적인 것들 안에서 볼 수 있도록 하기 때문에, 이러한 것은 마치 사람의 내적인 것들이 그의 얼굴이나, 생김새들(features)에서 볼 수 있게 하는 것과 같습니다. 그러나 유대 민족은 오직 외적인 것들만을 중시하고, 내적인 것은 전혀 중시하지 않는 그런 민족입니다. 그리고 그들은 외적인 것들은 주시하지만, 동시에 내적인 것은 중시하지 않고, 또한 내적인 것이 결여된 외적인 것들을 중시, 중요하게 여기는 그런 부류의 민족인데, 그것은 마치 생명이 없는 사람의 겉모습만을 주시하는 것과 같습니다. 그러나 외적인 것들을 주시하고, 동시에 내적인 것들을 주시하는 것, 또는 내적인 것에서 비롯된 외적인 것들을 주시한다는 것은 살아 있는 사람을 주시하는 것과 같습니다. 그러므로 이러한 내용은 위에서 인용된 장절들에서 "여호와의 얼굴을 본

다"·"여호와의 얼굴을 간절히 원한다"는 말의 본연의 뜻입니다.
[15] 성언·교회·예배에 속한 내적인 것들은 외적인 것들 안에 드러나기 때문에, 또한 자기 자신들을 외적인 것들 안에서 모습을 드러내기 때문에, 상대적으로 비교해서 말하면 사람에 속한 내적인 것들은 그의 얼굴에서 드러나기 때문에, 속뜻으로 아래의 장절에서 "여호와를 본다"(=만난다), 주님께서 "서로 상면한다"(face to face)는 말씀이 뜻하는 것이 무엇인지 잘 알 수 있겠습니다. 창세기서의 말씀입니다.

> 야곱은 "내가 하나님의 얼굴을 직접 뵈옵고도, 목숨이 이렇게 붙어 있구나" 하면서 그 곳 이름을 브니엘이라고 하였다(창세기 32:30).

야곱은 이 말을 그가 하나님과 씨름을 한 뒤에 하였는데, 그 때 하나님은 그에게 천사처럼 나타났습니다. 사사기서의 말씀입니다.

> 기드온은 그가 주의 천사라는 것을 알고, 떨면서 말하였다. "주 하나님, 내가 주의 천사를 대면하여 뵈었습니다." 그러자 주께서 그에게 말씀하셨다. "안심하여라. 두려워하지 말아라. 너는 죽지 않는다"(사사기 6:22, 23).
> 마노아와 그의 아내에게 주의 천사가 나타나셨다(사사기 13:21-23)

이스라엘 백성에 관한 것입니다.

주께서는 그 산 불 가운데서, 너희와 함께 서로 얼굴을 마주 보고 말씀하셨다(신명기 5 : 4).

그것에 대한 더 상세하게 언급된 말씀입니다.

보십시오. 주 우리의 하나님은 그의 영광과 위엄을 우리에게 보여 주시고, 우리는 불 가운데서 들려 오는 하나님의 음성을 들었습니다. 그리고 하나님이 사람과 말씀하셨는데도 그 사람이 여전히 살아 있음을, 오늘 우리는 보았습니다(신명기 5 : 24).

모세에 관한 것입니다.

주께서는, 마치 사람이 자기 친구에게 말하듯이, 모세와 얼굴을 마주하고 말씀하셨다(출애굽 33 : 11 ; 신명기 34 : 10).

[16] 그러나 반드시 주지하여야 할 것은 어떤 사람도 어느 천사도 주님의 얼굴을 볼 수 없다는 것입니다. 그 이유는 그것이 신령사랑을 가리키고, 그리고 어느 누구도 본질적으로 그런 것은 신령사랑을 유지할 수 없기 때문입니다. 왜냐하면 주님의 얼굴을 본다는 것은 눈을 태양의 불꽃 속에 넣는 것과 같기 때문입니다. 그렇게 한다면 그것은 즉시 소멸될 것입니다. 이런 것은 본질적으로 주님의 신령사랑은 이렇게 관찰되는 그런 것입니다. 그러므로 내면적인 천계에 있는 자들에게는 주님께서는 태양처럼 보이고, 그리고 그 태양은 수많은 빛나는 고리들(=後光 · 環 · circles)에 의해 에워싸고 있습니다. 그것은 신령사랑이 조절된 천계에 있는 천사들에게 발출하기 위하여 하나에 하나씩 잇따라 봉해진 것들입니다. 따라서 천사들

은 그것을 유지할 수 있습니다. 그러므로 주님은 보다 높은 천계의 천사들에게는 오로지 태양처럼 나타나시고, 한편 낮은 천계의 천사들에게 주님은 단순한 빛으로 나타나시고, 나머지 천사들에게는 달처럼 나타나십니다. 그럼에도 불구하고 천계의 천사들에 주님은 천사적인 형체의 모습으로 나타납니다. 왜냐하면 주님께서는 주님의 모습(His aspect)으로 천사를 채우시기 때문입니다. 그리고 따라서 주님의 현존에서 멀리 떨어진 모습으로 채우시기 때문입니다. 주님께서는 이런 일을 다종다양한 장소에서 행하십니다. 그러나 주님께서는 어디에서나 당신을 나타내는 자들에게 있는 사랑에 속한 선이나 믿음에 속한 선(=인애)에 맞게 조절된 상태로 나타나십니다. 이와 같이 주님께서는 기드온에게, 마노아 그의 아내에게 맞는 상태에서 보이셨고, 또한 모세나 이스라엘 백성에게 맞는 상태에서 보이셨습니다. 그러므로 "주께서 얼굴을 마주하고 보셨다"는 말씀이나 "여호와를 보고서 죽지 않았다"는 말씀이 뜻하는 것이 바로 이런 것을 뜻합니다. 주님의 얼굴 자체는 보이지 않습니다. 왜냐하면 모세에게 이렇게 일러졌습니다. 출애굽기서의 말씀입니다.

> 주께서 다시 말하셨다. "그러나 내가 너에게 나의 얼굴은 보이지 않겠다. 나를 본 사람은 아무도 살 수 없기 때문이다"(출애굽 33 : 20).

그럼에도 불구하고 "그들은 얼굴을 마주하고 말씀하셨다"고 언급하였는데, 그것은 위에 인용한 장절들에서 "여호와의 얼굴을 보았다"는 것이 주님께서 성언·교회·예배의 내면적인 것들 안에 계시는 그분을 본다는 것을 뜻한다는 것은 아주 명확합니다. 그럼에도 불구하고 그것은 내적인 것에서 비롯된 외적인 것 안에 계신 그분을 보는 것입니다. 유대 민족이 내적인 것에서 멀리 떨어진 성언・교회・예배에 속한 외적인 것 안에 있었다는 것은 ≪새 예루살렘의 교리≫ 248항에서 잘 볼 수 있고, 그리고 내적인 것에서 멀리 떨어진 외적인 것이 무엇인지, 그리고 내적인 그것 안에 있는 외적인 것이 무엇인지는 본서 47항에서 볼 수 있습니다.
[17] 유대 민족이 이런 부류라는 것은 복음서의 장절들이 표징, 뜻하고 있습니다. 복음서의 말씀입니다.

> 그 때에 그들은 그의 얼굴에 침을 뱉고, 그를 주먹으로 치고, 또 더러는 손바닥으로 때리기도 하였다(마태 26 : 67 ; 마가 14 : 65 ; 누가 22 : 64).

왜냐하면 주님의 고난(the Lord's passion)에 관해서 성경말씀에 언급된 모든 것들은 일반적으로는 천계의 비의(秘義)나 교회의 비의를 표징하고, 표의하고, 개별적으로는 성언・교회・예배에 대한 유대 사람의 성품을 표징, 표의하기 때문입니다. 이것이 사실이라는 것은 본서 64・83・195[C]항을 참조하십시오.

412[E]. [18] 우리는 "여호와의 얼굴" 또는 주님의 얼굴이 뜻하는 것이 무엇인지는 더 자세하게 설명된 것에서 잘 알 수 있겠습니다. 다시 말하면 그분의 얼굴은 신령사랑을 뜻하고, 그리고 천계에서는 모든 선을 뜻하고, 그리고 교회에서는 그것에서 비롯된 선을 뜻한다는 것입니다. 이렇게 볼 때 "얼굴을 숨긴다" 또는 "얼굴을 감춘다"는 말씀이 여호와 즉 주님과 관련해서 무엇을 뜻하는지 잘 알 수 있겠습니다. 다시 말하면

그것은 사람을 사람의 고유속성(=자아)에 둔다, 또는 방치(放置)한다는 것을 잘 알 수 있겠습니다. 따라서 그것은 사람의 고유속성(=자아 · *proprium*)에서 비롯된 온갖 악들이나 거짓들 안에 사람을 버려둔다는 것을 뜻한다는 것을 잘 알 수 있겠습니다. 왜냐하면 사람은 자기 자신 안에서 악 이외에는, 아무 것도 보지 못하고, 그리고 그것에서 비롯된 거짓 이외에는 관찰하지 못하기 때문입니다. 그리고 사람이 선 안에 있기 위해서는 사람은 주님에 의하여 그런 것들에게서 억제(抑制)되어야 하는데, 그와 같은 일은 자신의 고유속성(=자아)에 속한 것에서 높이 승화(昇華), 고양(高揚)되는 것에 의하여 이루어집니다. 이렇게 볼 때 "얼굴을 숨긴다, 감춘다"는 말이 주님과 관련해서는 온갖 악들이나 거짓들 안에 방치하고, 내버려 둔다는 것을 뜻한다는 것을 아래의 여러 장절들에서와 같이 잘 알 수 있겠습니다. 예레미야서의 말씀입니다.

> 나는 그들의 모든 죄악 때문에 이 도성을 외면하였다(=나의 얼굴을 감추었다)(예레미야 33 : 5).

이사야서의 말씀입니다.

> 오직, 너희의 죄악이
> 너희와 너희의 하나님 사이를 갈라놓았고,
> 너희의 죄 때문에,
> 주께서 너희에게서 얼굴을 돌리셔서,
> 너희의 말을 듣지 않으실 뿐이다.
> (이사야 59 : 2)

에스겔서의 말씀입니다.

> 내가 간섭하지 않을 것이니,
> 외국 사람들이
> 나의 은밀한 성소(=보물창고)를 더럽히고,
> 도둑들이 그 곳에 들어가서 약탈할 것이다.
> (에스겔 7 : 22)

같은 책의 말씀입니다.

> 그 때에야 비로소 여러 민족은, 이스라엘 족속도 죄를 지었기 때문에 포로로 끌려갔다는 것을 알게 될 것이다. 그들이 나를 배반하였기 때문에 내가 그들을 모른 체 하고, 그들을 원수의 손에 넘겨주어 모든 칼에 쓰러지게 했다는 것을 알게 될 것이다(에스겔 39 : 23).

애가서의 말씀입니다.

> 주께서 진노하셔서(=여호와의 얼굴이),
> 그들을 흩으시고 돌보아 주지 않으신다.
> (애가 4 : 16)

미가서의 말씀입니다.

> 살려 달라고 주께 부르짖을 날이
> 그들에게 온다.
> 그러나 주께서 그들의 호소를
> 들은 체도 하지 않으실 것이다.

그들이 그렇듯 악을 저질렀으니
주께서 그들의 기도를
들어주지 않으실 것이다.
(미가 3 : 4)

시편서의 말씀입니다.

아, 태산보다 더 든든하게
은총으로 나를 지켜 주시던 주께서
나를 외면하시자마자
나는 그만
두려움에 사로잡히고 말았습니다.
(시편 30 : 7)

같은 책의 말씀입니다.

어찌하여 얼굴을 돌리십니까?
우리가 고난과 억압을 당하고 있음을,
어찌하여 잊으십니까?
(시편 44 : 24)

역시 같은 책의 말씀입니다.

주께서 얼굴을 숨기시면
그들은 떨면서 두려워하고
주께서 호흡을 거두어들이시면
그들은 죽어서 본래의 흙으로 돌아갑니다.
(시편 104 : 29)

신명기서의 말씀입니다.

그 날에 내가 그들에게 격렬하게 진노하여 그들을 버리고, 내 얼굴을 그들에게서 숨길 것이다. 그래서 그들은, 온갖 재앙과 고통이 덮치는 날 이렇게 말할 것이다. '우리 하나님이 우리 가운데 계시지 않기 때문에 이런 재앙이 덮치고 있다' 하고 탄식할 것이다. 그들이 돌아서서, 다른 신을 섬기는 온갖 악한 짓을 할 것이니, 그 날에 내가 틀림없이 내 얼굴을 그들에게서 숨기겠다(신명기 31 : 17, 18).

같은 책의 말씀입니다.

그들에게 나의 얼굴을 숨기겠다.
그들이 마침내는 어떻게 되는지
두고 보겠다.
그들은 타락한 세대,
진실이라고는 털끝만큼도 없는 자들이다.
(신명기 32 : 20)

이사야서의 말씀입니다.

주께서 비록 야곱의 집에서 얼굴을 돌리셔도, 나는 주님을 기다리겠다. 나는 주님을 의지하겠다(이사야 8 : 17).

시편서의 말씀입니다.

주님, 언제까지 나를 잊으시렵니까?

영원히 잊으시렵니까?
언제까지 나를 외면하시렵니까?
(시편 13 : 1)

같은 책의 말씀입니다.

주의 얼굴을 숨기지 말아 주십시오.
주의 종에게 노하지 마십시오.
나를 물리치지 말아 주십시오.
나를 버리지 마시고,
포기하지 말아 주십시오.
(시편 27 : 9)

역시 같은 책의 말씀입니다.

주의 종에게
주의 얼굴을 가리지 말아 주십시오.
나에게 큰 고통이 있으니,
어서 내게 응답해 주십시오.
(시편 69 : 17)

역시 같은 책의 말씀입니다.

주님, 어찌하여 주님은 나를 거절하시고,
주의 얼굴을 감추십니까?
(시편 88 : 14)

또 같은 책의 말씀입니다.

> 내가 고난을 받을 때에
> 주님의 얼굴을 숨기지 마십시오.
> 내게 귀를 기울여 주십시오.
> 내가 부르짖을 때에
> 속히 응답하여 주십시오.
> (시편 102 : 2)

또 같은 책의 말씀입니다.

> 주의 얼굴을 나에게 숨기지 말아 주십시오.
> 내가 무덤으로 내려가는 자들처럼 될까
> 두렵습니다.
> (시편 143 : 7)

에스겔서의 말씀입니다.

> 그 때에야 비로소 뭇 민족이 나 주 이스라엘 하나님이 이스라엘을 여러 민족에게 포로가 되어 잡혀 가게 하였으나, 그들을 고국 땅으로 다시 모으고, 그들 가운데서 한 사람도 다른 나라에 남아 있지 않게 한 줄을 알 것이다. 내가 이스라엘 족속에게 내 영을 부어 주었으니, 내가 그들을 다시는 외면하지 않겠다(에스겔 39 : 28, 29).

시편서의 말씀입니다.

> 주님께서는 고통받는 사람의 고통을
> 가볍게 여기지 않으신다.

고통받는 사람을 외면하지도 않으신다.
부르짖는 사람에게는
언제나 응답하여 주신다.
(시편 22 : 24)

[19] 이 장절들에서 언급된 것은 여호와 즉, 주님께서는 죄악들이나 죄들 때문에 당신의 얼굴을 숨기시고 감추신다는 것입니다. 그리고 그들은 그분께서 그들에게 감추시고, 숨기시지 말 것을 애원, 간청한다는 것입니다. 그럼에도 불구하고 그분께서는 결코 숨기시지도, 감추시지도 않습니다. 다시 말하면 그분의 신령선이나 그분의 신령진리는 결코 숨지도, 감추지도 않는다는 것입니다. 왜냐하면 주님께서는 신령사랑 자체시고, 자비 자체시기 때문입니다. 그리고 주님께서는 모두의 구원을 열망하십니다. 그러므로 전체적으로도 모두와 함께 계시고, 개별적으로도 모두와 함께 계십니다. 심지어 온갖 죄악들이나 범죄들 가운데 빠져 있는 자들과도 함께 계시고, 그리고 이와 같은 현존(現存)에 의하여 주님께서 그들에게 그분을 영접, 수용하기 위하여 자유(自由 · freedom)를 주십니다. 다시 말하면 그분에게서 비롯된 진리와 선을 주십니다. 결과적으로 그들은 만약에 자유로 말미암아 그들이 영접, 수용하기를 원한다면 능히 그것을 영접, 수용합니다. 선들이나 진리들이 사람과 함께 살고 있기 위해서는, 그리고 자기 자신과 같이 그와 함께 하기 위해서는 영접, 수용은 반드시 자유로 말미암아 있어야 합니다. 왜냐하면 사람이 자유로 말미암아 행한 것은 그가 정동으로 말미암아 행한 것이기 때문입니다. 왜냐하면 모든 자유는 정동에 속한 것이고, 그리고 정동은 사람의 의지이기 때문입니다. 그러므로 자유 안에서, 또는 사람의 정동으로 말미암아

영접, 수용된 것은 그의 의지에 들어오고, 인정하기 때문입니다. 그 때 그것은 의지가 그 사람 자신이기 때문에 그것을 인정합니다. 그리고 그의 의지에는 일차적으로는 그의 생명이 주재(駐在)하지만, 이차적으로는 그의 생명은 생각(=사상)이나 이해 안에 주재합니다. 따라서 이것이 바로 사람은 주님께서 그것과 함께 언제나 존재하시는 신령선과 신령진리를 반드시 영접, 수용하여야 하는 이유입니다.

[20] 이러한 내용이 아래의 장절들이 뜻하는 것입니다. 묵시록서의 말씀입니다.

> 보아라, 내가 문 밖에 서서, 문을 두드리고 있다. 누구든지 내 음성을 듣고 문을 열면, 나는 그에게로 들어가서 그와 함께 먹고, 그는 나와 함께 먹을 것이다(묵시록 3 : 20).

그러나 사람이 자유로부터 악을 선택하면 그는 자기 자신에 대하여 문을 닫습니다. 그리고 따라서 그는 주님에게서 비롯된 선이나 진리 안에 있지 않습니다. 결과적으로 그 때 주님은 계시지 않는 것 같이 보입니다. 이와 같은 외현으로 말미암아, 비록 주님께서 감추거나 숨는 일이 없으시지만, 여호와께서 당신의 얼굴을 숨기고 감추는 것 같이 언급되었습니다. 더욱이 사람은 자신의 영에 관해서 그 때 주님으로부터 외면하는 것입니다. 결과적으로 사람은 주님에게서 비롯된 선을 지각하지 못하는 것이고, 진리를 보지 못하는 것입니다. 이것이 마치 주님께서 그 사람을 보지 않는 것처럼 보이는 이유입니다. 그럼에도 불구하고 주님께서는 각자 각자를 살피시고, 사람에게 속한 모든 것들을 보시고 계십니다. 주님께서 당신의 얼굴을 숨기시고 감추시는 것처럼 언급된 외현에서 비롯된 것입니다. 그리고 그 외현으로 말미암아 당신의 얼굴을 그들에게서 외면해 두신다고 언급되었고, 그리고 또한 아래의 장절에서는 주님께서 그들을 목 뒤에 두시는 것으로 여기시고, 그들을 얼굴에 두시는 것으로 여기시지 않습니다. 예레미야서의 말씀입니다.

> 나는 복을 내리려고 해서 아니라, 재앙을 내리려고 이 도성을 마주 보고 있는 것이다(=내가 이 성읍을 대적하여 내 얼굴을 둔 것은 재앙을 위함이요, 복을 위함이 아니다)(예레미야 21 : 10).

같은 책의 말씀입니다.

> 내가 너희에게 재앙을 내리기로 작정하였다. 내가 유다 백성을 모두 멸종시키겠다(=보라, 내가 재앙을 위해 너희를 대적하여 내 얼굴을 두고 모든 유다를 끊어 버릴 것이다)(예레미야 44 : 11).

에스겔서의 말씀입니다.

> 내가 그 사람을 대적하여 내 얼굴을 두고, 내가 그를 쓸모없게 만들고, 또 내가 그를 내 백성 가운데서 끊으라(에스겔 14 : 8).[1]

같은 책의 말씀입니다.

> 내가 그들을 대적하겠다. 비록 그들이 불 속에서 피하여 나온다 해도, 불이 다시 그들을 삼킬 것이다(에스겔 15 : 7).

---

1) 저자가 사용한 성경구절을 직역하였다(역 자주).

레위기서의 말씀입니다.

　　이스라엘 집안에 속한 사람이나 또는 그들과 함께 사는 외국 사
　　람이, 어떤 피든지 피를 먹으면, 나 주는 그 피를 먹은 사람을 그
　　래도 두지 않겠다(=내가 피를 먹는 그 혼을 대적하여, 내 얼굴을 두고
　　나는 그를 백성에게서 끊어 버리고야 말겠다)(레위기 17 : 10).

예레미야서의 말씀입니다.

　　내가 그들을 원수 앞에서 흩어 버리기를
　　동풍으로 흩어 버리듯 할 것이며,
　　그들이 재난을 당하는 날,
　　내가 그들에게 등을 돌리고,
　　내 얼굴을 보이지 않을 것이다.
　　(예레미야 18 : 17)

자기의 얼굴을 주님에게 대적하여 두는 사람이나, 자기 스스로 주님에게서 외면하는 사람은 그것으로 인하여 악이 그에게 들어온다는 것은 성경말씀에서 아주 명확합니다.　예레미야서의 말씀입니다.

　　그들은 나에게 등을 돌려 나를 외면하였다(예레미야 32 : 33).

같은 책의 말씀입니다.

　　그들은 얼굴을 바윗돌보다도 더 굳게 하고,
　　주께로 돌아오기를 거절합니다.
　　(예레미야 5 : 3)

또 같은 책의 말씀입니다.

> 그들은 순종하지도 않고, 귀를 기울이지도 않았다. 오히려 자기들의 악한 마음에서 나오는 온갖 계획과 어리석은 고집대로 살고, 얼굴을 나에게로 돌리지 않고, 오히려 등을 나에게서 돌렸다(예레미야 7 : 24).

이사야서의 말씀입니다.

> 오직 너희의 죄악이
> 너희와 너희 하나님 사이를 갈라놓았고,
> 너희의 죄 때문에
> 주께서 너희에게서 얼굴을 돌리셨다(=오직 너희 죄악들이 너희와 너희 하나님 사이를 나누었고, 너희 죄들이 그의 얼굴을 너희로부터 가렸다)(이사야 59 : 2).

[21] 악한 사람이 그들의 얼굴을 주님에게서 돌린다(=외면한다)는 것은 그들이 육신의 얼굴을 가지고 그런 짓을 한다는 것을 뜻하지 않고, 오히려 그들의 영의 얼굴을 가지고 그렇게 한다는 것을 뜻합니다. 사람은, 자유의 상태에서 자기 자신을 천계를 향해서 돌리든, 지옥을 향해서 돌리기 때문에, 그가 즐거운 방법으로 자신의 얼굴을 이리 저리로 돌릴 수 있습니다. 그리고 더욱이 사람의 얼굴은 공공연히 체면의 목적을 위해서 속이는 것을 배웠습니다. 그러나 사람이 육신을 벗고 영(靈)이 되었을 때, 그 때 악 가운데 산 그는 자신의 얼굴을 주님으로부터 완전히 돌려 버립니다. 이러한 내용이나 사실은 《천계와 지옥》에 설명, 입증한 17 · 123 · 142 · 144 · 145 ·

151 · 153 · 251 · 272 · 511 · 552 · 561항을 참조하십시오. 이러한 내용이 "그들은 나에게 등을 돌려 나를 외면하였다" · "그들은 얼굴을 내게 돌리지 않고, 오히려 등을 나에게서 돌렸다"는 말씀이 뜻하는 것입니다. 그리고 그 때 그런 것들이 형벌에 속한 악들이나 지옥의 악에게 들어오기 때문에, 스스로 외면하는 자들은 이것이 주님에게서 비롯된 것이라고 여기고, 그리고 주님께서는 엄숙한 표정을 가지고 그들을 살핀다고 여기고, 그리고 그들을 지옥으로 내쫓는다고 여기고, 그리고 주님께서는 마치 성난 사람이 하는 것처럼 그들에게 벌을 준다고 생각합니다. 그럼에도 불구하고 주님께서는 사랑이나 자비에서 비롯된 이외의 방법으로 어느 누구도 참작, 고려하지 않습니다. 그것은 이런 것들이 성경말씀에 언급되어 있다는 그런 외현에서 비롯된 것 뿐 입니다. 이사야서의 말씀입니다.

> 주께서 친히 내려오셔서,
> 우리들이 예측하지도 못한
> 놀라운 일을 하셨을 때에,
> 산들이 주 앞에서 떨었습니다.
> (이사야 64 : 3)

시편서의 말씀입니다.

> 포도나무에 불을 지르고
> 나무를 자른 자들을,
> 주의 노하신 얼굴 앞에서
> 멸망하게 해주십시오.

(시편 80 : 16)

같은 책의 말씀입니다.

> 주의 얼굴은
> 악한 일을 하는 자를 노려보시며,
> 그들의 이름을
> 이 땅에서 지워 버리신다.
> (시편 34 : 16)

출애굽기서의 말씀입니다.

> "이제 내가 너희 앞에 한 천사를 보내어 길에서 너희를 지켜 주며, 내가 예비하여 둔 곳으로 너희를 데려가겠다. 너희는 삼가 그의 말에 순종하며, 그를 거역하지 말아라. 나의 이름이 그와 함께 있으므로, 그가 너희의 반역을 용서하지 않을 것이다(출애굽 23 : 20, 21).

에스겔서의 말씀입니다.

> 내가 너희를 인도하여 "민족이 광야"로 데리고 나가서, 거기에서 너희와 대면하여 너희를 심판하겠다(에스겔 20 : 35).

민수기서의 말씀입니다.

> 궤가 떠날 때에 모세가 외쳤다. "주님, 일어나십시오. 주의 원수들을 흩으십시오. 주를 미워하는 자들을 주 앞에서 쫓으십시오"
> (민수기 10 : 35).

묵시록서의 말씀입니다.

> 나는 크고 흰 보좌와 그 위에 앉으신 분을 보았습니다. 땅과 하늘이 그 앞에서 사라지고, 그 자리마저 찾아볼 수 없었습니다(묵시록 20 : 11).

412[F]. [22] 이런 것들은 여호와 즉, 주님에 관련하여 얼굴의 뜻에 관해서 언급되었습니다. 사람에 관한 얼굴은 그의 기질이나 정동을 뜻하고, 그리고 결과적으로는 사람의 마음에 속한 내면적인 것들을 뜻합니다. 이것은 기질이나 정동, 또는 사람의 마음에 속한 내면적인 것들이 얼굴에서 보이는 자신들을 드러내기 때문입니다. 이러한 사실은 얼굴이 마음의 거울(an index of the mind)이라고 언급되는 이유입니다. 그리고 또한 얼굴은 사람의 내면적인 것들의 초상(肖像 · an effigy of the interiors of man)입니다. 왜냐하면 그것은 그것들을 묘사, 그려 보여 주고 있기 때문이고, 그의 모습은 그것들에 대응하기 때문입니다. 사람과 관련해서 "얼굴"이 다양한 종류의 정동을 뜻한다는 것은 아래의 장절들에게서 잘 알 수 있겠습니다. 이사야서의 말씀입니다.

> "정도(正道)를 버려라.
> 바른길에서 벗어나거라.
> 이스라엘의 거룩하신 분의 이야기를
> 우리 앞에서 그쳐라" 하고 말한다.
> (이사야 30 : 11)

"이스라엘의 거룩하신 분의 이야기를 우리 앞에서 그쳐라"(=이스라엘의 거룩하신 분으로 우리 앞에서 그만 두시게 한다 · 우리의 얼굴에서 그만 두게 한다 · to cease from our faces)는 말씀은 주님으로 하여금 사상이나 정동에서 그만 두게 하는 것을 뜻합니다. 따라서 교회에 속한 모든 것에서 그만 두게 하는 것을 뜻합니다. "이스라엘이 거룩하신 분"(the Holy one of Israel)은 주님을 뜻하고, 그리고 주님에게서 비롯되고, 그리고 주님께서 그것 안에 계시는 교회에 속한 진리나 선에게서 물러난다는 것은 "정도를 버려라, 바른길에서 벗어나거라"는 말씀이 뜻합니다. 여기서 "길"(=정도 · way)이나 "바른길"(=첩경 · path · 捷徑)은 교회에 속한 진리나 선을 뜻합니다.
[23] 애가서의 말씀입니다.

> 침략자들은
> 제사장들을 대우하지도 않고(=인격을 존중하지 아니 하였고),
> 장로들을 대접하지도 않았다(=호의를 보이지 않았다).
> (애가 4 : 16)

또 같은 책의 말씀입니다.

> 지도자들은 매달려서 죽고,
> 장로들은 천대를 받습니다.
> (애가 5 : 12)

"제사장의 얼굴을 대우하지 않는다"(=인격을 존중하지 않는다)는 말씀은 사랑이나 믿음에 속한 것을 가리키는 교회의 선들을 무가치(無價値)한 것으로 평가한다는 것을 뜻합니다. 왜냐하면

"제사장들"(the priests)은 신령선의 측면에서 주님을 뜻하기 때문이고, 따라서 교회에 속한 선을 뜻하기 때문입니다. 그리고 "얼굴"은 사랑이나 믿음과 관계를 가리고 있는 교회의 모든 것들을 뜻하기 때문입니다. "장로들은 천대를 받는다"(=장로들의 얼굴이 존경을 받지 못한다)는 말씀은 지혜에 속한 모든 것들을 무가치한 것으로 생각하는 것을 뜻하는데, 여기서 "장로"(=늙은이 · the old)는 지혜를 뜻하고 "얼굴들"은 그것에 속한 모든 것들을 뜻하기 때문입니다. 그 이유는 그것들이 내면적인 것들을 뜻하기 때문입니다. "지도자들(=고관들)이 그들의 손에 의하여 매달렸다"는 말씀은 모든 총명이 거절, 배척되었다는 것을 뜻하는데, 그것은 "지도자들"(=고관들)이 거기에 있는 총명이 그것에서 비롯된 근원인 으뜸되는 진리들을 뜻하기 때문입니다.

[24] 창세기서의 말씀입니다.

> (야곱은 에서에 관해서 말하였다.) "'주인의 종 야곱은 우리 뒤에 옵니다' 하고 말하는 것을 잊지 않도록 하여라." 야곱이 이렇게 지시한 데는, 자기가 미리 여러 차례 보낸 선물들이 그 형 에서의 분노를 서서히 풀어 주고, 마침내 만날 때에는 형이 자기를 반가이 맞아 주리라는 생각을 하였다(="내가 내 앞에 보낸 선물로 형을 달래고, 그 후에 내가 그의 얼굴을 보면 혹시 그가 나를 받아 주리라" 생각하였기 때문이다)(창세기 32 : 20).

"그의 얼굴을 달랜다"는 말씀은 그의 마음을 현혹(眩惑) 시키는 것을 뜻하고, "그 후에 그의 얼굴을 본다"는 것은 기질이나 성품이 무엇인지를 안다는 것을 뜻하고, "혹시 그가 나를 받아 준다"(=자기를 반가이 맞아 준다)는 말씀은, 혹시 그가 친절한 성품으로 나를 영접할 것이라는 것을 뜻하고, "얼굴을 받아 준다"는 말씀은 정동으로 말미암아 어느 누구를 향해 좋은 뜻을 가진다는 것을 뜻합니다. 신명기서의 말씀입니다.

> 너희는 재판에서 공정성을 잃어서도 안 되고, 사람의 얼굴을 보아주어서도 안 되며, 재판관이 뇌물을 받아서도 안 된다(신명기 16 : 19).

"얼굴을 보아주어서도 안 된다"는 말씀은 하층이나 가난한 자 · 적군이나 원수들을 대하는 것에 비하여 상층이나 부자 · 친구들에 대하여 좋은 성품의 마음을 가지지 말아야 한다는 것을 뜻합니다. 그 이유는 공정한 것이나, 의로운 것은 인물에 대하여 아무런 존경 따위가 없이 중시, 존경하는 것을 가리키기 때문입니다.

[25] 말라기서의 말씀입니다.

> 그러므로 나도,
> 너희가 모든 백성 앞에서,
> 멸시와 천대를 받게 하였다.
> 너희가 나의 뜻을 따르지 않고,
> 율법을 편파적으로 적용한 탓이다.
> (말라기 2 : 9)

"율법에서 얼굴들을 받아들인다"는 것은, 위에서 인용한 것과 같이, 다시 말하면 하층이나 가난한 자나 원수나 적군에 대하는 것에 비하여 상층이나 부자나 친구들에게 좋은 마음을 갖는다는 것, 또는 보다도 선의로 보인다는 것과 같이 "재판에서 얼굴을 보아 준다"는 말씀이 뜻하는 것과 같이 동일한 뜻을 갖습니다. 이사야서의 말씀입니다.

> 어찌하여 너희는 나의 백성을 짓밟으며,
> 어찌하여 너희는 가난한 사람들의 얼굴을
> 마치 맷돌질하듯 짓뭉갰느냐?
> (이사야 3 : 15)

여기서 "가난한 사람들의 얼굴을 짓뭉갠다"는 것은 진리의 무지의 상태에 있지만, 가르침을 받기를 열망하는 자들이 가지고 있는 진리를 알려는 정동을 파괴하는 것을 뜻하고, "간다"(=짓뭉갠다 · 빻는다 · to grind)는 것은 파괴하는 것을 뜻하고 "얼굴들"은 진리들을 알려고 하는 정동들을 뜻하고, "가난한 사람"은 진리의 무지의 상태에 있지만, 그러나 가르침 받기를 열망하는 자들을 뜻합니다.

[26] 시편서의 말씀입니다.

> 임금님께서
> 그대의 아름다움을 사랑하실 것입니다.
> 임금님이 그대의 주인이신,
> 그대는 임금님 앞에 엎드려서
> 절을 드리십시오.
> 두로의 백성이 그대의 총애를 얻으려고
> 선물을 가져 오고,
> 백성 가운데서 부유한 사람들이
> 그대를 뵈려고
> 온갖 재물을 가져 올 것입니다(=왕이 네 아름다움을 크게 탐내리니, 이는 그가 너의 주이심이라. 너는 그를 경배할지니라. 두로의 딸이 예물

을 가지고 올 것이며 백성 가운데 부한 자들도 너의 호의를 간절히 구하리라)(시편 45 : 10, 11).

여기서 "왕의 딸"(=공주)은 진리에 속한 영적인 정동을 뜻하고, "두로의 딸"은 진리와 선의 지식들에 속한 정동을 뜻합니다. "예물을 가지고 온다"는 것은 이런 것들로 부유(富裕)하게 되는 것을 뜻하고, "백성 가운데 부한 자"는 총명을 뜻하고, 추상적인 뜻으로는 진리나 선의 이해를 뜻합니다. 이런 것들로 바친다는 것은 "너의 호의(=너의 얼굴)를 간절히 구할 것이다"는 말씀이 뜻합니다. 왜냐하면 총명에 속한 모든 것들은 진리에 속한 영적인 선 안에 사는데, 그러므로 그것은 그의 "얼굴"(=호의)이 뜻합니다. 그 밖의 것들의 내용들은 본서 195[B]항을 참조하십시오.
[27] 같은 책의 말씀입니다.

 이제 내가 나의 구원자, 나의 하나님을
 또다시 찬양하련다.
 (시편 42 : 11 ; 43 : 5)

"나의 구원자"(=나의 얼굴의 구원들 · the salvations of My faces)는 안에 있는 모든 것들, 따라서 사랑이나 믿음에 속한 것들에 일치하는 마음이나 정동들에 속한 것들을 뜻합니다. 그 이유는 이런 것들이 그들의 구원이라고 불리우는 구원하는 것이기 때문입니다. 정욕들(情欲 · lusts)을 가리키는 "악한 정동들"은 동일한 낱말 "얼굴"에 의하여 표현됩니다. 그 이유는 그런 것들이 얼굴에 나타나기 때문입니다. 왜냐하면 얼굴은 내면적인 것들의 외적인 형체, 또는 자연적인 모양이고, 그것은 곧 기질(氣質)이나 마음에 속한 것이기 때문입니다. 그리고 영계에서 이런 것들은 하나(一體)를 이루는데, 왜냐하면 거기에서는 정동들에게서 비롯된 것들 이외에는, 따라서 그들의 마음에 속한 내면적인 것들에 대응되는 것 이외에는 다른 사람에게 드러내는 것이 허락되지 않기 때문입니다. 이러한 사실은 천계의 천사들이 얼굴에서 빛이 나고, 사랑스러운 모습을 드러내는 이유입니다. 반면에 지옥적인 영들은 얼굴이 밝지 않고, 거무스레하고 흉측한 모습을 하고 있습니다.

[28] 이러한 사실은 역시 아래의 장절의 "얼굴들"의 뜻에서 잘 알 수 있습니다. 이사야서의 말씀입니다.

> 그들이 공포에 사로잡히고
> 괴로워하고 아파하는 것이,
> 해산하는 여인이 몸부림 치듯 할 것이다.
> 그들은 놀라 서로 쳐다보며
> 공포에 질릴 것이다(=그들의 얼굴들은 불꽃들 같이 될 것이다).
> (이사야 13 : 8)

이 장절은 최후심판에 관해서 다루고 있는데, 그 때 악한 사람은 그들의 내면적인 것들에 들어갈 것입니다. 자기사랑이나 세상사랑에 빠져 있는 자들의 내면적인 것들은, 그리고 그것으로 인하여 증오들이나 복수심들에 빠져 있는 자들의 내면적인 것들은 "그들의 얼굴들은 불꽃들 같다" 라는 말씀이 뜻합니다. 그리고 이런 자들은 그런 모습을 드러냅니다. 신령선의 입류나 신령진리의 입류에서 야기된 그들의 고통들이나 괴로움들은 "고통들과 슬픔들(=괴로워하고 아픈 것)이 그들을 사로잡고, 그들이 해산하는 여인들처럼 몸부림 칠 것이다"는 말씀이 뜻합니다. 그들의 고통들이 해산하는 여인들의 산통(産痛)들이나 극심한 아픔에 비유되었는데, 동일한 이유 때문에 그와 같은 비교가 창세기 3장 16절에 사용되었습니다. 왜냐하면 악들이나 거짓들은 그 때 서로 결합하기 때문입니다. 그리고 이 때가 신령선이나 신령진리가 입류할 때 "고통이 사로잡는다"는 경우입니다.

[29] 에스겔서의 말씀입니다.

> 너는 네겝의 숲에 말하여라. '너는 주의 말을 들어라. …… 내가 숲 속에 불을 지르겠다. 그 불은 숲 속에 있는 모든 푸른 나무와 모든 마른 나무를 태울 것이다. 활활 치솟는 그 불꽃이 꺼지지 않아서, 남쪽에서 북쪽까지 모든 사람의 얼굴이 그 불에 그으를 것이다(에스겔 20 : 47).

"남쪽의 숲"(the forest of the south)은 교회 안에 있는 거짓을 뜻하고, 결과적으로는 거짓들 가운데 있는 그 곳에 있는 자들을 뜻합니다. "남쪽"(the south)이 교회를 뜻하는데, 그 이유는 남쪽은 성경말씀에서 비롯된 진리의 빛 가운데 있을 수 있기 때문입니다. 그리고 악에서 비롯된 거짓은 "숲"(forest)이 뜻하고, 악에서 비롯된 거짓에 속한 사랑에 의한 교회의 황폐나 파괴는 "남쪽에서 북쪽까지 모든 사람의 얼굴이 그 불에 그으를 것인 활활 치솟는 그 불꽃"이 뜻합니다. 여기서 "모든 얼굴들"은 진리나 선에 속한 정동들에 대한, 그리고 그것에서 비롯된 생각들에 대한, 교회에 속한 사람들의 모든 내면적인 것들을 뜻합니다. "남쪽에서 북쪽까지"라는 말은 처음서부터 마지막까지 교회에 속한 모든 것들을 뜻하고, 또한 내면적인 것이나 외면적인 것을 뜻합니다. 여기서 "남쪽"은 교회에 속한 내면적인 것, 또는 교회의 첫째의 것들을 뜻하고, "북쪽"(the north)은 교회에 속한 외면적인 것, 또는 교회의 마지막 것들을 뜻합니다. 이것이 "남쪽"과 "북쪽"의 뜻인데, 그 이유는 주님에게서 비롯된 진리의 빛 안에 있는 자들은 영계에서 남쪽 방위(=남녘)에 있기 때문이고, 이에 반하여 거짓들 가운데서 자신들을 확증하는 그것에 의한 "자연적인 빛"(natural lumen) 안에 있는 자들은 그들 아래에 있는 지옥에 있기 때문입니다. 북녘에는 주님에게서 비롯된 진리의 불영명(不英明)의 상태에 있고, 그리고 그것들 아래에 있는 지옥에는 거짓들 안에 있는 자들이 있는데, 그들이 그것에 의하여 스스로 자신들의 거짓들로 확증하는 자연적인 빛 안에는 있지 않습니다.

[30] 요엘서의 말씀입니다.

> 그들이 접근하면 모두들 자지러지고,
> 모두들 얼굴빛이 하얗게 질린다(=그들의 얼굴 앞에서 백성은 심하게 아픔을 당할 것이며, 모든 얼굴들은 새까맣게 되리라)(요엘 2 : 6).

이 장절은 교회를 파괴하는 악들이나 거짓들에 관해서, 그리고 그것들 안에 있는 자들에게 있을 최후심판에 관해서 다루고 있습니다. 거짓들 안에 있는 자들은 "몹시 떠는(=심하게 아파하는 · tremble) 백성"이 뜻하고, 악들에 속한 거짓 안에 있는 그들의 내면적인 것은 "새까맣게 되어 버린 얼굴들"이 뜻하는데, 여기서 "얼굴들"은 내면적인 것들을 뜻하고, "새까맣다"(blackness)는 악에 속한 거짓을 뜻합니다. 악에서 비롯된 거짓들 안에 있는 지옥적인 무리는 천계의 빛에서는 검게 보입니다.

[31] 다니엘서의 말씀입니다.

> 그들의 통치가 종말에 이를 때에,
> 그들의 죄악이 극도에 이를 때에,
> 뻔뻔스런 임금(=무서운 용모를 한 임금),
> 흉계에 능숙한 임금이 일어날 것이다(=난해한 문장들을 깨닫는 한 왕이 일어날 것이다)(다니엘 8:23).

이 장절은 염소의 네 뿔들에 관해서 언급하고 있는데, 그 뿔들은 거기에 있는 네 왕국들을 뜻하지만, 그러나 거기에 있는 "왕국들"은 왕국들을 뜻하지 않고, 교회의 상태들을 뜻합니다. 왜냐하면 "염소들의 숫염소"는 인애에서 분리된 믿음을 뜻하기 때문이고, 소위 믿음만이라고 불리우는 것이기 때문입니다. "그들의 통치가 종말에 이를 때"(=그들 왕국의 나중 때)는 교회의 마지막을 뜻하는데, 그 때는 거기에 인애가 전혀 없기 때문에 전혀 믿음이 없는 때를 뜻합니다. "범죄자들이 가득찼다"(=그들의 죄악이 극도에 이르렀다)는 것은 거기에는 더 이상 진리나 선도 없고, 다만 악과 거짓이 있는 때를 뜻하는데, 이런 내용들은 마치 "사악이 극도에 이르고, 가득 찬 때"와 같은 것을 뜻합니다. 이것에 관해서는 본서 397항을 참조하십시오. "뻔뻔스러운 임금"(=무서운 용모의 임금)은 그들의 내면적인 것들 안에는 오직 거짓 이외에는 진리가 전혀 없다는 것을 뜻합니다. 여기서 "임금"은 진리를 뜻하고, 나쁜 뜻으로는 거짓을 뜻하고, "얼굴들"은 내면적인 것들을, 그리고 "얼굴들에 있는 거칠고 험악하다"(=뻔뻔하다 · hard in faces)는 말은 선이 결여된 내면적인 것들을 뜻합니다. 왜냐하면 거기에 선이 없는 진리는 매우 딱딱하기(hard) 때문입니다. 그러나 이에 반하여 선에서 비롯된 진리는 온순하고 따스하고(mild), 살아 있기 때문입니다. 그리고 선이 결여된 진리는 그들이 그것에 관해서 영적으로는 생각하지 않고, 다만 물질적으로 생각하기 때문에 그들의 내면적인 것들이나 생각 안에서는 거짓만 있기 때문입니다. 그 이유는 그들이 관능적인 것들이나 이 세상적인 것들로 말미암아 생각하기 때문이고, 따라서 감관들에 속한 오류들로부터 생각하기 때문입니다.

[32] 에스겔서의 말씀입니다.

> 얼굴이 뻔뻔하고 마음이 굳을 대로 굳어진 바로 그 자손에게, 내가 너를 보낸다(=그들은 뻔뻔스럽고, 마음이 완악한 자손이라, 내가 너를 보낸다)(에스겔 2 : 4).

"얼굴이 뻔뻔스러운 자손들"(sons hard in their faces)은 선이 결여된 진리들 안에 있는 자들을 뜻하고, 추상적인 뜻으로는 선이 없는 진리를 뜻하는데, 위에서 언급한 것과 같이, 그것은 본질적으로는 거짓들입니다. "마음이 굳을 대로 굳었다"(=완악한 마음 · harded in heart)는 것은 선을 허용하지 않는 자들이나, 그러므로 악 안에 있는 자들을 뜻하는데, 왜냐하면 선이 있는 곳에는 악이 들어갈 수 없기 때문입니다. 여기서 "마음"(=심령 · heart)은 성경말씀에서는 사랑에 속한 선을 뜻하고, "완악한 마음"(=굳을 대로 굳은 마음 · a hardened heart)은 "돌 같은 마음"(a stony heart)과 동일한 것을 뜻합니다. 다시 말하면 사랑에 속한 선이 허용되지 않는 곳을 뜻합니다. 그러나 "육신의 마음"(a heart of flesh)은 그것이 허용된 곳을 뜻합니다.

[33] 이사야서의 말씀입니다.

그들이 말과 행동으로 주께 대항하며,
하나님의 영광스러운 현존을
모독하였기 때문이다.
그들의 안색이 자신들의 죄를 고발한다.
그들이 소돔과 같이
자기들의 죄를 드러내 놓고 말하며,
숨기려 하지도 않는다.
(이사야 3 : 8, 9)

여기서 "주께 대항하는(=주께 거스르는) 그들의 말과 행동들"은 생각(思想 · thought)과 정동(情動 · affection)을 뜻하는데, 여기서 "혀"(=말 · 언어 · the tongue)는 생각이나 사상을 뜻하는데, 그 이유는 혀가 사람이 생각한 것을 발설하기 때문입니다. 그리고 "행동들"(doings)은 정동을 뜻하는데, 그 이유는 사람은 자신의 정동에 속한 것을 행하기 때문입니다. "주께 대항한다(=주께 거스르는), 하나님의 영광스러운 현존을 모독한다"(=그분의 영광의 눈에 반항하는)는 것들은 그들이 신령선이나 신령진리에 거스르고 반항하는 때를 뜻합니다. 왜냐하면 성경말씀에서 "여호와"(=야훼 · 주 · Jehovah)는 그분의 신령사랑에서 발출하는 신령선에 대하여 주님을 뜻하기 때문이고, "그분의 영광"(His glory)은 신령진리를 뜻하기 때문입니다. 이것에 거스른다는 것은 "하나님의 영광스러운 현존을 모독한다"(=그분의 영광의 눈에 반항한다)는 말이 뜻합니다. "그것들에 거슬러 대답하는 그들의 얼굴의 굳음"(=뻔뻔함 · 그들의 안색이 고발한다 · 그들의 안색의 드러남)은 신령진리나 신령선을 받아들이지 않고, 거절하는 것을 뜻하고, 그리고 그들의 내면적인 것들을 가리키는 그들의 사상들이나 정동들에 그것들을 허용하지 않는 것을 뜻합니다.
[34] 에스겔서의 말씀입니다.

> 내가 네 얼굴도 그들의 얼굴과 맞먹도록 억세게 만들었고, 네 얼굴에도 그들의 얼굴과 맞먹도록 쇠가죽을 씌웠다(=보라, 내가 네 얼굴을 그들의 얼굴들에 맞서도록 강하게 하였으며, 네 이마를 그들의 이마들에 맞서도록 강하게 하였다)(에스겔 3 : 8).

이 말씀은 예언자에게 하신 말씀인데, 예언자는 거짓들이나 악들에 대항하여 싸우는 진리나 선에 속한 교리를 뜻합니다. 그러므로 "그의 얼굴을 그들의 얼굴에 맞먹도록 억세게 만들었다"는 말씀은 진리들에 의한 거짓들의 배척(排斥)을 뜻하고, "그의 이마를 그들의 이마에 맞서도록 강하게 하였다"는 말씀은 선에 의한 악의 배척을 뜻합니다. 왜냐하면 "얼굴들"(faces)은 진리의 정동들이나, 또는 거짓의 정동들을 뜻하기 때문이고, 그리고 "이마"(forehead)는 선의 정동이나, 또는 악의 정동을 뜻하기 때문입니다. 진리의 정동이나 선의 정동은 그것이 거짓이나 악에 대항하여 싸울 때, 열정(熱情 · zeal)으로 말미암아 강하게 되었고, 그리고 겉보기에 억세게(hard) 되었습니다. 그렇지 않다면 그것은 그것들을 격퇴(擊退)할 수 없었고, 배척할 수 없었을 것입니다. 그러나 그것은 겉보기에 그럴 뿐 내적으로는 그렇지 않았습니다. 이렇게 볼 때 여기의 낱말들이 어떻게 반드시 이해하여야 할 것인지 잘 알 수 있겠습니다. "얼굴들"이 사람의 내면적인 것들이나, 또는 그의 사상이나 정동에 속한 것들을 뜻하기 때문에, 히브리어에서 "얼굴"은 내면적인 것을 뜻합니다.

412[G]. [35] 지금까지는 "얼굴들"에 관해서 다종다양한 것들이 설명, 언급되었지만, 아마도 더 자세한 설명이 없다면 쉽게 이해될 것은 아닙니다. 그러므로 ≪천계비의≫에서 "얼굴들"에 관해서 언급되고, 입증된 것을 부연하고자 합니다. 다시 말하면 얼굴은 사람의 내면적인 것들과 함께 대응에 맞게 형성되었다는 것입니다(A.C. 4791-4805 · 5695항 참조). 얼굴의 대응이나 마음의 정동으로서의 용모에 관해서는 A.C. 1568 · 2988 · 2989 · 3631 · 4796 · 4797 · 4800 · 5165 · 5168 · 9306항을 참조하십시오. 결과적으로 내면적인 것들은 얼굴로 말미암아 빛을 발합니다(A.C. 3527 · 4066 · 4796항 참조). 고대 사람들에게서 얼굴은 내면적인 것과 하나(一體)를 이루었습니다(A.C. 3573 · 4326 · 5695항 참조). 사실 그것은 천계에 있는 천사들에게서도 내면적인 것과 하나를 이루었고, 그리고 이 세상에서도 진실한 사람들(sincere men)에게서도 하나를 이룹니다(A.C. 4796 · 4797 · 4799 · 5695 · 8250항 참조). 저 세상에서 모두의 얼굴들은 그들의 내면적인 것들과 같은 그런 것이 됩니다(A.C. 4798 · 5695항 참조). 거기에서 얼굴의 변화에 관한 경험들은 내면적인 것들에 일치합니다(A.C. 4796 · 6604항 참조). 얼굴이 마음의 내면적인 것들에 입류한다, 또는 이해나 의지의 내면적인 것들이 얼굴이나 그것의 근육(筋肉)에 입류한다는 것에 관해서는 A.C. 3631 · 4800항을 참조하십시오. 아첨꾼들(flatterers) · 속이는 사람들(dissemblers) · 위선자들(hypocrites) · 사기꾼들(the deceitful)에게서 얼굴들은 내면적인 것과 한 몸처럼 행동하지 못합니다(A.C. 4799 · 8250항 참조). 이런 부류에게서 얼굴들은 신실한 자 · 정직한 자 · 자비로운 자를 가장(假裝)하는 것을 교육을 받습니다(A.C.

4326항 참조) 두뇌에서부터 얼굴에 들어온 입류가 어떻게 시간의 경과 속에서 바뀌는지, 그것에서 내면적인 것들과의 대응에 관해서 얼굴 자체라는 것은 A.C. 4326 · 8250항을 참조하시고, 사람의 자연적인 것은 영적인 마음이나 그것의 시각에 대하여 내면적인 얼굴(an interior face)과 같다는 것은 A.C. 5165 · 5168항을 참조하십시오. 얼굴들에 관해서는 ≪천계와 지옥≫ 46-48 · 142-144 · 457-459 · 553항에서 설명, 입증된 것을 참조하십시오.

413[A]. 17절. **그들의 큰 진노의 날이 이르렀다.**
이 말씀은 악한 사람에게 단행된 최후심판을 뜻합니다. 이러한 뜻은 성경말씀에서 비롯된 아래의 여러 장절들에게서 명확합니다. "큰 날"이 뜻하는 최후심판은 악한 사람이나 선한 사람에게 모두 옵니다. 악한 사람에게 오는 심판은 "분노의 날"(a day of indignation) · "진노의 날"(a day of wrath) · "노여움의 날"(a day of anger) · "복수의 날"(a day of vengeance)이라고 불리웠고, 이에 반하여 선한 사람에게 오는 심판은 "주님의 강림의 때"(the time of the Lord's coming) · "주님의 기쁨의 해"(the year of His good pleasure) · "구속의 해"(the year of the redeemed) · "구원의 해"(the year of salvation)라고 불리웠습니다. 모든 사람은 악한지, 선한지 사후(死後)에 즉시 판결을 받는데, 죽을 때 그는 영계에 들어가고, 거기에서 사람은 영원히 삽니다. 왜냐하면 그 때 사람은 즉시 천계나 지옥으로 선발되기 때문입니다. 천계로 선발된 사람은, 그 뒤에 거기에 들어갈 어떤 천계적인 사회와 연락, 연결됩니다. 그리고 지옥으로 선발된 사람은 그가 그 뒤에 들어갈 지옥적인 사회와 연락, 연결됩니다. 그러나 거기에는 그들이 그리로 오기 전에 잠깐의 시간적인 간격이 있는데, 그것은 주로 준비의 목적을 위한 것입니다. 왜냐하면 선한 사람에게는 이 세상에서 육신으로 말미암아 그들에게 부착된 악들이 씻어지기 위한 준비가 있고, 그리고 악한 사람에게는 외적으로 선생들이나 종교로 말미암아 그들에게 부착된 선들이 제거되기 위한 준비가 있기 때문인데, 이러한 일은 마태복음서의 주님말씀에 일치합니다. 마태복음서의 말씀입니다.

> 가진 사람은 더 받아서 차고 남을 것이며, 가지지 못한 사람은 가진 것마저 빼앗길 것이다(마태 13 : 12 : 25 : 29).

이와 같은 지연(delay)은 이런 이유 때문에 일어납니다. 수많은 종류의 정동들은 그와 같이 정돈되고, 사람-영(the man-spirit)은 온전히 그 자신의 사랑이 되기 위하여 지배애(支配愛 · the ruling love)에 맞게 바뀝니다. 그럼에도 불구하고 악한 자나 선한 자나, 그들의 대부분은 최후심판을 위해 준비되었습니다. 그러나 이 세상에 있을 때 습관에서 비롯된 악에 속한 부류는 외적인 것들 안에 있는 도덕적인 삶에 인도될 수 있지만, 무지(無知)나 그들의 종교 따위에서 비롯된 선에 속한 부류는 거짓들에 감염될 수 있습니다. 그러나 그들의 시간이 채워지게 되면 나머지들은 이들에게서 분리되어 선한 부류는 천계에 올리워지고 악한 부류는 지옥으로 추방되는데 이런 일은 최후심판 전에 있습니다.

[2] 최후심판이 "하나님의 큰 진노의 날"이라고 불리웠는데, 그 이유는 지옥으로 추방되는 악한 사람에게는 그것이 마치 하나님께서 성냄이나 진노에서 이런 일을 하는 것처럼 보이기 때문입니다. 왜냐하면 그들에게 닥친 파멸은 위에서 비롯된

것이고, 그리고 또한 주님께서 태양으로 계시는 동쪽에서 비롯된 것이기 때문이고, 그리고 그 때 그들은 공포(恐怖)들이나 슬픔들이나 온갖 고통들 속에 있기 때문입니다. 그러나 주님께서는 그 어떤 성냄이나 분노 따위는 가지고 있지 않습니다. 왜냐하면 주님께서는 사랑 자체시고, 자비 자체시고, 선 자체이시기 때문입니다. 순수한 사랑이나 선 자체는 결코 성냄이나 분노할 수 없습니다. 왜냐하면 이런 일은 그것의 본질 자체에 정반대이기 때문입니다. 그러나 이런 이유 때문에 그와 같이 보일 뿐입니다. 다시 말하면 최후의 상태가 이르렀을 때인데, 그것은 그 때 온갖 악들이 지상에 있는 때이고, 동시에 그 때 영계에는 그들의 쪽에 기울 정도로 최고로 증대하였기 때문이고, 그리고 그것에 의하여 천계와 지옥 사이의 균형상태(均衡狀態)는 소멸하고, 그리고 이것이 소멸할 때 천사들이 살고 있는 천계는 일하기 시작하고, 그 때 주님께서 태양으로부터 주님의 에너지(His energy)를 지시, 명령하시는데, 그 에너지는 일하는 천사들을 보호하는 것에 대한, 그리고 비틀거리기 시작한 상태를 회복하는 것에 대한 그분의 사랑을 가리킵니다. 그리고 이 에너지와, 그리고 그것의 본질로는 신령사랑인 신령선에 합일한 힘 있는 신령진리에 의하여, 천계를 통하여 아래에 있는 장소들에게 진입, 침입하는데, 거기에는 악인들이 서로서로 함께 뭉쳐 있습니다. 그들이 신령사랑의 입류나 현존을 참고 견딜 수가 없기 때문에 그들은 몸을 떨기 시작하고, 그리고 괴로움이나 고통 속에 있게 됩니다. 왜냐하면 그것에 의하여 단순한 외적인 것들 가운데 있는 언어나 행동에 의하여 가장(假裝)하기 위하여 그들이 배우고 익힌 선들이나 진리들은 뿔뿔이 흩어지기 때문입니다. 그리고 온갖 악들이나 거짓들 이외에는 아무것도 아닌 그들의 내적인 것들은 적나라하게 개방, 드러나기 때문입니다. 그리고 이런 것들은 비록 그들이 온갖 악들이나 거짓들을 그들의 생명(=삶)으로 가지고 있다고 해도 안에서부터 유입한 선들이나 진리들에게 정반대 방향에 있기 때문에, 그들은 그들 자신을 더 이상 유지(維持), 간수(看守)할 수 없는 아주 극심한 공포나 번민(煩悶), 고통 따위를 직접 겪기 때문에, 그러므로 그들은 멀리 도망하고, 자기 자신을 산들이나 바위들 아래에 있는 지옥으로 내동댕이 치는데, 그 지옥은 그들이 온갖 악들이나 그들의 악들에 속한 거짓들 안에 능히 있을 수 있는 곳입니다. 개별적으로 이런 것은 앞서 설명된 내용들이 뜻하는데, 즉 "그들은 산들이나 바위들에게 우리 위에 무너져 내려서, 보좌에 앉으신 분의 얼굴과 어린 양의 진노에서 우리를 숨겨 다오" 하고 말하였다는 말씀의 설명이 뜻합니다.

[3] 이렇게 볼 때 "어린 양의 진노"(the anger of the Lamb)라는 말씀이 사용된 이유를 알 수 있겠고, 그리고 비록 그것이 신령사랑이고, 그것이 뜻하는 것은 본질적으로는 모두를 구원하는 활동을 뜻하지만, 최후심판이 "그분의 진노의 큰 날"(the great day of His anger)이라고 불리운 이유 또한 잘 알 수 있겠습니다. 왜냐하면 그것은 구원하려는 뜻(a will)이기 때문이고, 따라서 사랑 이외에는 전혀 진노하는 일이 없기 때문입니다. 자신을 빛의 천사(an angel of light)로 가장한 악령들이 천계에 올라왔을 때, 이러한 것은 사실임을 알 수 있습니다. 악령이 그쪽에 이르렀을 때 그 악령은 거기에 있는 신령선이나 신령진리를 도저히 참고 견딜 수 없기 때문에 그는 자신의 악에 대응하는 지옥에 있을 때까지 그의 모든 힘이나 능력을

가지고 자기 자신을 지옥에 내던지는 정도에 이르기까지 분노 · 번민 · 고통 따위를 느끼기 시작하였지만, 그는 쉬지 또한 못하였습니다.

413[B]. 그것은 이런 외현(外現)에서 비롯된 것입니다. 그리고 그 이유는 그들이 악을 행할 때 그들은 벌을 받기 때문입니다. 그와 같은 분노 · 성냄 · 격분, 심지어 불꽃 같이 타오르는 격노와 복수심 따위가 성경말씀에는 여호와 즉, 주님 탓으로 자주 언급되고 있지만, 그러나 여호와 즉, 주님의 탓으로 돌리는 곳의 모든 장절들의 표현이나 진술 따위는 여기서는 생략하겠습니다. 그 이유는 거기에는 너무나 많은 것들이 있기 때문이고, 그 중에 몇몇은 인용될 것이기 때문인데, 거기에서 최후의 심판은 아래의 장절에서와 같이 여호와나 하나님의 "분노의 날" · "성냄의 날" · "격노의 날" · "복수의 날" 등으로 불리웠기 때문입니다.

[4] 이사야서의 말씀입니다.

> 주(=여호와)의 날이 온다.
> 무자비한 날,
> 진노와 맹렬한 분노의 날,
> 땅을 황폐하게 하고
> 그 땅에서 죄인들을 멸절시키는,
> 주의 날이 온다. ……
> "내가 하늘이 진동하고 땅이 흔들리게 하겠다."
> 만군의 주께서 진노하시는 날에
> 그 분노가 맹렬히 불타는 날에
> 이 일이 이루어질 것이다.
> (이사야 13 : 9, 13)

여기서 "여호와의 무자비하고, 진노와 맹렬한 분노의 날"은 최후심판을 뜻합니다. 그리고 불을 태우는 것은 악이기 때문이고, 분노하는 것은 거짓이기 때문에, "분노의 불타는 날"(a day of the glowing anger)이라고 불리웠습니다. "황폐하게 될 땅과 흔들리게 될 땅"은 영계에 있는 그 땅을 뜻합니다. 왜냐하면 영계에는 우리 지구와 꼭같은 땅이 있기 때문입니다. 최후심판이 행해질 그 땅들은 "황폐하게 된다" "그리고 흔들리게 된다"고 언급된 땅입니다. 왜냐하면 산들이나 언덕들이 그 때 붕괴(崩壞)되고, 그리고 골짜기들은 늪지에 가라앉을 것이고, 그리고 모든 것들의 표면들이 변하기 때문입니다. 그럼에도 불구하고 영계에 있는 "땅"은 교회가 있는 곳을 뜻합니다. 왜냐하면 영계에서 땅의 지면은 거기에 있는 땅에 살고 있는 사람들에게 있는 교회의 상태와 같기 때문입니다. 결과적으로 교회가 소멸할 때, 그 땅 또한 소멸합니다. 왜냐하면 그것들은 하나를 이루기 때문입니다. 그리고 그 때 예전의 땅의 여러 곳에는 새로운 것이 존재하게 됩니다. 그러나 이런 변화들은 이 땅에 있는 우리에게는 알려지지 않습니다. 그럼에도 불구하고 그것들은 반드시 주지되어야 하는데, 그것은 우리의 본문인 "땅이 황폐하게 되고, 땅이 흔들리게 된다"는 말씀이 뜻하는 것을 이해하기 위해서입니다.

[5] 스바냐서의 말씀입니다.

　　정해진 때가 이르기 전에
　　세월이 겨처럼 날아가기 전에,
　　주의 격렬한 분노가 너희에게 이르기 전에,
　　주께서 진노하시는 날이
　　너희에게 이르기 전에,

> 함께 모여라.
> 주의 명령을 따르면서 살아가는
> 이 땅의 모든 겸손한 사람들아,
> 너희는 주를 찾아라.
> 올바로 살도록 힘쓰고,
> 겸손하게 살도록 애써라.
> 주께서 진노하는 날에,
> 행여 화를 피할 수 있을지도 모른다.
> (스바냐 2 : 2, 3)

여기서도 역시 "격렬한 분노"(=불타는 분노)나 "주께서 진노하시는 날"(=여호와의 진노의 날)은 최후심판을 뜻합니다. 애가서의 말씀입니다.

> 그분의 진노의 날에 그의 발판을 기억하지 않는다(=진노하시는 날에 주께서 성전조차도 기억하지 않으신다)(애가 2 : 1).

여기서 "여호와의 발의 발판"(the footstool of Jehovah's feet)은 자연계에 있는 주님의 예배를 뜻합니다. 이런 이유 때문에 전 천계는 이 땅의 교회와 함께 주님 앞에서는 한 사람의 모습으로 존재합니다. 이러한 내용은 ≪천계와 지옥≫ 78-86항을 참조하십시오. 극내적인 천계(=삼층천 · the inmost heaven)는 머리를 형성하고, 다른 천계들은 가슴이나 다리를 형성하고, 지상의 교회는 발을 형성합니다. 결과적으로 발(feet)은 자연적인 것을 뜻하고, 더욱이 천계는 마치 사람이 자기 발 위에서 하듯이 인류에게 있는 교회 위에 놓여 있습니다. 이러한 내용은 같은 책 87-102 · 291-302항에서 잘 알 수 있습니다. 최후심판은 인애가 전혀 없기 때문에 더 이상 어떤 믿음도 없을 때에 임하기 때문에, 따라서 교회가 종말에 있을 때 임하는 최후심판은 "그분의 진노의 날에 그의 발판을 기억하지 않는다"는 말씀이 뜻하는 것이 무엇인지 잘 알 수 있겠습니다. 다른 곳에는 이런 말씀도 있습니다.

  주께서 분노하시는 날에,
  피하거나 살아 남은 사람이
  아무도 없습니다.
  내가 사랑으로 고이 기른 것들을
  내 원수들이 모두 죽였습니다.
  (애가 2 : 22)

여기서 "여호와의 분노의 날"(=주께서 분노하시는 날)은 최후심판을 가리키고, 그 때 교회에는 더 이상 선도 없고, 또한 진리도 없고, 다만 악과 거짓만 있다는 것은 "피하거나 살아 남은 사람이 아무도 없다"는 말씀이 뜻합니다. "내 원수들이 죽인 내가 사랑으로 고이 기른 자들"은 교회에 속한 자들을 뜻하는데, 그들은 모든 영적인 양식을 가지고 있고, 또한 성경말씀에서 비롯된 선과 진리에 속한 지식을 가지고 있습니다. 여기서 "그들을 죽인 내 원수들"은 악이나 거짓을 뜻합니다.
[6] 묵시록서의 말씀입니다.

  오히려 그들이 주님의 진노를 샀으며
  죽은 사람들이 심판을 받고,
  주님의 종 예언자들과 성도들과
  작은 자든 큰 자든
  주님의 이름을 두려워하는 사람들에게
  상을 주시고,

> 땅을 망하게 하는 자들을
> 멸망시킬 때가 왔습니다.
> (묵시록 11 : 18)

이 장절도 "진노"(=분노)나 "진노의 날"(the day of anger)이 최후심판을 뜻한다는 것을 명확하게 합니다. 왜냐하면 "주의 진노가 임하였고" "죽은 자들이 심판받는 때가 왔다"고 언급되었기 때문입니다. 이사야서의 말씀입니다.

> 복수할 날이 다가왔고,
> 구원의 해가 이르렀다는 생각이 들었으나……
> 내가 분노하여 민족들을 짓밟았으며,
> 내가 진노하여
> 그들이 취하여 비틀거리게 하였고,
> 그들의 피가 땅에 쏟아지게 하였다.
> (이사야 63 : 4, 6)

이 장절은 주님과의 싸움에 관해서 다루고 있는데, 그 싸움에 의하여 주님께서는 지옥을 정복하셨고, 따라서 주님께서 이 세상에 계실 때 주님께서 완성하신 최후심판에 관해서 다루고 있습니다. 왜냐하면 이 싸움들에 의하여 그분 당신에게는 시험들이 용납되었고, 주님은 지옥을 정복하셨고, 최후의 심판을 담당, 실시하셨기 때문입니다. 그것이 가리키는 그 심판은 구약의 성경말씀에서는 "여호와의 분노의 날이나, 격노의 날"이 뜻하지만, 작금의 때에 이루어진 최후심판은 묵시록서에서는 "주님의 진노의 날"이 뜻합니다. 한 최후의 심판(a Last Judgment)이 주님께서 이 세상에 계실 때 주님에 의하여 행해졌다는 것은 ≪최후심판≫ 46항을 참조하십시오. 여기서 지옥의 정복은 "내가 분노하여 민족들을 짓밟았다" "나의 분노로 그들이 취하게 마시게 한다"는 말씀이 뜻합니다. 여기서 "구원의 해"(the year of the redeemed)는 구원받은 선한 사람에게 단행된 심판을 뜻합니다.

[7] 같은 책의 말씀입니다.

>주께서 나에게 기름을 부으시니,
>주 하나님의 영이 나에게 임하였다.
>주께서 나를 보내셔서,
>가난한 사람들(=겸손한 사람들)에게 기쁜 소식을 전하고,
>상한 마음을 싸매어 주고,
>포로에게 자유를 선포하고,
>갇힌 사람(=눈먼 사람)에게 석방을 선언하고,
>주의 은혜의 해와
>우리 하나님의 보복의 날을 선언하고,
>모든 슬퍼하는 사람들을 위로하게 하셨다.
>(이사야 61 : 1, 2)

또 같은 책의 말씀입니다.

>이 때가 바로 주께서 복수하시는 날이니,
>시온을 구하여 주시고
>대적을 파멸시키시는 해,
>보상하여 주시는 해이다.
>(이사야 34 : 8)

"여호와의 보복의 날"(=하나님의 보복의 날)은 "그분의 분노와

격노의 날"(the day of His anger and wrath)과 같이 최후심판을 뜻합니다. 왜냐하면 복수를 여호와 즉, 주님의 탓으로 돌리기 때문인데, 이와 같은 이유는 외현으로 말미암아 신령존재를 부인하는, 그리고 심령이나 마음 속에서 교회에 속한 선들이나 진리들에 대하여 적개심(敵愾心)을 품는 자들은 분노나 격노를 주님의 탓으로 돌리기 때문입니다. 결과적으로 지옥으로 쫓겨나는 것도 그런 것들의 근원이 주님의 탓이라고 돌리기 때문입니다. 악하게 산 사람들도 마찬가지입니다. "보상의 해"(the year of retributions)는 복수의 날과 동일한 뜻을 뜻합니다. 그러나 "보상의 해"는 거짓들에 관해서 서술하고, 이에 반하여 "복수의 날"은 악들에 관해서 서술합니다. "시온의 논쟁"(=시온의 구원)은 교회에 속한 진리나 선의 배척을 뜻하는데, 여기서 "시온"은 교회를 뜻합니다. 다른 곳에서도 마찬가지로 최후심판의 때는 "여호와의 날"·"진노의 날"(the day of visitation)·"살생의 날"(the day of slaughter)이나 "강림의 날"(the day of coming)이라고 불리웠습니다. 이렇게 불리기도 하였습니다.

주님의 강림의 날(말라기 3 : 2 ; 마태 24 : 3, 27, 37, 39).

414. 누가 이것을 버티어 낼 수 있겠느냐?(=누가 감히 설 수 있으리오?)

이 말씀은 누구가 유지(維持)할 수 있고, 살 수 있는가?를 뜻합니다. 이러한 뜻은 그것이 주님 앞에 있을 때 마치 유지하는 것이나 사는 것을 뜻하는, 그러나 여기서는 유지할 수도, 살 수도 없는 것을 뜻하는 "선다"(standing)는 말의 뜻에서 잘 알 수 있습니다. 왜냐하면 앞에서 언급한 것과 같이, 그들이 도망하고, 스스로 쫓겨나지 않는다면 그들이 살 수 없는 두려움에서 비롯된 전율(戰慄) 뿐만 아니라, 내면적인 갈등이나 다툼에까지 능력과 힘을 가지고 그분에게서 발출하고, 솟아나오는 신령선이나 신령진리의 입류나 주님의 현존에서 악은 존재한다고 여기기 때문입니다. 왜냐하면 신령존재의 현존(=임재)은 선한 사람에게는 생명이 주어지듯이, 악한 사람에게는 죽음을 가져오기 때문입니다. 이상에서 볼 때 그들의 상태에 관해서 "감히 누구가 설 수 있으리오?" 라고 언급되었습니다. 말라기서의 말씀입니다.

> 그가 이르는 날에,
> 누가 견디어 내며,
> 그가 나타나는 때에,
> 누가 살아 남겠느냐?
> (말라기 3 : 2)

나훔서의 말씀입니다.

> 주께서 진노하실 때에
> 누가 감히 버틸 수 있으며,
> 주께서 분노를 터뜨리실 때에
> 누가 감히 견딜 수 있으랴?
> (나훔 1 : 6)

요엘서의 말씀입니다.

> 주의 날은 놀라운 날,
> 가장 무서운 날이다.

> 누가 감히 그 날을 견디어 낼까?
> (요엘 2 : 11)

더욱이 "선다"(to stand)는 말은 걷고 앉는 것을 뜻하고, 성경 말씀에서는 존재하는 것(to be)이나 사는 것(to live)을 뜻하고, 그리고 "선다"(=버틴다·to stand)는 것은 튼튼하게 서는 것이나, 움직임 없이 서는 것을 뜻합니다. 누가복음서의 말씀입니다.

> 천사가 사가랴에게 말하였다. "나는 하나님 앞에 서 있는 가브리엘이다"(누가 1 : 19).

같은 책의 말씀입니다.

> 또 인자 앞에 설 수 있도록, 기도하면서 늘 깨어 있어라(누가 21 : 36).

"서 있다"(to stand)는 것은 있다는 것(to be)을 뜻하기 때문에 여호와에 관해서 이렇게 언급되었습니다. 이사야서의 말씀입니다.

> 주께서 재판하시려고 법정에 앉으신다.
> 그의 백성을 심판하시려고 들어오신다(=주가 변론하러 일어서고, 백성을 심판하러 일어서신다)(이사야 3 : 13).

시편서의 말씀입니다.

하나님이
하나님의 법정에 나오셔서,
신들을 모아들이시고
재판하셨다(=하나님께서는 용사들의 회중 가운데 서 계시며, 그는 신들 가운데서 판단하시는도다)(시편 82 : 1).

"선다"(=서 있다 · to stand)는 말이 어디에서 말하려는 것을 뜻하는 이유입니다.

묵시록 해설[5]권 끝

□ 옮긴이 약력

이 영 근 서강대학교 경상대학 경제학과, 중앙대학교 사회개발 대학원 사회복지학과, 한국 새교회 신학원에서 공부하였으며, 예수교회 목사로 임직한 이후 예수교회 공의회 의장을 역임하였고, 월간「비지네스」편집장, 월간「산업훈련」편집장, 한국 IBM(주) 업무관리부장을 역임하였다. 현재 예수+교회 제일예배당 담임목사이고, 「예수+교회」발행인 겸 편집인, 도서출판〈예수인〉대표이다. 역서로는 스베덴보리 지음 〈창세기 1·2·3장 영해〉(1993), 〈순정기독교 상·하〉(공역·1995), 〈최후심판과 말세〉(1995), 우스터 지음〈마태복음 영해〉(1994), 스베덴보리 지음〈천계비의 1권〉아담교회·2권 노아교회[1]·3권 노아교회[2]·4권 표징적 교회[1]·5권 표징적 교회[2]·6권 표징적 교회[3]·7권 표징적 교회[4]·8권 표징적 교회[5]·9권 표징적 교회[6]·10권 표징적 교회[7]·11권 표징적 교회[8]·12권 표징적 교회[9]와 13권 표징적 교회[10]·14권 표징적 교회[11]·15권 표징적 교회[12]·16권 표징적 교회[13]·17권 표징적 교회[14]·18권 표징적 교회[15]·19권 표징적 교회[16]·20권 표징적 교회[17]·〈천계와 지옥(上·下)〉(공역·1998), 〈신령사랑과 신령지혜〉(공역·1999), 〈혼인애〉(2000) 〈새로운 교회·새로운 말씀〉(공역·2001), 〈스베덴보리 신학 총서(上·下)〉(2002), 〈영계일기[1]〉(공역·2003), 〈영계일기[2]〉공역·2006), 〈영계일기[3]〉〈공역·2008), 〈묵시록해설 1〉(공역·2007), 〈묵시록해설 2〉, 〈묵시록해설 3·4〉, 〈새로운 교회의 시대교리〉(2003)와 저서로는 〈이대로 가면 기독교 또 망한다〉(2001), 성서영해에 기초한 설교집 〈와서 보아라〉[1]·[2](2004)와 [3](2005)과 편찬으로는 〈천계비의 색인·용어 해설집〉이 있다.

묵시록 해설 [5]
−묵시록 6장 9−17절 해설−

2015년 2월 1일 인쇄
2015년 2월 10일 발행
지 은 이 임마누엘 스베덴보리
옮 긴 이 이 영 근
펴 낸 이 이 영 근
펴 낸 곳 예 수 인

　　　1994년 12월 28일 등록 제 11-101호
　　　(우) 157-014
　　　연락처 · 예수교회 제일예배당 · 서울 강서구 화곡 4동 488-49
　　　전　화 · 0505-516-8771 · 2649-8771 · 2644-2188
　　　대금송금 · 국민은행 848-21-0070-108　(이영근)
　　　　　　　　　 우리은행 143-095057-12-008　(이영근)
　　　　　　　　　 우 체 국 012427-02-016134　(이영근)

ISBN 97889-88992-29-6 04230(set)　　　　　값 19,000 원
ISBN 97889-88992-65-4